지구환경정치의 이해

지구환경정치의 이해

신범식 · 신상범
이재현 · 한희진
박혜윤 · 이혜경
조정원 · 김성진
정하윤 · 이태동
지음

사회평론아카데미

지구환경정치의 이해

2018년 3월 21일 초판 1쇄 발행
2021년 11월 25일 초판 2쇄 발행

지은이 신범식 · 신상범 · 이재현 · 한희진 · 박혜윤 · 이혜경 · 조정원 · 김성진 · 정하윤 · 이태동
펴낸이 윤철호 · 고하영
펴낸곳 (주)사회평론아카데미

편집 김천희
디자인 김진운
마케팅 최민규

등록번호 2013-000247(2013년 8월 23일)
전화 02-326-1545, 02-326-1182(영업)
팩스 02-326-1626
주소 03978 서울특별시 마포구 월드컵북로6길 56

ISBN 979-11-88108-57-2 93340

"이 저서는 2017년 대한민국 교육부와 한국연구재단의 지원을 받아 수행된 연구임
(2016S1A3A2924409); 이 저서는 2017년 서울대 국제문제연구소의 지원으로 연구를
수행하였음."

　이 책은 환경정치연구회와 서울대학교 국제문제연구소 복합안보센터가 함께 노력하여 만들어낸 합작품이다. 환경정치연구회는 국내 환경문제를 연구하는 학자들의 자발적인 독회와 연구모임으로 수년간 지속되어 왔는데, 이번 작업을 통하여 그 이름을 세상에 널리 알리게 되었다. 앞으로 환경정치연구회가 국내 환경 이슈와 관련된 포괄적이면서도 정치한 논의와 토론을 이끄는 데 큰 기여를 하게 될 것으로 기대한다.

　과문한 탓이라 생각되지만, 환경 이슈의 중요성이 그간 많은 논자들에 의해 다양한 각도에서 조명되어 왔음에도 불구하고 '지구정치'의 관점에서 접근한 시도는 국내에 비교적 드물었다. 이에 필자들은 환경 이슈에 대한 기초적 이해나 관심을 가지고 있는 대중 내지 대학생들이 지구정치의 관점에서 환경 이슈를 바라보게 함으로써 더 깊이 있고 포괄적인 이해에 도달할 수 있도록 돕기 위하여 이 책자를 구상하였다. 비록 여러 면에서 충분치는 않지만, 이 책을 읽는 독자들이 환경 이슈에 대한 지구정치적인 시각을 습득함으로써 더 포괄적이며 심도 깊은 이해를 향한 첫걸음을 떼게 되기를 기대해 본다.

　이 책이 나오기까지 애써 주신 분들에게 감사를 표하지 않을 수 없다. 무엇보다 바쁘고 어려운 상황 가운데서도 공동 작업에 참여하여 귀한 글을 써 주신 필진 여러분들께 깊은 감사를 표하고 싶다. 이 분들의 기여가 아니었으면 이런 작업은 불가능했을 것이다. 수차례 주말 세미나를 통해 상호 열정적인 토론이 이루어졌으며 이는 이 책을 만들어낸 원동력이었음을 새삼 깨닫게 된다.

그리고 이러한 작업이 가능하도록 여러모로 후원하고 도와준 서울대 국제문제연구소 소장 김상배 교수의 지지가 큰 힘이 되었음을 밝히지 않을 수 없다. 또한 이 같은 작업을 진행하는 과정에서 나타난 여러 문제들을 풀어나가는 데 수고로운 손길을 아끼지 않은 서울대학교 대학원의 문영란 조교, 정현아 조교에게 따뜻한 감사의 말을 전한다.

끝으로 여러 사정으로 인해 촉박해진 일정 가운데도 흔쾌히 출판을 맡아 멋진 책자로 만들어주신 사회평론아카데미의 윤철호 대표님과 김천희 님께 미안함과 감사의 마음을 표한다.

유달리 길고 추웠던 2017~18년 겨울을 보내며 필진을 대표하여
신범식, 신상범

차례

2부　지구환경정치의 이슈와 쟁점

6장　환경과 시장 249

7장　환경과 무역 285

서 장

일반적으로 환경 문제 하면 레이첼 카슨의 『침묵의 봄』을 떠올릴 것이다. 그리고 노르웨이 극작가 입센(Henrik Ibsen)의 희곡 Brand(1867년작)에는 "영국의 소름끼치는 석탄구름이 몰려와 온 나라를 뒤덮으며 신록을 더럽히고 독을 섞으며 낮게 떠돌고 있다."라는 구절이 포함되었을 정도로 유럽의 산성비 문제는 오래되었다(최준영 2017). 하지만 환경 문제가 국제적 주목을 받게 된 것은 20세기 중·후반부터이다. 유럽에서 시작된 근대화의 비극은 유럽에서 나타나기 시작하였으며, 이는 선진국들의 문제로 시작되었다. 1960~70년대를 지나며 대규모의 환경 문제가 부상하였고, 이후에 철학이나 과학의 문제가 아니라 사회과학의 과제로 대두되었다. 따라서 정치적 내지 정책적 접근법을 중심으로 세부적 문제들에 대응하는 국제적 협력이 이루어졌다. 흥미로운 것은 이 같은 협력의 결과로 나타난 많은 양자 및 다자 레짐 내지 조약들 간에는 상관성이 거의 없다는 사실이다(Speth et al. 2007). 즉 넓은 틀에서 환경 문제라 불리는 이슈에 연관된 레짐이나 조약은 이슈의 특정성으로 인해 상호작용이 약하다는 것이다. 하지만 특정 기능을 수행하는 것으로 레짐을 이해하는 "미숙한 기능주의"(crude functionalism)는 단순히 행동이나 제도를 기술하는 데 그친다는 점에서 비판받아 왔다(Haggard et al. 1987, 508). 그러므로 개별적인 환경 이슈와 레짐을 분리하여 이해하는 것도 중요하지만 동시에 포괄적 환경 문제의 틀을 구성하는 부분으로 이해하려는 노력이 동시에 필요하다.

가장 먼저 대규모 관심을 모았던 환경 문제는 월경성(越境性) 대기오염, 구체적으로는 산성비 문제였다. 산성비 문제는 산업 활동에서 배출된 대기 중의 이산화황과 산화질소의 증가로 인하여 주목받기 시작했으며, 이산화황 등이 국경을 넘어 타국의 대기에 영향을 끼치는 것이 밝혀지자 1960년대 말부터 유럽을 중심으로 국제적 논의가 시작되었다. 산성비 논의가 집중적으로 이루어진 곳은 유럽과 북아메리카였다. 비(非)오염 국가들은 구속력 있는 합의를 요구하는 그룹과 자국 산업에 끼칠 피해를 이유로 규제에 반대하는 그룹으로 나뉘었다. 하지만 지속적인 협상 결과 1979년 '장거리 월경성 대기오염 협정'(LRTAP Convention)을 체결하고. 황화합물과 질산화물 등의 감축에 합의하는 의정서도 도출되었다. 유럽의 경우 그것이 다자협상이었는데, 북미의 경우 주요 행위자가 미국과 캐나다에 한정되어 양자협상에 가까웠다(Sjöstedt 1993).

오존층 문제는 환경 문제 중 가장 성공적 협력 사례로 꼽힌다. 1974년 몰리나(Mario Molina)와 로우란드(Sherwood Rowland)가 염화불화탄소(CFCs)가 오존층을 파괴하고 있다는 것을 밝힌 이후, 남극 상공의 오존 구멍이 관찰되는 등 오존층 문제가 지구 전반의 문제로 인식되면서 1980년대 국제적 논의가 본격화되었다. 하지만 오존층 문제 논의 과정에서도 선진국들 사이에서 환경 보호와 산업 이익이라는 가치 대립으로 국가군이 분리되었고, 개발도상국은 상대적으로 소극적 태도를 취했다. 그럼에도 불구하고 오존층 문제는 1985년 '오존층에 보호에 관한 비엔나협약'을 거쳐 1986년의 오존층 파괴물질의 생산 및 소비량을 단계적으로 감축하는 데 합의한 '몬트리올의정서'로 오존층 문제 해결의 전환점을 마련하였다. 오존층 문제는 주로 문제를 야기한 국가와 피해를 받는 국가가 모두 선진국이었다는 점, 이 문제의 해결 과정에서 무역 규제와 보조금 제공이 가능할 정도로 구속력 있는 레짐을 만들었다는 점, 미국의 주도가 오존층 레짐 형성에 많은 기여를 했다는 점에서 주목할 만하다.

현재 인류가 당면한 가장 중차대한 환경 도전은 역시 기후변화 문제이다. 대기 중에 누적된 이산화탄소를 비롯한 온실가스 때문에 진행되고 있는 지구온난화는 기존 인류의 생산 및 생활양식의 근본적 전환을 요청하고 있는 포괄적이며 장기적인 환경 문제이다. 기후변화는 이미 그 폐해가 가시화되기 시작했고, 단기간 내 해결이 어렵다는 점에서 21세기 국제정치에서 가장 중요한 과제의 하나로 부상하였다. 따라서 1988년 '기후변화에 관한 정부 간 협의체'(Intergovernmental Panel on Climate Change, IPCC)가 구성되어 지구온난화 현상과 전망에 대한 과학적 연구가 시작되면서, 1992년 리우에서 기후변화 문제를 다룰 유엔기후변화협약(United Nations Framework Convention on Climate Change, UNFCCC)이 체결되었다. UNFCCC 발효 후 1995년부터 매년 열리고 있는 당사국총회(COP)를 통해 이른바 교토체제와 신(新)기후체제를 구축하면서 공동의 노력을 조율해 오고 있다.

　　산성비 문제가 주로 산업적 차원의 문제였고, 오존층 문제가 산업적 차원과 일상생활 차원에서의 문제였다면, 기후변화의 문제는 지금까지의 인류가 겪어보지 못한 총체적 문명의 변혁을 요청하는 도전이다. 시간이 지날수록 환경의 정치는 보다 넓고 근본적인 차원의 해결책을 요구하고 있는데, 이는 환경 문제가 기존의 국가주의적 접근법이나 국가 간의 이야기로 풀어가려는 국제주의적 접근법만으로는 극복할 수 없는 과제로 변모하고 있음을 분명히 보여준다. 따라서 이제는 환경 이슈를 다루기 위한 지구정치적 접근이 필요하다. 근대 국민국가가 형성되면서 동전의 앞뒷면과 같이 구축된 근대국제질서에 착종된 국제정치는 지구 및 그 하위 단위를 내포하는 포괄적 시각을 통해 지구상의 이슈를 이해하기보다는 거의 모든 문제를 민족국가로 환원하거나 국가 간 상호작용으로만 이해하려는 경향이 강하다. 물론 최근 기후변화 대응체제의 구축을 둘러싼 미-중 간의 대립은 지구적 대응을 가로막는 중요한 장애물이었던 것이 사실이지만(신범식 2011), 결국 이 대응체제의 본질적 속성은 지구정치의 다층적 행위자가 동시에 연결되면서 복합적인 협력을 가능하도록 추동하는 것이어야 한다는 데에는 이견이 없을 것이다. 따라서 현재 인류가 당면하고 있는 환경 문제라는 복합적 퍼즐을 풀어내기 위해서는 탈(脫)근대적 지구정치 및 다층적 복합(複合)거버넌스의 관점에서 접근할 필요가 있으며, 또한 다양한 행위자들의 편재와 그 상호작용을 네트워크적 구도 속에서 행해지는 정치의 관점으로 바라보는 것은 더욱 설득력 있는 논의와 새로운 해결책을 제공해줄 수 있을 것으로 기대된다.

이 같은 지구환경정치는 다음과 같은 특징에 대해 더욱 주목할 것을 요청한다.

첫째, 지구환경정치는 환경 이슈와 다른 이슈들이 연관되어 나타나는 지구거버넌스의 수립을 요청하고 있다. 지구환경정치는 각각 다른 국제정치의 무대에서 전개되고 있는 것처럼 보이는 다양한 쟁점들을 통합적 시각에서 파악하기 위한 노력을 요구한다. 환경 이슈가 비교적 완만하게 부상했던 20세기에는 이것이 여타 쟁점에 비하여 상대적으로 적은 관심을 받았다면, 21세기에서의 환경 이슈는 안보와 경제 문제 못지않은 지구정치의 쟁점으로 발돋움하고 있다. 환경 이슈가 21세기 지구정치의 주요 쟁점 영역으로 부각되면서 이에 대한 다차원적이고 복합적인 접근의 필요성이 높아지고 있다. 따라서 21세기 지구정치의 기본 모습은 지정학적 관점에서 국익을 향한 국가들 간의 치열한 경쟁으로 규정하는 기존 연구들로는 파악되기 어려우며, 이런 의미에서 지구환경정치 및 거버넌스의 형성에 대한 연구는 통합적 시각의 필요성을 충족시키는 방향으로 성과를 축적해나가야 한다.

둘째, 환경 문제는 지구 차원의 문제로서 결국 지구 차원의 해결책을 요청한다는 점에서 이는 기존의 국가 중심적 시각을 넘어선 사고방식을 필요로 한다. 사실 환경 문제는 국가 중심적 사고의 국제정치(international politics)와 국가 중심적 사고를 넘어선 지구정치(global politics)에 동시에 속한 문제이다. 환경 문제의 핵심은 결국 문제 해결을 위해서 어떻게 국가 간의 조정을 유도하고 지역적 및 지구적 다층 협력체를 구축할 것인가에 있다. 따라서 환경 문제 해결을 위한 국제적 차원의 제도, 체제, 레짐에 관한 논의가 필수적이며, 이는 결국 보다 통합적인 범위에서의 지구거버넌스(global governance)의 형성 논의로 연결될 수밖에 없다. 환경 문제의 해결을 위해서는 상향식, 분산식, 혼합식, 다중심식 등 다양한 형태와 범위 및 작동 방식을 가진 지구적 제도가 존재할 수 있다. 이러한 복합화된 거버넌스를 적절히 운용하기 위해서는 그간의 역사, 문화, 사회적 특성, 지식, 규범 등에 대한 충분한 이해와 고려가 선행되어야 한다.

　　환경 문제는 국제적 차원에서 인류가 협력의 필요성에 만장일치로 공감할 수 있었던 흔치 않은 문제였으며, 그 해결을 위해서는 국가 간 상호작용이 필수적이었다. 국제 제도, 레짐, 규범의 형성과 거버넌스에 관한 이론적 논의와 더불어 국제적 차원에서 환경 문제를 해결하려는 실천과정은 서로에게 매우 큰 함의를 제공할 수 있었다. 그러나 이 과정에서 근대국제질서 및 근대국제정치학의 틀 속에서의 환경 문제를 설명하는 것은 한계가 있음이 점차 드러나기 시작했다. 전술한 바와 같이 환경 문제는 중층적이고 복합적인 접근법을 필요로 하며, 다양한 행위자 및 이들 간의 상호작용이 존재한다. 또한 환경 문제는 개별 이슈의 독특성이 강할 뿐만 아니라 정보 및 지식의 흐름이 매우 중요한 변수가 되기도 한다. 따라서 이를 제대로 파악하기 위해서는 보다 통합적이고 복합적인 차원의 탈근대 지구정치적 접근이 필요하다.

셋째, 지구환경정치는 이론적 차원에서도 커다란 도전적 질문들을 제공한다. 대체로 국제정치를 설명하는 이론들은 국가 중심적 가정을 상당히 지지하며 강대국 정치의 경쟁성을 강조한다는 점에서 현실주의적 패러다임에 근거한 설명이 우세하다. 하지만 환경의 국제정치는 대개 현실주의 패러다임보다는 자유주의적 제도주의 틀 속에서 주로 설명되어 왔다. 국제 제도가 수행할 수 있는 정보 제공, 불확실성 감소와 위험 대비, 여타 환경 문제와 연계 가능한 논의의 장으로서의 국제기구 및 회의의 역할, 가입과 준수를 통한 집단적 이익의 창출 등과 같은 역할은 환경 문제의 해결에 필수적으로 여겨졌기 때문이다. 그러나 자유주의적 제도주의 틀 역시 환경의 국제정치를 설명하는 데에 한계를 드러냈다. 실제로 환경 협상을 통해서 구속력 있는 환경레짐이 그리 많이 창출되지는 못하였으며, 환경 문제 자체가 공공재적 성격만을 갖는 것은 아니기에 협력이 쉽게 담보되지 않았다. 더불어 정보 제공 및 기술 이전 등의 문제를 해결함에 있어서도 제도를 통하여 기대할 수 있는 효과 역시 미미했기 때문이다.

한편 환경 문제는 규범의 형성 및 유지, 국제사회의 형성 가능성, 다양한 국가 이익의 규정 가능성을 염두에 두는 구성주의적 시각에 많은 함의를 가진다. 더불어 환경 국제정치에서 드러나는 국제적 남북문제 및 국내적 빈부격차의 이슈는 지구적 환경정의(正義)를 새롭게 규정하려는 마르크스주의적 시각에도 큰 함의를 지닌다. 뿐만 아니라 대외정책을 국내정치와 국제정치의 상호작용의 결과물로 해석하는 시각과 관련해서도 환경 정책의 형성 과정은 여러 이론적 논의와 연관될 수 있다 (Barkdull et al. 2002). 따라서 21세기의 새로운 환경 문제들은 기존의 다양한 국제정치이론의 큰 틀에서 벗어나지 않으면서도 새로운 함의와 증명, 때로는 반증을 제시할 수 있는 흥미로운 현상과 과제들을 내포하고 있다. 나아가 지구환경정치를 이해하기 위한 시도는 새로운 통합적 성격의 이론적 패러다임에 대한 요청을 높이고 있다.

넷째, 지구환경정치에서는 국가 이외의 다른 행위자들이 중요한 영향력을 행사하며 이들 사이에 '동원'이 역전되어 나타나고 있다는 점이 흥미롭다. 국가가 환경 국제정치 및 관련 거버넌스의 형성과 운용에서 가장 핵심 행위자인 것은 사실이지만, 유일한 행위자는 아니다. 환경 문제는 단지 국제정치적 차원의 문제가 아니라 지구정치적 차원의 성격을 더해 가고 있으며, 시민사회, 기업, NGO, 영향력 있는 개인, 전문가 집단 등 다양한 행위자가 여타 영역에 비해 더욱 비중 있는 영향력을 행사하고 있다. 가령, 지중해오염 문제의 해결에서 인식공동체(epistemic community)의 역할이 지대하였으며(Haas 1992), 오존층 문제의 경우 당시 유엔환경계획(UNEP) 사무총장이었던 톨바(Mostafa K. Tolba)의 리더십이 국가 간의 합의 도출에 중요한 역할을 감당했던 사실에 주목할 필요가 있다. 특히 전통적 국제정치에서 국가가 모든 변화의 시발점 역할을 하였다면, 환경 영역에서 국가는 NGO나 전문가집단에게 그 자리를 양보한 모양새이다. 이들은 환경 문제를 쟁점화한 주도세력으로 국제기구를 통해 영향력을 행사함으로써 정부 대표들을 국제적 논의의 장으로 끌어내는 데 성공하였다. 그리고 NGO와 전문가 집단은 국제적 협의 과정에 지속적으로 전문적 조언과 의견을 투입함으로써 구속력 있는 규칙 제정을 가능하게 하였다. 그리고 이 규칙은 국가 내에 존재하는 기업과 개인들의 행위양식을 변화시켰다. 한편 에너지 영역에서도 마찬가지로 국가의 역할이 중요한 것은 사실이지만, 주요 에너지 거대기업들의 역할이 국가 못지않았다는 점은 특기되어야 할 사실이다.

지구환경정치에서 나타나는 다층적 행위자들의 복잡한 상호작용은 국가를 중심으로 전개되는 전통적 국제정치의 특징과는 분명한 차이를 보이고 있으며, 이는 지구정치 과정에 대한 좀 더 복합적인 접근을 요청하고 있다. 특히 환경 문제의 경우 문제의 성격 자체가 복합적이며 다층적인 경우가 많았고, 실제 환경 문제의 해결에 다층적 수준에서 다양한 행위자가 중요한 역할을 수행했다. 하지만 환경 문제에 대한 기존의 대응 방식은 주로 국가 중심적이고 특정 문제의 해결에만 집중한 경우가 많았다. 이와 같은 문제의 복합성과 대응의 부분성 사이의 괴리는 환경의 국제정치와 관련된 과제들이 공통적으로 지니는 문제이다. 이는 환경 문제의 근본적 해결을 더욱 어렵게 만드는 원인으로 작용하고 있다.

다섯째, 비정부기구(NGO)와 관련된 지구환경정치의 미래를 전망하기란 간단한 일이 아니다. 지구환경정치에서 NGO의 역할은 다른 분야에 비하여 상대적으로 큰 것은 사실이다. 동시에 시민사회의 영향력이 확대되면서 NGO의 활동반경 역시 넓어질 가능성이 높다. 그러나 이러한 전망이 NGO가 갖는 근본적 한계를 극복할 수 있을 정도로 긍정적으로 작동할 것인가에 대해서는 의문의 여지가 있다. 여전히 지구정치 차원에서도 국가는 매우 중요한 행위자이다. 많은 경우 NGO는 협상의 장에서 옵서버, 정보 제공자, 국가 간 협상의 촉진자, 로비 행위자 등의 역할을 맡게 되며, 이는 어디까지나 NGO는 아직까지 간접적인 차원의 참여라는 점에서 한계를 노정하고 있다. 향후 지구환경정치에서 NGO가 어떤 차원까지 자신의 역할을 확대시켜 나갈 수 있을 것인가, 그리고 새롭게 구성될 지구정치의 무대에서 얼마만큼의 영향력을 발휘할 수 있을 것인가에 대해서는 앞으로도 많은 논의가 필요해 보인다. 동시에 시민사회의 발전 및 정치적 참여의 증가가 NGO에게 반드시 바람직한 방향으로 작용하지 않을 수도 있다는 점 역시 염두에 둘 필요가 있다. 특히 시민사회의 의견이 분열적일 때에 이는 환경정책에 대한 합의를 더욱 어렵게 만들 수 있다. 또한 로비의 증가가 특정 산업이익을 대변하는 방향으로 진해될 경우 일반적으로 환경보호를 목표로 하는 NGO의 입지가 상대적으로 좁아질 수도 있다.

여섯째, 강대국정치는 여전히 중요한 지구환경정치의 변수로 남게 될 것이다. 따라서 향후 지구적 세력관계의 변화가 지구환경정치에 미칠 영향 역시 무시할 수 없다. 특히 세계경제위기 이후 미국 국력의 상대적 하락과 중국의 급속한 부상 같은 지구적 세력변동은 환경 문제에 대한 각국의 입장과 상호작용에 큰 영향을 끼쳤다. 기후변화 협상과 관련하여 2009년 코펜하겐회의 전후에 기후변화 대응체제의 갱신을 놓고 형성된 개도국과 선진국 간 대립이 미국과 중국 간의 갈등구도 속에서 더욱 증폭되는 정황도 관찰되었으며, 오바마 대통령과 시진핑 주석의 합의로 신(新)기후체제의 출범이 탄력을 받았다는 사실은 이를 잘 보여주고 있다. 또한 최근 유럽 제국들의 경제 침체와 국내정치의 불안정으로 인해 유럽연합 및 서유럽 국가들이 그동안 환경 문제에 대해 취해 왔던 전향적 정책이 후퇴될 가능성도 없지 않다. 결국 지구환경정치에서 국가에 대한 관찰은 여전히 중요한 차원으로 남아야 한다.

21세기에 들어 환경 문제는 더욱 심각해지고 있으며 그만큼 더 많은 관심을 받고 있다. 앞으로 이전에는 상상하지 못했던 새로운 환경 문제가 등장할 수도, 혹은 획기적인 기술 발전과 행위자 간 입장 조정에 따라 해결이 요원해 보였던 문제가 손쉽게 풀릴 수도 있다. 환경 문제는 다른 지구정치의 쟁점들과 더욱 유기적으로 얽이기 시작했고, 향후 지구적 권력관계에서 환경 쟁점이 어떤 영향을 미칠지 혹은 환경 문제를 둘러싼 대응 노력이 주요국들의 권력관계를 어떻게 바꿀 것인지는 누구도 쉽게 가늠하기 어렵다. 그야말로 환경 문제는 지구정치학의 거의 모든 영역에 편재되기 시작하였으며, 이는 지구환경정치의 본격적 작동을 웅

변해 주고 있다.

이 책은 크게 세 부분으로 구성되어 있다. 1부는 지구환경정치의 기원과 전개를 역사, 이론, 규범, 행위자 및 레짐의 차원에서 추적하고 있다. 2부는 지구환경정치의 주요 쟁점을 살펴보기 위하여 환경 문제가 시장, 무역, 기술·에너지, 안보, 개발협력, 인권·노동·복지 등과 같은 제 측면들과 어떻게 결부되면서 어떤 논점을 제기하고 있는지 추적하고 있다. 3부에서는 지구환경정치를 국민국가와 지역 수준으로 내려 구체적인 문제와 대응방안을 살펴보고 있다.

제1장("지구환경정치의 역사")에서 신상범은 지구환경정치의 역사를 개관한다. 인류는 매우 오래 전부터 생태학적 환경에 관심을 가지고 그것을 보존해야 한다는 생각을 해왔다. 그러나 그러한 생각이 본격적으로 전개되고 체계적으로 발전한 것은 근대 이후 서구 및 일본의 산업화로 인한 공해 문제가 가시화되던 1960년대부터이다. 이로 인해 이들 선진국에서 환경 문제에 대한 자각과 그에 따른 제도화가 먼저 시작되었다. 또한 환경 문제가 기본적으로 초국경적 속성을 가짐에 따라 국가들이 문제의식을 공유하고 협력을 모색해 왔는데, 그 출발점은 바로 1972년의 스톡홀름회의라고 할 수 있다. 이 회의로부터 1992년의 리우회의에 이르는 기간 동안 국가들이 협력하여 많은 국제환경조약들을 발전시켜왔다. 그러나 이후 기후변화라는 보다 도전적인 과제에 직면하면서 국제환경레짐 수준에서의 환경협력의 발전은 지체되었다. 그러나 이에 비해 주권국가가 아닌 시민사회의 다양한 행위자들, 국제기구, 기업, 그리고 지방정부 등이 지구환경정치의 중요한 행위자로 부각하면서 이들이 만들어내는 다양한 형태의 네트워크들이 국제환경레짐을 대체해 나가고 있다는 점을 소개한다.

제2장("지구환경정치에서의 정의와 규범")에서 이재현은 기존

의 지구환경 문제는 산업화에 따른 환경오염 문제와 그로 인한 환경피해에 대한 해결에 초점을 맞추고 있음을 제시한다. 하지만 그는 자연환경을 희생시켜 얻은 편익과 그에 상응한 환경피해 또는 비용부담이 역진적(逆進的)으로 나타나고 있다는 점에서 분배를 둘러싼 불평등의 문제가 자리 잡고 있음에 주목한다. 즉 환경불평등과 관련된 갈등의 정렬(arrangement of conflicts)의 문제와 환경정의(environmental justice)와 관련된 가치의 배분(allocation of values)의 문제가 중심에 있다. 따라서 지구환경 문제는 정치학 차원에서 다루어져야 보다 근본적인 접근과 해결이 가능하다는 것이다. 이런 문제의식하에 2장은 환경정의의 개념과 특징을 환경담론과 철학적 관점에서 조명하고, 환경정의와 관련된 원칙과 규범을 국제환경협약에서 나타난 주요 원칙들(공동의 그러나 차별화된 원칙, 지속가능성의 원칙 등)과 연관 지어 살펴본 후, 기후변화와 관련된 갈등적 사안과 문제를 기후정의(climate justice) 중심으로 논의를 전개한다.

특히 필자는 환경 편익과 부담에 대한 분배적 정의와 절차적 정당성 차원에서 환경정의가 고려되어야 한다면, 개발과 보전이라는 환경적 가치를 조율하고 조정하는 근본적인 힘은 정치에 있다는 점을 강조하고 있다. 특히 기후변화를 둘러싼 선진국과 빈곤국가 간, 개별국가 내 부유계층과 빈곤 계층 간, 현재세대와 미래세대 간 기후정의가 다르게 인식되고 있고 그에 대한 해결 방안과 요구도 정치경제적이고 윤리적인 사안에서 복잡하게 전개되고 있는 것이 현실이다. 이렇듯 지구환경 문제는 정치경제적이면서 기후정의적인 사안을 국내 또는 국제적 차원에서 풀어가야 함을 유념하고 지구적 환경정의 논의에 지구환경정치를 이해할 필요가 있다는 것이다.

제3장("지구환경정치의 접근법과 이론들: 국제정치의 패러다임

을 중심으로")에서 한희진은 지구환경정치에서 주요 행위자인 국가들 간의 협력과 분쟁을 이해함에 있어 국제정치학의 다양한 패러다임과 이론들이 어떻게 유용한 분석틀을 제공할 수 있는지 탐구한다. 본 장은 다양한 국제정치의 이론들 중에서 주류 패러다임을 이루고 있는 현실주의, 자유주의, 구성주의가 어떤 문제의식을 기반으로 성립되었으며 어떤 행위주체들을 주요 분석단위로 하는지, 또한 그들 행위주체들 간의 상호작용 및 그에 따른 결과들을 어떻게 묘사, 설명, 예측하는지 소개한다. 이를 바탕으로 각각의 패러다임들이 지구환경정치에 어떻게 적용, 접목되는지 논의한다. 또한 다양한 대안적, 비판적 이론들 중에서 생태사회주의를 요약하여 소개한다. 본 장의 후반부에서는 이러한 이론적 논의들이 지구환경정치의 현상을 이해하고 설명하는 데 어떻게 적용될 수 있는지 독자들의 이해를 돕기 위하여 한국, 중국, 일본 사이에 진행되어 온 동북아시아 환경협력의 과정과 현황을 세 가지 패러다임을 적용하여 분석한다.

특히 필자는 1990년대 이후로 한·중·일 삼자 간 다양한 환경 문제에 대한 협력 프로그램들이 시도되었음에도 불구하고, 유럽, 북미, 또한 동남아 등의 다른 지역과 비교하여 협력의 깊이나 제도화의 수준이 아직 미성숙한 상태라 진단하며 현실주의, 자유주의, 구성주의 각각의 패러다임들이 이를 어떻게 설명하고 분석하는지에 초점을 맞춘다. 우선 현실주의에 따르면 동북아 환경협력의 저해 요소로 중앙 권력의 부재로 정의되는 아나키라는 국제정치의 구조적 특징하에서 각 주권 국가들의 안보와 권력 지향, 타 국가에 대한 불신, 협력이 각국의 상대적 힘 및 이득의 분배에 어떠한 영향을 미칠지에 대한 불확실성 등을 주로 들 수 있다. 신자유제도주의적 관점에서 보면 1990년대 이후 삼국 간 환경협력을 증진하기 위한 다양한 다자주의 제도적 노력이 출현했다는 점은 고무적인 현상이나, 합리적이고 이성적인 행위자들인 이들 국가들은 지역 기구와 같은 레짐과 제도를 통한 적극적 환경협력이 자국에 가져올 직접적인 이득에 대해서는 의문을 품고 있다고 분석한다. 또한 다양한 제도들이 1990년대 이후로 경쟁적으로 설립됨에 따라 그들을 통합적으로 조율하여 실질적인 환경 문제들의 해결책을 도출하는 시스템이 아직 미비함을 지적한다. 앞의 두 패러다임보다 국가들 간의 상호작용, 사회화, 가치나 관념의 영향 등에 더욱 관심을 기울이는 구성주의는 삼국 간의 오랜 역사적 반목과 그에 따른 뿌리 깊은 불신, 공통된 가치와 신념의 부족, 개발주의의 강력한 영향력 등의 요인이 한·중·일 간에 의미 있는 환경협력을 저해한다고 진단한다. 이러한 문제의 진단과 분석을 바탕으로 본 장의 결론에서는 어떻게 하면 동북아 삼국이 환경협력을 증진시켜 나갈 수 있을지에 대해서도 다양한 제안을 제시하고 있다.

제4장("지구환경정치의 주요 행위자들")에서 박혜윤은 지구환경정치를 이에 참여하는 주요 행위자들의 관점에서 지구환경정치에 접근하고 있다. 정치란 결국 "누가 무엇을 언제 어떻게 얻는가?(Who gets what, when and how?)"의 문제라는 라스웰(Lasswell)의 고전적 명제에서도 알 수 있듯이, 행위자에 대한 이해(理解)는 지구환경정치의 다양한 문제들에 대한 분석적 접근의 출발점이기도 하다. 특히 환경 분야에서는 온난화와 같이 전 지구적 대응을 요구하는 의제들에 있어 국가나 국제기구뿐만 아니라 기업, 초국적 시민사회단체, 인식공동체와 같은 비국가 행위자들도 중요한 영향력을 행사하고 있다. 이들은 각자의 이해(利害) 관계에 따라 때로 협력체를 구성하기도 하고 때로 긴장관계에 놓이거나 경쟁구도를 형성하기도 한다. 물론 개별 국가, 기업, 시민단체들이 보유한 특수성을 무시할 수는 없으나, 본 장에서는 일반론에 입각하여 각 행위자별 특성과 관련 쟁점 사안을 소개하여 지구환경정치 전반에

대한 이해를 돕고자 한다. 독자들은 이를 바탕으로 이 책의 2부와 3부에서 다루게 될 지구환경정치의 다양한 이슈와 국가 사례에 나타난 행위자들의 특수성에 대한 이해로 지평을 넓혀갈 수 있게 될 것이다.

제5장("다양한 환경 레짐과 국제협력")에서 이혜경은 국제환경레짐은 과학계나 시민사회의 경종을 바탕으로 국제사회의 논의를 거쳐 생성되는 경우가 많으며, 대체로 국제사회는 환경이라는 대의에 공감을 하면서도 레짐의 논의 과정에서는 국익에 기반한 치열한 외교전을 펼치게 되고, 그 결과 국제환경레짐은 개발과 환경, 선진국과 개도국 등의 상반된 이해를 반영하느라 국제환경 문제를 해결하는 데 가장 효율적인 방식을 채택하지 못하는 경우도 종종 발생하고 있다는 문제로부터 논의를 시작한다. 그러나 일부 분야의 국제환경레짐은 비록 국내 레짐에 비하여 불완전하고 약한 성격을 가지고 있음에도 불구하고, 레짐을 계기로 국가를 비롯한 다양한 이해관계자가 협상의 장에 참여를 도모한다. 더불어 국제적 레짐을 이행하려는 노력을 기울이게 된다는 점에서 독자적인 영향력을 가지고 있으며, 이러한 영향력이 점차 확대되는 경향을 보이고 있음을 보여주고 있다. 결국 이 같은 국제환경레짐의 발전 양상은 점차 지구적 수준의 레짐의 형성과 발전으로 어떻게 연결될 것인가라는 중요한 질문으로 연결될 수밖에 없으며, 이는 향후 지구환경정치의 가장 중요한 과제 중의 하나로 자리 잡고 있다.

제6장("환경과 시장")에서 이재현과 조정원은 공공재인 대기, 수자원을 중심으로 하는 환경오염은 전형적인 시장실패의 문제이며, 해결을 위해서는 국가의 개입과 시장 메커니즘의 활용이 모두 필요하지만 구체적인 정치적 대안 제시와 정부의 개입 정도에 대해서는 논란이 있다는 점을 강조하면서 논의를 전개한다. 특히 필자들은 각국의 환경정치에 있어서 중요한 사안이 된 환경세, 환경 관련 시장 혁신과 시장 왜곡에 대

하여 소개하고 배출권 거래제의 특성과 운영 현황을 살펴봄으로써, 환경 문제 해결과 관련된 국가와 시장의 역할 및 그 한계에 대한 논의들을 전개하고 있다.

제7장("환경과 무역")에서 김성진은 환경과 무역의 관계를 다루면서, 자유무역 규칙에 있어 환경이라는 변수가 장차 어떤 변화를 야기할지에 대해 다양한 분쟁 사례를 중심으로 서술하고 있다. 자유무역의 증가와 경제적 번영은 환경오염을 증대시키는 경우가 많으며, 특히 자유무역의 증대로 인해 개도국의 환경오염은 선진국에 비해 더욱 심각한 상황에 이를 수 있다. 하지만 생태적 근대화론이나 환경적 쿠즈네츠 곡선 등의 논의까지 고려할 때, 국가와 국제사회가 어떤 의지와 방향을 가지고 노력하는지에 따라 무역과 환경은 반드시 반비례하는 것이 아니라 조화롭게 공존할 수 있는 지점을 찾을 수 있을 것이다. 무역과 환경의 조화를 위해서는 국제사회 차원에서 두 가지 접근이 필요하며, 환경 규칙에 자유무역 요소를 포함시키는 접근보다는 이미 강력한 법적 체제를 구축한 WTO의 자유무역 규칙에 환경적 고려를 강화시키는 방향이 주를 이루어왔다. 따라서 7장에서는 WTO/GATT의 자유무역 원칙과 이를 수호하기 위한 분쟁해결제도를 소개하고, WTO 내에서도 무역에 있어서의 환경적 고려가 지속적으로 발전해 왔음을 보여주고 있다.

본 장에서 특히 주목할 만한 부분은 제3절의 WTO 환경분쟁 사례이다. 다섯 개의 사례를 통해 자유무역의 원칙과 환경보호의 요인이 어떤 식으로 충돌했고, 또 어떤 식으로 해결되었는지에 대해 상세히 다루었다. 제3절에서는 이미 결정이 이루어져 판례로 정립된 주요 사례들을 설명하고 그 논점을 짚은 후, 기후변화라는 가장 중요한 환경 사안에 대한 각 사례별 함의점을 함께 논의하고 있다. 다섯 개 사안은 각각 온실가스 요인의 동종상품 판단 기준 적용 여부, 온실가스가 대기오염 물질인지의 판단 여부, 온실가스 배출이 국경세조정 대상이 될 수 있는지의 여부, 국가의 기후변화정책 추진에 있어서 보조금 지원의 문제, 그리고 선진국과 개도국 환경분쟁 구도의 근본적인 변화를 다루고 있으며, 결과적으로 7장의 저자는 장차 무역과 환경의 관계를 규율해 온 기존의 자유무역 규칙이 기후변화 문제로 인해 큰 논쟁과 변화를 겪을 것이라는 점에 주목하고 있다.

제8장("환경과 개발협력")에서 박혜윤은 종종 동전의 양면과 같이 인식되곤 하는 경제성장과 환경 문제를 논한다. 국내에서 자연자원의 보존이냐 개발이냐를 두고 정치적 논쟁이 벌어지는 것처럼 지구정치 차원에서도 환경보호와 경제발전의 관계에 대해 다양한 행위자들이 상이한 시각을 견지하고 있다. 특히 선진국과 그 외의 국가들의 대립적 구도는 일견 냉전 이후 국제정치에서 존재했던 진영 대결 양상을 연상케 하는 면이 있다. 그러나 환경과 개발을 둘러싼 지구정치의 구도를 그러한 양극 체제로 수렴시키기에 어려운 몇 가지 이유가 있다. 첫째, 선진국에 대한 저개발국가 및 개발도상국들의 경제적, 기술적 의존도가 높아 힘의 균형이 존재한다고 보기 어렵다. 둘째, 기업이나 시민사회와 같은 민간부문 및 과학자들의 인식공동체와 같은 비국가 행위자들의 정치적 영향력이 상대적으로 크다. 셋째, 환경 문제는 승자와 패자가 따로 없는 지구공공재적 문제라는 인식의 공유와 협력의 당위성에 대한 대체적인 합의가 존재한다. 무엇보다도 환경과 연계된 개발의 문제는 생존의 위협에 직면할 만큼 극심한 빈곤상태에 처해 있거나 조상 대대로 일구어온 삶의 터전을 잃어버릴 위기에 놓이는 등 급박한 인간안보의 위기를 포괄하고 있다. 따라서 이러한 점에서 정치경제적 관점뿐만 아니라 윤리적 관점에서의 접근을 필요로 한다.

특히 필자는 본 장에서 지난 수십 년간 국제사회가 환경과 개발의제를 어떻게 연계해 왔으며, 관련 문제의 해결을 위해 어떠한 대응체제를 마련하고 있는지 국제개발협력체제를 중심으로 살펴보고 있다. 개발협력 또는 개발원조는 통상적으로 저개발국가의 경제사회적 발전을 위해 선진국이 경제적 자원을 유·무상으로 제공하는 행위를 뜻한다. 특히 필자는 선진국이 원조공여자로서 개도국과 빈곤국의 환경 문제에 대한 대응 역량을 강화시키며 양자를 협력의 체계로 이끄는 데 주효한 역할을 담당하고 있지만, 최근에는 남남협력(South-South Cooperation)을 통한 개도국 간 원조 및 기업이나 재단, 비정부기구 등이 공여자가 되기도 한다는 점에 주목해야 함을 강조하고 있다.

제9장("환경과 안보")에서 신범식은 환경과 안보의 상관성에 대한 이론적 접근과 함께, 사례연구를 통해 환경 문제가 다양한 사회적 요인과 결합하였을 때 어떠한 양상으로 나타날 수 있는지를 살피고 있다. 이를 바탕으로 환경 문제가 안보화되었을 때의 대응 방식에 대해 분석수준을 구분하여 바라보고자 하였다. 먼저, 환경 문제가 안보로 연결될 수 있는가에 대해 학계 내에서는 다양한 의견들이 존재한다. 따라서 이에 대한 시각을 양면적으로 분류한 후, 대표적인 학자들의 의견에 대해 검토하였다. 또한 환경 문제가 안보와 어떻게 연결될 수 있는지를 사례연구를 통해 살펴보고자 하였다. 먼저 환경 문제가 촉발 원인으로서 사회적 요인과 결합했을 때 발현될 수 있는 현상으로, 무력분쟁이 나타날 수 있는 반면 환경 문제의 안정화 또한 야기될 수 있다는 것을 사례들을 통해 확인하였다. 더불어 환경 문제 자체가 갈등의 핵심 요인으로 작용할 수 있다는 것을 확인하면서, 환경 문제란 복잡하고 다양한 방식으로 안보 문제에 영향을 미치는 것으로 나타난다. 마지막으로 환경 문제가 안보에 영향을 미치는 것을 확인함에 따라, 그에 대한 대응으로써 네 가지의 분석 수준을 바탕으로 대응 방식이 어떻게 나타났는지를 살펴보았

다. 네 가지의 분석 수준은 국가 혹은 시민사회 차원, 국제적 차원, 강대국 중심의 국제관계 차원, 지역적 차원으로 구분하였다. 이러한 분석 수준의 구분을 통한 대응 방안의 분류는 향후 지속적으로 제기될 환경 문제에 대한 지구정치적 대응 방안을 구상함에 있어서 복합적 대응의 필요성을 잘 보여주고 있다.

제10장("환경과 인권")에서 정하윤은 환경과 인권은 환경을 누리는 인간의 보편적이고 기본적 권리라는 점에 주목한다. 환경권은 지역, 민족, 인종, 사회경제적 지위, 남녀노소 누구에게나 적용되어야 하지만, 현실에서는 환경 계급차별, 인종차별, 젠더차별, 세대문제, 남북문제 등 다양한 형태로 환경불평등이 나타나고 있다. 전 지구 차원의 다양한 행위자들은 환경불평등 문제를 환경정의와 연결시켜 해결하고자 노력한다. 특히 인권을 연계한 해결책을 모색하고 있는데, 여기에는 환경난민, 젠더, 노동 등이 포함된다. 우선 환경난민은 '21세기 난민'으로 불리며, 극심한 환경오염, 이상기후, 대규모 자연재난, 원전사고와 같은 환경변화로 인하여 불가피하게 살던 고향이나 국가를 떠나거나 이탈한 사람들을 의미한다. 환경난민의 수는 매년 증가하고 있다. 하지만 난민으로 인정되는 요건에 해당하지 않기 때문에 난민의 지위를 인정받지 못하며 이주를 하는 경우 2차 위험에 직면하는 등 국제보호의 사각지대에 처해 있다. 현재 유엔을 비롯한 국제기구, 환경국제협상에서 환경난민을 주요 의제로 다루고 있지만 실효성에는 의문이 제기되는 실정이다.

또한 필자는 환경과 젠더문제는 환경적 혜택이 성에 따라서도 차별적으로 배분되고, 여성이 남성에 비해 더 많은 환경적 부담을 지고 있다는 인식에서 제기되었음에 주목한다. 이러한 인식이 확산되면서 20세기 여성운동의 일부로서 에코페미니즘이 등장하기도 하였다. 특히 여성의 환경적 취약성은 저개발국, 빈곤국에서 두드러지며, 이러한 환경적 젠더

불평등은 빈곤, 역할분담, 문화, 종교에서 비롯된다. 유엔을 비롯한 국제 사회는 환경 문제 해결의 적극적 역할자로서의 여성, 여성발전이 추진 되어야 할 영역으로의 환경에 주목하면서, 성 주류화 정책과 여성 임파 워먼트의 필요성을 제시하고 있다.

끝으로 필자는 환경과 노동이 충돌하는 이해관계를 지닌 이슈로 인 식되었지만, 사회적 불평등, 환경이 노동환경에 미치는 영향 측면에서 환경과 노동은 연계된다는 점을 강조한다. 특히 작업장의 환경과 관련 된 노동자의 보건과 안전은 환경복지 측면에서 중요한데, 이러한 주장 은 주로 노조를 통해 제기되었다. 따라서 유엔환경계획 등 국제사회는 노조의 관점을 환경 어젠다에 반영시키기 위한 조치를 취하고 있지만, 노조 참여의 장벽, 산업계의 반대 등은 걸림돌로 작용하고 있다는 점에 서 여전히 영향력 행사에 한계를 가진다.

제11장("환경과 기술")에서 이태동은 다음과 같은 질문에 주목한 다. 환경과 기술은 어떤 관계가 있는가? 기술은 지구 환경 문제를 인식 하고 해결하는 기제인가? 아니면 지구 환경 문제를 심화시키는 요인인 가? 환경 문제 대응에 있어서 기술의 양면적 속성에 대해 살펴본다면, 과학기술은 많은 환경 문제를 파악 및 예측하고, 그로부터 오는 피해를 경감하는 데 도움을 주지만 환경 문제의 원인을 어느 정도 제공하기도 한다는 것을 의미한다. 이에 필자는 환경-에너지 문제에 있어 기술의 역 할을 세 부분으로 나누어 설명한다. 우선, 환경 문제 대응에 있어 기술 의 필요성에 대해 논하고, 다음으로 환경 문제 대응에 있어서의 기술의 역할에 대한 비판적 인식을 살펴본 뒤, 환경-기후변화와 관련된 기술의 국제협력을 다룬다. 필자는 환경과 기술의 국제협력은 단순히 기술이 전, 특히 기계 장치나 하드웨어로서의 기술을 선진국에서 개발도상국으 로 이전하는 것을 넘어서서, 국가의 민간 부문 및 공공 부문의 행위자들

이 공동으로 기술을 연구, 개발 및 도입하는 공동연구개발(collaborative research and development)의 단계로 변화하고 있다는 점에 주목할 필요가 있음을 강조하고 있다.

제12장("선진국의 환경정치")에서 정하윤은 선진국들의 환경정치와 관련하여 선진국들은 산업혁명 등을 거치면서 대기오염, 수질오염 등을 발생시켰다는 점에서 환경악화의 일차적 책임이 있다고 간주한다. 한편으로 선진국들은 다양한 환경레짐 형성과 국가 간 협력을 통해 환경 문제 해결을 주도하기도 한다. 국내 영역에서 선진국들의 환경정치는 국가마다 다른 양상으로 전개된다. 선진국 환경정책 결정과정에는 다양한 이해당사자들이 참여하여 자신들의 이해관계를 정책에 반영하고자 한다. 선진국의 권력분립, 규칙, 성문법, 분쟁해결의 게임의 규칙에 대한 공유된 이해와 같은 제도 역시 환경정책이 결정되고 이행되는 데 영향을 미치고 있다는 점에서 확인할 수 있다.

구체적으로 미국은 다원주의 정치체제하에서 다양한 행위자들이 환경정책결정과정에 참여하는 특징을 지닌다. 더불어 유럽연합에서는 부담 공유의 원칙에 근거한 다층적 거버넌스와 정책 네트워크를 통해 환경정책을 결정하는 구조를 가지고 있음을 보여준다. 한편 환경운동, 탈핵운동이 활발하게 전개되었던 독일에서는 사회운동으로부터 녹색당이 선거에서 의석을 획득하면서 정치제도화가 이루어졌다. 일본은 풀뿌리 차원에서 주민들이 주체가 되어 행정과의 파트너십을 구축한 마치즈쿠리(마을만들기)를 통해 마을의 환경 문제를 직접 해결하고 있다. 이와 같이 선진국들의 환경정치는 다수의 행위자들과 다양한 수준에서 이루어지고 있다.

제13장("개발도상국의 환경정치")에서 조정원은 개발도상국들의 환경정치를 소개한다. 개발도상국들에서는 국민들의 일자리 창출, 소득

증대를 적극적으로 추진하는 과정에서 환경오염을 수반하는 경우가 많이 발견된다. 개발도상국들에서 발생하는 온실가스와 대기오염 문제는 인접 국가들에게도 부정적인 영향을 미치고 있어서 지구환경정치의 주요 이슈로 부각되고 있다. 필자는 구체적으로 주요 개발도상국인 중국과 인도의 경제, 산업 중심지인 광저우와 구자라트의 온실가스 배출 감소를 위한 로컬 거버넌스를 비교함으로써 개발도상국의 환경, 기후변화 거버넌스의 이해를 돕고자 한다. 또한 인도네시아의 연무 문제 해결을 위한 다자협력 사례 분석을 통해 개발도상국에서 발생하는 초국경 환경문제를 인접 국가들과 시민 사회가 참여하는 다자협력으로 해결할 수 있는 모델을 제시하고 있다.

마지막으로 제14장("한국 환경정치의 과제")에서 신상범은 한국 환경정치의 전개 과정을 소개하고 향후 과제를 제시함으로써 이 책의 결론과 함의를 논의하고 있다. 한국에서는 1977년에 환경보전법이 제정되고 1980년에 환경청이 신설되었다. 하지만 본격적으로 정부가 환경문제를 심각하게 고려하고 정책을 수립한 것은 1990년에 환경정책기본법이 제정되고 환경청이 환경처로 승격된 시점이었다고 할 수 있다. 이후 1990년대와 2000년대를 통해 환경정책과 환경외교가 지속적으로 발전되었다. 이 과정에서 환경시민사회가 지속적으로 성장했으나 아직까지 한국의 환경거버넌스의 특징은 전반적으로 시민사회보다는 국가가, 그리고 지방정부보다는 중앙정부가 환경정책을 주도한다는 점이다. 그러나 이러한 하향식 거버넌스가 점차 상향식으로 바뀌고 있다는 점에 유의할 필요가 있다. 물론 이 변화 과정은 느리고 복잡하다. 창원시의 사례에서 보듯이 지방정부가 환경 및 기후변화를 주제로 혁신을 시도하기에는 아직도 정치지도자의 인센티브와 제도적 뒷받침이 부족하다. 또한 보수 성향의 정부가 환경 이슈를 선점하여 시민사회의 참여 통로를 제한하고, 환경보다는 환경 이슈를 통한 개발을 추진하여 환경정치를 퇴보시키기도 한다. 그러나 최근 정부는 환경, 기후변화, 에너지 문제를 공론화함과 동시에 시민의 참여 기회 확대를 통해 정책 과정의 투명성을 제고하기 위해 노력하고 있다. 비록 갈 길은 멀지만 이미 시민사회의 참여와 지방정부의 자율성이 지구환경정치의 대세가 되고 있고 동북아시아 주요 삼국 중 한국이 이러한 발전의 지역 리더가 될 가능성이 가장 높다는 점에서 향후 한국 환경정치의 전망은 밝다고 제시하며 마무리를 짓는다.

| 참고문헌 |

신범식. 2011. "기후변화의 국제정치와 미-중관계." 『국제정치논총』 51-1.

최준영. 2017. "월경성장거리이동대기오염물질에 관한 협약과 미세먼지 해결을 위한 국제협력방안." 『이슈와 논점』 1296.

Barkdull, John and Paul G. Harris. 2002. "Environmental Change and Foreign Policy: A Survey of Theory." *Global Environmental Politics*. 2-2.

Chasek, Pamela S. David L. Downie and Janet Welsh Brown. 2006. *Global Environmental Politics: Dilemmas in World Politics* (Fourth Edition). Boulder: Westview Press.

Haggard, Stephen and Beth A. Simmons. 1987. "Theories of International Regimes." *International Organization*. 41-3.

Haas, Peter M. 1992. "Introduction: Epistemic Communities and International Policy Coordination." *International Organization*. 46-1.

Sjöstedt, Gunnar (ed.). 1993. *International Environmental Negotiation*. Newbury Park: Sage Publications.

Speth, James Gustav and Peter M. Haas. 2007. *Global Environmental Governance*. London: Island Press.

1부

지구환경정치의
기원과 전개

지구환경정치의 역사

주요어(KEY WORDS)   공유재의 비극 · 집합행동의 딜레마 · 공유재 · 산업공해 · 스톡홀름회의 · 스톡홀름선언 · 유엔환경계획 · 국제환경협약 · 지속가능한 발전 · 리우회의 · 리우선언 · 공동의 그러나 차별화된 책임 원칙 · 국제환경협력이 장은 지구환경정치의 역사를 개관한다. 인류는 매우 오래전부터 생태학적 환경에 관심을 가지고 그것을 보존해야 한다는 생각을 해왔을 것이다. 그러나 그러한 생각이 본격적으로 전개되고 체계적으로 발전한 것은 근대 이후 서구 및 일본의 산업화로 인한 공해 문제가 가시화되던 1960년대부터일 것이다. 이로 인해 이들 선진국에서 환경 문제에 대한 자각과 그에 따른 제도화가 먼저 시작되었다. 또한 환경 문제가 기본적으로 초국경적 속성을 가짐에 따라 국가들이 문제의식을 공유하고 협력을 모색해 왔는데 그 출발점은 바로 1972년의 스톡홀름회의라고 할 수 있다. 이 회의로부터 1992년의 리우회의에 이르는 기간 동안 국가들이 협력하여 많은 국제환경조약들을 발전시켜왔다. 그러나 이후 기후변화라는 보다 도전적인 과제에 직면하면서 국제환경레짐 수준에서의 환경협력의 발전은 지체되었다. 이에 비해 주권국가가 아닌 시민사회의 다양한 행위자들, 국제기구, 기업, 그리고 지방정부 등이 지구환경정치의 중요한 행위자로 부상하면서 이들이 만들어내는 다양한 형태의 네트워크들이 국제환경레짐을 대체해 나가고 있다.

Ⅰ 공유재의 비극

　인류는 생태학적 환경에 관심을 가지고 이를 보존해야 한다는 생각을 동서양의 역사를 통해 매우 오래전부터 해왔을 것이다. 그러나 이러한 생각이 체계적으로 전개되고 발전한 것은 근대 이후 산업화로 인한 공해 문제가 가시화되던 1960년대부터일 것이다. 일정한 수준의 산업화와 근대화를 먼저 달성한 북미, 서유럽 그리고 일본 등의 선진국에서 산업공해 문제가 먼저 대두되었고 따라서 당연히 이들 나라에서 이에 대한 자각과 반성 그리고 문제를 극복하려는 노력이 먼저 생겨났다. 이러한 노력은 학문적 탐구, 정치적 행동, 공공정책 수립 등 다양한 차원에서 이루어졌는데 그 중 학문적으로는 '공유재의 비극'이라는 개념으로 구체화되었다.

　1968년에 미국의 생물학자인 개릿 하딘(Garrett Hardin)은 저명한 학술지인 『사이언스(Science)』에 "공유재의 비극(The Tragedy of the Commons)"이라는 논문을 발표하였다. 이 논문에서 저자는 합리적으로 자기 이익을 추구하고자 하는 개인들의 행동이 집합적으로는 바람직하지 못한 결과를 가져오게 되는 상황을 비극(혹은 재앙)으로 묘사하고 있는데 이를 통해 그는 환경 문제가 발생하게 되는 과정의 본질을 보여주고 있다. 하딘은 이를 설명하기 위해 목동들이 자유롭게 이용할 수 있는 목초지를 예로 든다. 목동들은 각자 자신의 가축을 목초지에 방목시킴으로써 이득을 얻는데 만약 개개의 목동들이 목초지를 남용한다면, 즉 적절한 수의 가축보다 더 많은 가축을 키운다면, 개개의 목동들은 이에 의해 이득을 얻지만 이를 통해 발생한 비용은 – 여기서는 과잉 방목으로 인한 목초지의 감소 – 공동으로 부담하기 때문에 작아지고 또 당장

지불하지 않아도 되는 것이다. 이 상황에서 개개의 목동들은 만약 그들이 합리적이라면 자신의 이익을 극대화하기 위해 될 수 있는 한 많은 가축들을 키우려고 할 것이며(목초지의 남용) 이러한 이익극대화는 결국 목초지가 파괴되고 파국이 초래될 때까지 계속되게 된다는 것이다(Hardin 1968).

공유재의 비극은 게임 이론에서 죄수의 딜레마 게임을 통해 설명될 수 있으며 또한 올슨(Mancur Olson)의 집합행동의 논리라는 개념과도 일맥상통한다(오스트롬 2010, 25-31). 올슨은 그의 책 『집합행동의 논리(*The Logic of Collective Action*)』에서 합리적 개인들이 집단적 복지를 추구하는 것이 어렵다는 것을 주장하였다. 그의 논지의 핵심은 자주 인용되는 "구성원의 수가 아주 적거나, 구성원들에게 공동의 이익을 위해 행동하도록 강제할 장치가 없는 한, 합리적으로 사적 이익을 추구하는 개인은 공익 혹은 집단 이익을 위해 행동하지 않을 것"이라는 구절을 통해 잘 나타난다(오스트롬 2010, 28-29). 올슨은 이러한 상황이 발생하는 이유가 개인이 집합적으로 달성된 이익에서 배제되지 않기 때문이라고 설명한다. 즉 내가 직접 참여하지 않아도 내가 집합행동의 결과를 누릴 수 있는 상황에서 개인은 집단적 이익의 추구를 위해 동참하기보다는 무임승차(free riding)를 선택하게 된다는 것이다.

공유재의 비극, 죄수의 딜레마 그리고 올슨의 집합행동의 논리는 모두 같은 문제, 즉 개인의 합리적 선택이 집합적으로는 바람직하지 못한 결과를 가져온다는 딜레마를 다른 방식으로 설명하고 있다. 이들은 환경 문제 특히 제한된, 그러나 누구나 접근 가능한 공유자원이 남용되어 결국 그 공유재의 효용이 감소하게 되는 상황을 잘 설명해 준다. 또한 이들은 모두 이 상황에서 합리적 개인이 선택하게 되는 무임승차를 잘 설명해 주고 있다. 물론 공동의 이익을 추구하기 위해 무임승차의 유혹을

죄수의 딜레마 게임

공유재의 비극은 게임이론에서 죄수의 딜레마 게임으로 설명될 수 있다. 이 게임은 두 명의 합리적 행위자들이 협력을 하면 이득을 얻을 수 있음에도 불구하고 협력을 하지 못하게 되는 딜레마 상황을 설명하기 위해 고안되었다. 이 게임은 두 명의 범죄용의자가 체포되어 서로 분리된 채로 조사를 받는 과정에서 서로 자백을 하지 않기로 약속했음에도 불구하고 서로를 믿지 못해 결국 둘 다 자백을 함으로써 더 큰 벌을 받게 된다는 스토리로 설명된다. 두 명의 범죄용의자는 체포되어 조사를 받을 때 자백을 하지 않고 버티는 것(협력)과 약속을 어기고 자백을 하는 것(배반)의 두 선택을 할 수 있는데 이들이 격리되어 있기 때문에 상대방의 선택을 알지 못하는 상태에서 동시에 선택을 하게 된다.

위의 게임 메트릭스는 이 두 명의 용의자가 자신들의 선택에 의해 받게 되는 보상(payoff)의 크기를 보여준다. 먼저 A와 B가 모두 자백을 안 하고 협력을 할 경우 둘 다 1년을 복역한다. 그런데 A는 자백을 안 하여 협력을 했는데 B가 배반하여 자백을 할 경우 B는 그냥 풀려나지만 A는 3년을 복역하게 된다. 반대로 A가 배반을 하고 B가 협력을 할 경우 A는 풀

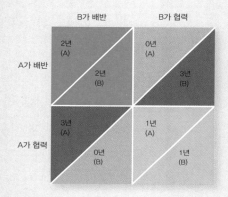

려나지만 B는 3년을 복역하게 된다. 마지막으로 둘 다 배반할 경우 둘 다 똑같이 2년을 복역하게 된다. 이 게임은 그 구조상 결국 둘 다 배반을 선택할 수밖에 없게 설계되어 있다. 그 이유는 이러한 딜레마 상황, 즉 둘 다 협력하면 징역 1년만 복역하고 풀려날 수 있다는 것을 알면서도 결국 둘 다 배반하여 2년을 복역하게 되는 결과를 설명하기 위해서이다. 이 용의자들은 결국 가축을 늘리면 목초지가 남용되어 결국 소실될 것이라는 것을 알면서도 합리적 판단을 하여 가축을 늘리는 목동들과 같다. 따라서 결국 공유재의 비극과 같은 딜레마 상황을 게임 메트릭스를 통해 설명하는 것이다.

뿌리치는 행위자도 있을 수 있겠지만 이 경우에도 결국 집합적인 결과는 최적 수준에는 이르지 못하게 된다(오스트롬 2010, 29-30). 마치 공동의 어장을 지속가능한 방식으로 관리하는 문제에 있어서 한쪽에서는 적

절한 양의 물고기를 잡고 있는데 다른 한쪽에서는 무제한적으로 물고기를 포획하고 있는 것과 마찬가지인 것이다. 오늘날 지구온난화에 대처하기 위해서 한쪽에서는 온실가스를 감축하려고 노력하고 있는 반면 다른 한쪽에서는 이에 상관없이 온실가스를 아무 제한 없이 배출하고 있는 것과도 같다.

지구환경정치에서 이슈가 되고 있는 많은 환경 문제들은 공유재의 비극을 통해 설명될 수 있다. 전 지구인들이 공유하는 지구 공유재(global commons)인 대기, 해양, 기후, 극지방 생태 등의 자원에 대한 남용이나 오용으로 인해 발생하는 환경 문제들은 모두 본질적으로 공유재의 비극에 해당한다. 우리가 사용하는 특정한 화학물질(염불화탄소 등)에 의해 성층권의 오존층이 파괴되는 문제, 인간이 배출하는 온실가스로 인해 지구 전체의 평균 온도가 상승하거나 여타 비정상적인 기상학적 변화가 일어나는 기후변화, 남획으로 인한 해양 자원 고갈 위기, 유조선의 기름탱크 파괴나 원전사고 등으로 바닷물이 오염되는 문제, 멸종 위기에 놓인 동식물을 보존하는 문제 등이 그 예라고 할 수 있다. 또한 이러한 공유재의 비극은 전 지구 차원에서 발생하기도 하지만 특정 지역 차원에서 발생하기도 한다. 예를 들어 1970년대와 1980년대에 심각했던 유럽의 산성비 문제나 지중해 오염 처리 문제, 아마존 삼림 보호 문제, 그리고 동북아의 어족 자원 관리 문제 등은 특정 지역에서 공유되는 자원에 관한 문제들이지만 전 지구 차원의 문제와 마찬가지로 집합행동의 딜레마 및 무임승차의 문제를 가지고 있다.

집합행동의 딜레마 혹은 무임승차 문제를 해결하기 위해 한 국가의 국내 환경정책의 영역에서는 주로 다음의 두 가지 방법이 사용된다. 첫째는 구성원들의 행위 및 선택에 영향을 미칠 수 있는 강력한 주체를 설정하고 그 주체를 통해 집합행동을 적절히 규제하고 관리하는 것이다.

한 국가 내에서 이러한 주체는 주로 중앙 및 각급 지방 정부들이 담당한다. 이들은 해당 관할 지역의 오염 주체들을 감시하고 통제하며 이들이 정해진 규칙을 어길 경우 이에 해당하는 벌을 주기도 한다. 이러한 방식으로 정부, 즉 공권력은 구성원들로 하여금 무임승차의 유혹에 빠지지 않도록 하고 집합행동의 딜레마에서 벗어나도록 한다. 그리고 많은 경우 이러한 해결책은 국가가 삼림이나 수자원 등 공유자원을 소유하는 제도를 수반한다.

또 다른 해결책은 이와는 반대로 공유자원을 사유화하는 것이다. 즉 소유권을 명확히 함으로써 구성원들로 하여금 딜레마에서 벗어나게 하는 것이다. 1982년에 채택되고 1994년에 발효된 유엔해양협약(United Nations Convention on the Law of the Sea, UNCLOS)에 명시되어 있는 배타적 경제수역(Exclusive Economic Zones, EEZs)은 각국이 자신의 연안으로부터 200마일에 이르는 지역을 경제적 목적에서 주권 관할 지역으로 정할 수 있음을 합법적으로 보장하고 있는데 이것이 공유자원을 적절히 분할하여 소유자에게 그 지속가능한 관리의 책임을 지도록 하는 사유화 방식의 해결책의 예이다.

그러나 무정부상태(anarchy)를 본질로 하는 지구환경정치에서는 구성원들 – 특히 주권국가들 – 의 행동을 통제할 중앙 권위체가 없고 많은 경우 대기, 기후 등 사유화할 수 없는 자원이 문제가 되기 때문에 이 두 해결책이 좋은 대안이 되지 못하는 경우가 많다. 오래전 학자들이 지적하였듯이 지구환경정치의 문제는 근본적으로 생태계 자체는 하나로 통합되어 있는 반면 정치체제는 각자 자국의 이익을 추구하는 주권국가들로 나뉘어 있는 불일치에서 비롯되는 것이다(Hurrell and Kingsbury 1992). 많은 사람들이 언급했듯이 전 세계 인류는 지구호(spaceship earth)라는 우주선을 함께 타고 가고 있고 이 우주선의 연료가 제한되어 있다는 것을 알고 있지만 지구호를 지키기 위한 협력은 쉽게 이루어지지 않는다. 왜냐하면 지구호라는 공유자원을 주권국가들이 합리적으로 남용하고 있기 때문이다. 또한 공유재의 비극과는 조금 다르지만 지구환경정치학에서 자주 등장하는 '초국경 환경 문제(transboundary environmental problems)'라는 용어 역시 이러한 분절화된 지구호(fragmented spaceship earth)의 산물이다. 라인강이나 다뉴브강처럼 유럽의 여러 나라를 관통하는 강물의 오염 문제 혹은 중국발 미세먼지가 국경을 넘어서 우리나라에 피해를 주는 현상 등이 그 대표적인 예라고 할 수 있다. 일단 오염물질이 주권의 관할 경계를 넘는 순간 국제정치의 갈등과 협력의 복잡하고 힘든 과정이 진행된다. 동북아시아의 황사와 같이 오염원이 되는 국가와 피해 국가가 분명한 경우도 있지만 같은 동북아의 미세 먼지 그리고 유럽의 산성비나 하천 오염과 같이 정확히 누가 얼마나 오염물질을 배출하는지 자체가 불분명한 경우 국제환경정치는 더욱 복잡한 양상을 띠게 된다.

국제정치학에서는 전통적인 키워드들인 힘(power), 제도(institutions), 그리고 관념(idea)을 통해 이 문제에 대한 해결책을 모색해 왔다. 먼저 힘이나 영향력에 의한 해결은 마치 국내 정치에서의 정부의 역할과 권한을 어떤 행위자에게 부여하고 그 행위자로 하여금 문제 해결을 주도하게 하는 것인데 국제관계에서 이 역할은 대개 강대국이 맡게 된다. 강대국은 그들의 힘이나 패권을 이용하여 다른 국가들이나 행위자들로 하여금 무임승차를 하지 않도록 하며 결과적으로 집합행동의 딜레마에서 벗어나게 할 수 있다. 그런데 이때 강대국이 갖추어야 할 조건은 경제력이나 군사력과 같은 물리적인 힘뿐 아니라 지적, 도덕적, 문화적 힘, 즉 소프트 파워도 포함한다. 지구환경정치에서 이러한 소프트파워는 환경보호와 관련되어 그 국가가 어떠한 평판을 얻고 있는가에 의해 크게 영향을 받으며 그러한 평판은 그 국가가 보여주는 환경보호에의 헌신(commitment)과 그 결과에 의해 좌우된다고 할 수 있다. 예를 들어 기후변화 이슈에 있어서 영국이나 몇몇 유럽의 선진국들은 그동안 그들이 자국에서 보여준 노력과 열정, 희생 덕분에 지구기후변화정치에서 좋은 평판에 기반을 둔 큰 영향력을 행사하고 있는 반면, 미국은 정반대로 정치적, 군사적, 경제적으로 강대국임에도 불구하고 온실가스 의무감축에 있어서 이렇다 할 노력이나 성과를 보이지 않음에 따라 일종의 '기후 부도덕국가'로 인식되고 있다. 또한 군사력이나 경제력 그리고 소프트파워가 미비하더라도 단순히 국가의 규모로 인해 지구환경정치에서 영향력을 발휘하는 경우가 있는데 대표적으로 중국이나 인도 등과 같은 거대한 개발도상국을 들 수 있다. 이들은 인구와 면적, 현재 경제규모, 그리고 앞으로의 발전가능성 등으로 인해 지구환경에 미치는 영향력이 매우 크기 때문에 이들이 문제해결을 주도하거나 협상 과정에서 힘을 행사하는 경우도 종종 볼 수 있다.

두 번째 키워드는 제도이다. 국제정치학자들 특히 신자유제도주의자들(Liberal Institutionalists)은 제도가 국가 간의 협력을 촉진시킬 수 있는 중요한 변수이며 따라서 무정부상태하에서도 특정한 조건하에서 특정한 제도가 국가들로 하여금 그들이 선택하는 행위의 보상 구조(payoff structure)를 바꿈으로써 서로 협력하게 할 수 있음을 주장한다(Young 1999). 예를 들어 액설로드(Robert Axelrod)는 국가들이 죄수의 딜레마 게임하에서도 만약 이 게임이 무한 반복되는 조건이라면 맞대응, 즉 팃포탯(Tit for Tat)이 성공적인 협력을 위한 유용한 전략이 될 수 있음을 입증하였다. 그리고 이렇게 게임을 반복시키고 국가들의 비용/편익 계산에 영향을 미쳐 협력을 유도하는 것이 바로 국제제도의 역할임을 강조한다(액설로드 2009). 지구환경정치학에서도 영(Oran Young)이나 미첼(Ronald Mitchell)과 같은 학자들은 오랫동안 효과적인 지구환경협력을 위한 제도적 조건이 무엇인지를 연구해 왔다. 이들 연구에서는 국제환경레짐들이 가진 감시(monitoring)와 처벌(punishment)에 관한 규칙들, 여기에 참여하는 국가들의 국내 정치·경제적 속성들, 참여하는 국가들의 수, 규칙의 공평성 정도 등 많은 세밀한 요인들이 협력에 큰 영향을 미치는 것으로 나타났다.

마지막으로는 관념적 요인의 경우 우리의 환경의식 및 자각(aware-ness), 신념이나 가치체계, 이념이나 철학 등 정신적, 지적, 문화적 요인들을 말하는 것으로서 이들이 지구환경정치에서 집합행동의 딜레마를 해결하고 지구환경협력을 이끌어 내는 데 있어서 결정적인 역할을 하는 경우가 있다. 한 사회의 환경정책은 기본적으로 그 사회 구성원들의 환경의식을 반영한다. 그리고 환경의식은 그 사회가 정치적, 경제적으로 성숙해짐에 따라 더욱 그 수준이 높아지는 것이 일반적인 현상이다. 서구 선진국이나 우리나라 모두 산업화가 한창이던 시기에는 굴뚝에서 나오는 연기가 발전과 번영의 상징으로 인식되었다가 그 후 경제 수준이 높아지고 난 후 그것이 기피와 규제의 대상으로 인식되어 그에 따라 적절한 정책이 수립되고 집행되는 것이 그 대표적인 예이다. 또한 과학적 정보나 기술의 발달이 환경의식의 변화 및 발전에 큰 영향을 미치기도 한다. 예를 들어 특정 물질에서 발생하는 환경호르몬에 대한 과학적 정보가 그 물질로 만들어진 용기나 관련 제품에 대한 부정적 인식을 확산시켜 결국 그 사회에서 그 물질의 사용을 규제하는 정책이 만들어지는 경우도 있다. 그러나 지구환경정치에서는 이러한 관념적 요인들이 각 나라가 가진 정치적, 경제적, 문화적 조건에 따라 상이하게 나타나고 따라서 종종 충돌을 일으키기도 한다. 일본은 고래(특히 밍크고래)의 멸종을 염려하여 포경을 금지하고 규제하려는 미국 등 서구 국가들의 압력이 일본인들이 가진 전통적인 식습관이라는 문화적 상대성을 고려하지 않은 행위라고 비난한다. 따라서 지구환경정치에서 관념적 요인은 분명 문제를 해결하는 중요한 요인임은 분명하지만 그 해결 과정은 한 국가 내에서와는 다르게 매우 복잡하다고 할 수 있다.

II 지구환경정치의 역사: 개관

산업혁명 이후 서구 선진국들이 지속적으로 배출해온 산업공해는 그들이 이룩해온 발전만큼이나 급속하고 대규모적이었다. 처음에 그들은 이러한 공해를 발전의 당연한 산물이자 번영의 상징으로 생각했다. 그러나 산업공해로 인한 폐해가 직접적으로 영향을 미치게 되자 그들은 본격적으로 이에 대응하기 시작하였다. 1950년대와 1960년대에 미국과 서유럽 그리고 일본에서는 스모그와 매연, 중금속 오염, 농약이나 유해 폐기물에 의한 토질·하천 및 바다의 오염, 화학물질에 의해 기형이 된 동물들 등 크고 작은 많은 환경 문제들이 발생하였다. 1967년 영국 서부 해안에서 난파되어 12만 톤의 원유를 유출시켜 바다 및 해안가를 오염시킨 토리 캐넌(Torrey Canyon)호 사건은 그 당시 가장 드라마틱한 몇몇 사건 중 하나였다. 이 사고로 약 10만 마리 이상의 바닷새가 죽거나 오염되었고 해안가로 밀려온 기름때를 제거하기 위해 오랜 기간 동안 많은 사람들의 노력이 동원되어야 했다. 이보다 더 직접적으로 환경 문제가 인간에게 얼마나 심각한 영향을 미치는가를 실감나게 해준 것은 지리적으로는 동양이지만 근대화와 산업화의 타이밍상으로는 '서구'라고

미나마타병(水俣病)

미나마타병은 일본 구마모토현 미나마타시에서 발생한 수은 중독에 의한 질병이다. 신일본질소비료회사(Chisso Corporation)의 미나마타 공장에서 1932년부터 메틸수은이 함유된 폐수를 정화처리 없이 무단으로 바다에 방류하였다. 이 메틸수은이 연안의 어족자원을 중독시켰고 이를 섭취한 미나마타 시민들에게 수은 중독현상이 나타나 신경계에 치명적인 손상을 일으키고 심한 경우 사망에 이르게 되었다.

이 병은 1955년과 1956년에 처음 발견되었고 이후 구마모토 대학 연구진들과 주민들이 지속적으로 질소비료공장의 폐수를 원인으로 지목하였으나 회사에서 이를 부인하다가 1968년에 이르러서야 정부가 회사의 책임을 인정하였다. 희생자들의 항의와 저항 그리고 소송은 2000년대까지 지속되었다. 2001년 발표에 의하면 2,265명이 공식적으로 이 병의 피해자로 인정되었으며 그 중 1,784명이 사망하였다. 총 10,000여 명이 넘는 사람들이 치소의 보상금을 받았으며 보상 합의 과정은 2010년까지 지속되었다.

미나마타병은 이따이이따이병 등과 함께 비슷한 시기에 발생했던 일본의 4대 공해병 중 하나로 이러한 급속한 산업화의 극단적 부작용이 일본에서 환경보호에 대한 자각이 시작되고 정책과 법을 만들기 시작한 계기가 되었다.

미나마타병 희생자들 중 일부는 스톡홀름 대회에 참여하여 여러 회의에서 이 사건의 심각성과 자신들의 참상을 알리기도 하였다.

볼 수 있는 일본에서 1960년대에 발생했다. 이른바 일본의 4대 공해병이라고 불리는 환경 문제들은 말 그대로 환경재앙이었다. 몇몇 지역의

공장에서 무분별하게 배출된 대기오염물질, 폐수 그리고 중금속 등 유해물질들은 인근 지역 주민에게 시력 저하, 사지 뒤틀림, 골다공증, 근육 감소 등 치명적인 인체 손상을 가져다주었고 이들이 발생한 지역이나 증상이 병의 이름이 되었다.

이러한 환경 재난들과 급속히 증가한 산업공해가 하나의 사회적 문제로 대두되면서 서유럽, 미국 그리고 일본 등 선진국들에서는 1960년대 말과 1970년대 초에 걸쳐 이에 대응하는 다양한 노력들이 시작되었다. 환경부나 환경국과 같은 정부 기관이 최초로 설립되었고 환경보호에 관련된 각종 정책들과 법규, 기준들이 본격적으로 만들어지거나 정비되었다. 또한 시민사회에서도 환경보호를 목적으로 하는 비정부단체들이 생겨나고 학교나 언론에서 환경 의식 제고를 위한 다양한 프로그램들이 만들어졌다. 그리고 이러한 노력들을 더욱 촉진시킨 계기 중 하나가 바로 인류가 달 표면에 첫발을 딛기 8개월 전인 1968년 12월 24일에 미 우주선 아폴로 8호가 달 궤도에 진입하는 데 성공하여 인류 역사상 최초로 우주에서 찍은 지구의 사진을 보내온 것이었다. 이 사진은 서구 특히 미국 환경운동과 환경정책에 큰 영향을 미쳤다. 우주에서 바라본 지구는 너무나 아름답고 소중한 하나의 유기체로 인식되었으며, 아폴로 8호 승무원들이 마침 크리스마스이브에 성서의 창세기를 나눠 읽는 장면이 미국 전역에 방송됨으로써 '지구사랑'의 메시지가 극대화될 수 있었다. 이러한 의식 변화는 미국에서 1970년 수많은 환경보호 활동가 및 시민들이 모여 환경보호 캠페인을 전개하고 제1회 지구의 날(Earth Day)이 제정되는 결과를 가져왔다. 그리고 이러한 선진국들 내에서의 노력이 합쳐져서 궁극적으로 1972년 세계 최초로 스톡홀름에서 환경보호를 주제로 하는 국제대회가 유엔 주최로 개최되었다. 이 대회는 많은 한계가 있었음에도 불구하고 명실공히 근대 국가 체제가 성립된 이후 최초로 주권국가들의 대표들이 모여 환경 문제에 대한 정보와 인식을 공유하고 그 해결책을 찾으려고 노력했던 '국제적' 시도였기 때문에 지구환경정치의 출발점이 된다.

1972년의 이 출발점으로부터 지구환경정치는 꽤 먼 길을 걸어왔다. 시작은 선진국들에 의해 주도되었으나 그 역사가 전개되어 오는 과정에서 지구환경정치에서는 개발도상국들의 역할이 점차로 커졌다. 또한 초기에는 주권국가들이 주요 행위자였으나 점차로 비정부단체, 기업, 과학자 혹은 전문가 집단, 지방 정부, 특정 지역 차원의 클럽이나 연합 등 매우 다양한 형태의 행위자들이 지구환경정치를 주도해 나가기 시작하였다. 그리고 이렇게 행위자들이 다양해짐에 따라 환경거버넌스의 형태도 초기에는 국제환경레짐 중심의 단순한 모습이었지만 점차로 다양한 행위자들이 만들어내는 다양한 형태의 네트워크들이 복잡하게 상호작용하는 보다 역동적인 모습을 보이게 되었다. 기후변화만 하더라도 유엔 기후변화기본협약과는 별도로 기후변화에 대처하는 지방정부 연합, 배출권 거래제도의 지역 네트워크, 저탄소 상품 구매를 위한 국제 소비자 네트워크, 탄소 관련 무역 및 투자 네트워크, 기업이나 정부의 탄소 절감을 감시하고 독려하는 비정부단체들의 연합 등 매우 다양한 네트워크형 행위자들이 등장하였다.

1972년의 스톡홀름 대회가 지구환경정치의 출발점이었다면 그 역사의 전개과정에서 가장 중요한 분수령은 1992년 브라질의 리우에서 열린 유엔환경대회였다. 1972년부터 1992년까지의 20년은 지구환경정치, 더 정확히 말하자면 국제환경정치의 일종의 황금기였다고 할 수 있다. 수많은 중요한 국제환경조약들이 이 20년간 만들어졌으며 이들 중 일부는 조약의 효과성 면에서 큰 성공을 거두기도 하였다. 1992년의 리우 대회는 이러한 성공을 축하하는 연회장이었고 그동안 축적된 자신감을 바탕으로 더욱 어려운 문제에의 도전을 알리는 선포식이었다. 그러나 역설적이게도 지구환경정치는 이 대회를 계기로 일종의 정체기에 들어가게 되었다. 국가들이 공언한 도전은 기후변화, 사막화, 생물다양성 등 단기간에 효과가 나타나지 않는 매우 어려운 과제들이었으며 그 중 특히 기후변화는 (그리고 그 중에서도 지구온난화는) 지금까지 지구환경정치의 역사상 국가 간의 협력 중 가장 어려운 사례로 남게 될 정도로 험난한 도전이었다. 리우의 3대 도전에서 국가 간 협력이 어려워지고 그 성과가 나타나지 않자 국가들은 점차로 과거에 비해 지구환경협력에 대한 자신감을 잃게 되었다. 물론 1997년에 일본 교토에서 열린 유엔기후변화기본협약 제3차 당사국총회에서 교토의정서(Kyoto Protocol)가 채택됨으로써 구속력 있는 합의가 도출되었으나 이 의정서에서 명문화된 의무감축은 결국 이행되지 못했다.

2002년 남아프리카 요하네스버그에서 열린 Rio+10 정상회의는 리우회의 이후 10년이 지난 시점에서 그간의 성과와 미비점들을 점검하고 이에 대한 대안을 모색하는 일종의 겸허한 자각과 결의의 모임이었다. 그러나 이 대회는 결국 리우회의와 같은 분수령이 되지 못했다. 대회에서는 관례대로 몇 가지 결의 내용이 담긴 선언문과 실천 계획들이 발표되었지만 이는 말 그대로 관례적으로 쏟아내는 구속력 없는 단어들에 불과할 뿐이었다. 2012년에는 리우회의가 열린 20주년을 기념하여 다시 리우에서 똑같은 대회를 개최하였다. 이 대회는 개최 전에는 역사적인 분수령이었던 리우회의의 20주년이라는 상징적 의미 때문에 많은 주목을 받았지만 막상 대회가 개최되자 미국, 영국, 독일 등 주요 국가들의 정상들이 불참하는 등 별다른 내용 없이 폐막되었다. 아마도 전 세계적으로 볼 때 이 대회가 열렸는지도 모르는 사람들이 대부분이었을 정도이다. 그리고 사실 이 대회가 열렸던 2012년은 교토의정서의 제1차 의무감축기간(The First Commitment Period)이 끝나는 시점이었고 2차 기간부터는 누가 얼마나 온실가스를 감축할지에 대해 아무런 합의도 없었던 상태였기 때문에 2012년 말 카타르의 도하에서 열린 유엔기후변화기본협약 제18차 당사국총회가 더욱 큰 주목을 받았다. 그런데 결국 이 총회 역시 Rio+20과 마찬가지로 별다른 합의나 결정적인 진전 없이 폐막되었다.

III 스톡홀름회의와 국제환경협력의 황금기

앞서 설명한 대로 근대 환경운동 및 환경정책의 시작은 공해를 먼저 배출한 서구 선진국들, 즉 북반구 국가들에서 비롯되었다. 미국과 서유럽 그리고 일본은 1960년대 말과 1970년대 초반에 걸쳐서 환경의식 제고 면에서 뚜렷한 진전을 보였는데 그들 중 환경에 관한 국제회의를 처음으로 제안한 국가는 유럽 대륙과 영국 섬으로부터 날아온 공해물질로 인해 스칸디나비아 반도의 남쪽 지방이 급속히 산성화되어 가고 있던 문제에 직면했던 스웨덴이었다. 1968년 유엔경제사회이사회(United Nations Economic and Social Council)에서 스웨덴 대표가 환경보호에 관련된 국제회의 개최를 요구하였고 같은 해 유엔총회에서 개최하기로 최종 결정하였다. 그리고 이 회의를 통해 유엔 차원에서 환경을 보호하고 자원 고갈을 막는 데 힘을 쓰는 국제기구를 창설하기로 합의하였다. 선진국들의 문제의식은 자국에서 일어나는 환경 문제든 국경을 넘어서는 환경 문제든 이제 하나의 지구를 아끼고 보존한다는 차원에서 함께 노력해서 그 문제들을 해결해야 한다는 것, 그리고 개발도상국의 경우 특히 산업화 초기부터 이러한 환경 자각을 통해 자신들이 했던 것과는 달리 환경보호를 무시한 개발을 하지 않아야 한다는 것이다.

스톡홀름회의의 개최가 결정되고 나서 당시 유엔 사무총장이었던 우 탄트(U Thant)는 캐나다의 기업가였던 모리스 스트롱(Maurice Strong)에게 회의의 의장, 즉 사무총장(Secretary General)을 맡을 것을 제안하였다. 스트롱은 사무총장이 되어 대회를 성공적으로 주관하였으며 이후 이 대회의 산물인 유엔환경계획(United Nations Environment Programme)의 초대 집행이사장(Executive Director) 겸 유엔사무차장(United Nations Under Secretary General)을 역임하였다. 대회에는 세계 113개국 대표들과 19개의 정부 간 기구들(inter-governmental agencies) 그리고 400여 개 이상의 비정부 조직들이 참여하여 12일간 열띤 토론과 각종 모임과 이벤트들을 주도하였다. 대회가 개최되었던 1972년은 SALT I과 같이 미소 간에 군축협상이 한참 전개되던 데탕트시기였지만 기본적으로는 냉전시대의 한가운데에 있었기 때문에 공산주의 국가들은 대회 주최 측의 설득과 노력에도 불구하고 결국 참여하지 않았다. 또한 국제정치경제의 맥락에서 본다면 이 시기는 자본주의 진영 내에서 미국 달러를 축으로 하는 고정환율제가 붕괴되고 미국 중심의 정치경제 질서에서 서유럽과 일본 그리고 미국이 주도하는 상호의존의 시기로 변화하기 시작하는 시기였다. 따라서 북반구 자본주의 진영, 즉 서구 선진국들 간의 정치적, 경제적 유대가 강화되기 시작하였고 이러한 국제정치경제적 조건이 이들 간의 환경 협력을 진행시키는 배경이 되었다.

대회에서 전개되었던 주요 논쟁은 환경과 개발에 관한 문제들이었는데 북반구 선진국들의 슬로건이었던 '우리의 실수로부터 배워야 한다(Learn from our mistake)'에 대한 남반구 개발도상국들의 반발은 만만치

| 그림 1-1 | 1972년 6월 5일부터 16일까지 스웨덴 스톡홀름에서 개최된 유엔인간환경회의. 이 회의의 결과 서문과 26개의 원칙으로 구성된 유엔인간환경선언(스톡홀름선언)이 채택되었다.
사진: http://legal.un.org/avl/ha/dunche/dunche.html

않았다. 이 반발을 주도한 것은 당시 개발도상국 연합인 G-77을 이끌었던 인도였다. 인도의 정부 대표였던 인디라 간디(Indira Gandhi)는 개발도상국의 가장 큰 환경 문제는 개발의 부산물이 아니라 빈곤과 결핍 그 자체이며 빈곤하에서 환경은 개선될 수 없기 때문에 개발도상국의 환경 문제에 대한 해결책은 경제발전이라고 강력히 주장하였다. 지구환경정치에서 이 두 집단 간의 간극은 이때부터 표면화되어 지금까지도 계속되고 있다. 논란이 되는 쟁점들은 '누가 더 많이 지구를 파괴해 왔고 또 앞으로 더 많이 파괴할 것인가, 즉 누가 더 책임이 있는가?' '서구 선진국들은 개발도상국의 환경보호를 위해 무엇을 얼마나 해야 하는가, 즉 기술이전이나 환경원조 등 선진국들이 추가적으로 부담해야 할 비용은 어느 정도여야 합당한가?' 그리고 '서구 선진국 중심의 환경정의(environmental justice) 패러다임과 환경정책과 관련된 각종 표준들은 정당한가?' 등이다.

대회의 가시적인 결과는 다음의 세 가지로 나타났다. 첫째는 서문과 26개 항목의 원칙으로 구성된 스톡홀름선언(Stockholm Declaration)이다. 이 선언은 물론 구속력 있는 합의 및 이행 사항이 아니라 상징적인 원칙이지만 환경에 관한 인류 최초의 합의된 선언이었으며 이후 국제환경조약들이 만들어 낸 무수한 국제환경법들의 일종의 원형이 되었다. 26개 원칙을 관통한 것은 인간을 둘러싼 환경이 인간만큼이나 가치 있게 인식되고 존중되어야 한다는 점이다. 선언문을 구체적으로 살펴보면 먼저 개도국의 입장이 포함되어 있는 것이 하나의 특징이다. 제8원칙과 제9원칙에서는 인간의 환경이 유지되고 개선되기 위해서는 사회경제적 발전이 필수적이며 저발전 및 자연재해로 인한 환경 문제를 겪고 있는 개도국들은 발전을 통해 이러한 문제들을 해결할 수 있으며 이 과정에서 선진국들이 재정적, 기술적 지원을 해 주어야 한다는 것을 명시하였다. 또한 제10원칙에서는 개도국이 수출하는 식량이나 원자재 등 1차 생산품들의 수출 가격이 일정한 수준으로 보장되어야 이들이 환경관리를 적절히 해 가면서 발전을 할 수 있다고 설명하였다. 이렇듯 선언문에는 개도국의 입장이 비교적 강하게 반영되었는데 그럼에도 불구하고 이후 이러한 원칙들이 실제로 개도국이 원하는 정도로 충분히 실행된 것은 아니었다.

이와 더불어 또 하나 주목할 점은 제21원칙에서 주권국가들은 그들의 주권이 미치는 영역 내에서 자국의 자원과 환경을 자유롭게 이용할 수 있고 또 그것을 보존하는 정책을 집행할 수 있는 권한을 가지고 있음과 동시에 다른 주권국가들 및 주권 밖 영역의 환경을 침해하지 않아야 할 책임도 있음을 명시하였다. 또한 제24원칙에서는 국제적인 환경 문제를 국가들이 힘을 합쳐 대응해야 한다고 언급하였다. 이렇듯 선언문에는 주권국가들이 자국의 환경을 보호하기 위해 힘쓰는 한편 국제환경협력에도 적극적이어야 하며 특히 개도국의 환경 정책에 많은 지원이 필요하다는 점들이 구체적으로 언급되어 있다.

대회의 또 하나의 성과는 총 6개 분야에서 109가지 정책 조언들로 이루어진 스톡홀름 행동계획(Stockholm Action Plan)이다. 앞서 설명한 선언문이 원론적 수준의 대원칙이라면 이 행동계획은 구체적인 정책 목표와 실행 방침에 해당한다고 할 수 있다. 이 행동계획 이후 환경에 관한 대부분의 국제회의에서는 반드시 대명제에 해당하는 원칙 수준의 선언과 더불어 구체적인 행동계획이 발표되는 형식을 취하게 되었다. 또한 이 행동계획은 환경 문제가 그 자체로서 독립적인 것이 아니라 경제, 사회, 안보, 정치 등 다른 분야의 문제들과 연계되어 있으며 따라서 일종의 통합적인 접근이 필요하다는 것, 그리고 이러한 제반 분야들을 담당하는 행위자들 간의 연계 역시 필요하다는 것을 인식시켜 주는 계기가 되었다(Speth & Haas 2009, 79).

마지막으로 스톡홀름회의가 남긴 결과로 유엔환경계획(United Nations Environment Programme, UNEP)의 창설을 들 수 있다. 유엔 차원에서 환경 문제를 다루는 독자적인 기구가 필요하다는 인식은 사실 스톡홀름회의 개최의 중요한 목적 중 하나였다. 유넵(UNEP)은 케냐의 나이로비에 본부를 두고 있고 스위스 제네바에도 사무실을 두고 있다. 그 기능은 국제환경조약들이 성사되고 유지되는 과정을 총괄하는 것, 국제환경협상을 위한 포럼을 제공하는 것, 환경 문제에 대한 정보를 제공하고 연구를 활성화시키는 것, 환경 감시 임무와 환경 문제 해결을 위한 기금을 조성하는 것 등으로 명실공히 지구환경의 핵심 기구(anchor institution)로서의 역할을 하도록 고안되었다. 유넵은 남반구와 북반구 국가들 모두의 강력한 지지를 받아 탄생하였으나 초기에는 제도적 발전이 미약하였고 모리스 스토롱의 개인적인 리더십에 많이 의존하였다. 그러나 점차로 국제환경협약들이 많이 체결되면서 유넵은 이들을 관장하고 이들의 사무국을 유치하는 핵심 기구로 성장하게 되었고 지구 환경 문제 해결에서 유엔의 역할을 보여주는 상징적 기구로 성장하였다.

스톡홀름회의는 공산권이 불참했고 많은 환경 문제들 중 대기 혹은 수질 오염과 같은 산업공해에만 집중했던 점, 그리고 많은 비정부단체들이 참여하기는 했지만 이들은 주로 본 대회 이외의 보조적인 회의에 참여했고 본 대회는 주권국가들의 대표들에 의해 주도되었다는 점 등이 한계로 지적된다. 그럼에도 불구하고 이 대회는 근대 지구환경정치의 출발점이며 최소한 다음과 같은 몇 가지 측면에서 큰 의미를 갖는다. 첫째, 이 대회를 통해 국제사회는 근대 이후 최초로 환경 문제를 국제정치적인 어젠다로 설정하여 이를 토론하였으며 환경 목표와 우선 과제(priority)를 선정하고 이를 실현하기 위한 법적, 정치적, 제도적 틀을 만들었다. 둘째, 이 대회는 주권국가들의 대표들이 모여 환경 문제를 둘러싸고 국제적인 협상을 벌이고 협력을 하게 되는 원형(prototype)을 제시하였다. 또한 국제환경협력에 있어서 외교적 노력 및 협상의 중요성을 각인시켜 주었고 그 성공을 위한 정교한 법적, 제도적 장치의 필요성을 일깨워 주기도 하였다. 셋째, 이 대회는 최초로 환경과 개발에 관한 논쟁이 전개된 장이 되었다. 이 논쟁은 주로 남반구와 북반구의 대립이라는 형식으로 진행되었는데 이는 결국 후에 1992년 리우회의에서 지속가능한 발전(sustainable development)이라는 타협점을 산출해 내기도 하였다(O'Neill 2009, 27-28).

1920년부터 2000년까지 근대 지구환경정치의 80년 역사에서 약 140개가 넘는 다자환경협정(multilateral environmental agreements, MEAs)이 생성되었는데 이들 중 반 이상이 1973년 이후에 생긴 것이다.

그리고 만일 협정의 개정, 프로토콜 그리고 협정의 기타 수정들을 포함하면 이 비중은 훨씬 커질 것이다(O'Neill 2009, 5). 그만큼 스톡홀름회의가 국제환경협정에 미친 영향은 큰 것이었다. 1970년대에 체결된 주요 국제환경협정들의 예를 들자면 폐기물 및 기타 물질의 투기에 따른 해양오염의 방지에 관한 협약(Convention on the Prevention of Marine Pollution by Dumping of Wastes and Other Matter, 1972, 이른바 런던협약), 선박오염방지협약(Convention on the Prevention of Pollution from Ships, MARPOL Convention, 1973), 세계 문화 및 자연 유산 보호에 관한 협약(Convention on the Protection of the World's Cultural and Natural Heritage, World Heritage Convention, 1972), 멸종위기에 처한 동식물종의 국제적 거래에 관한 협약(Convention on International Trade in Endangered Species of World Flora and Fauna, CITES, 1973), 국경을 넘어서는 장거리 대기오염에 관한 협약(Convention on Long Range Transboundary Air Pollution, 1979) 등이 있다.

　　스톡홀름회의를 전후로 대다수 서구 선진국들 및 일본에서는 국내 환경정책이 최초로 제도화되기 시작하였다. 미국, 서독, 일본, 영국, 프랑스 등 주요 선진국에서 환경보호에 관련된 기본법과 기본 정책 및 기준들이 만들어지고 환경국(또는 환경부)이 내각에 창설된 것도 바로 이 시기이다. 이러한 국내 제도의 정비는 국제환경협력을 위한 기본적인 토대가 되었다. 또한 정부 차원에서뿐 아니라 시민사회에서도 환경보호 캠페인이 활성화되고 환경보호를 위한 비영리법인이나 운동단체들의 조직화가 본격적으로 진행되었다. 예를 들어 미국에서는 그린피스(Greenpeace)가 고래 보호를 위한 적극적이고 과격한 캠페인을 통해 많은 지지와 명성을 얻게 되었으며 세계야생기금[World Wildlife Fund, 후에 세계자연보호기금(World Wide Fund for Nature)]이나 지구의 벗

(Friends of the Earth) 등의 단체들도 이 시기에 본격적인 활동에 착수하였다.

환경에 대한 자각과 실천 그리고 국제협력이 본격적으로 시작되었던 1970년대와는 달리 1980년대에는 전반적으로 이러한 흐름이 잠시 주춤했던 시기라고 할 수 있다. 1970년대에는 국제정치적으로 데탕트 시기였으며 국가 간(주로 선진국들) 무역 및 투자가 활성화되던 시기였다. 또한 1960년대부터 서구 선진국에서 나타난 이른바 탈물질주의(Post-Materialism)의 경향은 반전, 반핵, 평화, 생태운동 등 거대한 사회적 물결을 만들어 내고 그로 인해 선진국 사회 내에서 경제성장 및 물질적 풍요 위주의 가치 체계에 큰 변화가 일어났다. 이에 비해 1980년대는 국제정치적으로 신냉전시대였고 1970년대 두 차례의 석유파동을 견딘 선진국의 거대 기업과 자본들이 매우 공격적으로 중진국 및 개발도상국의 시장에 진출하였다. 미국과 일본에서는 보수 정권이 집권하였고 환경단체들에 대한 대중들의 폭발적인 지지도 잠시 주춤하였다. 이러한 변화는 친환경론자들 혹은 급진적 환경론자들이 보기에는 보수적인 후퇴에 불과한 것이지만 반대로 자유주의적 환경론자들이나 성장지향적 가치관을 가진 사람들이 보기에는 환경과 경제발전 사이에 일정한 균형을 이룬 것이었다. 어떻게 평가를 내리든 간에 1970년대에 서구 선진 사회에서의 전반적인 환경 인식이 다소 환경 중심적이었다면 1980년대에는 환경과 개발 사이의 균형이 중요하고 이를 어떻게 만들고 유지할 것인가가 국제사회에서 본격적인 논쟁 이슈로 부각되었다.

이 논쟁은 지속가능한 발전(sustainable development)이라는 용어를 중심으로 전개되었다. 이 용어는 1960년대와 70년대에 경제학자들을 중심으로 사용되어 왔지만 그것이 환경과 관련하여 중요하게 부각된 것은 이른바 '브룬틀란위원회'에서 사용되면서부터이다. 이 위원회의 정식 명칭은 환경과 개발을 위한 세계위원회(World Commission on Environment and Development)로서 1983년 당시 유엔 사무총장이었던 데케야르(Javier Pérez de Cuéllar)가 노르웨이의 수상이었던 그로 할렘 브룬틀란(Gro Harlem Brundtland)에게 환경과 개발 문제를 다루는 조직을 유엔과는 별도로 독자적인 기구로서 만들어 달라는 요청에 의해 설립되었다. 이 위원회는 '우리 모두의 미래(Our Common Future)' 혹은 흔히 브룬틀란보고서(Brundtland Report)라고 불리는 리포트를 1987년에 출간하면서 해체되었는데 이 리포트에서 제시된 '지속가능한 발전'의 정의가 오늘날까지도 가장 널리 사용되고 있는 정의이다. 이 위원회는 의장인 브룬틀란, 부의장인 수단의 만수르 칼리드(Mansour Khalid) 및 19명의 위원들로 구성되어 있는데 이들은 미국, 캐나다, 소련, 동독, 유고슬라비아, 중화인민공화국, 이탈리아, 알제리아, 동독, 브라질, 헝가리, 일본 등 자본주의 진영과 공산주의 진영, 그리고 선진국과 개발도상국에서 골고루 파견되었다.

브룬틀란보고서에서는 지속가능한 발전을 '미래 세대들이 그들의 필요를 충족시킬 능력을 훼손하지 않는 방식으로 현 세대가 그들의 필요를 충족시키는 발전'이라고 정의했다. 물론 이 정의가 전적으로 새로운 아이디어는 아니었지만 당시로서는 선진국과 개발도상국 진영 모두에서 좋은 반응이 있었고 결국 유엔총회가 이 보고서를 채택하는 과정은 매우 순조로웠다. 이 정의는 필요(needs)와 제한(limits)이라는 중요한 두 속성을 가지고 있다. '필요'는 한마디로 개발을 해야 할 절대적 사명, 특히 빈곤에서 벗어나 인간이 인간답게 살 수 있는 조건을 확보하기 위해 적극적으로 노력하는 것이 정당하다는 관점을 가진 단어이다. 따라서 이 단어는 특히 개도국 및 빈곤 문제와 관련된 국제기구나 단체로부터 크게 환영받았다. 또한 '제한'은 이러한 개발과 행복의 추구가 무

제한적이어서는 안 된다는 관점을 가진 단어로 환경보호와 관련된 모든 행위자들로부터 광범위한 지지를 받았다. 이런 점에서 이 용어는 환경파괴는 무조건 나쁜 것이고 개도국은 선진국과 같은 실수를 반복하면 절대 안 된다는 논리에서 확실히 진일보한 개념이라고 할 수 있다. 또한 이 용어를 통해 지구환경정치의 행위자들은 환경과 개발 중 어느 것에 더 우선순위를 둘 것인가라는 소모적인 논쟁에서 벗어나 어떻게 하면 적절한 속도와 정도로 개발을 효과적으로 할 수 있는지에 대해 보다 구체적인 관심을 보이기 시작하였다.

그럼에도 불구하고 실제로 지속가능한 발전이라는 목표를 어떻게 달성할 수 있는가에 대한 구체적인 방법은 당시에도 그리고 그 이후에도 뚜렷이 제시되지 못했다. 물론 전 세계 어느 국가의 어느 상황에도 적용되는 단일한 해결책 꾸러미는 없을 것이다. 각 국가 혹은 지역이 처한 경제적, 정치적, 사회적, 그리고 문화적 상황에 따라 스스로에게 맞는 지속가능한 발전의 방식을 찾아나가는 것이 적절하고 실행가능한 대안일 것이다. 그러나 1980년대 당시에는 이러한 생각보다는 전 세계 국가들이 힘을 합쳐 지속가능한 발전이 도대체 무엇이고 어떻게 실현해야 하는지를 머리를 맞대고 고민해 보자는 생각이 더 지배적이었다. 그리고 그렇게 전체가 모인 상태에서 각 국가/지역에 맞는 대안도 모색할 수 있다고 생각했다. 즉 하나의 '지구호' '우리 공동의 생태환경'이라는 의식이 매우 강했던 것이다. 1989년 12월 유엔총회에서는 지속가능한 발전의 실천을 위해 스톡홀름회의의 뒤를 잇는 '지구환경에 관한 정상회의' 개최를 결의하였고 이 대회는 3년 뒤인 1992년에 브라질의 리우 데 자네이루에서 열렸다.

IV 리우회의와 그 이후

1992년 6월 3일부터 14일까지 브라질의 리우 데 자네이루에서 '환경과 개발에 관한 유엔회의(United Nations Conference on Environment and Development)'가 개최되었다. 이 회의에는 전 세계 172개 국가에서 108명의 국가 정상 혹은 정부 대표들이 참석하였고 8천 명의 공식대표단, 3천 명의 참관인단, 9천 명의 언론인들 그리고 2,400여 명의 비정부기구 대표들과 그 밖에 이 회의와 병행하여 열린 1만 7천여 명의 비정부기구 회원들 등 총 참여 인원은 4만 5천여 명에 달했다. 이러한 규모는 그 당시까지는 전례 없는 것으로서 명실상부하게 지구정상회의라고 불릴 만한 것이었고 환경 문제가 국제사회 및 유엔의 핵심 어젠다로 부상했음을 말해주는 것이다. 회의의 사무총장은 스톡홀름회의에 이어 다시 한 번 모리스 스트롱이 맡게 되었다. 스톡홀름회의와 달리 공산권 국가들이 대거 참석한 것도 큰 성과였다. 이 회의는 참여 규모 이외에 스톡홀름회의에 비해 다음의 몇 가지 측면에서 구분된다고 할 수 있다.

첫째, 스톡홀름회의에서 비정부조직들 및 시민들이 일종의 들러리 역할을 했다면 리우회의에서 이들은 정부 대표들 못지않게 양과 질 면에서 큰 비중을 차지하였다. 이들은 환경과 관련된 다양한 이슈를 제기하고 그 이슈들이 회의장에서 의제로 설정되는 것을 가능하게 하였으며 이 과정에서 과학자나 전문가 집단들이 큰 역할을 하였다. 또한 기업들 역시 회의에 적극적으로 참여하여 지속가능한 발전으로의 길을 모색하는 데 동참하였다. 이 과정에서 '지속가능한 발전을 위한 국제비즈니스회의(International Business Council for Sustainable Development)'가 창립되기도 하였다.

둘째, 리우회의가 열리던 당시 세계는 정치적으로는 탈냉전, 그리고 경제적으로는 세계화가 급속도록 진행되기 시작한 시점이었기 때문에 보다 광범위한 참여와 지지를 바탕으로 대회를 개최할 수 있었다. 이러한 의미에서 이 대회는 일종의 지구촌 축제라고 여겨졌고 여기에 스톡홀름회의 이후 황금기를 거쳐 오면서 축적된 국제환경협력의 자신감이 더해져 회의 전체의 분위기가 다소 심각했던 스톡홀름회의와는 달리 비교적 낙관적이고 고조되어 있었다.

셋째, 스톡홀름회의에서는 국가들이 주로 산업공해에 초점을 맞추었던 반면 리우회의에서는 산업공해뿐 아니라 생물다양성, 사막화, 기후변화 등 보다 다양하고 긴급한 주제들을 다루었다. 그리고 이러한 주제들은 각각 협약의 형태로 발전하기까지 하였다. 이렇게 주제가 확대된 것 역시 황금기에 축적된 자신감의 결과였다.

넷째, 스톡홀름회의가 환경 문제의 본질을 둘러싼 남반구 국가들과 북반구 국가들의 대립의 장이었다면 리우회의는 보다 협력적인 분위기에서 진행되었다. 리우회의는 회의가 시작되기 전부터 이미 풍요로부터 발생하는 환경 문제(pollution of affluence)와 빈곤으로부터 발생하는 환경 문제(pollution of poverty) 둘 다 중요하게 취급되어야 한다는 대전제를 가지고 있었다.

리우회의 역시 스톡홀름회의와 마찬가지로 리우선언(Rio Declaration)이라는 상징적 결의문을 채택하였다. 이 선언은 총 27개 원칙으로 구성되어 있는데 이들은 스톡홀름선언과 마찬가지로 구속력 있는 합의 사항은 아니지만 유엔 및 국제사회에서 그동안 환경에 관한 인식과 접근이 어떻게 바뀌었는가를 잘 보여준다. 제3원칙에서는 각국의 개발에 관한 주권이 우리의 현재 및 미래의 필요를 충족시킬 수 있는 방향으로 행사되어야 한다고 밝힘으로써 지속가능한 발전의 의미를 명시하였다.

또한 선진국과 개도국의 입장이 비교적 균형 있게 반영되었는데 예를 들어 제5원칙에서는 세계의 다수가 직면하고 있는 낮은 생활수준과 빈곤 문제를 모든 나라와 모든 민족이 함께 해결하려고 노력하는 것이 지속가능한 발전으로 이르는 데 있어서 필수적이라고 주장하고 있다. 제7원칙에서는 국가들이 '공동의 그러나 차별화된 책임(common but differentiated responsibility)'이 있을 수 있음을 명시했는데 이는 이후 기후변화협상에서 매우 빈번히 언급되기도 하였다. 이 밖에 이 선언은 환경보호를 위한 국제적 공조에서 시민사회, 여성, 과학자 집단 등의 역할이 매우 중요함을 명시하였고 원주민(indigenous people)과 그들의 공동체가 존중되어야 한다는 점 또한 언급하였다.

스톡홀름선언이 스톡홀름 행동계획에 의해 좀 더 실천 방안이 구체화되었듯이 리우선언도 '의제 21(Agenda 21)'이라는 포괄적인 행동계획으로 그 내용이 구체화되었다. 물론 스톡홀름 행동계획과 마찬가지로 '의제 21'도 구속력 있는 의무 이행 사항은 아니다. 그러나 '의제 21'은 각국에서 21세기를 대비하여 리우선언의 내용을 구체적으로 실천하기 위한 기본 방향과 세부적인 실행 사항들을 매우 포괄적으로 제시하고 있다는 데 그 의의가 있다. '의제 21'은 40여 개의 장과 약 115개 영역의 프로그램으로 구성되어 있는데 이들은 크게 네 개의 섹션으로 나뉘어 있다. 제1섹션은 사회경제적 차원들(Social and Economic Dimensions)로서 특히 개도국의 빈곤, 인구, 보건 등의 문제를 다룬다. 제2섹션은 개발을 위한 자원의 보존과 관리(Conservation and Management of Resources for Development)로서 대기오염, 사막화, 생물다양성 위기, 그리고 핵폐기물 처리 등의 문제를 다룬다. 제3섹션은 그동안 소수자 집단으로 여겨져 왔던 주요 집단의 역할 강화(Strengthening the Role of Major Groups)로서 여성, 아동, 비정부기구들, 기업, 원주민들 등의 역할에

| 그림 1-2 | 1992년 6월 3일부터 14일까지 브라질의 리우 데 자네이루에서 '환경과 개발에 관한 유엔회의(United Nations Conference on Environment and Development)'가 개최되었다.
사진: www.unmultimedia.org/photo/

관한 것이다. 마지막으로 제4섹션은 이러한 과제들을 실제 집행하기 위한 도구들(Means of Implementation)로서 과학의 발전, 기술이전, 교육, 국제기구들 그리고 다양한 재정적 메커니즘 등을 포함한다.

한편 리우회의에서는 '의제 21'의 구체적인 실행을 위한 기구의 창설을 의결하였고 이것이 유엔총회에서 결의되어 1993년 유엔 경제사회이사회 산하 기구로서 '지속가능발전위원회(Commission on Sustainable Development, CSD)'가 창설되었다. 또한 리우회의가 개최되기 1년 전인 1991년 개발도상국의 환경보호와 지속가능한 발전을 지원하기 위해 세계환경기금(Global Environmental Facility, GEF)이 세계은행(World Bank)에 의해 설립되었다. 그러나 이러한 기구의 창설보다 더 중요한 리우회의의 부산물들은 바로 기후변화협약이나 생물다양성협약 등 이후 시기를 주도하게 될 주요 환경 조약 혹은 선언들의 탄생이었다. 앞서 언급한 대로 이러한 난제(難題)에 대한 직접적 도전은 황금기를 거쳐 오면서 생긴 자신감의 산물이었지만 결과적으로 이들 과제들에 접근하는

참고 지구환경정치의 역사(1962-1992)

- **1962** 미국에서 생물학자인 레이첼 카슨(Rachel Carson)이 『침묵의 봄(*Silent Spring*)』이라는 책을 출간하여 살충제에 의한 동식물의 피해를 고발하고 독성화학물질이 인간과 환경에 미치는 악영향을 주장하였다.
- **1967** 원유 12만 톤을 싣고 영국으로 가던 6만 톤급 유조선인 토리 캐년호(Torrey Canyon)가 영국 남서부 실리섬 부근에서 좌초되어 약 3만 톤 정도의 원유가 유출되었다. 이 사고로 총 약 270여 킬로미터 정도의 영국 및 프랑스 연안이 오염되었으며 15,000여 마리의 해양 생물이 희생되었다.
- **1970** 미국에서 수백만 명이 모여 환경보호를 위한 대규모 캠페인을 벌였으며 이 날인 4월 22일이 지구의 날이 되었다.
- **1972** 전 세계 113개 국가의 대표들이 스웨덴의 스톡홀름에 모여 세계 최초의 환경 정상회의인 스톡홀름회의를 개최하여 환경협력을 논의하고 스톡홀름선언과 행동계획을 발표하였다.
- **1974** 화학자인 셔우드 롤런드(Sherwood Rowland)와 마리오 몰리나(Mario Molina)가 논문을 발표하여 염불화탄소가 오존층을 파괴하여 심각한 문제를 야기할 수 있음을 주장하였다.
- **1979** 대기오염물질의 장거리이동에 관한 협약(The Convention on Long-range Transboundary Air Pollution)이 채택되어 산성비 등의 문제 해결을 위한 큰 걸음을 내디뎠다.
- **1984** 인도 보팔(Bhopal)에서 미국 다국적기업인 유니온 카바이드(Union Carbide)회사의 비료공장에서 독가스가 유출되어 약 1만 여 명이 살해되고 그 이상의 사람들이 시력을 잃는 등 심각한 부상을 당하였다.
- **1985** 영국 및 몇몇 국가의 과학자들이 오존층에 구멍이 생겼음을 확인하였다.
- **1987** 오존층 파괴물질에 관한 몬트리올의정서(Montreal Protocol on Substances that Deplete the Ozone Layer)가 채택되었다.
- **1988** 브라질의 노동운동가이자 환경운동가인 치코 멘데스(Chico Mendes)가 살해되었다. 그는 고무노동자들의 생존권과 아마존 삼림의 지속가능한 벌목을 주장하였다. 그의 살해로 인해 아마존 및 전 세계의 열대우림보호에 대한 국제적 관심이 증가하였다.
- **1989** 유해폐기물의 국가 간 이동 통제 및 그 처리에 관한 바젤협약(Basel Convention on the Control of Transboundary Movements of Hazardous Wastes and their Disposal)이 채택되었다.
- **1992** 브라질의 리우데자네이루에서 전 세계 185개국 대표단과 117개국 정상들이 모여 리우회의를 개최하였다. 참석자들은 의제 21을 채택하고 기후변화, 사막화, 생물다양성 등을 위해 협력하기로 합의하였다.

긴 과정을 겪으면서 국가들 및 다른 행위자들은 자신감을 많이 잃게 되었다.

이러한 맥락에서 리우회의는 지구환경정치가 험난한 길로 들어서는 출발점이기도 하였다. 삼림보호와 사막화방지는 30여 년이 지난 현재의 시점에서 평가해 볼 경우 이들 조약으로 인해 커다란 성과가 있었다고 보기 힘들다. 기후변화의 경우 1997년에 구속력 있는 의무조항이 포함된 교토의정서를 탄생시켰고 이것이 2005년에 발효되었지만 결국 약속한 의무감축을 이행하지 못했고 2015년 파리에서 열린 제21차 당사국총회에서 각국이 자발적으로 감축 목표를 설정하고 이를 이행하기로 합의하였으나 이는 구속력 있는 합의가 아니기 때문에 미래는 여전히 어둡다고 할 수 있다.

리우회의 이후 세계는 냉전의 해체, 미국 중심의 신자유주의적 경제 질서의 부활, 세계화와 양극화 등의 방향으로 변화하게 되었고 이에 따라 '지속가능한 발전'이라는 구호도 '지속가능'보다는 '발전' 쪽으로 그 균형의 추가 다소 이동하게 되었다. 또한 1990년대에는 이미 한국, 대만, 멕시코 등 중진국들이 세계 투자 및 무역 네트워크에서 핵심적인 활약을 하고 중국이나 인도, 브라질, 러시아와 같은 규모가 큰 '약대국(弱大國)들 또한 이 네트워크에서 새로운 행위자로 급부상하였다. 이들의 경제적 약진은 그 옛날 선진국들이 그랬던 것처럼 엄청난 산업공해의 배출을 수반할 수밖에 없었으며 따라서 선진국과 개도국 간의 환경 격차가 더욱 커지게 되었고 공해산업이 개도국으로 수출되는 현상도 빈번히 발생하게 되었다. 이러한 경제적 세계화로 인해 이제 유엔이나 다양한 국제환경조약을 중심으로 하는 지구환경협력은 불가피하게 1995년에 출범한 세계무역기구(World Trade Organization, WTO) 및 북미자유무역협정(North American Free Trade Agreement, NAFTA)이나 아세안

(Association of Southeast Asian Nations)과 같은 다자협력기구들과 어떤 방식으로든 공생하거나 타협해야 했고 따라서 지구환경협력의 전반적인 위축이 불가피한 상황이 전개되었다.

1990년대에는 교토의정서라는 성과가 있었지만 국제환경조약의 맥락에서는 전반적으로 퇴조였다. 그러나 이러한 공백을 메꾼 것은 시민사회의 다양한 행위자들이었다. 선진국에서 만들어진 저명한 환경단체들은 예산과 회원 수 면에서 규모가 커져 점차 정치적 권력과 사회적 영향력 그리고 자금력 면에서 강력한 행위자가 되었다. 이들을 더욱 강력하게 만든 것은 이들의 활동이 국경을 넘어서게 되고 전 지구 차원에서의 네트워크를 만들게 되었다는 것이다. 그린피스(Greenpeace)나 세계자연보호기금(WWF) 등은 이제 전 세계적인 조직망을 갖추게 되었고 세계 각 지역의 토착 조직과도 연계되어 그들의 환경 캠페인의 효과를 더욱 증가시키고 있다. 학자들은 이러한 현상을 '지구시민사회(global civil society)' 또는 '세계시민정치(world civic politics)'라는 개념으로 설명하기도 하였다. 즉 통합된 생태계와 분절된 주권체제 간의 불일치(tension) 문제가 각국의 생태 시민사회(ecological civil society)가 통합됨으로써 완화되거나 해결될 수 있다는 이러한 주장은 1990년대에 등장한 많은 네트워크형 시민환경단체의 적극적인 활동에서 영감을 얻었다. 뿐만 아니라 세계 각 지역에서 자생적으로 발생한 풀뿌리 환경운동(grassroots environmental activism)들 역시 스스로 사회운동의 형태로 발전하여 큰 영향력을 행사하기도 하고 또 이들 역시 국경을 넘어서서 네트워크화되어 다른 지역의 다른 단체 혹은 운동세력으로부터 지원을 받음으로써 그 권력을 증가시키는 경향이 두드러지게 나타났다.

리우회의가 개최된 지 10년이 지난 2002년 요하네스버그에서 지속가능한 발전을 위한 세계정상회의(World Summit for Sustainable Development, WSSD)가 개최되었다. 대회의 분위기는 리우회의 때와는 달리 희망과 의욕 그리고 자신감보다는 환경을 위한 정상회의의 실효성에 대한 의문과 회의가 더욱 많았다고 할 수 있다. 대회가 개최되기 1년 전 부시행정부하의 미국은 1990년대 국제환경협력의 거의 유일한 실질적 성과물이었던 교토의정서의 비준을 거부했다. 당시에는 물론 그 이후 2008년까지 미국은 세계에서 이산화탄소를 가장 많이 배출하는 국가였기 때문에 이러한 탄소대국이 교토의정서 비준을 거부하자 국제환경조약의 실효성에 대한 회의가 더욱 커졌다. 전 세계 약 190여 개국 대표들이 참가한 이 대회에서는 앞서와 마찬가지로 구속력 있는 합의가 아닌 선언과 행동계획을 발표하였고 2년 전인 2000년 유엔에서 발표한 새천년개발목표(2000 United Nations Millennium Development Goals)를 승인하고 실천하기로 합의하였다.

요하네스버그 행동계획에는 빈곤 퇴치, 보건위생 개선, 자원 및 에너지 관리, 기후변화 등 다양하고 방대한 과제들이 나열되어 있으며 참여한 국가들은 이의 실천 원칙으로서 이미 리우선언에서 제시된 '공동의 그러나 차별화된 책임'을 다시 한 번 강조하였다. 즉 선진국과 개도국이 함께 참여하되 선진국이 좀 더 많은 지원을 해야 한다는 것이 이 원칙의 핵심이다. 이를 위해서 구체적으로 선진국의 공적개발원조(Official Development Assistance, ODA)를 더욱 늘리고 국제 무역에서 개도국에게 더 많은 예외 조항들을 적용해 주는 것 등이 제시되었다. 그러나 향후 공적개발원조는 계속 양과 질 면에서 지속적으로 부족함을 드러냈다.

이렇듯 지구환경협력을 위한 재정적 기반이 문제가 되면 될 수록 기업들이 점차 지구환경정치에서 중요한 행위자로 부상하였다. 기업 및 그들이 만드는 다양한 네트워크들은 사회적 책임감에 기초하여 자발적으로 혹은 시장에서의 보다 큰 이윤추구라는 동기에 의해 다양한 형태로 환경보호에 참여한다. 세계지속가능발전협의회(World Business Council for Sustainable Development, WBCSD)는 글로벌 규모의 다국적 기업들이 모여서 환경보호에 기여할 방안을 모색하는 기반(platform) 역할을 수행하기 위해 1995년에 만들어졌다. 리스판서블 케어(Responsible Care)는 화학산업(chemical industry)에 종사하는 기업들이 환경보호 및 보건안전에 기여하기 위해 자발적으로 만든 네트워크형 조직으로서 회원 기업들의 화학제품 생산량이 전 세계 생산량의 90퍼센트 정도를 차지한다. 이 밖에도 기업이 주체가 되는 많은 조직들이 환경보호를 위해 자발적으로 결성되어 활동하고 있다. 특히 이러한 네트워크형 조직들은 네트워크를 통해 기업들이 환경호보활동에 관한 정보와 과학기술, 그리고 노하우 등을 공유하고 활동을 표준화함으로써 그 효율성을 높이는 데 특징이 있다. '기업의 사회적 책임(Corporate Social Responsbility, CSR)' 활동 역시 국제표준화기구(International Organization for Standardization, ISO) 등을 통해 활동의 규범과 원칙 그리고 보고 양식을 표준화하고 있다. 그리고 이 과정에서 종종 유엔 및 그 산하기구들이 큰 역할을 하였다.

기업의 환경 실천은 종종 환경단체로부터 부정적 평가를 받기도 한다. 그러나 오늘날 기업이 지구환경정치에서 중요한 행위자 중 하나임을 부정할 사람은 아무도 없을 것이다. 과거에는 기업이 환경파괴자로서 환경단체나 시민들과 대립하는 경우가 많았으나 기업의 환경 실천이 보편화되면서 이러한 이분법적 구분이 점차 없어지고 있다. 또한 기업은 환경단체나 지방정부와의 협력에도 파트너로서 참여한다. 세계자연보호기금(WWF)은 전 세계 150여 국가의 7천 개에 달하는 지방정부(도시 및 타운)와 협력하여 지구의 시간(Earth Hour)이라는 캠페인을 벌이고 있는데 이는 매년 3월의 어느 특정한 하루에 이 캠페인에 동참을 서명한

영상 자료 소개
People's Century-Endangered Planet 1959-1990

이 영화는 BBC와 PBS가 공동으로 제작하여 영국과 미국에서 TV로 방영한 다큐멘터리 시리즈 중 하나이다. 총 24개의 프로그램으로 구성되어 있는 이 시리즈는 20세기에 일어난 세계적으로 중요한 사건이나 이슈 등을 다루고 있다. 이 중에서 Endangered Planet은 환경 문제를 다루고 있는데 레이첼 카슨의 침묵의 봄, 일본의 미나마타병, 지구의 날 제정,

토리 케년호의 침몰과 해양 오염, 스톡홀름 대회, 인도의 칩코 운동, 그리고 체르노빌 사고나 미국의 러브 커넬 토양 중금속 오염 등 1959년부터 1999년까지 세계에서 일어났던 주요 환경 사고들과 환경운동, 그리고 국제환경협력을 소개한다. 이 영화는 20세기 지구 환경정치의 역사를 이해하는 데 도움을 준다.

• People's Century-Endangered Planet의 한 장면으로 스톡홀름대회에서 모리스 스트롱이 군중들 앞에서 연설을 하고 있다.

지방정부나 기업 그리고 단체들이 한 시간 동안 모든 전원을 꺼서 지구 환경보호에 대한 그들의 단합된 의지를 보여주고 전 세계 사람들의 연대(solidarity)의식을 고취시키는 행사이다.

　스톡홀름에서 리우로, 리우에서 리우+10으로 갈수록 이렇게 주권 국가들 중심의 국제환경협약보다는 다른 행위자들이 주도하는 환경 실천의 비중이 더욱 커져왔다. 이들은 위에서 설명한 것과 같이 스스로 네트워크화하기도 하고 다른 종류의 행위자들과 연대를 하는 등 다양한

방식으로 환경보호 활동을 전개한다. 이제 국제환경정치라는 용어보다는 지구환경정치라는 용어가 더욱 적합한 것이 이미 현실이 되었고 이러한 경향은 2012년 6월에 20년 만에 다시 브라질 리우에서 개최된 리우+20을 거치면서 더욱 뚜렷해졌다. 기후변화협약과 같은 국제환경조약에서 선진국들은 중국이나 인도, 브라질, 러시아 등 덩치 큰 개도국의 적극적인 참여를 촉구하고, 개도국은 선진국들의 이른 산업화에 따른 역사적 책임을 강조하는 동안 비즈니스 부문에서는 기업들이 신재생에너지나 다양한 환경기술을 개발하고, 환경단체들은 보다 효과적인 캠페인을 위해 전 지구 차원에서 혹은 지역 차원에서 네트워크를 만들어 왔다. 또한 지방정부들은 자신의 관할 구역을 깨끗이 하고 그 구역 내에서의 탄소배출을 줄이기 위해 다양한 노력들을 전개해 나가고 있다. 이러한 의미에서 오늘날 지구환경정치의 모습에 대한 전반적인 평가는 레짐 수준에서는 다소 부정적이나 그 외 다양한 행위자들의 역동적이고 조직적인 환경 실천은 매우 긍정적이라고 할 수 있다.

V 결론

지금까지 살펴본 바와 같이 지구환경정치의 역사에서 가장 큰 분수령은 1972년과 1992년이었으며 이 두 분수령 사이의 20여 년은 국제환경협력의 황금기였다고 할 수 있다. 그러나 이후 국가들은 기후변화와 같은 더 큰 과제에 도전하는 과정에서 국가 간 환경협력의 근본적인 문제인 분절된 주권국가체제와 통합된 지구호 사이의 괴리를 극복하지 못하고 총괄적인 합의에 이르는 데 실패하였으며 이 실패의 과정은 생각보다 길고 힘 빠지는 과정이었다. 아직도 국가들은 매년 열리는 기후변화협약의 당사국총회를 통해 희망을 버리지 않고 협력의 방안을 모색하고 있지만 2015년 파리총회에서 결의한 내용에서 볼 수 있듯이 구속력 있는 결정의 도출에 실패하고 레짐의 본질적인 한계만 확인하고 있다. 그러나 이러한 레짐 수준의 한계와는 달리 시민사회 수준에서 그리고 지방정부 수준에서는 환경단체, 기업, 정당, 전문가 집단, 각종 네트워크 등 다양한 행위자들이 지구환경정치를 주도해 나가고 있다. 기후변화도 기후변화협약과는 달리 배출권 거래제도 등 시장유인에 기반을 둔 정책 도구들이 활발히 시도되고 있으며 지방정부들이 독자적으로 완화와 적응 정책을 수립하고 집행해 나가면서 이들이 점차로 네트워크형 행위자로 발전하고 있다.

따라서 엄밀히 말하자면 지구환경정치의 미래는 긍정적으로 혹은 부정적으로 단정하기 어려우며 결국 다양한 행위자들이 다양한 차원에서 어떻게 문제에 대응하느냐에 달려 있다고 할 수 있다. 이 책에서는 이러한 다양한 행위자들이 누구이며, 그들의 특성은 무엇인지, 그들의 행동에 영향을 미치는 국내외적 변수들은 무엇이며, 이들이 환경 문제에 대응해 나가는 과정에서 발생하는 이슈들은 무엇인지, 그리고 이 이슈들이 환경 이외의 정치, 경제, 사회, 문화적 변수들과 어떻게 상호작용을 하는지 등을 살펴볼 것이다.

더 읽을거리

김미자. 2010.『환경정치론』. 대구: 경북대학교 출판부.

엘리너 오스트롬. 2010.『공유의 비극을 넘어-공유자원관리를 위한 제도의 진화』. 서울: 랜덤하우스코리아.

외교부 2017.『기후환경외교편람』. 외교부 홈페이지.

Chasek, Pamela S., David L. Downie, and Janet Welsh Brown. 2017. *Global Environmental Politics: Dilemmas in World Politics*. Seventh Edition. Boulder: Westview Press.

Conca, Ken, and Geoffrey D. Dabelko. 2014. *Green Planet Blues: Critical Perspectives on Global Environmental Politics*. Fifth Edition. Boulder: Westview Press.

DeSombre, Elizabeth R. 2002. *The Global Environment and World Politics*. London: continuum.

Mitchell, Ronald B. 2010. *International Politics and the Environment*. London: SAGE.

1   우리 주변에서 발견할 수 있는 공유재의 비극의 예는 어떤 것이 있는가? 그것이 왜 공유재
     의 비극인가? 그리고 그 해결책은 있는가?

2   동서양에서 산업화 이전에는 과연 아무런 환경보호에 관한 철학이나 사상 혹은 규범이 없
     었는가? 있었다면 어떤 것을 예로 들 수 있는가?

3   국제환경정치와 지구환경정치의 차이는 무엇인가?

4   지속가능한 발전을 브룬틀란보고서와는 다른 방식으로 정의할 수 있는가?

5   왜 어떤 국제환경조약은 성공하고 어떤 조약은 실패하거나 덜 효과적인가?

| 참고문헌 |

로버트 액설로드. 이경식 역. 2009. 『협력의 진화: 이기적 개인의 팃포탯 전략』. 서울:
    마루벌.
엘리너 오스트롬. 윤홍근·안도경 역. 2010. 『공유의 비극을 넘어―공유자원관리를 위한
    제도의 진화』. 서울: 랜덤하우스코리아.
Speth, James Gustave & Peter M. Haas. 차재권 역. 2009. 『지구와 환경: 녹색혁명의
    도전과 거버넌스』. 서울: 명인문화사.

Hardin, Garrett. 1968. "The Tragedy of the Commons." *Science* 162: 1243-1238.
Hurrell, Andrew, and Benedict Kingsbury. eds. 1992. *The International Politics of the
    Environment*. Oxford: Oxford University Press.
O'Neill, Kate. 2009. *The Environment and International Relations*. Cambridge:
    Cambridge University Press.
Young, Oran R. 1999. *The Effectiveness of International Environmental Regimes:
    Causal Connections and Behavioral Mechanisms*. Cambridge: The MIT Press.

지구환경정치에서의 정의와 규범

주요어(KEY WORDS) 환경정의 · 지구정의 · 기후정의 · 공리주의적 관점 · 자유주의적 관점 · 평등주의적 관점 · 실질적 정의 · 분배적 정의 · 절차적 정의 · 교정적 정의 · CBDR 원칙 · 지속가능성의 원칙 · 형평성 지구환경 문제는 산업화에 따른 환경오염 문제와 그로 인한 환경피해에 대한 해결에 초점을 맞추고 있다. 그러나 좀 더 들여다보면 자연환경을 희생시켜 얻은 편익과 그에 상응한 환경피해 또는 비용부담이 역진적(逆進的)으로 나타나고 있다는 점에서 분배를 둘러싼 불평등의 문제가 자리 잡고 있다. 다시 말해서, 환경불평등과 관련된 갈등의 정렬(arrangement of conflicts) 문제와 환경정의(environmental justice)와 관련된 가치의 배분(allocation of values) 문제가 중심에 있다. 따라서 지구환경 문제는 정치학 차원에서 다루어져야 보다 근본적인 접근과 해결이 가능할 것이다. 이에 이 장에서는 우선 환경정의의 개념과 특징을 환경담론과 철학적 관점에서 조명하고, 환경정의와 관련된 원칙과 규범을 국제환경협약에서 나타난 주요 원칙들(공동의 그러나 차별화된 원칙, 지속가능성의 원칙 등)과 연관 지어 살펴본 후, 기후변화와 관련된 갈등적 사안과 문제를 기후정의(climate justice) 중심으로 논의한다.

이 장에서 강조하고자 하는 점은, 환경 편익과 부담에 대한 분배적 정의와 절차적 정당성 차원에서 환경정의가 고려되어야 한다면 개발과 보전이라는 환경적 가치를 조율하고 조정하는 근본적인 힘은 정치에 있다는 것이다. 특히 기후변화를 둘러싼 선진국과 빈곤국가 간, 개별 국가 내 부유 계층과 빈곤 계층 간, 현재 세대와 미래 세대 간 기후정의가 다르게 인식되고 있고, 그에 대한 해결 방안과 요구도 정치경제적이고 윤리적인 사안에서 복잡하게 전개되고 있는 것이 현실이다. 이렇듯 지구환경 문제는 정치경제적이면서 기후정의적인 사안을 국내 또는 국제적 차원에서 풀어가야 함을 유념하고 지구적 환경정의 논의에 지구환경정치를 이해할 필요가 있다.

I 지구환경정치학으로서 환경정의와 규범의 필요성

왜 지구환경 문제, 특히 지구환경 관련 정의(justice)와 규범(norms)을 정치학에서 다루어야 할까? 정치학은 기본적으로 가치의 배분(allocation of values) 또는 갈등의 정렬(arrangement of conflicts)과 관련된 학문이기 때문이다. 특히 최근에 대두되는 환경 문제는 지구적 차원에서의 영향과 파급력을 갖는 동시에 지역(region) 단위에서도 나타나는 이른바 지구화(globalization)와 지방화(localization) 이슈의 영역에 속하기 때문에 지구환경정치학은 매우 중요한 위상을 지닌다. 이와 관련하여 드라이제크(Dryzek 2005, 46)는 환경쟁점은 내 집 앞 잔디밭에 있는 개의 배설물처럼 지역적일 수도, 온실효과처럼 지구적일 수 있다고 하면서, 최초로 지구라는 행성에 대한 진정한 정치학도 생각하게 되었다고 술회한 바 있다. 더욱이 환경 문제가 환경파괴와 자원고갈에 따른 환경안보(environmental security) 차원에서 논의되고 있고, 그에 따른 폭력과 분쟁은 빈곤국가에게 더욱 더 큰 위협요소로 작용하고 있다(이태동 2016). 이는 선진국과 저개발국가 사이의 환경불평등에 대한 논란을 촉발시키는 요인이 된다. 따라서 환경불평등과 관련된 환경정의(environmental justice)의 문제와 그에 따른 규범과 법제도에 대한 논의는 결코 간과해서는 안 될 것이다.

지구환경 문제를 해결하기 위해 국제사회는 국제환경 관련 지침들, 즉 다자간 환경협정(Multilateral Environmental Agreements, MEAs)을 논의하고 채택한다. 이러한 협정들은 협약의 형식을 띠거나 보다 더 구체적이면서 행동지향적인 의정서(Protocol)의 형식으로 국제사회의 합의된 행동기준을 마련하는데 반드시 주권국가의 승인(approval)과 비준

(ratifying)이 수반되어야 한다. 주권국가들은 국제법의 우선적 주체들이고, 개별 주권국가의 동의 없이는 어떠한 국제적 의무에도 구속되지 않는다(Hunter et al. 2002, 272-273). 그러나 개별 주권국가는 국내 정치의 조건을 고려해야 하는 동시에 국제사회와 공조해야 하는 이중적인 입장에 처해 있기 때문에 지구환경정치학은 국제환경 문제 해결을 위해 매우 중요하다.

최근 2015년 파리기후협약이 보여 준 특징은 기존의 파편적이고 하향식인 교토체제의 문제점을 극복한 체제가 아니라, 교토체제의 문제점을 인정하고 보편적이고 상향식으로 시도해 보려는 체제라는 점이다(김성진 2016, 401). 기존의 도쿄기후체제는 개발도상국의 반발로 선진국 위주의 일부 국가의 부분적 이행과 감축목표의 의무가 특징이었다면, 파리체제는 대상국가 모두의 이행이라는 전체적 실천과 의도적 국가결정기여(Intented Nationally Determined Contributions, INDC)라는 보다 자발적이고 유연한 감축목표 설정으로 선회하여 합의했기 때문이다. 다만 온실가스 감축에 선진국과 개발도상국 모두 동참하기로 하여 '공동의 그러나 차별화된 책임(Common But Differentiated Responsibility, CBDR)' 원칙 중 '공동의 책임'이라는 원칙이 비로소 합의되었다는 점에서는 특기할 만하다. 그러나 여전히 '차별화된 책임'의 영역에서 분배적 정의의 문제가 "누가 어디서 어떻게"라는 배출권 할당 또는 감축 및 적응 정책 관련 비용분담 문제는 여전히 정의의 관점에서 쟁점으로 남아 있다.

모든 사회 문제 해결에는 그와 관련된 철학과 담론을 지니고 있다. 환경 문제도 예외는 아니다. 어찌 보면 환경 문제는 제반 사회 문제들보다 더욱 복잡다기할 수 있다. 왜냐하면 경제 문제와 사회 문제, 그리고 환경 문제가 중첩 또는 상충되어 나타나기 때문이다. 경제성장에 따른 환경오염과 사회갈등, 그리고 환경불평등의 문제들은 자신의 영역에서 각기 다른 목적을 지향하고 있기 때문에 나타나는 필연적인 결과일 수 있다. 예를 들어, 경제 영역은 생산성 제고와 효율성을 최고의 목표로 삼고 있고, 사회 영역은 사회적 불평등 해소와 통합을 최고의 목표로 삼고 있으며, 환경 영역은 자연환경 보전과 생태적 순기능 실현이라는 목표를 가지고 있기 때문에 경제-사회의 영역에서는 사회경제적 불평등의 문제, 경제-환경의 영역에서는 경제적 지위에 따른 환경적 불평등의 문제가 서로 복잡하게 얽혀서 나타나고 있다.

이러한 문제점들을 해결하기 위해 공통의 합의를 도출하고 행동해야 하는데 이때 그 준거가 되는 배경이 환경정의에 대한 철학과 담론이다. 이를 통해 일정한 환경규범이 형성되고 이에 대한 보다 구체적인 실천적 방안으로 국제환경협약 또는 국제환경법이라는 법제도가 제시되고 있다. 따라서 이번 장에서는 지구환경정치에서 환경정의와 규범이 어떤 철학적 배경과 담론을 형성하고 원칙들을 제시하고 있는지 고찰하고자 한다. 이를 위해, 환경불평등 문제와 그에 따른 환경정의의 개념과 특징을 알아보고, 환경정의의 원칙과 규범에 대해 논의한 후 최근 지구화에 따른 환경정의의 문제를 기후정의 관련 원칙들을 중심으로 살펴본다.

II 환경정의의 개념과 특징

1 환경불평등과 환경정의

환경정의(environmental justice)는 불평등을 전제로 논의되는 개념이다. 그 불평등을 바라보는 관점의 차이가 있다 하더라도, 환경불평등의 결과가 현재의 환경부정의(environmental injustice)를 유발한다고 인식하고 있기 때문이다. 따라서 우리는 환경정의를 논의하기 위해 환경불평등(environmental inequity)을 이해해야 한다. 환경불평등은 환경 이용을 통한 편익과 비용이 다양한 주체들 또는 집단에게 사회적·생물학적 불평등 구조 속에서 불공정하게 배분되는 것을 의미하며 환경부정의라고도 한다. 이러한 관점에서 보면, 소득불평등이 환경불평등을 야기하고 환경불평등은 사회불평등을 더욱 악화시킬 수 있다고 어렵지 않게 추론할 수 있다. 소득불평등의 문제는 자본주의 세계에서 자본과의 관계를 통해 나타나는데 이와 관련하여 김민정(2009)은 환경 문제를 출발점으로 시작하게 되면 사회적 관계가 잘 나타나지 않는데 그 이유는 환경 피해가 인간에 의한 사회적 관계로부터 비롯되기 때문이라고 지적하면서, 자본관계에서의 소득불평등이 환경오염 피해에서의 환경불평등에서도 재현된다고 하였다.

부유한 국가는 에너지와 자연자원 및 상품의 과도한 소비를 통해

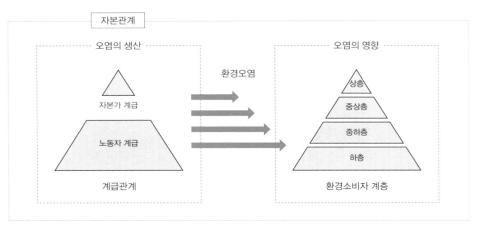

| 그림 2-1 | 자본관계와 환경불평등
출처: 김민정(2009, 104)

환경 문제를 유발하는 반면, 빈곤국가는 빈곤을 극복하기 위해 자연을 파괴함으로써 환경 문제를 발생시키므로 사회불평등이 환경 문제의 원인이 되는 것이다(Postel 1994). 더욱이 환경불평등을 구조화하는 요인에는 사회불평등에 관한 요인에 더해 인종, 노약자, 어린이, 여성, 장애인과 같은 신체적·생물학적 불평등 요인이 추가되어 그 양태도, 발생구조도 더욱 복합적이고 중층적으로 나타나고 있다. 결국 최근에 나타나는 환경불평등은 환경부정의로 이해되고 있다.

2 환경정의의 관점과 철학, 그리고 환경담론

환경 문제는 사회정의 이슈와 밀접한 관계를 가지고 있기에, 환경정의는 사회정의가 환경을 매개로 구현되어야 함을 전제하고 있다. 기존의 환경 문제가 환경파괴나 환경오염으로 비롯된 문제를 자연과학적 또는 환경공학적 측면에서 다루어졌다면, 환경정의의 관점에서 다루는 환경 문제는 사회적 불평등 구조에 대한 이해를 시작으로 환경적 불평등 개선이라는 보다 새로운 차원에서 이 문제를 바라보고 있다. 이와 관련하여 탈보트(Talbot 1998, 93)는 환경이슈에 대한 인식 및 탐구의 핵심은 계급과 인종, 그리고 성의 사회경제적 관계를 이해하는 것이라고 주장한 바 있다. 따라서 환경정의의 개념은 공간적일 뿐만 아니라 사회적이기에 분배적 정의의 문제가 그 중심에 자리 잡고 있고, 지구화 추세와 함께 공간적 범위의 확대와 분배적 정의의 복잡성이 점증하고 있다.

환경이슈를 환경정의와 결부시킬 때, 환경정의는 어떠한 철학적 관점을 토대로 이해할 수 있을까? 사회적 불평등의 문제와 더불어 환경적 불평등의 측면에서 환경정의를 바라본다면 사회 내 이해의 대립과 갈등 속에서 나타나는 정치적 과정을 이해해야 하며, 이를 위해서는 환경과 관련된 담론을 살펴보아야 한다. 담론은 복잡한 세상의 단면을 보다 간명하게 읽어 낼 수 있는 훌륭한 잣대이고, 그 담론의 생산과정은 매우 중요한 정치적 과정을 통해 생산된다. 따라서 환경담론은 지구환경정치에 있어서 반드시 짚고 넘어갈 문제인 동시에 우리가 이번 장에서 깊이 고민하고 성찰해야 할 환경정의(environmental justice)의 길잡이가 될 수 있다.

환경담론은 오랫동안 우리를 지배해온 산업사회의 산업주의 담론 속에서 나타난 반작용 혹은 성찰적 지점에서 출현하였다. 산업주의의 특징은 경제성장 전략과 이를 통한 물질적 풍요와 소비지향이라고 할 수 있다. 이런 점에서 우리 시대에 존재하는 많은 이념(이데올로기)들은 대립적인 위치에 놓여 있지만 그 토대와 바탕은 모두 산업주의에서 출발하기 때문에 환경적 관점에서 본다면 이러한 이념들은 모두 산업주의적 테마의 변주곡으로 보일 수 있다(Dryzek 2005, 31). 또한 자연환경이 이용의 대상에서 보전의 대상으로, 더 나아가 공존의 대상으로 확대되는 과정에서 환경을 주제로 한 – 엄밀히 말하면 산업경제발전을 위해 제시되었지만 환경 문제와 결부시킨 – 정치철학적 관점은 각기 다른 입장을 취하고 있다. 이를 정리하면 아래의 표와 같다.

우선, 공리주의적 관점은 비용과 편익을 측정하여 비용에 비해 편익

| 표 2-1 | 정치철학적 구분에 따른 환경담론의 분류

정치철학	환경담론의 내용 및 특징			
	하비(Harvey 1996)		드라이제크(Dryzek 2005)	
공리주의	표준적인 관점		개혁적	답습적
자유주의	생태적 근대화, 현명한 이용		개혁적	창조적
평등주의	환경정의		근본적	창조적

이 큰 행위의 선택을 정당화시킨다는 점에서 자유주의적 환경정의의 한 갈래로 볼 수 있다. 다만 인간 또는 동물의 권리를 인정하지만 '공동의 선'을 강조하기 때문에 이 권리가 절대적이지 않고 제한적이라는 점에서 차이가 있다. 따라서 정부의 환경보전으로 인해 국민들의 복지가 더욱 크게 훼손되거나 개인의 재산권 행사가 자연환경 고갈과 사회적 환경오염 문제를 유발한다면 보상이 없이도 제한될 수 있다는 주장이 정당화되어 결국 공리주의적 환경정의는 전체 사회에 유익하다는 명분으로 특정 개인 및 집단(지역)에게 부당한 손실을 감수하도록 요구하는 정책이 가능하다는 경향이 있기 때문에 부정의 문제를 묵인 또는 유발하는 경향이 있다(최병두 1998). 또 한편으로 공리주의적 환경정의는 경제와 환경이 서로 상쇄(trade-off)관계에 놓여 있기 때문에 경제가 우선이며 환경은 그에 비해 사후적이라는 입장이다. 결국 경제와 환경 간의 문제가 상충된다면 기존 지배질서가 설정한 표준적인 관점을 적용하기 때문에 개인의 사적 소유권이나 이윤극대화는 근본적으로 도전 받지 않는다는 입장을 견지하고 있다(Harvey 1996, 373-376). 한편 드라이제크(Dryzek 2005, 33-34) 입장에서 보면, 공리주의적 관점은 개혁적이고 답습적인 환경담론에 속한다. 개혁적이고 답습적인 환경담론은 문제 해결에 집중하여 하비의 표준적인 관점(standard view)이라고 할 수 있는데, 그 이유는 정부가 환경 문제를 해결하는 데 있어 규제 중심의 전통적인 방식을 취하고 있기 때문이다.

자유주의적 관점은 인간의 이성과 합리성은 절대적이고 천부적인 성격을 가지고 있으므로 인간은 환경을 이용할 권리를 가지고 있다고 전제하고 있다. 이 권리를 행사함에 있어 하비(Harvey 1996, 377-385)는 '현명한 이용(wise use)'과 생태적 근대화를 강조한다. 현명한 이용은 토지나 자원 소유자들의 사적 소유권이 무엇보다도 우선되어야 하고, 이들이 대지와 상호작용하여 가장 풍성한 결실을 맺도록 하여 지구의 생태적 조건을 풍요롭게 만들자는 것이다. 그리고 생태적 근대화는 다양한 정의를 내릴 수 있지만, 대체로 경제성장과 환경보존이라는 가치가 조화를 이룰 수 있고 모두가 이기는(win-win) 게임이라고 보는 관점이다. 우리가 가장 많이 듣고 있는 '지속가능한 발전' 개념이 바로 생태적 근대화와 맥을 같이 한다고 할 수 있다. 한편 드라이제크(Dryzek 2005, 34-35) 입장에서 보면, 개혁적이고 창조적인 환경담론에 속한다. 개혁적이고 창조적인 환경담론은 지속가능성(sustainability)을 강조한다는 점에서 보면, 문제해결을 넘어 새로운 제도(예를 들어 경제적 유인수단을 도입한 배출권거래 제도)를 창안하고 실행하는 토대를 만든다는 점에서 이해할 수 있다. 결국 이러한 자유주의적 철학은 개인들 간의 투명한 경쟁을 통해 환경재가 자유롭게 거래되는 과정이 곧 정의가 구현되는 것으로 간주하기 때문에 자유주의적 환경정의는 정의의 과정적 측면을 강조하는 것이다(조명래 2001). 그러나 분배의 과정적 측면이 시장의 논리와 기제 속에서 얼마나 정의로울 수 있는가의 문제는 여전히 남는다. 왜냐하면 환경에 대한 이용과 보전의 가치가 시장에서 올바르게 실현되어야 하는데 여전히 오염자부담 원칙, 사용자부담 원칙 등 공정한 분배의 원칙이 이 환경 문제에서 발생하고 있다는 점이다. 그리고 또한 환경적 피해는 지속적으로 증가하는데, 최소국가는 개인의 자유침해에 대한 배제를 원칙으로 하기 때문에 이 문제를 적극적으로 해결하지 않고 방치할 가능성이 있다는 한계가 있다(한면희 2006, 148).

평등주의적 관점은 평등한 권리와 사회정의를 동일시하는 입장이다. 즉 사회적 약자에게 혜택이 제공되는 전제에서만 불평등은 합리화될 수 있다는 입장을 취하여 분배적 정의와 호혜적 정의를 강조하는 롤즈(J. Rawls)의 정의론[1]과 맥을 같이 한다. 따라서 평등주의적 환경정의론은 환경적 위협의 불평등한 배분에 저항하는 개념으로 평등주의적 정치철학에 기초를 두고 있고, 생태적 근대화나 표준적 관점이 진보한 개념으로 볼 수 있다(Harvey 1996, 385-397). 그러나 하비가 주장하는 평등주의적 환경정의는 환경피해로 인한 비용을 공평하게 부담해야 하는 상황에서 문제가 발생한다. 예를 들어, 온실가스 배출을 줄이기 위한 기술적·경제적 부담을 그의 평등주의적 환경정의에 근거하여 분배한다면, 저개발국가들이 겪는 부담과 선진국들이 겪는 부담의 격차는 매우 클 수 있다는 것이다. 아울러 평등주의적 정의에만 치우치게 되면, 계급적, 인종적, 지역적 이해관계에 함몰되어 지구환경정치에 있어서 지역적 님비현상(Not In My Back Yard, NIMBY)에 빠질 우려가 있다. 따라서 실천적인 환경정의를 구현하기 위해서는 평등주의적 관점을 넘어서는 대안적 관점이 요구된다. 또한 드라이제크(Dryzek 2005, 35) 입장에서 보면, 평등주의적 관점은 근본적이고 창조적인 환경담론에 속한다. 근본적이고 창조적인 환경담론은 녹색근본주의를 의미하는데, 인간과 인간사회, 그리고 지구화 속 위치에 대한 다른 각양각색의 대안적 해석을 위해 기본구조와 그 산업사회에서 환경이 개념화되는 방식을 거부한다. 이 같은 입장은 다양성과 공생이 발전의 주요 잠재력이며, 타자성이 존중되고 생태적·문화적 차이들이 인정되어야 함을 주장하는 포스트모던 관점과도 유사하다. 그러나 환경불평등의 발생 배경에 대한 논의가 여전히 미흡하고, 대안으로서 공동체적 삶의 복원보다는 개인적 삶의 방식을 부각시킨다는 점에서 논란이 되고 있다(최병두 2001).

....

1   롤즈(John Rawls)의 정의론은 사회계약과 무지의 베일(veil of ignorance)을 강조하고, 절차가 공정하면 결과도 정의롭다는 견해이다.

3 환경정의의 구분과 특징

　실천과 정책개념으로서 환경정의는 환경편익을 누구나 공평하게 향유할 권리가 있다는 실질적 정의(substantive justice), 환경비용이나 환경부담의 공평한 배분을 다루는 분배적 정의(distributive justice), 환경문제와 관련된 정책, 법, 계획 등의 결정이나 이행과정에 대한 민주적 접근을 다루는 절차적 정의(procedural justice)로 구분할 수 있다(Agyeman 2005).

　첫째, 실질적 정의는 건전한 환경에 대한 실질적인 인간의 권리(substantive human right to healthy environment)를 의미한다(Pedersen 2010, 28). 모든 사람들은 환경오염으로 인한 피해 또는 위험으로부터 보호받을 권리가 있고, 아울러 모든 사람들이 깨끗한 환경에서 살 권리를 강조하기 때문에 환경 문제의 발생 자체를 미연에 방지하거나 저감하기 위한 노력이 중요하게 여겨진다. 둘째, 분배적 정의는 환경편익에 대한 공평한 향유와 환경부담에 대한 책임이 얼마나 일치하느냐의 문제를 중요시 한다. 따라서 사람들이 원하거나 필요로 하는 편익이 부족하고(scarcity of benefits) 부담이 과도할 때(a surfeit of burdens) 편익과 부담을 어떤 식으로 분배해야 할 것인가에 대한 방식과 관련된 것이다(Anand 2004). 셋째, 절차적 정의는 환경편익 및 비용부담 등의 문제를 해결하기 위해 참여자들의 자유로운 의견 개진과 자유로운 정보 접근 등이 보장되어야 한다는 것이다. 이러한 절차적 차원의 환경정의는 기본적으로 환경과 관련된 의사결정과 환경정책 시행에 있어 시민참여를 보장하는 관련 법규의 존재를 의미하는 것이다(Millner 2011, 194). 이는 유럽지역의 1998년 오르후스협약(Aarhus Convention)[2]이 추구하는 환경 문제에서 '정의에 대한 접근(access to justice)' 개념도 절차적 정의에 부합된다고 할 수 있다(Pedersen 2010, 28).

분배적 정의와 절차적 정의는 환경피해 및 위험에 대한 공평한 분배나 참여의 필요성을 각각 강조한 반면, 실질적 정의에서는 예상되는 환경피해 및 위험에 대한 예방적 방지 및 환경질의 적절한 관리를 강조한다. 또 한편으로 분배적 정의는 기후변화를 야기한 책임과 그로 인한 피해 간의 불일치를 교정해야 한다는 측면에서 교정적 정의(corrective justice)로 이해되고, 기후변화와 관련하여 가장 직설적으로 주장할 수 있는 특징이 있다. 교정적 정의는 가해자와 피해자에 대한 개념에서 출발하므로 기후변화의 원인 제공자가 누구냐에 주목한다. 따라서 교정적 정의는 문제 원인에 대해 책임 있는 자와 비난 가능성이 있는 자, 그리고 원인에 대해 책임도 비난 가능성도 없는 자로 구분한다(Posner and Weisbach 2010). 정의와 관련하여 국가의 이익을 무시하는 것은 허구이지만, 강대국의 이익을 향상시키는 것 또한 지양해야 한다. 따라서 국가 간 서로의 균형을 잡기 위해 환경정의 관점에서 실현 가능한 협약을 만드는 것이 중요하다고 할 수 있다.

이러한 환경정의 중에서 분배적 정의(교정적 정의를 포함한)가 가장 정치적인 영역이라고 할 수 있다. 왜냐하면, 실질적 환경정의와 절차적 환경정의는 각각 보편성의 문제와 절차적 정당성의 문제로서 규범적인 성격이 강한 반면, 분배적 환경정의는 분배방식에 있어서 첨예한 논쟁과 대립이 불가피하기 때문이다. 따라서 환경피해에 대한 취약성 정도

....

2   1998년 채택되어 2001년 10월 발효된 오르후스협약은 환경정보에 대한 접근·이용권, 환경행정 절차 참여권, 환경사법 접근권에 관한 협약으로, 이 협약에 참여하는 유럽연합 회원국들이 환경정보 공개, 시민 및 환경 단체의 의사결정 과정 참여 보장을 통해 환경갈등 문제에 대한 협치를 가능하게 하여 환경 갈등과 사고 발생 가능성을 낮추고 결과적으로 사회적 비용을 줄이는 데 기여하고 있다.

와 피해에 대응할 수 있는 복원력의 정도가 개인과 집단에 따라 다르기 때문에 보다 취약하고 복원력이 낮은 사회적 약자에게 환경적 피해와 위험이 부과되거나 전가되는 것을 막아야 한다. 이러한 점을 볼 때, 환경정의는 결과보다 공정한 분배를 위한 과정에 더 주목하고, 그 과정에서 사회적·생태적 약자에게 불리하도록 왜곡시키는 모든 것을 개선하려고 한다. 이와 관련하여 짐머만(R. Zimmerman)은 분배적 환경정의는 결과보다 공정한 분배가 이루어지지 못하는 과정의 측면에 더 주목하고, 정의를 공정 혹은 형평 등으로 측정한다면, 부정의는 과정에서 비교 형량과 배분에 대한 배려가 없거나 의도적으로 혹은 부당하게 이를 왜곡시키는 어떠한 기제가 작용한 것의 결과라고 주장한 바 있다.

사실 분배적 정의의 실현을 환경 문제에 적용할 때 어려운 이유는 환경 사안에서 재분배가 모든 사람이 똑같은 환경적 피해를 감수해야 하는 것으로 이해되기 때문이다(박재묵 2006). 예컨대 정부정책으로 저소득 계층의 환경이 개선되면 땅값과 집값이 올라가게 되고 월세와 전세도 올라가게 되면서 저소득 계층은 그 지역에서 살지 못하게 되고 다시 환경이 열악한 지역으로 이사를 갈 수밖에 없다. 결국 님비(NIMBY) 현상과 같은 지역의 유해시설 이용을 둘러싼 불평등한 권력에 의해 입지가 결정된다면 권력 계층의 지역에서는 유해시설이 배제되면서 결국 약자집단 거주지로 옮겨 갈 가능성이 커지므로 환경부정의라 할 수 있다. 반면에 시장주의에 의하면, 유해시설은 지대를 낮추는 효과를 내기 때문에 비교적 저렴한 주거지역을 찾는 약자집단에 의해 점유되는 경향은 자연스러운 것으로 간주한다.

결국 편향된 정책 및 권력이나 문화적 작용에 의한 것이든, 방임적 시장경쟁에 의한 것이든 환경 비용과 편익이 계층, 인종, 세대, 지역에 따라 부당하게 배분된다면 환경정의는 결코 담보될 수 없다. 그리고 절

차적 측면에서 환경정의는 환경파괴의 분배적인 측면뿐만 아니라 의사
결정의 민주적 참여가 뒷받침되어야 하고, 깨끗한 환경에 대한 정보, 공
청회, 보상의 권리보장 및 환경오염 피해자의 권리 회복이 실현되는 것
을 의미한다.[3]

III 환경정의의 원칙과 규범

1 환경정의의 규범적 의미

인간과 자연의 불평등을 전제로 하는 인간중심의 패러다임 속에
서 환경적 부담과 편익의 공정한 분배, 그리고 그 결정과정에의 실질적
인 참여 보장을 내용으로 하는, '인간을 위한' 환경정의의 개념과, 인간
과 자연의 대등한 지위 또는 자연우선의 패러다임을 토대로 하는 '환경
을 위한' 환경정의의 개념은 법적 영역에서도 구별되어야 한다(이덕연
2013). 이러한 점에서 환경정의의 규범을 '환경', '정의', '법'의 세 가지

---

3   분배적 평등과 절차적 공정성 혹은 민주성을 강조하는 위와 같은 환경정의의 개념은 1991년
     워싱턴 D.C.에서 열린 제1차 전국유색인종 환경리더십 회의(the First National People of
     Color Leadership Summit on the Environment)에서 발표된 17개 항의 환경정의 원칙에도
     잘 나타나 있다(자세한 내용은 참고자료 확인). 여기에서 환경정의란 공공정책이 모든 인류의
     상호존경과 정의에 기초해야 하고, 차별과 편견으로부터 자유로울 것을 요구하며(2항), 맑은
     공기, 토지, 물, 음식이라는 근본적인 권리를 위협하는 유해폐기물, 독극물, 핵실험 등으로부터
     보호받을 수 있기를 요청하며(4항), 모든 인류의 정치, 경제, 문화, 환경적 자기결정권을 근본
     적으로 지지하며(5항), 모든 의사결정 단계에서 동등한 파트너로 참여할 권리를 요구하고 있
     다(7항)고 천명하고 있다.

참고 제1차 전국 유색인종 지도자 정상회의(Multinational People of Color Leadership Summit)에서 채택된 환경정의 원칙

1 환경정의는 어머니 대지의 신성함, 모든 종들의 생태적 조화와 상호 의존, 그리고 생태계 파괴가 없는 지구를 선언한다.

2 환경정의를 위해서는 어떠한 차별이나 편견 없이 모든 사람을 위한 상호 존중과 정의를 바탕으로 한 공공정책이 필요하다.

3 환경정의는 인류와 다른 생명체들을 위한 지구의 지속가능을 위하여 토지와 재생 가능한 자원을 도덕적이고 균형 있게, 그리고 책임 있게 사용할 권리를 요구한다.

4 환경정의는 깨끗한 공기, 토양, 물, 식품에 대한 기본권을 위협하고 있는 독성 유해폐기물과 유독물질의 추출, 생산, 폐기와 핵실험으로부터의 철저한 보호를 요구한다.

5 환경정의는 모든 사람들이 정치, 경제, 문화, 환경에 대해 스스로 결정할 기본권을 선언한다.

6 환경정의는 모든 독성물질과 유해폐기물, 방사성 물질의 생산을 중단해야 하며, 과거와 현재의 생산자들이 생산 과정에서 중독을 예방하고 (중독된) 사람들의 해독에 대해 철저히 책임져야 한다고 주장한다.

7 환경정의는 필요도 평가, 계획, 구현, 시행과 평가를 포함한 모든 차원의 의사결정에 동등한 상대로서 참여할 권리를 요구한다.

8 환경정의는 노동자들이 안전하지 않은 생활과 실업 가운데 하나를 택하도록 강요받지 않고, 안전하고 건강한 노동환경에서 일할 권리를 선언한다. 집에서 일하는 이들도 환경상의 유해 요인들로부터 자유로울 권리가 있다.

9 환경정의는 피해자들이 양질의 건강관리는 물론, 완전한 보상과 피해배상을 받을 권리를 옹호한다.

10 환경정의는 정부가 환경적 불의(environmental injustice)를 행하는 것은 국제법과 〈세계인권선언(Universal Declaration on Human Right)〉, 〈학살에 관한 유엔 협약(United Nation Convention on Genocide)〉을 어긴 것으로 간주한다.

11 환경정의는 원주민들의 주권과 자기결정권을 확인하는 조약, 협정, 맹약, 서약을 통해 이들이 미국 정부와 맺고 있는 특별한 법적 · 자연적 관계를 인지해야 한다.

12 환경정의는 자연과의 균형 속에서 우리의 모든 공동체들이 보전해 온 문화를 존중하면서, 모든 사람들에게 모든 자원에 대한 정당한 접근성을 제공하면서 도시와 시골을 정화하고 재건하기 위한 생태적 정책이 필요함을 주장한다.

13 환경정의는 사전 고시에 입각한 동의 원칙을 엄격히 시행하고 유색 인종을 대상으로 한 생식, 의료 기술이나 백신 실험을 중단할 것을 요구한다.

14 환경정의는 다국적 기업들의 파괴적인 경영에 반대한다.

15 환경정의는 토지, 사람, 문화, 그리고 다른 생명체들에 대한 군사적 점유, 억압, 착취에 반대한다.

16 환경정의는 현 세대와 미래의 세대에게 우리의 경험과 다양한 문화적 관점에 대한 존중을 바탕으로 사회적 환경적 이슈들을 강조하는 교육을 요구한다.

17 환경정의를 이루기 위해 우리 각 개인들은 어머니 대지의 자원을 가능한 적게 소모하고 쓰레기를 가능한 적게 만드는 소비자로서의 선택을 해야 하며, 현재와 미래 세대를 위해 건강한 자연을 확보하기 위한 방식으로 우리의 생활양식을 바꾸고 재정립해야 한다.

※ 1991년 10월 24일~10월 27일 워싱턴 D.C.에서 열린 제1차 전국 유색인종 지도자 정상회의에서 채택된 환경정의 원칙으로 인종적 · 사회계급적 소유 여부에 따른 차별과 편견을 넘어서 보다 정의롭고 보편타당한 환경정의 원칙을 제시하고 있다고 평가된다.

측면의 관계로 이해할 수 있다. 한상운(2009, 333-337)은 이들 관계가 ① 정의-법 관계, ② 환경-법 관계, ③ 환경-정의의 관계 순으로 나타났다고 주장하였다. 그 이유는 정의와 법의 관계는 법철학적 전통에 따라 유구한 역사를 가지고 있지만, 환경과 법의 관계는 환경 문제가 1970년대부터 부각되어 개별 국가에서 환경법의 체계를 갖추었고, 환경과 정의의 관계는 그보다 짧은 1980년대 이후에 정의의 최소조건인 평등원칙에 위배되는 부정의 사례가 발생해서 논의되어 그에 비하면 매우 짧은 기간에 이슈화되고 논의되었기 때문이다. 시간의 순서가 어찌되었든 현재 국내 환경정치를 포함한 지구환경정치에 있어서 가장 뜨거운 감자는 환경과 정의가 결합된 환경정의에 대한 문제일 것이다. 그리고 현실적으로 환경정의를 실현하기 위해 이 세 가지 요소가 환경규범으로서 어떻게 위치되어 있는지를 파악하는 것이 환경규범과 법제도를 이해하는 데 우선되어야 한다.

　환경 영역과 정의 영역이 교차되는 영역이 환경정의의 영역이고, 정의영역과 법영역이 교차되는 영역이 법정의의 영역이며, 이 3영역이 모두 교차하는 영역이 바로 환경정의의 규범영역이라 할 수 있다. 이를 좀 더 구체적으로 살펴보면 다음과 같다.

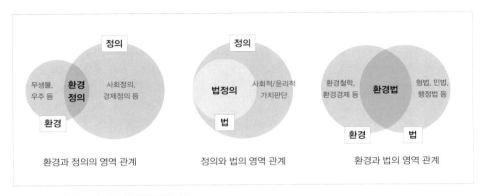

| 그림 2-2 | 환경-정의-법 영역의 부분적 관계

정의는 법을 모두 포함하고 있지만 정의와 환경에서는 그렇지 못하다. 그 이유는 환경의 영역에 무생물이나 우주와 같이 적용할 수 없는 것들이 존재하기 때문이고, 반대로 정의의 영역에는 환경정의 이외에 사회정의, 경제정의 등 기타의 정의가 있기 때문이다(한상운2009, 338). 그러나 지구환경정치가 인간중심에서 자연을 포함한 모든 것이 논의의 대상이 될 수 있으므로 환경정의 논의의 확장 가능성을 고려한다면 이는 재고의 여지가 있다. 반면, 환경의 영역과 법의 영역은 이에 비해 비교적 구분이 명확하다. 왜냐하면 국내법이든 국제법이든 실정법에 입각한 환경피해를 구분해야 하기 때문이다. 물론 도식화된 그림에서도 정의의 영역이 보다 큰 것을 감안한다면 정의의 영역이 없는 환경과 법의 영역이 비교적 명확하다는 것은 쉽게 이해할 수 있다. 결국 환경정의와 관련된 규범은 환경이슈와 정의의 관점에 법으로 구속할 '가능성'을 열어 놓는 교차지점에서 논의될 수 있다. 여기에서 가능성은 지구환경정치 현실상 공동의 합의를 이루기 어렵다는 측면을 고려했을 때, 실제적으로

구속력이 없다 하더라도 일정의 합의를 통한 협약으로서의 룰(rule)을 공유하고 더 나아가 서로 규제 또는 구속받을 수 있는 국제환경법 마련을 위해 반드시 거쳐야 할 관문인 것이다.

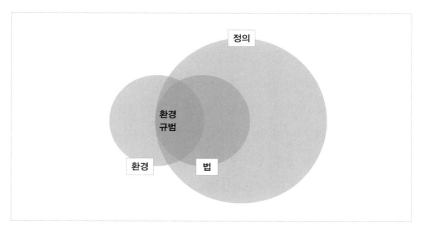

| 그림 2-3 | 환경정의의 규범영역

2   국제환경협약에서의 주요 원칙들

국제환경협약과 관련된 원칙들이 많이 있지만, 환경정의와 관련된 원칙, 생물다양성·폐기물·수질·대기 등 환경 문제의 대상을 가로지르는 원칙, 그리고 최소한의 합의 도출 가능성을 높일 수 있는 원칙 등을 고려한다면 '공동의 그러나 차별화된 책임(Common But Differentiated Responsibility, CBDR)' 원칙과 지속가능성(sustainability)의 원칙이 핵심적이라고 할 수 있다.

공동의 그러나 차별화된 책임(CBDR) 원칙

"공동의 그러나 차별화된 책임(CBDR)" 원칙은 공동책임과 차별화된 책임이 핵심으로 서로 상이한 책임원칙이 배치되어 있다. 이러한 원칙은 국제사회의 가치변화에 대한 역사적 산물이다. 1972년 스톡홀름선언(UN인간환경선언)에서 처음으로 이 원칙을 도출할 수 있는 토대가 제기되었는데, 선언문 제4조에 환경 문제가 산업화 및 기술발전과 깊은 연관이 있으므로 환경 개선을 위해 선진국이 개발도상국과의 격차를 줄이는(to reduce the gap) 등 적극적으로 노력할 것을 촉구하였고, 제7조에 공동의 노력(common efforts)을 강조하였다.[4] 이렇듯 스톡홀름선언은 국제환경 문제에 대한 인류의 공통된 인식을 기반으로 인류 공동의 책임과 개별 국가별로 차별적인 책임을 지운다는 내용을 직접적으로 명시하고 있지는 않지만 향후 제기될 CBDR 원칙의 맹아로 작용하였다.

　　그 이후에도 국제환경협약 등의 문서에서 "차별적 책임"이라는 용어가 채택되진 않았지만, 개발도상국가 또는 저개발국가들에 대한 차별적 조항들이 국제협약에서 명시되었다. 오존층 파괴물질에 대한 1987년 몬트리올의정서 제5조(Special situation of developing countries) 1항[5]에서는 선진국과는 달리 개발도상국의 의무이행 시기를 10년 연기(Any Party that is a developing country and ⋯ to delay for ten years its compliance⋯)하는 조항, 제10조(Financial mechanism) 1항[6]에서는 개발도상국에 대한 재정적 지원과 기술이전을 포함한 기술협력(⋯providing financial and technical co-operation, including the transfer of technologies,⋯) 등이 명시되어 선진국과 개발도상국 간의 차별적인 이행과 선진국의 보

<hr>

4　http://staging.unep.org/Documents.Multilingual/Default.Print.asp?DocumentID=97&ArticleID=1503&l=en (검색일: 2017.07.13.)

5　http://ozone.unep.org/en/handbook-montreal-protocol-substances-deplete-ozone-layer/22 (검색일: 2017.07.13.)

6　http://ozone.unep.org/en/handbook-montreal-protocol-substances-deplete-ozone-layer/27 (검색일: 2017.07.13.)

다 큰 노력이 합의되었다. 이러한 차별적 책임과 관련된 조항은 오존층 파괴가 선진국의 책임이 더 큰 것으로 인식한 결과라고 할 수 있다.

특히 CBDR 원칙이 명시되어 나타난 시기는 최근 지구온난화에 따른 기후변화체제가 출범하면서이다. 1992년 기후변화협약에서는 명시적으로 "공동의 그러나 차별화된 책임"이라는 문구가 사용되어 각 당사국의 의무를 다르게 규정하였고, 개발도상국은 예외국으로 취급되어 그 협약상에서 의무를 부과하지 않았다. 그 이후 1997년 교토의정서(Kyoto Protocol)에서 이 원칙이 재확인되었다. 이러한 공동의 책임과 차별적 책임이라는 논쟁적인 CBDR 원칙은 특히 공동의 책임에서는 개발도상국들이, 차별적 책임에서는 선진국들이 반발하고 있지만 차별적 책임이 더욱 강조되고 있다(Stone 2004, 69). 최근 이러한 점을 고려할 때, 국제환경협약이 강제성이 약한 선언이라 할지라도 환경정의를 고려한 국제환경협약의 주요 원칙으로 CBDR 원칙은 더욱 더 주요한 원칙으로 여겨지고 있다.

지속가능성의 원칙

환경 문제가 매우 복잡하고 얽혀 있기 때문에 환경정의의 구현은 더더욱 실현하기 어려운, 정확하게 말하면 공동의 합의를 기반으로 이행하기 어려울 수밖에 없다. 그럼에도 환경 문제를 올바르게 해결되기 위해서는 환경이 갖는 수용 능력의 한계를 인식하고 그 한계 안에서 사회경제활동이 이루어질 수 있도록 지속가능성(sustainability)을 담보해야 한다. 따라서 환경정의는 환경적 편익과 분배를 넘어 삶의 질을 높이는 '지속가능한' 지역공동체 건설이 중요하다고 할 수 있다(Agyeman 2005).

지속가능한 발전을 이루기 위해 '의제 21'은 ① 오염자부담 원칙

(polluter pay principle), ② 사용자부담 원칙(user-pay principle), ③ 예방의 원칙(precaution principle), ④ 보충성의 원칙(subsidiarity principle)이라는 구체적인 행동원칙을 세웠다. 이 원칙들은 시장실패 보완에 중점을 둔 원칙인 동시에 환경정의를 실현하기 위한 원칙으로 간주된다. 첫째, 오염자부담 원칙은 오염방지 조치를 이행하거나 오염으로 야기된 피해를 보상하는 데 드는 비용을 오염자가 부담해야 한다는 것을 의미한다. 환경세, 배출부과금 등으로 외부효과에 상응하는 가격을 치르게 하여 시장실패를 해결하기 위한 원칙으로서 1992년 유엔환경개발회의 리우지구선언(제16조)에서 재확인되었다. 둘째, 사용자부담 원칙은 자원의 사용으로부터 이익을 얻는 자가 그 자원의 사용에 따른 미래세대의 손실비용을 부담해야 한다는 것을 의미한다. 따라서 오염자부담 원칙과 달리 사용자부담 원칙은 미래세대의 이익을 보다 더 직접적으로 고려하는 원칙으로서 현재의 단기적 이익만 생각한 경제행위로 인해 미래세대에 미치는 자원고갈 또는 환경오염과 같은 피해를 줄이고자 주창되었다. 셋째, 예방의 원칙은 발생확률을 명확하게 알 수 없는 환경 문제의 경우(예, 인류가 경험한 적 없는 지구온난화 피해 예상에 대해 불확실성을 동반한 과학적 논란 등) 아무런 예방조치 없이 피해가 발생한 경우와 예방책을 세워 피해를 최소화한 경우를 비교하면 후자가 비용·효과 측면에서 훨씬 낫다는 최소최대 정리(minimax theorem)에 기반한 원칙이다. 마지막으로 보충성의 원칙은 개인 자주성의 개념을 정치조직과 환경 문제의 해결을 위해 확대한 원칙으로서 지역이나 국가별로 처한 조건과 환경이 다르므로 그 여건에 맞게 처우해야 한다는 원칙이다. 예를 들어 배출부과금 제도는 지역별로 지역 여건에 맞게 실시하는 제도였으므로 오염자부담 원칙과 보충성의 원칙이 동시에 부합된 제도라고 할 수 있다.

IV 지구화와 환경정의: 기후정의를 중심으로

1 지구정의로서의 기후정의

앞서 살펴 본 환경정의(environmental justice)와 달리 지구정의(global justice)와 기후정의(climate justice)는 무엇을 의미할까? 지구정의는 범세계주의(cosmopolitan) 접근을 지향하는데 그 기저에는 인류가 정의로운 존재라는 점에서 출발한다. 이 접근의 특징은 ① 개인주의, ② 보편주의, ③ 의무의 보편타당성을 가지고 있다. 개인주의는 인간 개개인은 도덕적으로 중요하다는 것을 의미하고, 보편주의는 도덕적 중요성의 위상은 모든 사람과 동등하다는 의미이며, 의무의 보편타당성은 자신의 소속과 관계없이 누구든지 모든 인간에 대한 의무를 가지고 있다는 것을 의미한다. 따라서 지구정의는 비단 환경 문제 영역뿐만 아니라 인류공동체를 기반으로 한 인류의 의무를 강조한다는 점에서 보다 포괄적이고 광범위한 개념으로 이해할 수 있다. 또 한편으로, 정의가 개인의 선(善)을 공동의 선으로 전환시킬 수 있는 원칙이라고 한다면 개인으로부터 시작한 공동의 선은 어디까지일까? 아마 한 국가 내부의 국가구성원을 개인이라고 한다면 공동의 선은 한 국가에 국한되어 공동의 선이 도출될 것이다. 그러나 지구화 시대에 공동의 선은 국가를 넘어서는 차원에서 논의될 수밖에 없다. 따라서 국제정치학에서 가장 중요한 행위자인 국가가 국제협력으로 지구적 공동의 선을 달성하고자 할 때, 그 준거점이 되는 것이 지구정의이며, 그 중에서 가장 첨예하고 민감하게 논쟁하는 영역은 지구적 기후변화를 둘러싼 기후정의라고 할 수 있다.

환경 문제가 전 지구적으로 확산된 계기는 1990년대에 등장한 지구 환경주의였다. 지구환경주의는 환경유해 독성물질의 국제적 선적과 이동, 성층권 내 오존층 파괴, 지구 기후변화의 위협 등이 특정 국가 또는 특정 집단의 잘못으로 인한 것이 아닌, 그리고 그 피해의 범위가 일부 지역에 국한되지 않고 전 지구적 현상으로 나타날 수 있다는 점에 기인한다. 그 예로, 인도네시아 밀림에서 고의적 또는 자연적 발화로 인한 엄청난 양의 연기가 싱가포르 국경을 넘어와 자국민의 건강을 위협하자 싱가포르는 인도네시아 현지 기업을 포함해 오염을 유발한 기업은 국적 불문하고 하루 최대 8,500만 원 벌금을 부과한다는 내용의 2014년 특별법을 만들고, 외교 갈등까지 불사하며 초강경 대응하고 있다. 그리고 프랑스는 에펠탑이 보이지 않을 정도로 미세먼지가 자욱할 때면 "독일 화력발전소 탓"이라는 인식이 강한데 그 이유가 독일이 원자력발전소를 퇴출한다는 이유로 화력발전소의 전력 생산을 늘린 것이 결과적으로 프랑스에 피해를 주고 있다고 생각하기 때문이다. 이런 점에서 보면 지구화에 따른 환경 문제는 단연 기후변화의 문제일 것이다.

1992년 브라질 리우에서 열린 유엔환경개발회의에서 기후변화협약(United Nations Framework Convention on Climate Change, UNFCCC)이 채택된 이래 기후 안정화를 위한 방법과 절차, 그리고 비용에 대한 논란과 갈등이 커지고 있다. 그 이유는 기후변화의 문제가 전 지구적 성격을 갖고 있고, 외형상 무차별성에도 불구하고 환경불평등이 한 주권국가의 경계 안에서만이 아니라 그 경계를 넘어 국제사회에서도 작용하고 있기 때문이다.

지구생태계와 대기(atmosphere)는 인류 모두에게 편익을 제공하고 삶을 영위하게 해주는 공유재(commons)라는 점은 분명하다. 그러나 공유재로서의 대기환경을 오염시켜 발생하는 이윤과 편익의 향유가 차별적으로, 더 나아가 불평등하게 나타나고 있다. 다시 말해서 기후변화의 원인제공자가 이윤을 챙기고 편익을 누리는 반면, 기후변화에 가장 책임이 없는 최빈국을 포함한 개도국이나 선진국의 사회경제적 약자들에게 기후변화로 인해 유발되는 환경적 위험이 집중적으로 발생하고 있다. 따라서 기후변화와 관련해서 일어나는 환경부정의를 기후부정의라고 할 수 있다. 이러한 기후부정의는 결국 자본주의의 속성으로 인해 발생하는 경제적 불평등이 환경적 불평등으로 이어지고 있는 것이다.

문제는 시장의 자기규제성에 대한 믿음에 근거해서 대기 공유재에 사유재산권을 설정하고 거래하도록 하면 지구적 환경 문제가 경제적 관점 및 해결에 매몰되어 공유재의 지속가능성이 오히려 훼손될 수 있다는 점이다(윤순진 2002). 결국 기후정의의 이슈는 자본주의 발전에 따른 경제적 불평등을 넘어 기후환경의 불평등을 초래하고 있기에 등장했으며, 그 결과가 개인이나 집단 또는 국가가 아닌 인류의 생존과 직결되는 사안이 되어 도전받고 있는 것이다. 이와 관련하여 윤순진(2008)은 기후변화 문제는 단일 사회의 경계를 벗어난 문제로써 국경을 가로질러 진행되는 전 지구적 환경 문제이자, 세대에 걸쳐 일어나는 전 세대적 환경 문제이며, 인간 종을 뛰어넘어 다른 생물종들의 생존에까지 영향을 미치는 전 생물적 환경 문제이기에 현재 인류가 바탕하고 있는 사회·정치경제시스템으로 기후정의를 실현할 수 있을지, 이 자체가 상당한 도전이라고 지적한 바 있다.

기후정의를 둘러싸고 선진국과 저개발국가를 포함한 개발도상국가 사이의 입장 차이는 기후정의에 대한 논란의 단면을 보여준다. 교토의정서 협상트랙(AWG-KP)은 부속서 I그룹에 속한 40개 국가를 대상으로 2012년 이후 의무감축 국가의 추가감축 내용과 선진국의 계량화된 감축목표(Qualified Emission Limitation and Reduction Objectives, QELROs)

의 실천을 강조하는 반면, 기후변화협약 협상트랙(AWG-LCA)의 경우, ① 공유비전 ② 온실가스 감축 ③ 기후변화 적응 ④ 기술개발과 이전 ⑤ 재정지원 등의 주제로 구분하여 기후변화와 온실가스 감축을 위한 개발도상국의 참여를 유도하려 했다. 이는 기후변화에 대한 선진국의 책임을 묻고 개발도상국의 개발권리가 강조되기 때문에 선진국들에게 부담으로 작용하였다. 이에 대해 선진국은 2050년까지 전 지구적으로 50% 온실가스 감축, 선진국 전체는 80% 감축이 필요하다는 입장에서 개발도상국이 주장하는 선진국의 책임론을 수용하면서도 감축목표 이외에 기술개발 이전, 재정지원 등의 사항은 방어적인 입장을 보였다(박영덕·안희주 2012, 44). 그 이유는 선진국의 국가이익, 특히 경제발전을 견인하는 기술이전에 관한 사항은 매우 민감한 사항이기 때문이다. 이와 더불어, 온실가스 감축에 대해 선진국과 개발도상국이 입장 차이를 보였는데, 선진국은 선진국의 감축의무 이행과 개발도상국의 감축행동 간의 연계 및 측정·보고·검증(MRV)를 강조하는 반면, 개발도상국은 국가적정 감축계획(Nationally Appropriate Mitigation Action, NAMA)이라는 자국에 적합한 감축행동을 강조하여 선진국의 감축의무와 구별 지어 독자적 행동을 모색하는 등 개발도상국과 선진국의 입장 차이를 여실히 보였다. 이는 환경정치를 둘러싼 정치경제의 문제일 수도 있겠지만 그 근원에는 기후정의에 대한 인식과 소통의 부재로 볼 수 있다. 따라서 이러한 입장 차이의 문제를 해결하기 위해 양측 간의 기후정의에 대한 인식의 차이를 좁힐 필요가 있다.

2   기후정의와 관련된 쟁점들

유엔기후변화협약 제3조에 나타난 원칙들을 요약하면, 선진국의 선도적 역할, 개발도상국의 특별한 사정 존중, 모든 국가의 예방적 조치 시행 필요성, 지속가능한 성장의 보장이라고 할 수 있다(유엔기후변화협약 제3조 참고). 이와 관련된 환경정의의 관점에서 공통적으로 제기되는 정의의 영역은 분배적 정의와 교정적 정의의 영역에서 나타난다. 첫째, 산업화를 통해 이제 경제성장을 모색하려는 개발도상국(빈곤국가 포함)과 이미 산업화된 선진국 간의 배출권 할당이라는 배분의 문제, 둘째, 현재세대와 미래세대 간의 형평성 문제 등이 있다.

분배적 정의로서의 CBDR 원칙과 배출권 할당 문제

분배적 정의는 평등한 시민들에 의해 분출되는 불평등을 극복할 수 있는 방법으로 근본적으로 정치적인 영역이다. 따라서 "누가 정당한 몫을 받을 가치가 있는가?"를 결정하는 원칙이 된다. 그러나 분배에 있어 공과(功過)를 근거로 한 정의의 원칙은 모두 동의하지만 그에 대한 기준과 인식은 모두 같지 않다는 것이 문제이다. 예를 들어 현재 산업화를 이룬 선진국들은 과거에 많은 온실가스를 배출하고 이룩한 결과라고 누구나 인정은 하지만 산업화를 추진한 그 당시에는 산업화가 작금의 기후변화에 대한 심각성을 인지하지 못하여 빚어진 결과라고 주장할 수도 있고, 설령 인지하였다 하더라도 그 시점이 어디부터인가에 따라 기후변화에 대한 책임 정도와 향후 배분 문제에서 향배가 달라질 수 있다. 배출량 증가율이 최근 들어 상대적으로 낮은 선진국은 역사책임을 최근부터 적용할 때 더 유리하고, 배출량 증가율이 상대적으로 높은 개도국은 현재로부터 더 먼 과거부터 적용할수록 더 유리할 수 있다(이정환 2016).

유엔기후변화협약 전문에 "과거와 현재의 지구 전체 온실가스의 큰 부분이 선진국에서 배출되었음(Noting that the largest share of historical and current global emissions of greenhouse gases has originated in devel-

제3조 (원칙)

협약의 목적을 달성하고 그 규정을 이행하기 위한 행동에 있어서, 당사국은 무엇보다도 다음 원칙에 따른다.

1. 당사국은 형평에 기초하여 공통적이면서도 차별화된 책임과 각각의 능력에 따라 인류의 현재 및 미래 세대의 이익을 위해 기후체계를 보호해야 한다. 따라서 선진국은 기후변화 및 그 부정적 효과 대처에 선도적 역할을 해야 한다.
2. 기후변화의 부정적 효과에 특히 취약한 국가를 포함한 개발도상 당사국, 특히 불균형적이며 지나친 부담을 져야 하는 당사국의 특수한 필요와 특별한 상황은 이 협약에 따라 충분히 고려되어야 한다.
3. 당사국들은 기후변화의 원인을 예견·방지 및 최소화하고 그 부정적 효과를 완화하기 위한 예방조치를 취하여야 한다. 중대하거나 돌이킬 수 없는 피해의 위협이 있는 경우, 완전한 과학적 확실성이 없다는 이유로 이러한 조치를 연기해서는 안 되며, 기후변화를 다루는 정책과 조치는 최소비용으로 지구적 편익을 보장할 수 있도록 비용효과적이어야 한다. 이 목적을 달성하기 위해, 이러한 정책과 조치는 서로 다른 사회경제적 상황을 고려하여야 하고, 종합적이어야 하며, 온실가스의 모든 관련 배출원·흡수원 및 저장소 그리고 적응 조치를 포함하여야 하며, 모든 경제 분야를 포괄하여야 한다. 기후변화에 대한 대응 노력은 이해당사국이 협동하여 수행할 수 있다.
4. 당사국은 지속가능한 발전을 증진할 권리를 보유하며 또한 증진하여야 한다. 경제발전이 기후변화에 대응하는 조치를 취하는 데 필수적임을 고려하여, 인간 활동으로 야기된 기후변화로부터 기후체계를 보호하기 위한 정책과 조치는 각 당사국의 특수한 상황에 적합해야 하며 국가개발계획과 통합되어야 한다.
5. 모든 당사국은 특히 개발도상국인 당사국은 지속적인 경제 성장과 발전을 이룩하고 그럼으로써 기후변화 문제에 더 잘 대응할 수 있도록 지원하며 개방적인 국제경제체제를 촉진하기 위하여 협력한다. 일방적 조치를 포함하여 기후변화에 대처하기 위하여 취한 조치는 국제무역에 대한 자의적 또는 부당한 차별이나 위장된 제한수단이 되어서는 아니 된다.

oped countries)"을 지적하고 있듯이, 선진국들의 역사적 책임은 피할 수 없는 문제이다. 이는 빈곤국과 개발도상국들 입장에서는 산업화 과정을 통해 현재 선진국으로 불리는 국가들이 기후변화에 책임이 있으므로 선진국이 온실가스 감축비용의 대부분을 부담해야 함을 의미한다. 하지만 선진국의 입장은 현재 시점에서 개발도상국들이 더 많은 온실가스를 배출하고 있고, 향후 배출 가능성이 높기 때문에 선진국과 개발도상국 구분 없이 온실가스 배출 국가들에게 엄격한 의무를 지우는 것을 주장한다. 선진국이나 개발도상국은 서로 다른 잣대로 정의의 원리를 주장하고 있어서 배출감축 비용의 분담 원칙을 서로 다르게 인식하고 적용하고 있는 것이다.

역사적 책임과 관련된 쟁점 이외에도 여러 가지 쟁점이 있다. 대기는 지구적 차원에서 공유하는 것이기 때문에 선진국, 개발도상국에 관계없이 1인당 배출권을 할당하면 공정한 것일까? 대기는 모든 인류의 공유재이기에 그것을 사용할 동일한 권리를 갖기 때문에 배출권 할당 문제에 있어서 현재의 배출량이 아니라 인구수에 의해 할당되어야 한다고 생각할 수 있다. 절대적인 형평성 논리에 의하면 일면 타당한 주장이다. 동일한 인구를 가진 부유한 국가가 더 많은 배출이 허용되는데 왜 많은 인구를 가진 빈곤국가는 현재 배출 수준에 가깝게 고정되어야 하는가? 다시 말해, 중국과 인도는 미국보다 인구가 훨씬 많지만 왜 미국은 중국과 같거나 인도보다 낮은 배출권을 가져야 하는가의 문제이다. 미국은 1인당 배출권 할당에 불만을 제기한다. 산업화를 통해 선진국으로 도약하려 하는 중국과 인도 등을 포함한 개발도상국이 상당한 감축 의무를 이행해야 한다고 주장하고 있기 때문이다. 따라서 1인당 배출권 할당 문제는 기후정의와 더불어 국제정치적인 힘겨루기의 문제를 동시에 내포하고 있다.

온실가스 배출에 대해 각 국가의 배출총량을 기준으로 하느냐와 1인당 배출량을 기준으로 하느냐는 차이가 있다. 또한 현재 시점의 배출량 기준과 역사적 배출량 기준 중에서 어느 시점으로 기준을 삼느냐에 따라 이해관계가 첨예하게 나타날 수 있기 때문에 배분적 정의 차원에서 국제적 합의를 도출하는 것은 커다란 쟁점이자 과제이다. 예를 들어 온실가스 총배출량을 기준으로 한다면 중국이 가장 큰 책임이 있는 반면, 이산화탄소 누적배출량(1850-2011년)을 기준으로 한다면 미국이 가장 큰 책임이 있다(윤순진 2015, 200).

유희진(2013)은 형평성을 결정하는 기준으로 책임, 능력, 기본적 욕구, 평등을 제시하면서 이 기준들이 어느 하나가 선택되고 나머지는 배제될 수 없다고 주장한다. 책임은 교정적 정의와 관련된 지구온난화의 역사적 책임의 문제이고, 능력은 기후변화 저감 및 적응 능력의 문제로 선진국에게 유리하지 않는 기준이다. 반면 기본적 욕구는 기후변화에 취약한 국가의 적응을 위해 보다 많은 자원을 분배해야 한다는 입장이고, 평등은 모든 국가가 동일한 1인당 배출량을 가져야 한다는 입장이기 때문에 최빈국에게 유리한 기준이라고 할 수 있다. 문제는 이에 따라 개별 국가들은 자신이 처한 입장에 따라 차별적인 태도를 보이고 있다는 것이다.

이런 점들을 고려하면, 배출권 할당의 문제는 기후정의를 둘러싸고 첨예할 수밖에 없다. 아울러 배분적 정의를 둘러싼 기준산정의 문제는 기후정의가 온전히 윤리적 차원에서만 주장될 문제가 아닌 현실주의적 국제정치 차원이 반영되어 나타나는 현상이다. 따라서 기후정의는 역사적 책임이 큰 선진국, 현재 배출량이 많은 개발도상국, 배출량이 적으며 이에 적응할 자원이 충분하지 않은 최빈국가들 간 형평성에 대한 범지구적 합의가 전제되어야 비로소 실현될 수 있다.

지속가능성의 원칙과 세대 간 형평성 문제

지속가능한 발전(sustainable development)은 미래세대를 염두한 현재세대의 행동으로서 미래세대의 번영을 훼손하지 않으면서 현재세대의 욕구를 만족시키는 것을 의미한다. 현재세대가 지금처럼 자원을 욕구대로 사용하는 것은 미래세대에게는 채취하기 어려운 자원만을 남겨주거나 아예 자원이 고갈될 수 있음을 의미함에도 현재세대는 이러한 사실을 쉽게 눈감아버린다. 현재세대가 미래세대를 배려해야 한다는 도의적 인식은 있지만 눈앞의 현실적 이익과 먼 훗날의 이익이 충돌할 경우 현실적 이익을 선택하려고 하는 것이다.

지구온난화 문제를 범지구적 위협과 재앙으로 인식하지만 정작 자신의 생활태도를 획기적으로 바꾸려 하지 않는 현상을 일컬어 "기든스의 역설(Giddens's paradox)"이라고 한다. 이러한 기든스의 역설은 근본적으로 우리가 미래에 닥칠 어떤 사안을 현재의 일처럼 실감하기 어렵다는 것에 기인한다. 따라서 현재세대는 보통 미래에 얻을 수 있는 더 큰 보상보다는 적더라도 지금 당장 얻을 수 있는 보상(compensation)을 더 선호하려 한다. 이러한 특징으로 인해 기후정의에서 또 다른 쟁점은 세대 간 형평성 문제이다.

우리는 미래세대가 무엇을 원하고 어떠한 리스크를 관리할 수 있을지 제대로 알 수 있을까? 무지의 베일 상태에서 분배적 원리를 주장한 롤즈(J. Rawls)의 경우 자신의 지위나 계급, 체력과 능력뿐만 아니라 어떤 세대에 속하는지에 대해서도 무지의 베일을 덮어 씌워야 한다고 하여 세대를 초월한 정의의 보편성을 강조하였다. 그러나 현재세대가 당면한 삶을 영위하는 데 그것이 쉽게 가능할지는 여전히 논쟁거리이다. 또한, 아직 미지의 상태인 미래를 위해 현재를 희생할 의무가 있는 것일까? 현재세대가 미래세대의 이익을 위해 현재의 자원을 제한적으로 이용할 경우, 미래세대는 현재세대보다 훨씬 더 부유해질 수 있다. 중요한 것은 이렇게 되면 현재 개발도상국들의 빈민들은 미래의 빈민들보다 오히려 더 가난해질 수 있다는 문제가 생긴다. 배출량 감축의 목표가 현재 세대의 빈민들을 위한 것이라면, 현재를 무시하면서 자원을 절약하는 것은 좋은 것인가라는 의문을 제기하는 것이다.

기든스(Giddens 2009, 54)는 『기후변화의 정치학』이라는 저서를 통해 리스크를 정치적으로 관리한다는 것은 기우(杞憂)와 확신 사이에서 절묘하게 중도의 길을 걸어야 한다는 뜻이라고 이야기한다. 참으로 어려운 말이고 모호한 의미로 여겨진다. 일반적으로 인간은 기우와 확신 사이에서 갈등을 반복하겠지만 가시적으로 가늠하고 판단하기 위해 수량화되어 예측하기를 원한다. 이때 등장한 것이 경제학에서 제기한 현재세대와 미래세대 간의 할인율(discount rate)이다. 기후변화 논쟁에서 사회적 할인율이 뜨거운 쟁점이 된 것은 2007년 〈기후변화의 경제학에 대한 스턴보고서〉가 발표되면서이다. 경제학자 스턴(Nicholas Stern)은 우리가 기후변화에 대해 아무런 조치를 취하지 않으면 그로 인한 위험과 피해는 최소 매년 GDP의 5%의 손실이 발생한다고 경고하면서 초기의 강력한 기후변화 저감 조치가 필요하다고 주장하였다. 이때 스턴은 사회적 할인율을 1.4%를 도출하였다. 할인율은 순수시간선호율에 따라 크게 차이가 난다. 결국 스턴은 순수시간선호율을 0.1%로 책정하여 미래세대에 대한 가치를 더욱 중시한 것이다. 반면 노드하우스(W. Nordhaus)는 할인율을 5.5%로 제안하였는데 순수시간선호율을 1.5% 책정하여 미래세대보다 현재세대에 더 비중을 둔 결과값이다. 결과적으로 스턴은 미래세대의 복지와 현재세대의 복지를 균등하게 대우해야 한다는 윤리적 입장인 반면 노드하우스는 현재세대의 복지에 더욱 가치를 둔 현실적 입장을 견지하였던 것이다.

참고 사회적 할인율(social discount rate)

우리가 공공정책을 결정할 때, 정책수행으로 인해 발생하는 미래의 편익과 비용을 현재의 입장에서 할인하여 전망하는 비율로 산출식은 다음과 같다.

사회적 할인율＝순수시간선호율＋(소득의 한계효용탄력성 × 1인당 소비증가율)

- 순수시간선호율: 미래가치를 현재가치에 비해 얼마나 더 선호하는가에 대한 비율로 미래를 중시할수록 0에 가까워진다.
- 소득의 한계효용탄력성: 한계효용체감의 법칙의 원리를 따라 소득이 증가하여 소비의 양이 증가할수록 추가적 소비로부터 느끼는 만족도가 감소한다는 것을 의미한다.
- 1인당 소비증가율: 경제성장에 따른 소득 및 소비의 증가율을 의미한다.

할인율을 적용할 때 문제는 시간이 경과함에 따라 할인되는 수치가 기하급수적으로 커진다는 것이다. 예를 들어 100년 뒤에 기후변화로 발생할 수 있는 4,000억 원의 비용을 1.4%로 할인하면 현재 가치로 1,000억 원이 되고, 5.5%로 할인하는 경우 현재가치로 20억 원이 된다. 결국 현재에 1,000억 원을 투자할 것이 아닌 20억 원을 기후변화에 투자하고 980억 원을 현재세대에 사용할 수 있고 사용해야 함을 의미한다.

결국 할인율은 기본적으로 미래세대와 현재세대 간의 형평성 문제로 귀결된다(Page 2006, 51). 이러한 할인율에 대한 논쟁은 순수하게 경제학적 문제로는 풀 수 없는 기후정의라는 가치가 개입된 윤리학의 문제일 수 있다는 것을 보여준다. 결국 국제사회에서 개별국가는 지구환경을 둘러싼 세대 간의 가치를 판단해야 한다. 이때 기든스의 역설과 같은 현실적인 선호도를 무시할 수도 없고 그렇다고 세대 간 형평이라는 정의를 무시할 수도 없는 딜레마가 발생할 수밖에 없다. 따라서 지구환경정치는 경제적·윤리적·사회적인 문제를 좁게는 국내정치에서 넓게는 국제정치적으로 풀어야 하는 과제를 안고 있는 것이다.

V 마치며

　지금까지 지구환경정치에서의 정의와 규범에 대해 살펴보았다. 환경정의는 환경불평등 심화로부터 제기되는 문제이기 때문에 환경정의는 환경부정의에 보다 많은 방점이 찍혀 있다. 더욱이 지구적 차원에서의 환경정의는 최근 기후변화 문제에서 가장 극명하게 나타나고 있어서 기후정의라는 환경정의의 영역을 만들고 있다. 그 과정에서 기후변화로 인해 지구정의가 새롭게 인식되었다. 실제로 국제사회에서는 기후변화협약과 각종 기후체제로 불리는 여러 가지 대응을 시도하는 과정에서 매우 논쟁적이고 격렬한 반응이 도출되고 있다. 다시 말해서, 기후변화를 둘러싼 선진국 진영과 최빈곤국을 포함한 개발도상국 진영 간, 개별 국가 내 부유계층과 빈곤계층 간, 현재세대와 미래세대 간 기후정의가 다르게 인식되고 그에 대한 해결 방안과 요구도 정치경제적이고 윤리적인 사안에서 복잡하게 전개되고 있는 것이다. 이러한 현실에서 지구환경정치는 그 중심에 서 있다. 왜냐하면 정치경제적이면서 기후정의적인 사안을 국내 또는 국제적인 정치의 영역에서 풀어가야 하기 때문이다.

　기후정의가 환경정의와 별개일 수는 없다. 기본적으로 기후정의는 환경정의에 속해 있고 근본적인 원리는 환경정의에 속해 있기 때문이다. 향후 환경정의와 환경규범 설정에 있어 주의 깊게 고려할 사항이 있다면 다음과 같다. 첫째, 환경정의가 환경적 이익과 편익의 분배에만 초점을 두게 되면 기존에 발생했거나 발생할 환경적 외부효과와 비용의 형평성과 관련된 배분에만 관심이 집중되어 환경보전과 환경 문제의 근본적인 해결에 장애가 될 수 있다는 점이다(윤순진 2006). 둘째, 환경정의는 정책적으로 지향하는 실체가 모호하고 정치적 의미를 가진 담론 수준이기 때문에 오히려 환경보호 기능을 온전히 하지 못하고 사회발전을 저해하며 빈곤한 사회를 더욱 빈곤하게 만들 수 있다는 부정적 입장(Foreman 2011)이 존재하고 있다는 점이다.

결국 환경정의는 인간 대 인간의 문제를 넘어 인간과 자연의 문제로 그 영역을 보다 확대하고, 기존의 인종, 계층, 성별에 대한 차별 문제와 함께 논의되어야 한다. 아울러 환경정의는 환경 편익과 부담에 대한 분배적 정의의 차원과 절차적 정당성 차원에서 고려되어야 한다. 이는 지구적 차원에서 환경부담의 역진성 방지를 위해 사회적 약자를 배려하고 민주적이고 의미 있는 참여(meaningful involvement)의 보장 차원에서 환경정의를 바라보아야 함을 의미한다.

더 읽을거리

Ian Angus 엮음. 김현우 · 이정필 · 이진우 역. 2012. 『기후정의』(원제: *The Global Fight for Climate Change*). 서울: 이매진.

John S. Dryzek. 정승진 역. 2005. 『지구환경정치학 담론』(원제: *The Politics of the Earth*). 서울: 에코리브르.

Joseph R. DesJardins. 김명식 · 김완구 역. 2017. 『환경윤리』(원제: *Environmental Ethics*). 경기: 연암서가.

Eric A. Posner and David Weisbach. 2010. *Climate Change Justice*. Princeton: Princeton University Press.

1   환경정의의 딜레마와 원칙의 가변성

개릿 하딘(Hardin 1996, 5–15)은 오늘날 인구 과잉이 인간종의 생존을 위협한다고 하면서, 기술의 발전이 위험스러울 정도로 인구를 증가시키기 전까지는 모든 굶주린 사람들에게 음식을 제공해야 한다는 원칙이 정당화되었다고 주장하였다. 만약 세계의 빈민에게 식량을 제공하여 기아로부터 해방시킨다면 근대적 보건의료와 의학 덕분에 낮은 유아사망률과 함께 빈민의 수를 급속하게 증가시켜 장기적으로는 생물계의 안정성이 파괴되어 식량생산이 인구성장을 따라가지 못해 집단적 기아가 발생할 수 있다. 이런 점에서 본다면 정의의 원칙은 자신들이 생산할 수 있거나 값을 지불할 수 있는 식량만을 얻는 것이 마땅하다. 결국 제3세계 빈민들이 굶어 죽도록 내버려두어도 부정의하지 않은 것이다. 결국 하딘은 인구증가가 식량공급을 감당할 수 있을 때까지의 정의와 그렇지 않을 경우의 정의는 달라진다는 주장이다. 따라서 굶어 죽지 않으려는 인간의 기본적인 욕구는 경쟁적인 원칙과 충돌하는데, 첫째는 단기간 측면에서 지엽적인 아사(餓死)에 집중한 것이고, 둘째는 장기적인 측면에서 더 큰 아사의 가능성에 주목한 결과라고 볼 수 있다. 그렇다면 제3세계 아프리카 사람들이 기아로 죽어가고 있는데 이들에게 식량을 제공하여 살려야 할까? 아니면 내버려둬야 할까?

2   공평한 분배의 방법과 배출권 할당

두 명의 배고픈 사람이 하나의 빵을 공평하게 나누는 좋은 방법은 한 사람은 빵을 자르고 다른 사람은 자른 빵 중에서 하나를 먼저 선택을 하는 것이다. 차이 나게 자르면 상대방이 더 큰 것을 가져갈 것을 알기에 최대한 똑같이 나누기 위해 최선을 다할 수밖에 없다는 논리 때문이다. 자신의 이익을 먼저 생각하는 인간세상에서 '정의'를 구현하는 방법일 수 있다. 그렇다면, 선진국과 개발도상국이 배출권 할당과 관련하여 기준을 정할 때 이러한 논리와 방법을 적용할 수 있을까?

3   세대 내 형평성과 세대 간 형평성

• 선진국은 환경재해 피해자들을 도와야 할 특별한 책임이 있는 것일까? 다시 말해 의무의 문제인가? 아니면 자선의 문제인가?

• 현재세대의 기후난민을 구제하는 것은 세대 내 형평성에 초점을 둔 행위이다. 따라서 선진국을 비롯한 국제사회는 한정된 자원을 투입하여 기후난민을 구제할 수 있다. 그러나 사용될 자원이 미래세대를 위해서도 사용되어야 할 필요성이 제기된다면 어떻게 해야 정의로운 것일까?

| 참고문헌 |

김민정. 2009. "자본 관계에서 고찰한 환경 불평등."『마르크스주의 연구』6(1). pp. 92-
121.
김성진. 2016. "파리기후체제는 효과적으로 작동할 것인가?"『국제정치논총』56(2). pp.
359-401.
박영덕 · 안희주. 2012. "기후변화협약 및 교토의정서와 POST-2012." 박덕영 편.『세계
주요국의 기후변화법제』. 경기: 한국학술정보.
박재묵. 2006. "환경정의 개념의 한계와 대안적 개념화."『환경사회학연구 ECO』10(2). pp.
75-114.
유희진. 2013. "국제환경법상 형평원칙과 기후변화체제의 협상."『국제법평론』38. pp. 37-
61.
윤순진. 2002. "기후변화와 기후변화정책에 내재된 환경불평등."『환경사회학연구 ECO』3.
pp. 8-42.
_____. 2006. "환경정의 관점에서 본 중·저준위 방사성 폐기물 처분장 입지선정과정."
『환경사회학연구 ECO』10(10). pp. 7-42.
_____. 2008. "기후불의와 신환경제국주의."『환경정책』16(1). pp. 135-167.
_____. 2015. "공유지 비극론을 통해 본 기후변화 대응과 기후정의." 양혜림 외『21세기
글로벌 기후변화와 윤리적 정의』. pp. 171-207. 대전: 충남대학교출판문화원.
이덕연. 2013. "환경정의 개념의 외연과 내포: 헌법해석론 및 환경법적 함의."『환경법연구』
35(2). pp. 133-176.
이상돈. 2006. "환경정의론에 관한 연구."『중앙대학교 법학논문집』30(1).
이정환. 2016. "형평성에 기초한 국제 온실가스 감축 분담 분석."『환경논총』57. p. 111.
이태동. 2016. "환경안보와 기후변화안보." 김상배 편.『신흥안보의 미래전략: 비전통
안보론을 넘어서』. 서울: 사회평론아카데미.
조명래. 2001.『녹색사회의 탐색』. 서울: 한울.
최병두. 1998. "생태학과 환경정의."『대한지리학회지』33(4). pp. 499-523.
_____. 2001. "포스트모던 생태학과 공생과 차이로서의 환경정의."『대한지리학회지』
36(3). pp. 292-312.
한면희. 2006. "환경운동사로 본 환경정의."『철학과 현상학 연구』28. pp. 135-159.
한상운. 2009. "환경정의의 규범적 의미-환경, 정의, 법의 3면 관계를 바탕으로."
『환경법연구』31(1). pp. 331-354.
Agyeman, Julian. 2005. *Sustainable Communities and the Challenge of
Environmental Justice*. New York: New York University Press.
Anand, R. 2004. *International environmental justice: a north-south dimension*.
Ashgate: Aldershot.

Dryzek, J. S. 정승진 역. 2005. 『지구환경정치학 담론』. 서울: 에코리브르.

Foreman, Christopher H. 2011. *The promise and peril of environmental justice*. Washington DC: Brookings Institution Press.

Giddens, A. 홍욱희 역. 2009. 『기후변화의 정치학』. 서울: 에코리브르.

Hardin, Garrett. 1996. "Lifeboat ethics: the case against helping the poor." In *World Hunger and Morality* second edition. edited by William Akin and Hugh LaFollette, 5-15. New Jersey: Prentice Hall.

Harvey, David. 1996. *Justice, Nature and the Geography of Difference*. Oxford: Blackwell.

Hunter, David, James Salzman, and Durwood Zaelke. 2002. *International environmental law and policy*. New York: Foundation Press.

Millner, Felicity. 2011. "Access to Environmental Justice." *Deakin Law Review* 16(1): 189-207.

Nordhaus, William. 2008. *A question of balance: economic models of climate change*. New Haven: Yale University Press.

Page, A. Edward. 2006. *Climate Change, Justice, and Future Generation*. UK: Edward Elgar.

Pedersen, O. W. 2010. "Environmental Principles and Environmental Justice." *Environmental Law Review* 12(1): 26-49.

Postel, Sandra. 1994. "Carrying capacity: Earth's bottom line," *Challenge* 37(2): 4-12.

Posner, Eric A. and David Weisbach. 2010. *Climate Change Justice*. Princeton: Princeton University Press.

Rawls, John. 1971. *A Theory of Justice*. London: Oxford University Press.

Stern, Nicholas. 2007. *The economics of climate change: the Stern review*. UK: Cambridge University press.

Stone, Christopher D. 2004. "Common but differentiated responsibilities in international law." *American Journal of International Law* 98(2): 276-301.

Talbot, Carl. 1998. "Environmental justice." *Encyclopedia of applied ethics* 2: 93-105.

Zimmerman, Rae. 1993. "Issues of classification in environmental equity: how we menage is how we measure." *Fordham Urban Law Journal* 21(3): 633-669.

지구환경정치의 접근법과 이론들
- 국제정치의 패러다임을 중심으로 -

주요어(KEY WORDS)　국제정치 · 패러다임 · 이론 · 환경협력 · 동북아시아 · 현실주의 · 아나키 · 자유주의 · 신자유제도주의 · 레짐 · 구성주의 · 생태사회주의 · 한중일 환경장관회의 · 복합상호의존 · 인식공동체 · 산성비 · 생태발자국 다양한 국제정치의 이론 들 중에서 주류 패러다임을 이루고 있는 현실주의, 자유주의, 구성주의가 어떤 문제의식을 기반으로 성립되었으며, 어떤 행위주체들을 주요 분석 단위로 하는지, 또한 그들 행위주체들 간의 상호작용 및 그에 따른 결과들을 어떻게 묘사, 설명, 예측하는지 소개한다. 이를 바탕으로 각각의 패러다임들이 지구환경정치에 어떻게 적용, 접목되는지 논의한다. 또한 다양한 대안적, 비판적 이론들 중에서 생태사회주의를 요약하여 소개한다. 후반부에서는 이러한 이론적 논의들이 지구환경정치의 현상을 이해하고 설명하는 데 어떻게 적용될 수 있는지 독자들의 이해를 돕기 위하여 한국, 중국, 일본 사이에 진행되어온 동북아시아 환경협력의 과정과 현황을 세 가지 패러다임을 적용하여 분석해 본다.

현실주의에 따르면 동북아시아 환경협력의 저해 요소로 중앙 권력의 부재로 정의되는 아나키라는 국제정치의 구조적 특징하에서 각 주권국가들의 안보와 권력 지향, 타 국가에 대한 불신, 협력이 각국의 상대적 힘 및 이득의 분배에 어떠한 영향을 미칠지에 대한 불확실성 등을 주로 들 수 있다. 신자유제도주의적 관점에서 보면 1990년대 이후 삼국 간 환경협력을 증진하기 위한 다양한 다자주의 제도적 노력이 출현했다는 점은 고무적인 현상이나, 합리적이고 이성적인 행위자들인 이들 국가들은 지역기구와 같은 레짐과 제도를 통한 적극적 환경협력이 자국에 가져올 직접적인 이득에 대해서는 의문을 품고 있다고 분석한다. 또한 다양한 제도들을 통합적으로 조율하여 실질적인 환경 문제들의 해결책을 도출하는 시스템이 아직 미비함을 지적한다. 구성주의는 삼국 간의 오랜 역사적 반목과 그에 따른 뿌리 깊은 불신, 공통된 가치와 신념의 부족, 개발주의의 강력한 영향력 등의 요인이 한·중·일 간에 의미 있는 환경협력을 저해한다고 진단한다. 이러한 문제의 진단과 분석을 바탕으로 이 장의 결론에서는 어떻게 하면 동북아시아 삼국이 환경협력을 증진시켜 나갈 수 있을지에 대해서도 다양한 제안을 제시한다.

I 들어가며

이전 장에서 논의된 바와 같이 기후변화를 포함한 다양한 환경 문제들의 발생은 국제사회에 인류의 지속가능한 공동 발전과 번영을 위해서 더욱 즉각적이고 적극적인 행동이 필요하다는 위기감을 고조시키는 계기가 되었다. 기후변화, 대기오염과 같이 국경을 초월해 발생하는 월경성(越境性, transboundary) 환경 문제들은 특히 국가라는 전통적인 국제사회의 행위주체들의 개별 행동이나 조치만으로는 효과적인 해결이 어렵다는 인식이 확산되면서 환경 문제는 점차 지역적, 국제적 차원의 도전과제로 부상해 왔다.

그러나 국제사회의 주요한 행위자는 다양한 이해관계와 때로는 상충하기도 하는 이익 구조를 가진 주권국가들(sovereign states)이기에 점차 복잡해져 가는 환경 문제에 대해 이들이 공통된 목소리를 내며 빠른 해결책을 모색할 것으로 기대하기란 쉽지 않다. 게다가 주권국가들은 다양한 국내외의 정치, 경제적 이유로 환경 문제를 상호 협력의 영역으로 간주하기보다는 경쟁과 갈등의 영역으로 보기도 한다. 즉 국가들은 환경 문제를 경쟁적이고 상호 배타적인 제로섬 게임(zero-sum game)으로 환원시켜 안보화(securitization)하기도 하는데 이러한 인식은 협력을 통한 전 지구적 차원에서의 환경거버넌스(governance)를 저해할 수도 있다.

따라서 지구환경정치의 쟁점 중 하나는 이렇게 다양한 이해관계를 가진 국가 중심의 국제사회에서 어떠한 노력들을 통해 환경 문제를 둘러싼 갈등과 분쟁을 평화롭게 해결하고 지구환경이라는 공공재를 인류의 지속적인 발전(sustainable development)과 번영을 위해 효과적으로 관리하고 보존할 것인가의 문제일 것이다. 이 문제 인식에 대한 접근법은 경제학, 정책학, 자연과학 등의 여러 학문 분야에서 다양하게 제시될 수 있지만, 이 장에서는 지구환경정치를 조금 더 체계적으로 이해하고 앞서 제시한 문제의 해결책을 모색함에 있어 국제정치의 패러다임과 이론들이 유용한 분석 도구가 될 수 있음을 시사한다.[1]

이 장은 다음과 같이 구성된다. 2절에서는 국제정치의 거대 담론을 형성하는 세 가지 패러다임인 현실주의, 자유주의, 구성주의를 소개한다. 먼저 국제정치학에서 이들 이론들은 어떤 철학적 바탕 위에서 성립되었으며 어떤 행위주체들을 주요 분석 단위로 하며, 그 행위주체들 간의 상호작용을 어떻게 다양하게 묘사, 설명, 그리고 예측하는지 소개한다. 또한 각각의 국제정치 이론들이 지구환경정치에 어떻게 접목되는지 설명한다. 이와 더불어 다양한 대안적이고 비판적인 이론들 가운데 생태사회주의를 간략히 소개한다. 다음 절에서는 이러한 이론적 논의가 지구환경정치의 제반 현상들을 이해하고 설명하는 데 어떻게 적용될 수 있는지 독자들의 이해를 돕기 위하여 사례를 제시하고 분석한다. 이 사례 연구에서는 동북아시아 주요 3개국인 한국, 중국, 일본 사이에 진행되어 온 환경협력의 과정과 현황을 현실주의, 자유주의, 구성주의의 세

---

1 패러다임(paradigm), 이론(theory), 모형(model)은 엄밀히 말해 다르게 정의되지만 사회과학에서 분석틀 혹은 체계적 접근법을 의미하는 것으로 느슨하게 쓰이기도 한다. 정확히 정의하자면 이론은 다양한 변수(variables)를 포함하면서 그 변수들 간의 상관관계(인과관계 등)를 제시하는 것으로 어떠한 현상의 과정이나 결과를 설명하고 예측하는 데 사용된다. 모형은 이론을 구성하는 일정 수의 제한된 변수들에 관한 명확한 가정(assumptions)들을 제시한다. 따라서 하나의 이론이 여러 개의 모형들을 포함할 수도 있다. 토마스 쿤(Thomas Kuhn)이 1962년 그의 저서 『과학혁명의 구조』에서 제시하며 폭넓게 회자되기 시작한 용어인 패러다임은 어떠한 시대의 사람들의 견해나 사고를 근본적으로 규정하고 있는 공통된 인식의 체계나 사물에 대한 이론적 체계, 문제의식, 방법론 등을 포괄적으로 의미한다. 이 장에서는 이들 세 용어를 엄밀히 구분하지 않고 분석틀 내지는 접근법을 의미하는 것으로 통용한다.

가지 국제정치의 분석틀을 적용해서 설명한다. 마지막으로 결론에서는 다양한 국제정치 이론이 지구환경정치를 이해하는 분석 도구로써 왜 유용한지 다시 한 번 강조하고 이들 이론들이 동북아시아 환경협력에 주는 시사점과 함의들을 논한다.

Ⅱ 국제정치의 다양한 패러다임과 지구환경정치

국제정치의 이론적 논의는 크게 현실주의, 자유주의, 구성주의라는 세 가지의 큰 패러다임(paradigm)들이 주류를 이루어 왔으며 이들은 또한 좀 더 구체적인 이론과 모형들로 각각 발전, 파생되었다. 이외에도 마르크시즘, 비평주의, 세계체제이론, 페미니즘 등의 대안적 이론들이 이들 거시적 이론들이 소홀히 해온 주제 및 문제의식들을 다루고 있다. 이 장에서는 입문 수준에서 국제정치학의 거시적 패러다임들을 소개하고 그들이 지구환경정치의 이해에 어떻게 적용될 수 있는지 논한다.

본격적인 논의에 앞서 언급할 점은 다양한 정부가 공존하는 국제사회는 국내사회와는 다른 특징을 보인다는 것이다. 국내 정치 및 사회가 중앙정부와 같이 권위를 가지고 권력을 합법적으로 행사할 수 있는 행위주체에 의해 관리되고 통제되는 반면, 국제정치는 그러한 권력의 부재를 그 주요 특징으로 한다. 즉, 국제정치에서는 개별 주권국가들에게 질서를 강제할 수 있는 상위의 지배적 존재나 법적 장치, 혹은 경찰과 같이 물리력을 독점하는 기구가 존재하지 않는다(백창재 2002, 359). 이러한 중앙으로부터의 권력 행사 및 통제의 부재를 특징으로 하는 국제정치의 무정부적인 상태를 아나키(anarchy)라고 한다. 아나키 상태에서 국가 간 상호작용 등의 정치행위가 어떻게 이루어지는가를 연구하는 것이 국제정치학 혹은 국제관계학의 고유한 문제 영역이다(백창재 2002, 354). 국제정치는 세계 대다수의 국가가 회원국으로 참여하는 UN 등의 국제기구나 다양한 국제법 및 조례, 미국 등의 강력한 패권국가들 및 그러한 국가들의 모임, 강대국들 사이의 힘의 균형 등 다양한 방식에 의해 어느 정도의 질서가 유지되고는 있다. 그러나 이들 중 그 어느 주체도 진정한 의미의 중앙정부의 역할을 하는 것은 아니기 때문에 아나키는 여전히 국제정치가 처한 조건이라 할 수 있다. 경제, 무역, 군사 등 다른 국제정치의 영역에서와 마찬가지로 지구환경정치 역시 이러한 아나키의 영향하에 있음을 다음에서 전개되는 논의의 전제로 제시하며 출발한다.

1 현실주의

현실주의 개요

현실주의(Realism)는 주권국가를 주요 분석 단위이자 행위주체로 보며 국가와 국가 간의 관계를 분석한다. 이 이론은 국제관계를 국가들 간의 힘(power)의 정치로 파악하며 중앙정부가 부재한 아나키하에서 국가 간의 갈등 및 경쟁관계는 불가피하다고 주장한다. 이러한 시각은 고대로부터 역사적으로 존재해 왔다. 예를 들어 사회계약설을 주창한 토마스 홉스(Thomas Hobbes)에 따르면 인간은 본질적으로 이기적인 존재이며 정치는 이기적 인간들이 힘과 권력을 추구하는 권력투쟁의 과정이다(백창재 2002, 356). 현실주의 시각은 국제정치 역시 이러한 인간의 본성을 고스란히 반영한다고 주장한다. 이런 철학적 시각은 특히 국제사회가 두 차례에 걸친 비극적 세계대전을 겪으며 더욱 강화되었다.

전후 세계질서를 이해함에 있어 국제연맹과 같은 국제기구나 인간의 이성에 대한 신뢰를 바탕으로 한 국제도덕이나 규범이 세계 질서나 평화를 유지하는 데 무용하다는 비관론이 설득력을 얻으면서 낙관적 규범론 또는 이상주의에 대비되는 현실주의라는 분석틀의 등장으로 이어지게 되었다. 현실주의에 따르면, 국제관계는 힘의 논리에 의해 지배되며 강대국은 힘을 바탕으로 자국의 이익을 추구한다.

인간의 권력 추구를 갈구하는 본성에 기반을 둔 현실주의를 고전적 현실주의라고 한다면 케네스 월츠(Kenneth Waltz)는 국제정치의 핵심 특징을 중앙정부와 같은 권위가 부재한 아나키라는 구조적이고 체제적(structural and systemic)인 특성에 있다고 파악하여 구조적 현실주의(structural realism)를 옹립하였다. 이 설명에 따르면, 아나키라는 국제정치적 조건하에서 주권국가는 다른 국가들의 의도를 끊임없이 의심하고 두려워하면서 자국의 안보 보존과 생존을 가장 상위의 국익이자 목표로 추구하게 된다. 또한 안보를 최대한 추구하기 위해 필요한 능력과 힘을 강화하기 위한 군사적, 경제적, 정치적 조치를 취함으로써 자국의 이익을 극대화하게 된다(Mearsheimer 2006). 이런 개별 국가의 자구체제(self-help system)로서의 힘의 추구는 국제사회에서 다양한 힘의 분포로 이어지며 국가들 간의 힘의 분포가 균형적으로 분배되느냐 불균형을 이루느냐에 따라 국가 간의 갈등 및 평화 유지 등의 결과에 영향을 미친다. 현실주의에 따르면, 아나키라는 조건하에서 국가들은 항상 서로를 불신과 의심의 눈으로 보며 다른 국가들과 비교하여 늘 상대적인 힘과 이득(relative gains)의 우위를 추구하기에 국제정치에서 진정한 의미의 협력은 일어나기 힘들다(Grieco 1988).

현실주의를 통해 본 지구환경정치

현실주의는 지구환경정치 역시 국가 간의 갈등의 영역으로 보고 협력을 통한 환경 문제의 해결에 비관적인 분석 및 전망을 제시한다. 구조적 현실주의에 따르면 아나키라는 조건하에서 국가는 다른 국가들에 비해 상대적인 이득과 힘을 축적함으로써 자국의 안보를 향상시키는 일에 우선적으로 관심이 있다. 국가들 간의 협력은 공통된 적대국으로부터의 안보 위협을 해소하기 위해 편의적으로 조직되는 연맹(alliance)의 정도가 전부이다. 따라서 현실주의는 환경 문제를 해결하는 일에 주권국가들이 적극적인 태도를 보이지 않을 것이라고 예측한다. 환경 문제는 안보나 군사 문제처럼 국가들의 존폐에 직접적으로 영향을 미치는 상위정치(high politics)의 영역이 아니며 국제정치에서 여전히 변두리적인 위치를 점하고 있다(Eckersley 2004, 21-22).

또한 경제 영역에서 국가들 간의 경쟁이 날로 치열해져 가는 상황에서 국가들이 환경보호를 정책의 우선순위에 두고 전 지구적 환경 거버넌스를 추구할 리가 만무하다는 것이다. 또한 국가들은 지구환경이라는 공유자원의 보존을 위해 노력할 의지가 있다고 하더라도 다른 국가들에 대한 신뢰가 낮고 그들의 무임승차(free riding)를 우려하기 때문에 적극적으로 친환경적인 정책을 채택하기를 꺼려할 것이다. 결과적으로 더 큰 권력과 물질적 부 등 각자의 이익을 추구하는 국가들로 구성된 지구환경정치는 이들의 이익 추구 및 환경보호와 보존을 위한 집단적인 노력의 부재로 인해 "공유재의 비극"(tragedy of the commons)이라는 비관적인 상황에 처하게 될 것이다. 또한 현실주의에서 국가들은 지구를 하나의 공동체로 보는 사고를 하기보다는 영토로 구분된 배타적인 주권을 가진 행위주체로 인식하는데 현실주의자들의 이러한 국가 중심적 인식은 국경을 넘어 발생하는 다양한 초국가적(transnational) 환경 문제의 해결에 큰 장애요소가 될 수 있다.

　다만 현실주의자들은 환경 문제가 심각해져서 개별 국가의 존립과 안보에 미치는 영향이 커질 때 그러한 환경 문제는 하위정치(low politics)의 영역을 벗어나 점차 상위정치의 영역으로 편입되면서 국가들도 협력을 통한 환경 문제의 해결에 관심을 기울이게 될지 모른다고 주장한다(Kim 2001). 그러나 환경협력이 일어난다 해도 이는 국가들 간의 의미 있는 토론이나 협상 또는 규제나 규범에 대한 합의를 통해서라기보다는 강력한 권력과 지배력을 의미하는 헤게모니(hegemony)를 쥐고 있는 몇몇 국가들의 지정학적 이해관계에 의해 강압적으로 도출될 가능성이 높다고 본다(Eckersley 2004, 24). 마찬가지 이유로 현실주의는 지구 환경정치에서 등장한 국제기구 및 협약 등 다양한 형태의 다자주의(environmental multilateralism)적인 노력들을 경시한다. 이러한 시각에 따르면 국제환경협력 기구, 프로그램, 규제 및 규범 등의 제도들은 주권 국가들의 행동을 강제할 수 있는 힘을 결여하고 있으며 이러한 제도들은 대부분 미국, 유럽 등 서구 강대국들에 의해 만들어져 그들의 이익과 의사를 반영하는 도구일 뿐이다.

2　자유주의

자유주의 개요

　자유주의(Liberalism)는 현실주의와 여러 면에서 대비되는 이론이다. 첫째, 자유주의는 국제정치에서 협력의 가능성을 긍정하며 이의 진작을 위해 노력한다. 또한 현실주의자들이 국제관계를 무정부 상태에서 만인 대 만인의 투쟁으로 묘사되는 홉스적인 자연 상태로 바라보는 데 반해 자유주의자들은 국가 간 관계가 상호주의 및 협력, 교류, 국제법,

규범, 제도 등에 의해 협력적으로 개선되고 발전될 수 있다고 믿는다. 이러한 시각은 루소, 칸트와 같은 18세기 계몽철학자들의 철학에서 나왔다. 예를 들어, 칸트(Immanuel Kant)는 각각의 주권을 가진 국가들이 연합을 이루어 이기심을 극복하고 세계주의와 보편주의를 학습해 나가면서 영구적인 평화(perpetual peace)를 추구할 수 있다고 보았다(백창재 2002, 361).

또한 현실주의가 국제정치의 주요 행위주체로 주권국가들에 초점을 맞춘다면 자유주의의 분석 단위는 좀 더 다양한 행위자들을 포함한다. UN과 같은 범지구적 국제기구, EU와 같은 지역 수준의 초국적인 기구 및 협력단체, 다국적기업(multinational corporations) 등을 포함한 기업체, 비정부기구들(non-governmental organizations, NGOs), 그리고 이들 다양한 행위자들 간의 국제적 연대조직 및 네트워크 등이 그것이다. 즉 자유주의는 개별 국가 내부에 다양한 이해관계와 목표들을 가진 행위자들이 있어서 이들 간 타협과 대립을 통해 정치 및 정책 과정이 조정된다는 다원주의(pluralism)와 일맥상통하며 국가와 국가의 관계에서도 다양한 행위주체들이 있다고 본다. 이들 다양한 행위주체들은 개별 정부와 국가가 자국의 단기적 이익과 힘을 추구하기 위해 타국과 전쟁이나 갈등을 유발하는 등의 행위를 견제하는 역할을 한다. 자유주의는 정부와 지도자들은 국내의 다양한 행위주체들의 장기적 복지와 물질적 이익을 극대화하기 위해 타국과 협력을 할 가능성이 높아진다고 본다.

그러나 2차에 걸친 세계대전과 냉전(Cold War)은 인간의 합리적 이성에 근거한 자유주의적 시각이 지극히 이상적이고 순진한 발상이라는 비판을 야기했다. 이러한 비판에 맞서 자유주의는 다양한 모습으로 그 논의가 개선, 발전되었다. 미트라니(David Mitrany)나 하스(Peter Haas)와 같은 학자는 국가들 간에 환경 문제와 같이 비교적 정치적 민감도가 낮고 기능적, 전문적인 성질을 가진 영역에서 교류와 협력의 경험이 축적되고 심화되면 그 긍정적 영향이 안보, 군사 문제와 같은 상위정치의 영역에도 전이될 것이라는 기능주의 통합이론을 제시했다. 또한 국가들 간에 경제적, 사회적 부문 등에서 점증하는 협력과 교류가 어떻게 현실주의에서 설명하는 권력정치 및 안보경쟁을 약화시키는지 설명하는 복합상호의존(complex interdependence)의 개념도 등장했다(Keohane & Nye 1977). 또한 자유주의는 국가만이 국제정치를 분석하는 데 중요한 행위주체가 아니며 국제관계에 적용되는 일련의 법칙과 제도를 통칭하

 참고　복합상호의존(complex interdependence)

로버트 커해인(Robert Keohane)과 조셉 나이(Joseph Nye)가 1977년 『*Power and Interdependence*(권력과 상호의존)』에서 주창한 개념으로, 상호의존이란 국가 간의 관계가 서로 민감하고(일국의 정책 변화가 다른 나라에 얼마나 빨리 그리고 많이 손해를 입히는가) 상호 취약한(그러한 정책에 대하여 대응정책을 취한 후에도 대안의 부재로 인해 겪어야 하는 비용효과의 문제) 관계에 있는 상태를 말한다. 이들에 따르면 국제정치는 세 가지의 특징을 지닌다. 첫째, 국가 간의 공식적 연결만이 아닌 비공식적 연결, 비정부 엘리트 간의 연결, 초국가적 기구 등으로 구성된 다중 채널(multiple channels)로 구성되며 이들 간에는 복잡한 관계망이 존재한다. 둘째, 국제관계의 의제는 분명한 서열을 가지고 정렬된 것이 아니다. 즉 군사안보 문제가 늘 상위에 있는 것이 아니다. 셋째, 복합상호의존이 지배적일 때 정부는 다른 정부에 대해 혹은 특정 문제에 대해 군사력을 사용하지 않는다. 이런 세 가지의 특징을 지닌 국제정치의 정책결정 과정은 또 다시 연계전략, 의제 형성, 초국가적 관계 형성, 국제기구의 활성화라는 특징을 지닌다. 복합상호의존이라는 개념은 현실주의의 국가중심주의와 안보결정론을 비판하며 초국가적 상호작용과 의제 형성, 경제 등의 비군사적 문제의 중요성, 다양한 행위자들의 참여 등을 새로운 국제정치의 특징으로 보며, 국제 문제들에 있어 협력적이며 범세계적인 해결을 강조하였다.

는 레짐(regime) 등과 초국가적 행위주체들의 영향력 등 다양한 분석 단위를 주창하였다.

자유주의의 틀에서 최근 주목할 이론화 작업은 신자유제도주의(neoliberal institutionalism)가 대표적인데 이는 현실주의자들과 마찬가지로 국제사회가 중앙권력의 부재로 정의되는 아나키의 영향하에 놓여 있다고 본다. 그러나 국제관계가 현실주의 이론의 주장대로 늘 비극적일 필요는 없으며 오히려 국가는 합리적이고 이성적인 행위자(rational actor)들이기에 자국의 이익을 추구하기 위해 다른 국가들과 교류, 협력하는 선택을 한다는 것이 요지이다. 이들은 죄수의 딜레마 게임(Prisoner's Dilemma Game)으로 대표되는 게임이론(game theory)에 착안하여 공범인 두 명의 죄수들은 서로 소통이 불가능한 상황에서는 서로에 대한 불신과 자신의 사적 이익 추구 때문에 상대방을 배신함으로써 결국 둘 다에게 최적 이하(sub-optimal)의 선택을 하게 되지만, 만약 그 게임이 반복되면(iterated game) 죄수들은 상호 협력함으로써 죄수 각자에게 유리한 결정을 내리게 되는 윈윈게임(win-win game)이라는 최적의 결과를 도출할 수 있음을 보여준다. 국제관계에서도 이와 마찬가지로 국가들이 서로 반복적으로 교류하다 보면 점진적으로 게임의 규칙들을 만들어 가고 그런 규칙들은 점차 제도화되어서 국가 간의 관계를 예측 가능하고 안정으로 조성한다. 또한 제도와 규칙들은 국가 간의 불신과 반목을 낮춤으로써 미래에도 지속적인 협력을 촉진한다는 것이다. 제도와 규칙들은 또한 국가 간 공유되는 정보의 양을 증가시키고 거래비용(transaction cost)을 낮추는 등의 긍정적 기능을 수행한다(Eckersley 2004, 29). 즉 신자유제도주의에 따르면 국가들은 국제정치에서 제도와 규칙을 만듦으로써 아나키의 부정적인 영향을 극복하고 협력을 통해 상호이익을 얻는다.

자유주의를 통해 본 지구환경정치

자유주의는 국가를 넘어선 다양한 행위주체들이 상호의존적인 관계를 형성하고 다양한 게임의 규칙과 제도들을 지역적, 국제적 수준에서 만들어 나감으로써 지구환경 문제를 개선하려는 노력을 해왔으며 또한 그러한 노력들이 앞으로 더욱 제도화될 것이라 전망한다. 신자유제도주의가 설명하듯 국가들은 다양한 환경 문제의 해결을 위해 1970년대 이래 지역적, 국제적 차원에서 협약, 선언 그리고 환경 국제기구 및 레짐 등의 형태로 다양한 제도를 구축해 왔다. 1972년 6월 스톡홀름에서 개최된 UN인간환경회의(The UN Conference on the Human Environment)는 지구환경 문제가 국제적 관심사로 부상하는 계기가 되었으며 환경 문제를 다룬 이 최초의 국제회의에서 113개 참가국은 인간환경선언을 발표하였고 지구환경 문제 논의를 선도할 중심기구로 UN환경계획(UN Environmental Program, UNEP)을 설립하였다. 이후 국제사회에서 지구환경보존을 위한 제도적 노력들은 유해폐기물의 국제적 이동과 처리를 통제하는 바젤협약, 오존층 보호에 관한 비엔나협약, 오존층 파괴물질의 규제에 관한 몬트리올의정서, 생물다양성협약, 물새 서식지로 국제적으로 중요한 습지에 관한 협약(람사협약), 사막화방지협약, 기후변화에 대한 국제사회의 공동 대응을 위한 교토의정서와 파리협약 등등의 다양한 성과로 이어졌다. 또한 이들 환경협약의 실효성을 확보하기 위한 무역 규제조치 역시 점차 증가함에 따라 환경협약이 개별 국가의 산업에 미치는 영향 또한 커졌다.

미국 오리건대학의 국제환경협약 데이터베이스 프로젝트(International Environmental Agreements Database Project)에 따르면 2017년 초 현재 지구상에는 약 1280개의 다자협약(multilateral international agreements), 2100개의 양자 간 협약(bilateral agreements), 그리고 기타 250

참고 멸종 위기에 처한 야생 동식물종의
국제 교역에 관한 협약과 한국

이 협약은 영어로는 Convention on International Trade in Endangered Species of Wild Fauna and Flora(CITES)라고 불리며 무분별한 개발과 동식물의 남획으로 인한 멸종 위기에 놓인 야생 동식물을 보호하기 위한 협약으로 1973년 3월 미국 워싱턴 D.C.에서 채택되었으며 1975년 7월 발효되었다. 이 협약은 사냥이나 포획행위 등을 직접 규제하는 것이 아니라 국제교역을 금지하는 간접적 방식을 통해 생물종 서식지를 파괴하거나 동식물을 남획하여 경제적 이득을 얻을 수 있는 기회를 원천적으로 차단함으로써 협약의 목표를 달성한다(정준금 2007, 448). 한국의 경우 1993년 7월 이 협약에 가입하였다. 한약 사용 문화권인 한국은 그동안 멸종 위기에 처한 야생 동식물을 이용한 한약재(호랑이 뼈인 호골, 코뿔소의 뿔인 서각 등)의 사용에 따라 많은 국제적 비난을 받아왔다. 한국은 이 협약에 가입함으로써 이러한 국제사회의 우려를 잠재우고, 또한 한국 원산인 다양한 희귀 동식물의 불법적 국외 반출을 방지하는 효과를 기대하였다(정준금 2007, 449).

여 개의 환경협약이 존재한다. 이러한 제도와 레짐의 등장은 이성적인 행위자인 국가들이 다른 국가들 및 다양한 비국가적 행위주체들과 협력함으로써 자국의 이익을 보존하고 확대하고자 하는 합리적 선택의 결과인 것이다.

또한 자유주의적 시각은 지구환경 문제들은 그 성격이 복잡하고 해결 방안의 도출을 위해서 전문적이고 과학적 지식을 요구하는 특징 때문에 국가 단위에서뿐만 아니라 비정부기구, 공통된 문제 인식을 바탕으로 조직되는 이슈 네트워크(issue networks), 전문가들의 네트워크 조직인 인식공동체(epistemic community), 그리고 다국적기업 등의 다양한 행위자들도 점차 중요한 역할을 한다고 주장한다. 요약하자면 자유주의는 현실주의의 환경협력에 대한 비관적 전망을 비판하며 어떤 조건하에서, 또한 어떠한 과정을 통해 국가들 및 다양한 주체들이 지구환경 문제의 해결을 위해 상호협력하는지 설명한다.

3 구성주의

구성주의 개요

구성주의(Constructivism)는 현실주의와 신자유제도주의의 핵심 전제들에 본질적 질문을 던지며 1990년대 새로운 대안적 이론으로 부상했다. 현실주의자들과 신자유제도주의자들에게 있어 국제관계의 구조는 무정부 상태인 아나키가 전제된 가운데 물질적인 힘과 능력의 분포나 이익추구 행위에 의해 영향을 받는다. 즉 국가 간의 힘의 분포가 국가관계의 양상을 결정한다고 보는 현실주의나 합리적 행위자로서 자국의 물질적 이익 추구가 국가 간의 협력 행위를 설명한다는 신자유제도주의 시각은 둘 다 국가들의 이해관계, 사고, 행위추구의 동기가 아나키라는 외부 조건에 의해 형성된 것으로 본다. 또한 아나키하에서 국가들이 추구하는 바는 비교적 변화하지 않는 고정된 것이라 주장한다.

구성주의는 이렇듯 국가의 이익과 사고가 고정되어 있으며 결정적으로 주어진 것이라 전제하면서 국제정치의 다양한 현상들을 단순화시켜 분석하는 현실주의 및 신자유제도주의에 의문을 던진다. 알렉산더 웬트(Alexander Wendt)와 같은 대표적 구성주의 학자에 따르면 아나키 상태에서 국제관계의 결과는 현실주의나 신자유제도주의가 주장하듯 국가들에게 미리 결정되어진 이익구조나 동기에 의해 설명되고 예측될 수 있는 것이 아니라 국가들 간의 지속된 상호작용의 산물로 보아야 한다. 즉 구성주의는 국제관계에서 행위의 결과나 그 행위가 가지는 의미는 국제사회를 구성하는 다양한 행위주체들 간의 상호작용에 의해 사회적으로 구성되며(socially constructed) 결정되는 것임을 강조한다.

웬트(Wendt 1992)는 아나키하에서 상대 국가의 의도를 불신하고 상대방에 대해 부정적 생각을 가진 국가들 간의 상호작용 및 관계는 현실주의에서 묘사, 예측하듯 경쟁적인 패턴을 따를 가능성이 높겠지만, 서로에 대해 긍정적 인식과 친밀감을 발전시켜 온 국가들 간의 상호작용은 현실주의가 설명하듯 경쟁적이고 부정적인 결과를 낳기보다는 협력과 친교라는 결과로 귀결된다고 설명한다. 또한 역사적으로 상호작용이 부재한 국가들 사이에는 상대 국가에 대해 어떠한 관념과 인식도 부재할 가능성이 있으므로 현실주의나 자유주의가 주장하듯 대립과 경쟁 아니면 협력이라는 관계의 결과가 아예 적용되지 않을 수도 있을 것으로 보았다. 이렇듯 구성주의에서는 국가들 간의 상호인식과 상대방에 대한 의미부여 행위가 그들 간의 관계를 어떻게 규정지을 것인가에 중요한 요인이 된다. 또한 국제정치에서 다양한 행위자들 간의 상호작용은 그 상호작용이 지속적으로 일어나면서 국제정치의 구조를 변화시킬 가능성이 있다. 웬트의 유명한 "anarchy is what states make of it"이란 주장대로 아나키라는 국제정치의 조건은 개별 국가들이 이해하고 의미를 부여하기 나름이며 그에 따라 국가들의 행위가 결정될 것이다. 이는 아나키란 국제정치에 주어진 객관적 조건이기 때문에 모든 국가들의 행위 및 상호작용에 동일하고 결정적인 영향을 미친다는 구조적 현실주의와는 대조되는 시각이다.

분석 단위에 있어서 구성주의는 자유주의자들과 마찬가지로 국가뿐만 아니라 개별 지도자들 등의 엘리트, 초국가적(transnational) NGO, 기업, 인지공동체, 국제기구와 레짐, 그리고 미디어 등 다양한 주체들이 어떻게 국내, 국제 정치에서 다양한 국제사회의 문제를 제기하고 새로운 담론 및 시각들을 제시하는지 분석한다. 구성주의자들은 이런 행위자들이 현실주의나 자유주의에서 주장하듯 원자화된 합리적이고 이기적인 주체가 아니라 관계에 의해 규정되는 사회적인 존재라고 묘사한다. 이들 다양한 행위주체들의 이해관계 및 동기 등은 외부적 환경에 의해 주어진 것이 아니며, 사회적인 관계가 지속되면서 형성되어가고 변화될 수 있는 것이다(Eckersley 2004, 35). 요약하자면 구성주의는 국제정치 구조에 대해 행위자들이 공유하는 의미, 혹은 관념(idea)의 중요성, 그동안 당연시 되어온 국가나 주권의 개념이 사회적으로 형성되는 과정, 행위자들의 정체성(identity)과 선호(preferences)가 형성, 변화하는 과정 등에 주의를 환기시킨다(백창재 2002, 366-367).

구성주의를 통해 본 지구환경정치

구성주의는 다양한 행위자들의 관념과 동기, 이익구조가 어떻게 상호작용을 통해 변화할 수 있는지 설명하는 데 중점을 둔다. 즉 구성주의적 시각에서 볼 때 국가들은 환경 문제에 대한 고정된 이해관계나 시각을 가진다기보다는 국제사회 속에서 다른 행위주체들과의 상호작용을 통해 새로운 가치, 시각이나 이해관계를 발달시킬 수 있다. 국가뿐만 아니라 환경 NGO, 과학인지공동체, 기업 등 다양한 행위자들은 상호작용을 통해 환경 문제 해결을 둘러싼 이해관계를 새롭게 형성하고 주체들의 관념 및 환경규범을 변화시킴으로써 지구환경 문제의 해결에 기여한다.

구성주의에 따르면 행위주체들이 지구환경 문제에 대해 서로를 적이 아닌 대화할 수 있는 상대로 인식하면 할수록 또한 이들이 환경 문제에 대한 공통의 이해(shared understandings)를 가지게 될 때 지구환경정치에서 아나키와 그로 인한 한계가 극복될 수 있다. 이러한 공통된 이해를 바탕으로 국가들은 환경 규범 및 의식을 내재화할 수 있다. 일례로 유럽의 경우, 유럽연합을 구성하는 개별 국가들 내부에서 지역적인 수준의 환경 시민의식(ecological citizenship)이 등장함으로써 유럽이 직면하고 있는 다양한 환경 문제들을 해결할 수 있었고, 이러한 협력의 경험은 유럽 국가들이 국가중심적인 사고를 극복하고 지역공동체의 정체성을 공고히 형성하면서 환경위기에 더욱 효과적으로 대응하는 계기가 되었다(Eckersley 2004, 48).

구성주의는 또한 지구환경정치에서 가장 중요한 행위주체인 국가들의 이해관계와 관념이 현재와 같이 주권국가의 영토와 국경에 기반해 지속적으로 고정되어 있는 한 다양한 지역적이고 전 지구적인 환경 문제의 해결에 장애가 되며, 따라서 민족, 국가, 영토에 대한 재개념화(reconceptualization)와 이기적이며 배타적인 국가중심적 기존 사고의 탈피가 필요하다고 주장한다. 다만 구성주의는 어떠한 구체적 방식으로 이들 행위자들이 환경 문제를 해결해 나갈 것인가에 대해서는 명확한 방안을 제시하지 않는다.

4 다양한 비판적 대안 이론들과 지구환경정치

위에서 소개한 현실주의, 자유주의, 구성주의라는 큰 패러다임 이외에도 국제정치학 분야에는 비판적이고 대안적인 다양한 이론들이 존재한다. 예를 들어 마르크시즘과 생태사회주의, 종속이론, 세계체제이론, 페미니즘 등이 그것이다. 이들 이론들은 지구환경정치에 접목되면서 위에서 소개한 거시적 패러다임이 충분히 설명하지 못하거나 소홀히 다루어 왔던 측면들을 새로운 시각으로 비춰준다. 지면의 한계 때문에 이들을 다 다루지는 못하고 여기에서는 생태사회주의를 대안적 이론으로 짤막하게 소개한다.

생태사회주의(eco-socialism)는 자본주의 및 경제 발전에 관한 마르크스의 기존 철학을 얼마나 또한 어떻게 수용하느냐에 따라 그 내부에서 다양한 입장으로 나뉜다. 몇몇 이론가들은 마르크스처럼 자본주의적 가치 생산, 혹은 자본 축적의 과정에 중점을 두고 환경 및 생태 문제를 설명하며, 다른 일군의 학자들은 자연과 사회의 물질대사(metabolism)라는 개념을 고안하여 자연의 한계에 대한 진보적인 해석을 전개한다. 전자는 자본 축적 과정이 생산조건과 모순을 일으켜 환경위기가 발생하며 자본은 끊임없이 자연을 상품화한다고 본다(이상헌 2011, 124). 자본주의는 자본의 무한정 증식되는 가치를 전제로 이루어지는데 자연은 제한적이므로 결국 자본 축적 과정은 자연의 파괴를 수반한다. 또한 경제 위기 상황에서는 노동자에 대한 경제적 폭력과 착취가 증대되고 생산 과정에서 발생하는 비용의 자연환경으로의 전가가 확대되어 추가적인 환경 파괴가 일어난다(이상헌 2011, 125). 또한 자본주의가 심화됨에 따라 자본은 자연을 실질적으로 포섭하는 단계에 이르러 자연의 순환 주기를 따르기보다는 자연을 개량하여 생산성을 높이고자 한다. 이 단계가 되면 자연 자체가 일종의 생산력으로 기능하게 되어 자본은 자연을 통해 불균등하게 순환되기에 이른다(이상헌 2011, 126). 또한 자본주의의 과잉생산, 이윤 극대화, 자본 축적을 위한 끝없는 팽창은 경제 세계화(economic globalization)를 야기하고 이 과정에서 지구환경과 특히 저개발국의 환경과 자연은 선진국과 초국가적 자본주의 세력이 가하는 지속적인 파괴를 경험하게 된다. 이러한 시각에 따르면 자본주의에 의한 환경의 파괴가 그 최대치에 이르게 되면 결국 대안적 사회로의 전환이 이루어진다.

자연과 사회의 물질대사라는 개념을 주장하는 또 다른 일군의 생태 사회주의자들은 마르크스의 자연은 "인간의 비유기적 신체"라는 말을 인용하면서 자연과 사회가 일종의 물질대사를 계속하고 있으나, 자본주의 아래에서는 공업화 및 도시화 등으로 그러한 물질대사가 균열을 일으키며 자연과 환경, 특히 농촌이 가진 생명 부양 능력이 파괴되었다고 보았다(이상헌 2011, 128). 나아가 자본주의가 국제적으로 팽창해 제국주의의 단계에 이르면 자연의 물질대사는 더욱 악화되어 전 지구적 환경 문제가 야기된다는 것이다. 물질대사에 중점을 두는 생태사회주의자들은 기존의 사회주의 또한 인간 개발보다는 경제개발을 우선시하고 국가 계획경제를 통해 국가가 개인을 말살시키는 결과가 초래되었으며 자본주의의 해악을 해결하기 위해 단순히 그를 전복하고 타도해야 한다는 식의 발상은 근본적 해결책이 될 수 없다고 보았다. 이들은 결국 진정한 사회주의로의 이행을 위해서는 무엇보다 인간 자신의 혁명과 혁명적 실천을 통해 자연의 물질대사를 변화시키는 일이 중요하다고 보았다. 또한 이들은 지구환경 위기의 해결책 및 대안으로 자급자족적 지역경제의 활성화를 통한 세계경제 및 시장과의 결별, 협동조합이나 소규모 경영 조직의 활성화, 노동계급과 환경 및 생태 보호론자들의 연합인 이른바 적록동맹(red-green alliance)의 정치 등을 제시한다. 이렇듯 생태사회주의는 자본주의와 신자유주의적 세계화가 야기해온 지구환경 위기를 국제정치적인 차원에서 국가나 국제기구, 레짐과 같은 거시적 거버넌스 기제를 통해 해결하기보다는 커뮤니티 중심의 지역적인 노력들과 노동자 및 환경보호론자 간의 연대를 통해 근본적으로 해결할 수 있을 것으로 본다.

이러한 생태사회주의자들의 주장이 실현되고 있는 사례로 쿠바를 들 수 있다. 쿠바는 체 게바라와 피델 카스트로가 주장한 인간 개발 모델을 쿠바의 녹색화 프로젝트를 통해 실천해 왔다. 예를 들어 쿠바는 석유 및 화학물질에 대한 의존도를 낮추어 왔으며 원거리에서 수송되는 식량에 대한 의존도를 낮추기 위해 지속가능한 농업 모델을 추진해 왔다. 또한 유기농법을 실시하는 수천 개의 도시 농장이 전국에 산재해 있는데 수도 아바나에만도 200개가 넘는다고 한다. 그 결과 쿠바는 1인당 생태 발자국(ecological footprint)에 있어 세계의 평균보다 훨씬 낮은 수치를 기록해 왔다. 또한 공산주의 국가임에도 불구하고 2016년 유엔인간개발 보고서(UN Human Development Report)에서 국민들의 건강과 복지를 향상시킴과 동시에 지속가능한 발전을 성공적으로 달성한 몇 안 되는

 참고 생태발자국(ecological footprint)

인간이 지구에서 살아가기 위해 필요한 자원의 생산과 폐기에 드는 비용을 토지로 환산한 것을 말한다. 이 개념은 1996년 캐나다의 경제학자 마티스 웨커네이글(Mathis Wackernagel)과 윌리엄 리스(William Rees)가 주창한 것으로 음식, 주거, 교통, 소비재, 서비스 등 5개 소비 범주와 에너지생산소비, 구조물환경, 정원, 경작지, 초지, 인공림, 자연림, 비생산적 토지 등 8개 토지이용 범주에서 총 소비량을 산출하고 이를 생산하는 데 사용된 1인당 토지면적을 추정하는 방식으로 측정 대상 지역의 연평균 개인 소비량을 도출한다. 이들 학자들은 지구가 기본적으로 감당할 수 있는 면적 기준을 1인당 1.8헥타르라고 계산하였다. 이와 유사하게 세계자연기금(WorldWide Fund for Nature, WWF)이 발표한 『2014 지구생명보고서』에 따르면, 지구 생태계가 스스로 회복할 수 있는 생태 발자국 한계치는 1인당 1.7ha이다. 그러나 실제 평균 생태 발자국은 2.6ha로 조사되어 한계치를 0.9ha나 뛰어넘었다. 인구 100만 명 이상 152개국을 대상으로 조사한 결과 생태 발자국 크기 1위는 쿠웨이트였다. 1995년을 기준으로 이미 한계치를 넘어선 한국은 31위에 올랐는데, 4.41ha를 기록해 평균에 비해 1.7배 높은 수치를 보였다. 이는 현재 한국인이 사는 방식을 유지하기 위해서는 지구가 2.5개 필요하다는 뜻이다. 8위에 오른 미국의 경우 현재와 같은 삶의 방식을 유지하기 위해서는 지구가 3.9개나 필요하다. 이 상태로 가면 2050년에는 전 세계 사람들이 평균적으로 지구 3개 정도 규모의 자원을 소비할 것으로 예측되고 있다. 따라서 생태 발자국을 줄이는 것은 하나뿐인 지구환경보존에 필수적이며 이를 위해 자원 낭비의 최소화, 대체 에너지 개발을 통해 환경 파괴와 자원 고갈을 막아야 한다(네이버 지식백과).

국가들 중 하나로 평가되기도 하였다. 또한 예일대학이 집계한 국가들의 환경성과지수(Environmental Performance Index)에서도 180여 개국 중 45위를 기록해 OECD국가들 및 유럽 국가들을 제외한 개발도상국에서는 거의 최고의 수준을 보였다.

III   이론의 적용: 국제정치의 패러다임들과 동북아시아 환경협력의 이해

앞서 살펴본 바와 같이 현실주의, 자유주의, 구성주의라는 국제정치의 큰 패러다임들은 지구환경정치라는 복잡한 현상을 단순화하여 이해하고 분석할 수 있도록 도와주는 이론 틀의 기능을 한다. 이들은 지구환경정치의 본질을 다양하게 해석하고 지구환경정치에서 다양한 행위주체들 간의 관계를 다양한 시각으로 바라보며 그러한 이해를 바탕으로 지구환경정치의 미래를 각기 다르게 예측한다. 이 절에서는 앞서 논의한 국제정치의 주요 이론들이 환경정치에 어떻게 접목되고 적용될 수 있는지 한국, 중국, 일본 삼국 간의 동북아시아 환경협력을 사례로 들어 이해를 돕고자 한다.

1   동북아시아 환경협력의 현황

한국, 중국, 일본은 동북아시아를 구성하는 주요 국가들이며 해협을 사이에 두고 있는 지리적 인접성 때문에 동일한 환경 영향권을 형성한다. 또한 이 지역은 고유한 대기 순환 패턴과 편서풍, 계절풍 등의 기상학적인 특성으로 인해 월경성 대기오염에 취약하다. 이들은 현재 아시아에서 경제 규모가 가장 큰 세 개의 국가이기도 하다. 일본과 한국의 경우, 2차 세계대전 및 한국전쟁 이후, 중국의 경우 1978년 개방개혁 정책이 채택된 이래, 이들 국가들은 근대화, 산업화, 도시화가 급속히 고도화되는 발전 과정을 겪어 왔다. 그러나 이러한 경제성장의 이면에는 환경문제라는 새로운 과제가 동반되었다. 자원의 고갈, 대기 및 수질 오염, 생물다양성의 감소, 폐기물 투기 등의 환경 문제는 이들 국가 내부에서 국지적인 위기로 부상하기 시작했지만 점차 국경을 가로지르며 이 지역의 초국가적 월경성 환경 문제들로 인식되기 시작하였다. 이처럼 환경오염이 지역화, 광역화되면서 점차 국제적 갈등이 될 소지 또한 커져가고 있다(정준금 2007, 457-458).

한·중·일은 또한 그들 경제 규모에 비추어 볼 때 기후변화와 같은 전 지구적 환경 문제에도 상당한 영향을 미치고 있다. 일본의 경우 미국, 영국 등과 함께 역사적으로 가장 많은 온실가스 배출량을 기록해온 상위 5개국 중 하나이다. 한국의 경우 지속가능한 발전, 저탄소 녹색성장의 기치를 발표하면서 환경 강국으로 도약하고자 하는 노력들에도 불구하고 지난 10여 년 동안 온실가스 배출량은 꾸준히 증가해 세계 약 10위(총량의 1.7%)를 기록하고 있다. 중국은 소위 "세계의 공장"으로 성장하면서 가장 큰 온실가스 배출국가가 되었고 이는 미세먼지와 같은 대기오염 문제들을 야기하며 주변 국가에까지 영향을 미치고 있다. 장거리 이동 대기오염 물질에 관한 공동연구(LTP)의 2010년 보고서에 따르면 중국은 한국의 대기 중 질소산화물의(NOx)의 70%에 그 책임이 있으며 이들 중 일부가 일본으로 이동하는 것으로 밝혀졌다(Jung 2016). 또한 저명한 과학전문 학술지인 『네이처(*Nature*)』에 2017년 3월 발표된 공동연구에 따르면 2007년 한 해 중국의 미세먼지 배출로 인해 일본, 한국을 포함한 아시아 지역에서 약 30,900명이 조기 사망했다는 결과도 있다 (Zhang et al. 2017).

다양한 국내, 지역적, 국제적 환경 문제들이 점차 심화됨에 따라 이들 삼국이 공동의 노력과 협력을 통해 보다 더 효과적으로 환경 문제들을 해결할 수 있을 것이라는 인식 또한 확산되어 왔다. 이러한 인식은 정부보다는 오히려 각국의 시민사회와 민간에서부터 시작되었다 해도 무방할 것이다. 민간에서 이들 삼자 간 환경협력을 위한 시도가 처음 이루어진 것은 1980년대이다. 이와 대조적으로 삼국의 정부가 주체가 된 동북아시아 지역의 환경협력 노력들은 조금 더 늦은 1990년대에 본격적으로 나타나기 시작했다(Kim 2009, 26). 그 배경으로는 냉전 종식과 군사적 긴장 완화에 따른 인권과 환경, 개발 등의 비군사 의제로의 관심 전환을 들 수 있다. 이와 더불어 1992년 6월 브라질에서 개최된 리우 지구정상회담(Rio Earth Summit)에서 지속가능한 발전(sustainable development)이라는 전 지구적 화두가 전면 등장함에 따라 국제사회에서 환경에 대한 관심이 크게 증가한 것을 들 수 있다(Komori 2010).

이런 국제적 요인들은 한·중·일 삼국 사이에 양자 간 환경협력 논의를 본격화하는 촉매제가 되었다. 예를 들면 한국과 중국은 1993년 10월 환경협력 협약을 맺고 대기 및 수질 오염, 해양오염, 유독물질의 관리 및 감독 등의 분야에서 협력을 약속했다. 또한 1980년대 후반부터 이미 중국을 대상으로 공적개발원조(ODA)의 일환으로 환경 분야에 상당한 지원을 시작한 일본은 1994년에 중국과 환경협력 조약을 맺으면서 환경 관련 데이터의 교환과 산성비에 대한 공동연구 등을 약속했다. 이러한 양자(bilateral) 간 협력 논의가 진행됨에 따라 동북아시아 지역적 차원에서도 한·중·일 삼국 정부 간 공식적 다자주의(multilateralism) 환경협력 방안들을 마련해야 한다는 목소리가 높아졌다.

현재 이들 삼국은 다양한 포괄적인 지역 환경기구들의 회원을 이루고 있다. 예를 들면 한·중·일 환경장관회의(Tripartite Environment Ministers Meeting among Korea, China and Japan, TEMM), 동북아시아환경협력계획(North-East Asia Sub-regional Programme for Environment Cooperation, NEASPEC), 북서태평양 보전 실천계획(Northwest Pacific Action Plan), 동북아시아환경협력회의(Northeast Asian Conference on Environmental Cooperation, NEAC) 등이 그것이다. 이들 기구들은 다양한 환경문제들을 포괄적으로 다룬다. 또한 조금 더 전문적이고 세분화된 분야를 다루는 동북아시아 지역 협력체로는 산성비 문제를 다루는 동아시아 산성침적물 모니터링 네트워크(Acid Deposition Monitoring Network in East Asia), 장거리 이동 대기오염 물질에 관한 공동연구(Long-range

| 표 3-1 | 동북아시아 환경협력의 기제

성질	명칭	연도	회원	참석자
포괄적	한·중·일 환경장관회의(TEMM)	1999	한국, 중국, 일본	장관
	동북아시아환경협력계획 (NEASPEC)	1993	한국, 중국, 일본, 러시아, 몽골, 북한	고위관료
	북서태평양 보전 실천계획 (NOWPAP)	1994	한국, 중국, 일본, 러시아	고위관료
	동북아시아환경협력회의 (NEAC)	1992	한국, 중국, 일본, 러시아, 몽골	관료, 전문가, NGO
구체적	동아시아 산성침전물 모니터링 네트워크(EANET)	1998	한국, 중국, 일본, 러시아, 몽골, 동남아시아	고위관료, 실무관료
	장거리 이동 대기오염 물질에 관한 공동연구(LTP)	1995	한국, 중국, 일본	전문가
	먼지 및 모래폭풍 네트워크 (DDS-NET)	2003	한국, 중국, 일본, 몽골	관료

Transboundary Air Pollutants in Northeast Asia, LTP), 먼지 및 모래폭풍 네트워크(Network on Dust and Sandstorms, DSS-NET) 등이 있다. 아래 표는 이 다양한 협력의 기제들이 시작된 연도, 회원, 그리고 주요 참가자들을 요약하고 있다.

이 지역의 환경 문제의 범주가 폭넓기 때문에 이제 대기오염에 국한하여 이러한 환경협력 방안들의 구체적인 내용을 조금 더 자세히 살펴보기로 한다. 먼저 1993년부터 시작된 동북아시아환경협력계획(NEA-SPEC)은 유엔의 아시아태평양경제사회위원회(UNESCAP)의 지원하에 설립된 지역 환경협력 프로그램으로 석탄발전소로부터의 월경성 대기오염 저감, 먼지 및 모래폭풍의 통제 및 예방, 동북아시아 지역의 자연보존지역에 대한 의사소통 확대를 그 설립 목표로 하였다(Shapiro 2014,

 참고   산성비(acid rain)

산성비는 석탄, 석유와 같은 화석연료가 연소될 때 배출되는 황산화물, 질소산화물 등이 대기 중에서 화학반응에 의해 황산염, 질산염 등의 산성 물질로 변하여 비와 함께 지표면에 떨어져 물, 토양으로 이동하면서 발생한다. 한국의 경우 보통 수소이온 농도지수(pH) 5.6 이하의 비를 산성비로 분류한다. 산성비는 토양의 산성화를 통해 토양과 생물군의 영양분 여과율을 변화시켜 수목과 생물의 생장을 억제해 죽게 하고, 호수의 수소이온 농도 저하를 통해 유해 금속을 용출시켜 물고기를 폐사에 이르게 하는 등 생태계를 파괴한다. 또한 인체에는 호흡장애, 눈이나 피부의 통증 등을 야기한다. 산성비의 산에 의해 대리석, 금속으로 만들어진 건물, 주택, 다리 등의 건축물이 부식되기도 한다. 동북아시아에서 산성비 정도가 가장 강한 곳은 중국이며 이미 1970년대에 문제가 두드러지기 시작하였다. 또한 중국의 산성 대기오염 물질은 계절풍을 통해 한반도와 일본 열도에까지 영향을 미치는 것으로 드러났다(정준금 2007, 464-465).

35). 특히 대기오염과 관련해서는 기술적 정보의 제공, 배출 모니터링, 법제화 등에 노력을 기울여 왔으며 오염 저감, 기술 데이터 관리 등의 분야에 있어서 각 정부 및 관료의 역량 강화를 위해 트레이닝 센터를 설립하기도 하였다.

이와 더불어, 한·중·일 환경장관회의(TEMM)는 1999년 한국의 제안으로 시작되었으며 환경장관들이 모이는 회의를 삼국이 번갈아가며 개최하면서 다양한 환경의제들을 논의하는 중추적 기구로 자리매김해 왔다. 설립 당시 환경공동체로서의 인식 확산, 정보교류, 대기 및 해양 오염 방지, 환경산업 및 기술 분야에서의 협력, 환경연구, 국제적 환경 문제에 대한 소통의 강화 등 총 6개의 폭넓은 과제 분야를 발표하였다 (Yoon 2003, 48). 2000년에 열린 제2차 회의에서 삼국은 장거리 이동 대기오염 물질에 대한 공동연구에 합의했다. 또한 황사 문제 해결을 위해 중국 서부의 사막화 방지 사업과 생태복원 사업 및 호소 수질 개선 사업

| 그림 3-1 | 제19차 한·중·일 환경부장관회의가 2017년 8월 24일부터 25일까지 한국의 수원에서 열렸다.

등을 위해 노력해 오고 있다.

최근에는 미세먼지 등 대기오염이 심각해지면서 대기오염 저감 및 대기질 개선에 대한 관심이 더욱 증가하면서 이와 관련하여 2014년부터 한·중·일 정책 대화를 정기적으로 시작하기도 하였으며 2015년에는 미세먼지 공동 대응을 위한 2개의 작업반 구성에 합의하면서 공동연구를 추진 중에 있다. 같은 해 열린 17차 환경장관회의에서는 2015년부터 2019년에 걸쳐 5년간 추진될 9대 우선 협력분야 공동실행 계획을 채택하였다. 2016년에는 미세먼지 분야에서 공동연구를 위해 한국과 중국 간 대기 자료 전용회선 설치를 협의해 삼국의 협력 연구 체제를 마련하기로 합의하였다.

또한 1995년부터 한국정부의 주도로 동북아시아 지역 장거리 이동 대기오염 물질에 대한 공동연구(LTP)가 진행되어 왔는데 삼국은 관료 및 전문가 집단의 연례 회의를 통해 황산염, 질산염 등 대기오염 물질의 국가 간 상호영향을 과학적으로 도출하고 미세먼지에 대한 관측과 영향 분석에 합의하였다. 최근 2015년 인천 송도에서 개최된 18차 회의에서 각국 정부는 공동연구의 연구 범위를 확대해 오염물질 측정항목, 측정지점, 모델링 대상 기간을 늘리기로 합의했다. 이에 따라 삼국은 기존의 총 7개 관측지점[한국은 고산, 강화, 태안, 중국의 경우 다롄(大连)과 샤먼(厦门), 일본의 경우 오키(大木)와 리시리(利尻)]에서 각국당 1개 관측소씩을 추가해(백령도, 토오지섬, 대마도) 총 10개의 측정지점을 운영하게 되었다. 측정항목 또한 확대되어 미세먼지, 오존, 이산화황, 이산화질소를 포함하기로 합의했다. 또한 최근 큰 문제로 부각되고 있는 초미세먼지(PM2.5)의 경우 측정결과의 신뢰도를 높이기 위해 삼국이 공동연구하기로 합의를 도출했다. 삼국은 또한 측정기간을 기존의 계절별 분석에서 12개월 연중으로 확대하여 보다 정밀한 배출원-수용지 관계 모델링 분석을 2016년부터 시행하기로 계획했다.

또한 2000년대 초기부터 황사 현상이 한국과 일본에서 더욱 빈번하게 관찰되고 그 피해도 점차 가시화되면서 황사와 사막화에 대한 공동 노력도 심화되었다. 중국은 당초 황사가 역내 지역 국가들에 미치는 영향에 대한 책임을 부인하는 방어적 입장에서 점차 선회하였고 한국과 일본 역시 전적으로 황사의 피해국이라는 입장을 누그러뜨리며 이 문제를 동북아시아 지역의 문제로 보고 중국과 공동 협력하기로 하였다. 2001년 제3회 한·중·일 환경장관회의에서 황사 문제가 공식적으로 다루어지기 시작했고, 2003년에는 먼지 및 모래폭풍 예방과 통제를 위한 협력체가 일본정부와 아시아개발은행(Asian Development Bank), 그리고 지구환경기금(Global Environmental Facility)의 재정적인 보조를 받으며 한·중·일, 그리고 몽골을 회원국으로 하여 창립되었다. 이 프로젝트를 통해 회원국들은 모래폭풍에 대한 효과적인 모니터링 시스템과 조기경보 시스템을 구축하기로 합의하였다.

현재까지 본 기구 내에서 한·중·일 삼국은 관측 설비와 프로토콜 개발, 컴퓨터 모델링, 데이터의 교환 등 과학적인 협력을 모색해 왔으나 황사가 발생하는 근본적 원인과 황사의 경로와 영향 등에 대해서는 아직도 뚜렷한 합의가 부족한 편이며 기후변화의 영향 등 다양한 과학적 불확실성도 존재한다(Wilkening 2006). 중국은 여전히 황사와 모래폭풍을 국내 환경 문제로 인식하고 있고 한국과 일본은 중국에서 발원하는 월경성 환경 문제로 보나 한국의 경우 그 심각성과 피해에 일본보다 더 민감한 반응을 보이는 등 문제에 대한 인식과 민감도 등도 상이하다. 해결책에 대한 방법에 있어서도 사막화 방지를 위한 산림 조성과 이러한 방안이 초래할 물 부족 등에 대한 우려 등을 포함해 논쟁거리가 상당히 남아 있다(Jho & Lee 2009, 59).

2   세 가지 이론 틀로 분석해보는 동북아시아 환경협력

앞서 살펴본 바와 같이 한·중·일 삼국 정부는 1990년대 이래로 환경협력을 위한 다양한 방안들과 구체적인 프로그램들을 만들어 왔다. 포괄적인 환경협력 프로그램에서 황사 및 산성비와 같은 구체적 문제에 초점을 둔 프로그램까지 다양한 노력들이 이루어지고 있다. 그러나 동북아시아의 환경협력은 유럽 등 다른 지역과 비교해 볼 때 그 협력의 수준이 아직 초보적인 단계를 답보하고 있으며 제도화의 정도가 낮다. 이는 환경협력 프로그램들이 대부분 법적 구속력을 가지고 회원국들의 행동을 규제할 수 있는 높은 단계의 제도화에 미치지 못하고 정보의 교류, 의제설정 등 초보적인 단계에 있음을 의미한다(Komori 2010, 14). 또한 동북아시아의 다양한 협력 기제들은 아직 이렇다 할 구체적이고 가시적인 성과를 내지 못하고 있다(Jho & Lee 2009; Komori 2010). 여기에서는 한·중·일 삼국 정부 간의 환경협력이 왜 이들 간 경제협력 등 다른 분야와 비교해 볼 때, 또한 왜 유럽 및 심지어 동남아시아 등의 다른 지역과 비교해 볼 때 상대적으로 미성숙한 상태인지를 앞서 소개한 국제정치의 현실주의, 자유주의, 구성주의 이론의 관점에서 논한다.

현실주의는 한·중·일 간의 환경협력이 부진한 이유를 몇 가지 원인에서 찾는다. 첫째로 동북아시아 지역은 지정학적 특성상 아직 군사 및 안보 경쟁이 팽배해 있으며 이런 상황에서 이들 삼국은 여전히 군사력과 경제력 성장을 통한 권력과 안보의 확보에 가장 정책적 우선순위를 두고 있다(Wirth 2015). 특히 경제력 성장은 이들 국가들이 지속적으로 발전함으로써 강력한 힘을 유지하는 데 필수적이기에 당분간 이들 국가들이 환경협력을 위해 자원을 투자하며 노력할 큰 이유는 없다는 것이다. 현실주의적 시각에 따르면 환경은 아직 북핵 문제나 영토 분쟁 같은 동북아시아의 전통적인 안보 문제들보다 덜 민감한 하위정치의 영역에 머물러 있다. 게다가 이들 동북아시아 삼국은 오랜 개발국가(한국, 일본의 경우)와 사회주의 계획경제(중국의 경우)의 유산으로 인해 전통적으로 정부 내에서 경제개발을 주도하는 관료 및 부서가 우세한 위치를 점해 왔다. 따라서 환경부와 같은 정부 부서들이 환경 위기를 심각한 안보의 문제 및 위기로 격상시키면서(즉 "안보화"하면서) 삼국의 협력을 유도할 것이라 기대하기 쉽지 않다. 비정부기구 및 시민사회 역시 삼국 정부 간의 환경협력을 유도하거나 압력을 넣기에는 유럽 등 다른 지역과 비교해 상대적으로 약하다(Komori 2010).

또한, 한·중·일 삼국은 여전히 상대방을 불신과 의심의 눈으로 보고 있으며 동북아시아 지역 환경 문제에 대한 책임과 비용을 어떻게 분담할 것인가에 대해서 서로 다양한 이해관계를 가지고 있다. 이들은 또한 환경협력을 위한 자국의 노력에 다른 국가들이 무임승차하는 것을 원하지 않기 때문에 독자적으로 지역이나 국제적 환경 문제를 개선하는 일에 소극적인 자세를 취해왔다. 중국은 개발도상국의 지위를 근거로 한국과 일본으로부터 환경 개선에 필요한 더 많은 기술적, 재정적인 지원을 기대하나 중국의 경제적 부상으로 한·일 양국은 점차 중국을 경쟁국으로 보게 되면서 중국에게 유용한 기술과 자원의 투자 및 이전을 꺼려하고 있다(Jho & Lee 2009, 70; Wilkening 2006, 444). 또한 비록 일본과 한국이 동북아시아 환경협력 프로그램들을 제안하고 추진해 오기는 했지만 환경 분야에서 자국의 명성과 권위를 제고하기 위해 서로 경쟁적으로 이들 프로그램을 지원함으로써 총제적이고(holistic) 조화로운 동북아시아 환경협력이 저해되고 있다는 분석도 있다(Lee 2001, 48). 이들이 자국의 권위와 권력 신장을 위해 환경이라는 국제정치의 의제를 이용할 수 있다(정준금 2007, 480)는 것이 현실주의적 시각이다.

자유주의는 위와 같은 현실주의의 분석과 설명보다는 긍정적인 분석과 전망을 제시한다. 신자유제도주의 시각은 비록 동북아시아 환경협력의 제도화 노력이 이미 1970년대부터 협력 노력들이 시작된 유럽 등 다른 지역보다는 비교적 느리게 시작되었고 따라서 그 제도화의 정도가 낮아 아직은 정보 교환과 의제설정의 수준에 머물러 있음을 인정한다(Lee 2001, 5). 제도화의 정도가 낮은 이유는 현실주의 논리에서 본 것처럼 정치적, 역사적 갈등에 따른 것일 수도 있겠지만 이들 삼국이 제도를 만들고 유지해 갈 충분한 유인책이 결여되어 있다는 이유도 있다고 하겠다. 신자유제도주의에서 국가들은 합리적인 이성주의자들로 행위 및 선택에 따르는 비용과 편익을 분석한다. 그러나 중국의 경우 환경협력 제도에 참여함으로써 자원 및 기술의 이전이라는 보상을 기대하고는 있지만 자국의 민감한 정보 제공이나 환경 문제에 대한 비용 부담 등의 다양한 비용 역시 고려한다. 한국과 일본의 경우도 환경 문제의 해결을 점차 중요하게 인식하고는 있지만 비용과 편익 분석에서 다양한 이해관계가 존재한다(Komori 2010, 8-9).

그러나 자유주의는 다양한 형태의 정부 간, 그리고 비정부 행위주체들 간에 지구의 지속가능한 발전에 대한 노력들이 가속화되고 있음을 향후 협력에 대한 긍정적인 신호로 본다. 앞서 표에서 정리한 바와 같이 한·중·일 삼국은 포괄적이고 구체적인 다양한 환경협력 기구와 프로그램을 만들고 그러한 제도적 틀 속에서 공조를 위한 규칙들을 만들어 나가고 있다. 환경협력의 내용과 범위 또한 이런 제도적 틀 속에서의 협력이 정례화되고 반복되면 될수록 확대되고 점진적으로 심화되었다. 또한 정부 간 협력을 뒷받침하는 전문가들의 집단인 인식공동체 역시 점차 성장하면서 협력 네트워크를 공고화하고 정부 관료들에게 필요한 과학적, 기술적인 지식을 제공하고 있다(Shapiro 2014).

구성주의적 시각에서 볼 때 환경협력은 국가들 간에 합의되고 공유된 경험, 가치, 교훈 등이 있을 때 더욱 효과적으로 나타난다(Kim 2004, 191). 이는 단순히 과학적이고 기술적인 합의를 넘어서 지속가능한 발전을 위한 동북아시아 지역 구성원들의 공통된 가치 체계의 전환을 의미하는 것이다. 그러나 동북아시아 특히 한·중·일 삼국 간에는 환경 문제를 둘러싼 이러한 공유된 경험이나 가치, 인식 등이 여전히 결핍된 상태이다. 다만, Choi(2017)의 주장과도 같이 아시아 국가들은 국제관계에서도 사회적으로 조화로운 관계를 강조한다. 이러한 아시아적 가치가 한·중·일이 협력하고 공조의 경험을 점진적으로 쌓아가는 밑바탕이 될 수 있다. 시범사업들을 적극 실행해서 실질적이고 가시적 성과를 내면서 상호신뢰를 바탕으로 향후 협력으로 나아가는 방안이 있을 수 있다.

구성주의는 또한 협력을 방해하는 요소로서 단순히 물질적 요소들뿐만 아니라 관념 등의 비물질적이며 역사적인 요소의 중요성도 강조하고 있다. 식민주의의 경험과 2차 세계대전의 기억 등은 한·중·일 삼국의 의미 있는 협력을 저해하고 있으며 이는 환경 분야에서의 협력에서도 장애 요소가 되고 있다(Wilkening 2006, 445). 예를 들어 일본은 1990년대 중반부터 동북아시아 환경협력의 필요성을 인식하고 주도적인 리더로서의 역할을 하고자 했지만, 한국과 중국은 일본에 대해 여전히 과거 침략과 지배의 기억에서 기인한 뿌리 깊은 불신과 반감을 지니고 있다. 또한 월경성 환경 문제와 같은 지역적 그리고 국제적 환경 문제의 해결을 위해서 국가들은 자신들의 주권을 일정 부분 양보하고 합의를 이루어낼 수 있어야 한다. 그러나 일본의 식민주의를 경험한 한국과 중국 정부에게 있어 주권은 불가침의 영역으로 여겨져 왔다. 이런 상황에서 한·중·일 삼국이 가까운 미래에 법적으로 구속력을 갖춘 동북아시아 환경 규칙과 제도를 만들고 환경 규제와 기준 등을 통일시켜 나가리라고 기대하기란 힘들다.

IV 맺음말

　환경 문제는 단순히 국제정치의 이론으로 환원해서 설명하기 힘든 부분이 있다. 즉, 복잡하고 다양한 환경 문제 자체의 특성상 자연과학, 경제학, 인류학, 정책학 등 다양한 학문 분야로부터 지혜를 구하는 학제간 (interdisciplinary)의 통합적인 시각이 요구된다. 환경이라는 범지구적인 위기의 해결을 위해서는 현상적인 문제들을 기능적으로 또 과학적 접근으로 해결해 나감이 중요하다. 그러나 이 장에서는 다양한 지구환경 문제들의 이면에 내재해 있는 국가 간 권력 추구와 갈등, 협력 등의 양상을 국제정치학적 시각에서 바라봄으로써 더욱 근본적인 문제에 접근할 수도 있음을 보여주고자 하였다. 이러한 문제의식을 가지고 현실주의, 자유주의, 구성주의라는 국제정치의 세 가지 거시적 패러다임들이 어떻게 지구환경정치의 다양한 현상들과 지구환경정치 영역에서 보이는 다양한 행위자들 간의 상호작용을 이해함에 있어 유용한 분석의 틀을 제공할 수 있는지 논하였다. 또한 국제정치의 이론적인 논의들이 실제 다양한 지구환경 문제에 구체적으로 어떻게 적용되는지를 보이기 위하여 동북아시아에서 한·중·일 삼국 간의 환경협력을 예로 들어 설명하였다.

　그렇다면 이들 국제정치 이론들이 동북아시아, 특히 한·중·일 다자 환경협력에 어떤 교훈 및 함의를 제공할 수 있는가. 현실주의 관점에서의 교훈은 한·중·일 각국은 환경 문제가 전통적 안보 문제만큼이나 자국의 안보 및 인류의 안전과 번영에 영향을 미칠 수 있다는 위기의식을 느껴야 한다는 것이다. 이런 점에서 환경안보의 문제를 지역의 통합적 안보의 일부로 접근함으로써 동북아시아 삼국의 정부들로 하여금 정책적, 제도적 환경협력 방안들을 도출해 내도록 촉진할 수 있다(Kim 2001, 6). 또한 현실주의의 국가중심주의적 관점을 감안할 때, 동북아시아 지역의 강한 국가주의적 전통을 고려할 때, 지역 및 지구적 환경 문제를 해결하는 데 삼국의 정부가 적극적인 구심점의 역할을 하며 비정부 및 국제기구 그리고 다양한 지역협력 제도들의 취약점을 보완해야 할 것이다.

신자유제도주의 관점에서 한·중·일은 현재까지 진행되어온 다양한 환경협력들의 기제를 더욱 발전시키고 심화시키려는 노력을 경주해야 할 것이다. 이를 위해서는 각국의 정치 및 정책 지도자들의 강력한 의지와 리더십이 필요하다. 이를 바탕으로 한·중·일은 현재의 정보 교류 및 정책 의제설정 등의 합의 수준에서 이루어지고 있는 협력을 초월해 각국의 환경정책을 조정하고 통합을 유도하는 한 단계 높은 수준으로의 도약이 필요하다. 이를 위해 지역 내 환경 문제 현황과 그 원인들에 대한 과학적인 정보와 지식을 체계화하고 각종 환경 정보와 데이터를 표준화하는 작업이 기본적으로 선행되어야 할 것이다. 각계의 전문가, 다양한 시민사회 구성원들, 정부 관료가 함께 참여하는 인식공동체의 결성과 성장은 이러한 정보의 공유와 과학적 합의를 도출하는 데 도움이 될 것이다. 또한 나아가 상이한 각국의 환경 기준을 기능적 측면에서 비교적 접근이 용이한 분야부터 점차 통일시켜 나가면서 보다 많은 "게임의 규칙"들을 만들고 제도화하려는 노력이 계속되어야 한다.

또한 진행되고 있는 환경협력 기구 및 프로그램들이 서로 중복되면서 인적, 재정적 자원의 낭비가 일어나지 않도록 현재의 파편화된 프로그램들과 협력 기제들을 조화롭게 운영할 수 있는 통합적 조정 체제도 필요하다(김성수 2014, 234). 한국은 TEMM 등 한·중·일만을 포함하는 환경협력체를 선호해 온 반면 일본은 회원의 범위가 아시아 태평양 지역을 포괄하는 환경협력체(EANET와 같은)를 더 선호하고 있다(Jung 2016, 8; Komori 2010, 13). 이런 상이한 시각 위에서 한·일 양국이 아시아 환경협력 분야에서 지도적 위치를 점하기 위해 경쟁적으로 다양한 지역 협력 프로그램들을 지지해 왔기 때문에 이들 프로그램들 사이에 시너지 효과를 기대하기 힘들었다. 따라서 제도 간 조정 및 통합 체제가 요구된다. 중국도 2006년에 열린 14차 동북아시아환경협력회의(NEAC)에서 다양한 협력 기제들을 통합하는 하나의 제도 구축을 마련하는 것이 필요하다는 문제를 제기한 바 있으나 실직적인 통합의 속도는 상당히 더디게 진행되고 있다(Komori 2010, 13-14). 또한 무역, 경제, 사회 분야에서 이루어지고 있는 협력과 통합의 경험을 환경 분야에서의 협력과 지속적으로 연계해 나감으로써 한·중·일 간의 협력을 전반적으로 심화하고 제도화하는 일이 필요하다(Yoo & Kim 2016).

구성주의의 관점에서 한·중·일 삼국은 환경 문제가 개별적 노력에 의해서는 효과적으로 해결될 수 없음을 깨닫고 기존의 경쟁적 사고를 탈피하여 상대 국가를 공통의 문제와 도전 과제를 가진 지역 공동운명체의 구성원들로 인식하고 협력하려는 사고의 전환이 필요하다. 또한 Cui(2013)가 제시하였듯이 비전통안보 문제인 환경의 영역에서 동북아시아 국가들의 협력의 성과와 경험이 다른 분야로 점차 확산되고 파급되면 한·중·일이 하나의 공동체로서 정체성 및 연대의식을 구축해 나갈 수 있으며 이를 바탕으로 전통적인 안보 문제가 초래하는 긴장감과 경쟁구도 역시 점차 해소될 수 있을 것이다. 다만 사고 체계의 전환과 공동체로서의 정체성 획득은 이 지역의 뿌리 깊은 국가 간 불신과 역사적 반목(反目)관계를 고려할 때 쉽지 않은 과제이다.

더 읽을거리

김우삼·김재한·김태련 외. 1997.『국제관계론강의 1: 국제정치편』.
    한울아카데미.

이상헌. 2011.『생태주의』. 서울: 책세상.

정서용. 2005.『동북아시아 환경협력』. 집문당.

제임스 구스타브 스페스 외. 차재권 역. 2009.『지구와 환경: 녹색 혁명의
    도전과 거버넌스』. 명인문화사.

존 S. 드라이제크. 정승진 역. 2005.『지구환경정치학 담론』. 에코리브르.

O'Neill, Kate. 2009. *The Environment and International Relations*.
    Cambridge University Press.

1. 국제정치의 다양한 패러다임과 이론들은 지구환경정치를 이해하는 데 어떤 도움을 줄 수 있는가?

2. 지구환경정치를 분석, 묘사, 설명함에 있어 상대적으로 더 유용하다고 생각되는 국제정치의 패러다임 혹은 이론적 분석틀이 있는가? 그 이유는 무엇인가?

3. 기능주의가 주장하듯 비교적 덜 민감한 하위정치의 영역인 환경 분야에서의 협력이 안보, 군사 등 상위정치 영역에서의 협력을 도출할 수 있는가? 지구환경정치에서 그러한 역사적 예를 찾아볼 수 있나?

4. 동북아시아에서 한·중·일 삼국의 환경협력을 저해하는 가장 근본적 원인은 무엇이며 어떠한 해결책들이 있나?

5. 동북아시아에서 환경협력이 비교적 잘 이루어지고 있는 분야는 무엇이며 그 이유는 무엇인가?

| 참고문헌 |

김성수. 2014. "동북아시아 환경기술개발 다자간 협력에 관한 연구." *Journal of Environmental Science International* 23(2): 231-238.
백창재. 2002. "제10장 국제관계." 서울대학교 정치학과 교수 공저. 『정치학의 이해』. pp. 351-376. 서울: 박영사.
이상헌. 2011. 『생태주의』. 서울: 책세상 비타악티바(Vita Activa)
정준금. 2007. 『환경정책론』. 서울: 대영문화사

Choi, Yongrok. 2017. "Sustainable Governance in Northeast Asia: Challenges for the Sustainable Frontier." *Sustainability* 9(2): 191. http://www.mdpi.com/2071-1050/9/2/191/htm(검색일: 2017. 6. 1.)
Cui, Shunji. 2013. "Beyond History: Non-traditional Security Cooperation and the Construction of Northeast Asian International Society." *Journal of Contemporary China* 22(83): 868-886.
Eckersley, Robyn. 2004. *The Green State: Rethinking Democracy and Sovereignty*. Cambridge, MA: The MIT Press.
Grieco, Joseph. 1988. "Anarchy and the Limits of Cooperation: A Realist Critique of the Newest Liberal Institutionalism." *International Organization* 42(3): 485-507.
International Environmental Agreements Database Project. https://iea.uoregon.edu/(검색일: 2017. 4. 21).
Jho, Whasun. & Lee, Hyunju. 2009. "The Structure and Political Dynamics of Regulating 'Yellow Sand' in Northeast Asia." *Asian Perspective* 33(2): 41-72.
Jung, Woosuk. 2016. "Environmental challenges and cooperation in Northeast Asia." *Focus Asia*, 16. March. http://isdp.eu/content/uploads/images/stories/isdp-main-pdf/2016-jung-environmental-challenges-cooperation-northeast-asia.pdf (검색일: 2017. 6. 15.)
Keohane, Robert & Nye, Joseph. 1977. *Power and Interdependence*. Boston: Little, Brown.
Kim, Sung-han. 2001. "Environment-Security Nexus in Northeast Asia, *Global Economic Review* 30(1): 3-23.
Kim, Myungjin. 2004. "Environmental Cooperation in Northeast Asia." *Impact Assessment and Project Appraisal* 22(3): 191-203.
Kim, Chan-woo. 2009. "Northeast Asian Environmental Cooperation: From a TEMM's Perspective." *Korea Review of International Studies* 19-36. http://

gsis.korea.ac.kr/wp-content/uploads/2015/04/12-1-02-Chan-woo-Kim.pdf (검색일: 2017. 6. 3.)

Komori, Yasumasa. 2010. "Evaluating regional environmental governance in Northeast Asia." *Asian Affairs: An American Review* 37(1): 1-25.

Lee, Shin-wha. 2001. "Environmental Regime-Building in Northeast Asia: A Catalyst For Sustainable Regional Cooperation." *Journal of East Asian Studie* 1(2): 31-61.

Mearsheimer, John. 2006. "Structural Realism." In *International Relations Theories: Discipline and Diversity*, edited by Tim Dunne, Milja Kurki, and Steve Smith, 71-88. Oxford: Oxford University Press.

Shapiro, Matthew A. 2014. "Regionalism's Challenge to the Pollution Haven Hypothesis: a Study of Northeast Asia and China." *The Pacific Review* 27(1): 27-47.

Walt, Stephen M. 1998. "International Relations: One World, Many Theories." *Foreign Policy*, No. 110, Special Edition: Frontiers of Knowledge. 29-32, 34-46.

Waltz, Kenneth. 1979. *Theory of International Politics*. Boston, Mass. McGraw-Hill(1st Edition).

Wendt, Alexander. 1992. "Anarchy is what states make of it: The social construction of power politics." *International Organization* 46(2): 391-425.

Wilkening, K. 2006. "Dragon dust: Atmospheric science and cooperation on desertification in the Asia and Pacific region." *Journal of East Asian Studies* 6(03): 433-461.

Wirth, Christian. 2015. "Power and stability in the China－Japan－South Korea Regional Security Complex." *The Pacific Review* 28(4): 553-575.

Yoo, In. Tae & Kim, Inkyoung. 2016. "Free Trade Agreements for the Environment? Regional Economic Integration and Environmental Cooperation in East Asia." *International Environmental Agreements: Politics, Law and Economics* 16(5): 721-738.

Yoon, Esook. 2003. "The Growth of Environmental Cooperation in Northeast Asia: the Potential Roles of Civil Society." *The Good Society* 12(1): 46-51.

Zhang, Qiang, et al. 2017. "Transboundary health impacts of transported global air pollution and international trade." *Nature* 543(7647): 705-709.

지구환경정치의
주요 행위자들

주요어(KEY WORDS)   국가 · 책무성 · 기업 · 외부효과 · 민관협력(PPP) · 기업의 사회적 책임 (CSR) · 시민사회단체 · 의제설정 · 인식공동체 · 기후변화에 관한 정부 간 협의체(IPCC) · 국제기 구 · 국제연합(UN) · 조정자 · 독립성이 장은 지구환경정치를 이에 참여하는 주요행위자들의 관점에서 접근해 보기로 한다. 정치란 결국 "누가 무엇을 언제 어떻게 얻는가?(Who gets what, when and how?)"의 문제라는 라스웰(Lasswell 1936)의 고전적 명제에서도 알 수 있듯이, 행위자에 대한 이해는 지구환경정치의 다양한 문제들에 대한 분석적 접근의 출발점이기도 하다. 특히 환경 분야에서는 온난화와 같이 전 지구적 대응을 요구하는 의제들에 있어 국가나 국제기구뿐만 아니라 기업, 시민사회단체, 인식공동체와 같은 비국가행위자들도 중요한 영향력을 행사하고 있다. 이들은 각자의 이해관계에 따라 때로 협력체를 구성하기도 하고 때로 긴장관계에 놓이거나 경쟁구도를 형성하기도 한다. 물론 개별 국가, 기업, 시민단체들이 보유한 특수성을 무시할 수는 없으나, 이 장에서는 일반론에 입각하여 각 행위자별 특성과 관련 쟁점 사안을 소개하여 지구환경정치 전반에 대한 이해를 돕고자 한다. 독자들은 이를 바탕으로 이 책의 2부와 3부에서 다루게 될 지구환경정치의 다양한 이슈와 국가 사례에 나타난 행위자들의 특수성에 대한 이해로 지평을 넓혀갈 수 있기 바란다.

Ⅰ 국가

전통적으로 국제정치에서 국가는 가장 중요한 행위자이며 근대적 국민국가를 구성하는 요소 중 하나는 영토이다. 국가는 자국의 영토를 수호할 뿐만 아니라 자연재해와 인간행위로 인해 발생한 훼손과 유실의 복구를 위해서도 노력하게 된다. 자연환경의 보존과 보호 및 활용에 있어 가장 먼저 국가에게 그 책임과 권리를 묻게 되는 이유는 이와 같은 국가의 의미 및 역할과 연관하여 생각해 볼 수 있다. 첫째, 환경 문제로 인해 국가를 구성하는 또 다른 요소인 국민의 안전이 위태로워지거나 향후 그러한 위험에 처할 것이 예상된다면 이를 복구하거나 방지하기 위한 노력은 국가 차원에서 이루어지는 것이 적절하다. 둘째, 자연환경은 이를 삶의 터전으로 삼는 국민의 복지를 포함한 국가경제의 지속적 성장의 근간이기도 하다. 국가는 부존자원의 측면에서 환경을 보존함과 동시에 개발을 통한 경제적 이익을 추구하게 된다. 셋째, 자연환경은 지역 고유의 특성을 띠며, 그곳에서 오래도록 살아온 사람들의 문화와 정체성을 형성하는 데 큰 영향을 미친다. 이는 곧 국가에 대한 소속감과 내적 결속력으로 작용하기도 한다. 대부분의 국가에서는 중앙정부 차원에서 자연환경을 관리하는 제도와 정책을 수립, 시행하고 있다. 그러나 문제는 어떠한 국가나 지역의 환경이라도 궁극적으로 지구생태계의 일부이며, 영토로 규정지어진 정치적 경계 안에서의 자연환경 관리는 분명한 한계를 노정한다는 데에 있다. 현재 국가가 직면한 가장 큰 도전은 환경 문제가 필연적으로 국내적인 문제이자 국가 간 문제라는 데에 있다.

현재의 국가들은 이와 같은 도전에 어떻게 대응하고 있는가? 지구환경정치에서 국가가 보여주는 행위의 일반적 특성을 정리하면 다음과 같다. 첫째, 국내적으로는 자연환경을 보호 또는 보존하기 위해 환경 관련 규제 등 국내적 규범을 수립하고 이의 이행과 준수를 위한 감시 활동을 수행한다. 동시에 환경은 개발의 대상이 되기도 한다. 국가 체제의 유지에 있어 환경 보호와 경제 발전은 모두 중요하지만, 정책적 우선순위에 대해서는 종종 첨예한 정치적 갈등이 벌어지기도 한다. 그러나 현재 대부분의 국가에서 환경 보호나 환경적 가치의 수호는 경제 발전의 테두리 안에서 이루어진다고 볼 수 있으며, 다만 법률과 정책의 내용은 정치, 경제, 사회 및 생태적 조건에 따라 다양하게 나타난다. 2015년에 수립된 유엔의 지속가능발전목표(Sustainable Development Goals)나 파리협정(Paris Agreement)에 대한 국별 대응전략에서도 국가마다 환경과 경제적 이익을 어떻게 조화시킬 것인지에 대해 다양한 전략과 접근 방식을 채택함을 알 수 있다.

개발과 보존을 둘러싼 다양한 국내 이해관계자들의 갈등과 경쟁의 압력이 지나친 사회적 비용을 초래하지 않도록 하는 데에도 국가의 역할이 있다. 환경 관련 분쟁이 잘 조정되지 않는 경우 갈등이 급속히 증폭하여 폭력적 양상을 띠는 사례는 갈수록 늘어가고 있다. 이는 역설적으로는 환경 가치에 대한 인식이 제고되고 있다는 반증이기도 하다. 뿐만 아니라 자연재해나 환경 관련 재해(해양오염 사고 등)도 국가가 개입하여 해결해야 할 주요 사안 중 하나이다. 직접적으로 국가가 관리 책임을 지기도 하지만 그렇지 않은 경우라 하더라도 가해자와 피해자 간의 구제/보상 방안 및 처벌 내용을 두고 갈등이 발생하기 때문이다.

셋째, 국제적으로는 국제환경규범을 수립하는 주요한 협상과 의사결정 과정에 참여하고, 채택된 제도와 규범을 국내에 적용한다. 지구환경 문제의 다양성과 이와 결부된 국익에 대한 인식이 증가하면서 국가는 다양한 국제환경조약에 참여하게 된다. 국내 환경 문제에서 조정과

감시, 관리의 역할이 정부에게 주어진다면 지구환경 문제의 경우 정부가 없는 국제관계의 특성상 국제법이나 레짐과 같은 국제규범의 역할이 중요해진다. 이와 같은 질서의 수립은 협력을 통해 가능해지기도 하지만, 각국이 이해당사자로서 자국의 이해를 최대한 수호하기 위해 경쟁하는 과정을 통해서 결정되기도 한다. 국가는 협력의 결과로서 발생하는 비용 부담을 감수하지만 갈등과 협상의 결렬로 인한 비용도 감수한다.

앞서 3장에서 다룬 국제정치이론들은 지구환경정치에서 국가가 처한 상황과 이에 대처하는 방식에 대해 각기 상이한 설명과 해석을 제시한다. 일반적으로 현실주의 전통에 있는 연구자들은 국가를 단일한 행위자(unitary actor)로 상정하며, 이들의 동기가 자국의 이익을 최대화하는 데에 있다고 본다. 따라서 현실주의자들은 환경 문제의 해결을 위한 국가 간 협력의 지속성에 의구심을 가지고 있다. 2017년 미국의 기후변화협정 탈퇴 결정은 이러한 관점의 타당성을 뒷받침하는 사례가 될 것이다. 반면 다원주의적 접근을 채택하는 자유주의 전통의 연구자들은 국가뿐만 아니라 비정부기구나 기업 등 비국가 행위자들의 존재와 영향력도 동시에 고려해야 한다고 본다. 이들 학자들은 정부의 공식적인 탈퇴 선언 이후에도 미국 국적의 글로벌 기업들은 여전히 파리협정을 존중하고 준수하겠다는 입장을 밝힌 것이 어떠한 정치적 영향력을 발휘할지 주목한다. 한편 제도주의자들은 지구 거버넌스의 다양한 층위에서 발견되는 규범체계를 통해 개별 행위자의 합리적 선택이 공공의 이익을 저해하게 되는 "공유재의 비극"을 막을 수 있다고 본다. 이러한 관점에서 보면 미국의 탈퇴 선언에도 불구하고 기후협정이 쉽게 무효화되지 않으며 국가들은 여전히 이에 구속받을 것이라 예측할 수 있다. 마지막으로 구성주의자들은 아이디어와 담론, 지식이 국가의 선택에 미치는 영향력에 주목한다. 예를 들면 국제기구를 통해 기후변화에 대한 지식과 규범이 각 국가로 전파되는 현상이 구성주의 전통의 연구자들이 관심을 둘 수 있는 사안이라 하겠다.

국가는 한계에 도달했는가?

지구환경정치의 주요 행위자로서 향후 국가가 직면하게 될 도전과 관련 쟁점은 다음과 같이 요약해볼 수 있다.

첫째, 급증하고 있는 다양한 환경 문제 해결 역량의 한계이다. 많은 국가들이 국내뿐 아니라 전 지구적으로 발생하고 있는 환경 문제를 해결하는 데에 재정적 압박을 받고 있다. 환경 문제의 특성상 장기적이고 다각도의 해결책이 필요할 뿐만 아니라 일정 수준의 기술이 필요하며 이는 지속적이고 안정적인 재원의 투입을 요구한다. 이를 해결하기 위한 방법으로 정부와 민간부문 간 협력을 도모하거나(민관협력) 전면적인 민영화를 추구하기도 한다. 이는 정책 효과의 효율성을 높이는 반면, 형평성이나 책무성과 같은 정부 정책의 또 다른 목표와는 부합하지 않을 것이라는 우려도 있다. 또한 환경 문제의 대응과 영향에 있어 개발도상국과 선진국의 역량 차이는 구조적인 요인에 기인하기도 하며, 따라서 개별 국가 차원의 해결책을 마련하기 어려운 측면이 있다.

둘째, 국가기관의 위계적 특성으로 인한 비효율성의 문제이다. 환경 문제는 범분야적 특성을 가지고 있으며, 단일하고 수직적인 관료체계나 행정체계로 해결되기보다는 다자적인 접근이 요구되는 경우가 많다. 또한 효과적인 환경정책이나 전략의 수립은 자연환경의 지역적인 특성에 대한 이해를 필요로 한다. 이와 같은 요구에 대해 소위 하향식(top-down) 의사 결정과 직접 규제 방식(command and control)으로는 효과적으로 대응하기 어려운 경우가 많다. 중앙정부와 지방정부 간, 또는 공공부문과 민간부문을 포함하는 다자협의체를 만들거나 수평적 체계로의 개편을 시도하기도 하지만, 이의 성공 여부는 각국의 정치사회적 맥락 등 다양한 요인들에 영향을 받을 수 있다.

셋째, 급변하는 국제정치경제 변화에 시의적절하게 대응해야 하는 어려움이 존재한다. 세계화로 인해 물자와 사람의 국가 간 이동이 대폭 증가하고 통신기술의 발전으로 지식과 정보의 전 지구적 공유가 용이해진 이래로 국가의 의미에 대한 회의는 꾸준히 제기되어 왔다. 여기에 최근에는 국가 간 경계를 무의미하게 만드는 환경 문제까지 더해진 격이라 하겠다. 자연스럽게 국가의 한계에 대한 논의는 지구거버넌스에 대한 논의의 증가로 이어진다. 최근에는 지구환경 문제를 해결하기 위한 지방정부 간 국제적 네트워크인 이클레이(ICLEI)나 국제기구와 기업의 파트너십과 같이 국가 중심이 아닌 다양한 행위자들이 상호 연계된 지구거버넌스가 관찰된다. 이들이 앞으로 지배적인 지구환경정치의 양태가 된다면 이전에 국가가 주도적으로 해결책을 마련해 온 문제들, 이를테면 환경 문제로 피해를 겪는 취약층에 대한 보호나 대규모 공공사업을 통한 자연환경의 보존 등은 누가, 어떠한 책무성과 정통성을 가지고 해결할 수 있을 것이냐의 질문도 동시에 남게 된다.

참고 지구환경 문제에 대응하는 지방정부의 네트워크 ICLEI의 사례

지구환경 문제에 대응하기 위한 국제협력은 주로 각국의 중앙정부 차원에서 이루어져 왔다. 그러나 최근에는 중앙정부와는 별개로 지방정부들 간의 국제적인 환경협력이 활발하게 이루어지고 있다. 이들은 지역에 특화된 환경 문제에 좀 더 적합한 해결책과 대안을 지방정부 차원에서 마련할 수 있다고 주장한다. 중앙정부에 대해 재정적으로나 기술적으로 독립적인 지위를 확보한 지방정부 일수록 적극성은 더욱 높아질 것이며, 국제적 네트워크는 이를 강화하는 역할을 하는 것으로 보인다. 이태동(Lee 2013)은 기후변화에 자체적으로 대응하는 도시정부들에 대한 연구를 통해 세계화로 인해 국제적인 인적, 물적 흐름의 거점 역할을 하게 된 각국의 주요 도시들이 지구환경 문제에도 좀 더 적극적으로 개입하고 있음을 밝히기도 하였다.

지방정부의 국제환경네트워크로 가장 잘 알려진 단체는 International Council for Local Environmental Initiatives(ICLEI)가 있다. 1990년 설립된 이래로 현재까지 전 세계적으로 약 1,500여 개의 지방자치단체가 회원으로 가입하고 있으며, 2003년 공식 명칭을 ICLEI-Local Governments for Sustainability로 바꾸면서 지역의 환경 문제로부터 교통, 거주, 에너지 등 지속가능성의 문제로 활동 범주를 넓혔다. 지방정부들 간 지식과 정보의 공유 및 연대의 장을 제공하고 있는 ICLEI는 리우선언 의제 21, 지속가능발전목표, 해비타트3, 기후변화협약 등 유엔 주도의 환경의제에 적극적인 파트너십을 표방하고 있기도 하다. 시민사회단체나 기업과 같은 민간부문뿐만 아니라 지방자치단체도 중앙정부와는 별도로 지구환경정치의 독립적 행위자로 인식되고 있는 추세는 사뭇 흥미롭다. 이들의 등장으로 인해 국제협력의 의미는 점차 다층화되고 있음을 알 수 있다.

표 4-1 | 지구환경정치의 행위자로서 국가의 역할과 관련 쟁점 요약

역할	쟁점
• 국내외 환경제도의 수립과 시행	• 문제 해결 역량의 한계
• 자원의 개발과 보호, 보존	• 제도적 한계
• 갈등의 해결과 조정	• 지구환경거버넌스에서 국가의 유효성에 대한 도전

II 기업

　전통적인 국제정치의 행위자로서 분석의 대상이 되는 기업은 주로 다국적기업을 의미하는 경우가 많다. 이는 이들 기업의 활동 무대가 국경을 넘나들며 그 정치적 역량이 국제관계 또는 지구거버넌스에 영향을 미치며, 종종 그들의 행위가 국제법이나 국제규범의 규제 또는 견제 대상이 되기 때문이다. 그러나 세계화 이래로 시장의 통합과 개방의 기조가 세계경제의 주류가 되어온 지도 20여 년에 이르고 있는 현재에는 기업의 활동과 그 영향력을 국내외 어느 한 곳으로만 규정하기 어려워지고 있다. 또한 국제규범이 국내 기업과 시장에 미치는 영향도 커지고 있다.

　흔히 환경정치에서 기업은 이윤의 최대화를 존재 이유로 삼는 이기적인 행위자로 규정된다. 따라서 환경의 공공적 가치가 이윤 가치와 충돌할 경우 후자를 추구하는 것이 기업의 필연적 선택이라 본다. 기업이 규제에 순응하는 것은 전략적 선택이며 때로 법규를 위반하는 것이 비용 면에서 유리하다고 판단될 경우 이를 선택하는 경우도 있다. 더 나아가 시장에서의 영향력을 근거로 하여 규제가 약한 지역으로 이동하는 등의 행동으로 기업의 투자를 필요로 하는 정부를 압박하기도 한다. 따라서 공공성을 추구하는 정부는 기업을 규제하고 감시 및 관리해야 할 대상으로 보게 되며 대립적이고 긴장관계에 있게 된다. 또한 기업은 로비 등의 활동을 통해 자신들에게 유리한 제도를 수립하는 데 정치적 영향력을 행사하기도 한다. 오존층 파괴 물질에 관한 몬트리올의정서의 채택 과정에서 초반에 부정적이었던 기업들이 시장 선점과 같은 자신들에게 유리한 요건을 인식한 후에는 찬성으로 돌아서서 결과적으로 레짐 형성에 긍정적 영향을 미친 것을 일례로 볼 수 있다. 이러한 이유로 기업은 종종 환경의 적으로 간주되기도 하며, 환경시민사회단체들의 비판의 대상이 된다.

　그러나 자본주의 체제의 한계와 이의 극복 방안에 대한 논의가 확산되고 있는 오늘날 기업에게 있어 환경의 의미는 좀 더 다채로워지고 있다는 의견도 확산되고 있다. 기업은 국적이나 산업부문, 환경 관련 여부, 규모 등에 따라 환경 문제에 대응하는 데 있어 다양한 양태를 보여주고 있다. 환경적 가치를 기업의 가치로 내재화함으로써 시장경쟁력을 높이고자 하는 시도나, 친환경상품의 개발과 생산 판매를 통한 새로운 시장 개척과 기업의 이미지 제고를 시도하는 기업이 증가하고 있기도 하다. 이러한 기업들은 규제와 감시의 대상이기보다는 적극적으로 사회적 가치를 창출하며 혁신을 주도하는 행위자가 되며 이는 기업의 사회적 책임(Corporate Social Responsibility)을 뛰어 넘어 기업이 환경의제를 주도하고 제도 변화를 이끄는 것을 의미한다. 아예 사회적 기여가 기업의 목표인 사회적 기업(social enterprises)이나 금융 투자를 통해 사회적 이익을 창출하려는 사회적 투자(social investment)의 등장도 기업의 새로운 역할에 대한 가능성을 제시한다. 2002년 요하네스버그에서 개최된 세계지속가능발전 정상회의(World Summit on Sustainable Development)에서는 기업이 정부 및 공공부문의 정책적 파트너로 간주되는 민관협력(public-private partnership)의 필요성이 강조되었으며, 앞서 국가 부문에서 언급했던 2015년에 체결된 유엔지속가능발전목표와 파리기후협정의 실행에도 이와 같은 기업의 참여는 중요한 위치를 차지하고 있다.

　지구환경정치의 행위자로서 기업의 특성과 역할은 다음과 같이 정리할 수 있다. 첫째, 사적 행위자로서 기업의 행위는 기업 소유주 또는 주주의 이익을 극대화하여 사적 이익을 취하는 데에 그 목적의식을 두고 있다. 환경은 이러한 목적의식에 따라 경제적 가치로 판단하며 이윤의 극대화를 위해 적절히 사용하거나(생산요소로서의 자원) 또는 비용으로 간주하여 이를 최소화하려는 경향이 있다(외부재 효과로서의 환경 문제). 그러나 최근 환경보호, 지속가능성을 내재화하려는 기업들의 다양한 시도들은 사적 이익과 사회적 이익이 배치되지 않을 수도 있음을 보여주고 있기도 하다.

둘째, 기업은 공공부문에 비해 변화에 대한 대응력이 빠르고 혁신에 비교적 유리하다. 시장경제의 경쟁적 성격은 기업들로 하여금 새로운 아이디어와 정보, 기술에 대한 적응력과 선제적 접근을 가능케 한다. 환경 문제에서도 기술적 우위가 확보될 경우 기업은 전향적인 태도를 취하기도 한다. 이러한 전략적 판단을 바탕으로 기업은 자율적 환경 규범을 만들어 내기도 한다(Pattberg 2007). 소위 사적 규제(private regulation)라고 하는 기업의 내부 규범의 적용과 실행이 그것이다. 다국적기업의 경우 이러한 기업 내부 규범의 영향력은 조직 내부뿐만 아니라 사회적 영향력을 미치기도 한다. 사적 규제는 주로 인증서(certificate)(예: FSC인증), 기업의 환경 관련 실적에 대한 자발적 보고서 작성 및 게재(self-reporting)(예: GRI 가이드라인/표준), 친환경적인 기업의 행동수칙(code of conduct)(예: ICC Business Charter for Sustainable Development), 국제표준(standard regime)(예: ISO 14001 환경경영시스템) 등이 있다. 유엔의 글로벌 콤팩트(Global Compact)도 잘 알려진 자율 규제 체계로, 환경에 대한 기업의 기여에 대해 강조하고 있다. 그러나 이와 같은 규범 체계가 자의적으로 적용된다는 점에서, 이들이 타당한 기준을 적용하고 적절한 감시 작용을 하는지에 대해서는 다소 회의적인 관점도 있다.

셋째, 기업은 최근 국제사회 환경규범의 제정에 더욱 더 적극적 목소리를 내고 있다. 기업의 활동 영역이 국경을 넘어서면서 이들은 국적을 가지고 있지만 국가의 이익과 반드시 일치하지 않는 기업의 이익 추구를 위해 로비 활동 등을 통해 국제규범의 형성에 영향을 미친다. 또한 민관협력을 통해 정부와 정책적 파트너십을 형성하기도 한다. 그러나 민관협력이 민영화를 의미함에 다름 아닐 뿐 아니라 국제규범의 형성에서 기업의 영향력 확대가 결국 자본의 권력 잠식을 의미한다는 우려도 제기되고 있다.

 기업의 자율적인 환경규제 예시

기업은 정부의 규제와는 별개로 자발적으로 채택한 규범에 따라 친환경적 경영을 도모하기도 한다. 본문에서 언급된 다양한 형태의 자율규제의 예시를 아래 간략히 소개한다.

1. 산림경영인증(FSC Certification)

인증 방식을 통한 기업의 자율규제 사례 중 하나이다. FSC 인증은 지속가능한 방식으로 관리되는 산림에서 생산된 목재와 임산물의 채집에서 최종상품 단계까지 전 공급사슬에 대해 발급되는 친환경인증으로 해당 제품에는 고유의 마크를 부착한다. 인증 주체는 국제적인 비정부기구인 산림관리협회(Forest Stewardship Council)이다. 인증을 원하는 기업은 제3의 독립적 인증기관의 심사를 거치게 되며, 인증 후 5년이 지나면 인증을 갱신해야 한다. 각국 정부기관이나 기업에서 FSC 인증제품의 구매와 사용을 권고하는 추세가 증가하고 있으며 2018년 1월까지 1,533개 인증이 발급되었고 산림면적으로 보면 83개국 약 2억 헥타르 산림에 대해 인증이 주어졌다.

2. GRI 가이드라인/표준(GRI Guidelines/Standards)

기업은 자발적으로 자사 경영의 비재무적 정보에 대한 경제, 사회, 환경적 측면을 평가하는 보고서를 작성, 공표하기도 한다. 글로벌 리포팅 이니셔티브(Global Reporting

Initiative)는 1997년 설립된 국제적인 비정부 기구로 가장 널리 사용되고 있는 기업의 지속가능성 보고서(Sustainability Reporting) 가이드라인을 개발, 제공 및 관리하고 있다. KPMG가 조사한 250개 글로벌기업 중 74%(2015년 기준)와 유럽의 500대기업(FT500) 중 315개 기업(2017년 기준)이 GRI의 보고서 체계를 채택하고 있다. GRI 보고서 체계는 몇 차례에 걸쳐 보완되고 발전하였으며, 2016년에는 '가이드라인'에서 '표준'으로 바뀌기도 하였다.

3. 지속가능발전을 위한 비즈니스 헌장 (Business Charter for Sustainable Development)

기업이 채택하는 자율적 행동수칙의 한 사례로 약 100여 개국의 수천 개 기업을 회원으로 하는 비정부기구인 국제상공회의소 (International Chamber of Commerce)에서 발간한 '지속가능발전을 위한 비즈니스 헌장'을 들 수 있다. 1991년 처음 발간된 후 2000, 2015년 개정되었으며 지속가능발전, 환경보호, 포용적 발전 등의 내용을 포함하는 8개의 가이드라인으로 구성되어 있다. 현재까지 2,000개가 넘는 기업이 이 헌장에 서명한 것으로 알려져 있다.

4. ISO 14001 환경경영시스템 (Environmental Management System)

국제표준화기구(International Organization for Standardization)에서 정한 환경 경영에 대한 국제표준이다. 기업을 포함한 모든 형태의 조직의 운영과 관리의 전반적인 과정이 친환경적 규준에 따라 이루어지고 있는지 제3의 독립적 기관이 평가하고 인증을 발급한다. 인증서는 3년간 유효하며 이후 심사를 통해 갱신한다.

기업은 지구환경의 적인가 친구인가?

기업과 관련된 쟁점 사안에 대해서는 크게 다음 두 가지를 생각할 수 있다. 첫째, 지구환경정치의 한 행위자로서 기업이 가지는 한계는 공공성과 상충하는 사적 이해의 추구에 있다는 점이다. 사회적 기여를 기업의 목표로 하는 기업이나 민관협력의 파트너로서의 기업들에게도 이는 상존하는 극복과제이다. 합리적 행위자들에게는 협력관계에서 항상 이기적인 결정을 내리고자 하는 배신의 유혹이 늘 강력하기 때문이다. 이러한 비협력적 행위는 도덕적 해이나 규제안전지대(regulation haven)

로 대피하는 등의 누수(leak)로 나타날 수 있다. 또한 친환경적 기업 정책이 이윤창출로 이어지지 못할 경우에는 방향성은 언제든 수정될 수 있다는 점에서 기업을 지속적으로 공공이익에 기여하는 행위자로 보기 어려운 측면이 있다.

둘째, 기업이 가지는 사회적 책임은 자율적인 것이며, 시민에 대한 법적인 의무로 정부 등의 공공부문이 가지는 책무성과는 성격이 다르다. 이러한 책임을 방기할 경우 기업이 감내하는 것은 도덕적 비난에 그칠 수 있으며, 법적인 처벌책이 마련되지 않는다면 공공에 반하는 행위를 막기에는 유인책이 약하다고 할 수 있다. 그러나 현재까지는 기업을 직접적으로 규제하거나 제한하기 위한 국제적 차원의 제도가 마련되어 있지 않다. 1970년대 UNCTAD에 의해 시도되었던 다국적기업을 규제하기 위한 국제조약의 수립은 무산되었고 이후 다소 유연하고 강제적이지 않은 글로벌컴팩트와 같은 가이드라인 등이 채택되었다. 부도덕한 기업으로 낙인찍히는 효과는 막대하므로 도덕적 비난의 무게도 가볍지는 않지만, 이러한 비난을 회피하기 위해 기업은 다양한 홍보 전략을 이용할 수 있다. 즉 실질적 내용보다는 시장의 분위기나 여론에 대한 대응으로서 환경의 문제를 다루는 일이 가능하다.

| 표 4-2 | 지구환경정치의 행위자로서 기업의 특성과 관련 쟁점 요약

특성	쟁점
• 사적 이익의 극대화 목표	• 공공성과의 상충
• 적응력 빠르고 혁신에 유리	• 책무성의 부재
• 사회적 참여 증가 추세	

III 시민사회단체

국제정치에서 비정부기구(Non-Governmental Organizations) 또는 시민사회단체(Civil Society Organizations)와 같은 비국가 행위자들의 존재감과 역할이 지대해진 것은 이미 오래이나, 지구환경정치에서 이들은 특히 강력한 리더십을 발휘하고 있는 행위자이다. Nature Conservacy, Greenpeace, the Sierra Club, The World Wide Fund for Nature 등은 대중에게도 널리 알려진 이름들일 것이다. 다우니(Downie 2014)에 따르면 1972년 스톡홀름에서 개최된 유엔경제개발회의에 참여했던 비정구기구의 수는 170여 개였으며 이는 1992년 1,400여 개로 20년 만에 급격한 성장세를 이루었고 이후 2012년 리우에서 개최된 유엔회의에는 9,856개의 비정부기구가 참여하기에 이르렀다. 양적인 면에서 영향력을 발휘하게 된 것뿐만 아니라 환경 분야에서 비정부기구는 의제의 설정에서부터 레짐의 형성, 정책의 입안과 실행에 이르기까지 전 과정에 걸쳐 존재감을 드러내고 있다. 다우니(Downie 2014)는 이들이 특히 아이디어와 규범의 형성에 관여함으로써 주로 의제설정에서 영향력을 발휘하는 현상에 대해 보고하고 있다. 이들은 국가를 압박하며 국가는 이를 또한 국제협상의 레버리지로 사용하기도 한다.

비정부기구는 이론적으로는 기업과 같은 이익창출을 추구하는 행위자들도 모두 포함하게 된다. 그러나 개념의 모호성으로 인해 최근에는 시민사회단체라는 명칭이 주로 사용되고 있다. 이들은 정부와 같이 시민에 대해 법적 책임성과 의무를 가지는 행위자는 아니지만, 공공성을 띤 활동 목표와 내용을 가지고 있다. 또한 국내외로 연계한 활동으로 그 영역이 광범위하다. 1960년대 후반부터 1970년대에 서구 선진국들을 중심으로 환경 의제가 정치 문제화한 데에는, 기존의 정치 체제가 산업화의 폐해에 대한 인식 제고와 환경적 가치를 포함한 삶의 질에 대한 시민들의 다양한 이해를 효과적으로 대변하지 못하고 있다는 비판적 관점이 주요하게 작용하였다고 볼 수 있다. 더 나아가 오늘날 산업화의 다양한 국면에 놓인 각국의 환경운동과 환경시민단체들은 일국의 정치 체제의 문제뿐만 아니라 지구정치 차원에 연계하여 이 문제를 다루는 것 또한 중요하다는 인식을 갖고 있다. 종종 국내 환경 이슈에 대해 국제 환경단체들의 지지와 연대가 이루어지는 것도 이러한 맥락에서 이해할 수 있겠다.

모든 환경시민사회단체가 환경에 대해 단일한 관점을 가지고 있는 것은 아니다. 극단적인 환경주의자들의 경우에는 어떠한 형태로든 인간의 환경에 대한 개입을 부정하기도 한다. 극단적인 차원에 이르지 않더라도 자연환경을 그 자체의 효용으로 보고 개발 사업에 대해 부정적인 입장을 견지하는 경우도 있는 반면, 철저한 감시와 관리를 통해 지속가능한 수준의 개발이 이루어져야 한다는 입장을 표명하는 단체도 있다. 그러나 이와 같이 내부적인 다양성에도 불구하고 정부나 기업과 대비했을 때 환경시민사회단체는 대체적으로 환경 자체의 가치를 중시하며 이의 보호와 보존에 방점을 둔다고 볼 수 있다.

또한 시민사회단체들은 주로 기업이 행하는 무차별한 개발 사업이나 정부의 미흡한 환경 규제를 감시, 비판하며 압력을 행사한다. 한편으로는 정부 정책에 영향을 미치기 위한 로비활동을 전개하기도 하며 시민들의 관심을 이끌어 내기 위해 다양한 대중 홍보 및 교육 활동을 수행한다. 국내적으로 이들은 정치적 세력으로 정치권력의 형성과 변화에도 영향력을 행사하며 정치제도화하여 녹색정당을 수립하기도 한다. 지구정치 차원에서 환경시민사회단체들은 국제환경규범의 수립에 중요한 역할을 담당한다. 이들은 환경문제에 대한 국제적 여론 조성을 유도한다. 특히 국제기구와는 종종 밀접한 협력관계를 맺으며 환경 관련 조약의 도입과 체결, 국가별 시행에 이르기까지 다양한 방식으로 직간접적인 영향력을 행사한다.

환경시민사회단체가 비록 공공의 이익에 기여하고 이를 수호하는 것을 목적으로 두고 있으나 궁극적으로 이들은 민간부문으로 책무성에 한계가 있다는 점에서 정부와는 구분되어야 한다. 이들 단체의 수립과 활동의 내용 및 결과를 공개하는 것도 자율적 결정에 따르는 경우가 많으며, 활동 목표에 대한 책임은 이들 단체의 재정적 및 법적 존재 기반이 되는 회원들 및 사업의 파트너들에 대한 것이 일차적이다. 또한 이들의 운영방식은 다양한 형태의 민주적 절차를 채택할 수 있다. 종합해보면 다음과 같이 정리할 수 있다.

첫째, 환경시민사회단체는 대개 공익을 추구하는 것을 목표로 하고 이를 조직의 존재 이유로 삼는다. 따라서 정부나 국제기구와 같은 공공성을 띤 조직 또는 단체와 주로 협력관계를 형성한다. 그러나 이들이 규정하는 공익이 반드시 국가의 이익과 일치하는 것은 아니다. 개인으로서 시민의 이익이 국가 전체의 이익과 일치하지 않는 것과 마찬가지이다. 또한 정부가 특정한 정치적 이해를 추구한다고 판단할 경우 환경단체는 여기에서 소외된 이해관계자들을 대변하고자 하거나, 정부의 정책 과정의 정통성에 대해 비판을 제기하기도 한다.

둘째, 전문성과 정보력 확보가 용이하다. 다양한 환경의제마다 각기 전문성을 띤 시민사회단체가 존재한다. 또한 이들은 환경 문제가 발생하는 지역에 대한 이해도가 높은 경우가 많으며, 기민하게 상황을 파악하고 대응한다. 이와 같은 특성 때문에 재해나 전쟁 등으로 인해 정치상황이 불안정하거나 행정 공백 상태인 지역이나 국가에서 이들 단체들이

| 그림 4-1 | 원자력발전소 건설 반대 시위를 벌이는 환경단체 회원들
사진: 대구환경운동연합. http://dg.kfem.or.kr/index.php?mid=action&page=2&document_srl=164631

정부를 대체하는 역할을 담당하기도 한다. 이 경우 환경시민사회단체들은 지역의 환경 문제를 조사하고 이를 해결하기 위한 대안책을 마련하거나, 공공서비스를 제공한다. 그러나 시민사회단체가 장기적이고 궁극적인 해결책을 마련하는 데에는 한계가 있으며 이들은 대개 시민들에게 정보를 제공하고 정부를 압박하는 역할을 하는 것이 일반적이다.

셋째, 국내외를 막론하고 환경시민사회단체는 국제환경규범의 형성에 결정적 역할을 담당하고 있으며, 그 근간에는 이들 단체가 확보하고 있는 정통성이 있다. 이들은 민주주의가 결핍된(democracy deficit) 국제정치의 영역에서 시민사회를 대리함으로서 각종 국제규범의 형성과 수행의 정통성을 확보하게끔 한다.

시민사회단체는 환경거버넌스의 미래인가?

국가의 한계에 대한 지구환경 거버넌스의 논의에서 시민사회단체와 그 네트워크는 대체재 또는 보완재로 제시되곤 한다. 그러나 이들에게도 극복해야 할 고유의 한계가 존재한다. 첫째, 재정의 한계를 해결해야 한다. 이는 환경 분야의 시민사회단체에만 국한된 문제는 아니다. 어떤 분야에서건 시민단체들은 기본적으로 회원들의 재정적 기여에 의존하며 상당수는 기업이나 정부의 지원을 받게 된다. 정부가 이들 단체를 지원하는 이유는 다양하지만 특히 민주주의 정부를 표방할 경우 건전하고 안정된 시민사회의 유지는 국내 정치의 안정과 정통성 확보를 위해 핵심적이므로 이를 근거로 정부는 시민사회를 지원하게 된다. 또한 시민사회단체의 공공성도 이러한 지원의 근거가 되기도 한다. 기업의 지원에는 기업 이미지의 제고가 중요하며 기업의 사회적 책임에 대해 정부나 소비자로부터의 압박이 있는 경우도 있다. 외부적 재정 지원의 가장 큰 문제는 그로 인해 이들 단체들이 정부나 기업의 감시자로서의 역할을 제대로 수행하지 못하거나 그러하리란 불신이 조장되는 것이다.

둘째, 투명성 확보를 통한 정통성, 책무성을 가지기 어려운 경우가 있다. 시민사회단체의 결성과 운영은 자발적이며 어떠한 제도를 채택할 것이냐는 개별 단체의 선택 사항이다. 국제적 규모를 갖춘 환경시민단체의 경우 높은 투명성과 강력한 책무성을 확보하고자 제도적 장치를 마련하기도 하지만, 풀뿌리시민단체나 역량의 한계가 있는 지역의 소규모 시민단체의 경우에는 쉽지 않은 일이다. 종종 보도되는 시민단체의 불투명한 운영과 관련된 갈등은 이와 같은 한계에 근거하기도 한다. 궁극적으로 투명성이나 정통성의 문제는 시민사회단체의 영향력을 약화시키거나 존속을 위협할 수 있으며, 나아가 시민들의 환경 운동에 대한 신뢰나 환경 문제 의식에도 영향을 미칠 수 있다.

　셋째, 앞서 서술하였듯이 환경시민사회단체가 추구하는 공익은 반드시 모든 국가나 국민의 이익에 부합하지 않을 수 있다. 이로 인해 발생할 수 있는 문제는 시민사회단체가 환경 문제의 해결보다는 오히려 갈등을 야기할 수 있다는 것이다. 이를 보여주는 한 가지 사례는 선진국 환경시민단체와 개도국의 발전 노선의 충돌이다. 최근에는 아마존의 열대우림을 개발하고자 하는 브라질 정부와 이에 반대하는 국제시민단체의 대립에서 이와 같은 양상이 잘 나타났다고 할 수 있다. 지역의 천연자원을 활용하여 생계를 유지하거나 경제개발을 통한 부를 창출하는 데 발전의 목표를 두고 있는 개도국의 입장에서 이들 자원의 활용을 제한하거나 금지해야 한다고 주장하는 환경시민단체들의 입장은 선진국의 입장과 다르지 않게 보일 수 있다.

| 표 4-3 | 지구환경정치의 행위자로서 시민사회단체의 특성과 관련 쟁점 요약

특성	쟁점
• 공공성을 띤 활동	• 재정적 한계
• 자발적 결사체	• 책무성과 정통성의 확보
• 전문성	• 투명성 확보
• 환경의제설정	• 갈등의 야기

IV 인식공동체

인식공동체란 전문적 지식과 기술을 기반으로 하며 국제환경규범의 형성과 발전에 영향을 미치는 행위자들이 형성하는 지식기반의 네트워크를 의미한다(Karns and Mingst 2015). 이들은 주로 정책수립과 실행에 직간접적으로 관여하는 정부기관, 연구소, 사기업 및 대학 등에 소속된 전문가들을 지칭한다. 인식공동체에 대한 연구는 국제정치학에서 환경이나 보건과 같은 지구정치 의제가 국가들 간의 관계에 영향을 미치는 것이 관찰되면서부터 더욱 활발하게 이루어졌다. Haas(1989)는 인식공동체를 주제로 하는 연구의 선구자로 그는 유럽의 지중해 오염문제를 다루기 위해 형성된 지중해행동계획(The Mediterranean Action Plan)에 대해 연구하면서 가장 협조적인 국가들은 전문가들의 영향력이 큰 국가들이었으며, 이들 전문가집단은 또한 유엔환경계획과 같은 국제기구가 정책을 수립하고 대안을 마련하는 데 있어 신뢰할 만한 정보와 데이터를 제공함으로써 영향력을 발휘하였음을 발견하였다. 대표적인 환경 분야 인식공동체로 알려진 것은 유엔 산하 기후변화에 관한 정부 간 협의체(Inter-governmental Panel on Climate Change, IPCC)이다. 1988년 설립된 IPCC는 이후 현 기후변화 현상의 가장 큰 원인이 인간의 활동에 기인한다는 점을 과학적 증거에 입각하여 제시하였으며 이는 각국의 기후변화체제에 대한 긍정적 태도변화에도 유의미한 영향을 미쳤다고 평가된다.

전문가집단의 특성상 이들은 특정한 정치적 이해를 대변하지 않는다. 그러나 과학자들 안에서도 이론적 차이로 인해 이견이 생기기 마련이며, 한 분야에서 과학자집단이 늘 동일한 의견을 가지는 것은 아니다.

기후변화의 사례를 보더라도 기후변화 자체를 부정하는 과학자집단도 존재하며, 이들이 환경정치에 미치는 영향도 적지 않았다. 그러나 대개 인식공동체는 시민사회단체와 마찬가지로 사익을 추구하지 않으며 진리 추구를 통해 공익에 기여하고자 하는 목적의식을 가진다. 또한 전문적 지식이 가지는 권위는 객관성 담보를 전제로 하기 때문에 이들의 견해나 주장은 종종 대중으로부터 큰 신뢰를 얻게 되며 이는 결국 인식공동체의 정치적 영향력으로 환산된다.

인식공동체의 특성을 요약해보면 다음과 같다. 첫째, 인식공동체도 시민사회단체와 유사하게 자발적으로 형성된다. 또한 구성원 개개인이 전문가로서 독립적인 성격도 가지고 있다. 이들의 전문성은 동료집단으로부터 인정받아야 한다. 따라서 시민이나 소비자 등 대중과 조응하고 그들로부터의 승인이 중요한 정부, 시민사회단체나 기업에 비해 상대적으로 객관성을 담보하게 된다.

둘째, 이들의 정치적 영향력은 전문성과 객관성으로 확보된 정통성에 근거한다. 특정한 정치적 세력이나 이념에 편승하지 않고 실증적 지식과 논리적 사고에 따라 결론을 도출하고 의견을 제시한다는 과학적 방법론은 이들의 주장이 중립적이고 공정하다는 판단의 근거가 된다. 인식공동체의 존재 기반도 여기에 두고 있기도 하다. 따라서 환경 문제에 대한 중요한 정책결정이 내려질 때에 인식공동체의 영향력은 막대하다고 볼 수 있다.

셋째, 이들은 새로운 기술, 정보, 지식의 끊임없는 생산과 공급을 통해 문제를 규정하고 정책의 방향성과 규범을 제공한다. 이들은 또한 혁신을 주도하기도 한다. 새로운 가치와 아이디어를 제공한다는 점에서 구성주의자들의 관점에서 보았을 때 이들은 중요한 권력자원을 가진다고 볼 수 있으며, 실제로 환경레짐의 연구에서 인식공동체는 핵심적인 행위자로 분석되곤 한다.

인식공동체의 역할은 증가할 것인가?

지구환경 문제가 증가할수록 인식공동체의 역할도 커진다. 그러나 이들에게도 한계성은 존재한다. 첫째, 지속적인 지식과 정보의 도출을 위해 이들은 종종 조직화하기도 하는데 그 과정에서 특정한 이해를 표방하는 이익집단화할 가능성도 있다. 또는 정치적 영향력을 발휘하기 위해 이익집단과의 연대를 형성함으로써 그들의 영향력으로부터 자유롭기 어려운 조건이 형성될 수도 있다.

둘째, 인식공동체 내부에서도 기존의 주장이나 의견은 늘 도전 받으며 합리적인 반증이 나타날 경우 이를 수용하는 것이 규범이다. 그러나 인식공동체를 통해 이미 널리 받아들여진 지식이나 정보를 수정하는 것은 생각만큼 쉬운 일은 아니다. 한편으로는 정책결정자가 인식공동체가 제공한 지식이나 정보를 채택하지 않을 가능성도 상존한다.

| 표 4-4 | 지구환경정치의 행위자로서 인식공동체의 특성과 관련 쟁점 요약

특성	쟁점
• 자발적 결사체	• 이익집단화의 가능성
• 전문성	• 지식과 정보의 수용 문제
• 객관성	
• 혁신에의 기여	

V 국제기구

국제기구는 2개 이상의 국가를 회원국으로 가지는 공식적인 조직(formal organizations)을 지칭한다(Martin 1992). 일국의 자치권 영역을 넘어서서 발생하는 정치, 경제, 사회적 의제와 문제를 해결하기 위해 국가를 회원으로 하여 상설 수립되는 정부 간 협의 또는 의사결정 기구라 할 수 있다. 국제기구의 회원으로서 국가는 국제법의 적용과 구속력에 동의하게 된다. 유엔과 같이 광범위한 주제영역을 다루는 국제기구도 있지만 대개의 국제기구들은 주제 분야별, 또는 지역별로 특화되어 있다. 환경의제만을 다루는 국제기구는 현재까지는 없으나 유엔, 국제금융기구, 세계무역기구, 경제협력개발기구 등 주요한 국제기구들은 국가들 간의 국제환경 의제설정 및 규범 운용이 용이해질 수 있도록 다양한 포럼을 제공하고 있으며, 국제협약의 성립과 행정적 관리를 수행하는 실질적인 역할을 담당하고 있다.

국제기구의 형성과 존립 근거에 대해서 학계에서는 긍정적인 관점과 회의적 관점이 동시에 제기되어 왔다. 국제기구에 대한 긍정적인 관점으로 초기에는 기능주의적 입장에서 국제기구의 필요성을 논하였지만, 신자유주의적 제도주의자들은 긴장을 늦추고 갈등을 회피하며 자국의 이해를 도모하려는 국제관계에서 상호협력이 불가피하다는 점을 강조하며 이의 수행을 위한 국제기구의 기능과 효용성을 강조하였다. 반면 현실주의자들은 국가의 영향력으로부터 자유롭기 어려운 국제기구의 한계를 지적한다. 구성주의자들은 더 나아가 국제기구가 단순히 회원국의 결정을 수행하는 조직이 아닌, 자체적인 국제규범과 문화를 생성해내고 이를 회원국들에게 전파함으로써 정치적 영향력을 획득한다고 주장한다. 여기에는 국제기구에 소속되어 있는 국제공무원들과 전문가집단, 그리고 관료체제를 갖춘 사무국의 역할이 있다.

국제기구는 국제규범의 수립과 유지를 위한 국가들 간 포럼 제공의 기능뿐만 아니라 시민사회와 기업, 인식공동체 등 전술한 지구환경정치 행위자들이 모두 참여하는 포럼을 제공하는 일종의 허브역할을 담당하기도 한다. 이는 국제기구가 정보나 지식 면에서 전문성을 띠기 좋은 환경을 제공한다. 국제시민사회단체와 마찬가지로 국제기구는 민주주의 결핍이라는 국제사회의 약점을 보완하는 일종의 민주주의 절차적 정당성을 제공하는 역할도 담당한다. 민의를 모으고 이를 반영한 정책을 수립하며 이의 수행과 사후 관리에까지 국제기구의 역할이 미친다는 점에서 이들을 국제정부에 빗대는 견해도 있다(Weiss 2009).

현대 국제관계에서 환경이 주요한 정치적 의제로 등장한 이래로 아직까지 환경국제기구가 없다는 점은 시사하는 바가 크다. 유엔환경계획(UNEP)의 한계를 극복하고 좀 더 영향력 있는 국제기구로의 확장을 위해 한 차례 시도되었던 유엔환경기구(United Nations Environmental Organization)의 설립은 미국과 중국을 위시한 개도국들의 반대로 무산되었다는 것은 잘 알려진 이야기이다. 미국의 경우 환경 분야에 강력한 국제기구가 생기는 데 대해 부담을 느꼈으며, 개도국들은 환경 문제가 개발 의제에 우선하게 될 수 있다는 가능성을 우려했다. 흥미롭게도 미국과 중국은 최대 온실가스 배출국으로 기후협약의 형성 및 수립 과정에서도 유사한 이유로 반대 의견을 표명하였다.

국제환경기구는 존재하지 않으나 국가 간 환경 문제를 다루는 정부간기구들은 존재하고 있다. 유엔환경계획 외에도 유엔개발계획(UNDP)과 같이 개발도상국이나 빈곤국의 사회경제발전을 다루는 조직들도 관련된 환경 관련 의제에 대한 국가들 간의 협력을 도모하고 자체적인 프로젝트를 수행하기도 한다. 1970년대 스톡홀름회의로부터 시작된 환경과 개발에 대한 유엔정상회의는 2015년 채택된 지속가능발전목표로 명맥이 이어져 왔다. 유엔체제를 기반으로 하는 국제환경규범체제는 환경문제 해결을 사회경제발전의 동반조건으로 상정하고 있다. 또한 환경관련 주요 조약은 대부분 유엔체제를 기반으로 하여 수립되고 있다. 가장 대표적으로 기후변화협약, 종다양성협약, 사막화방지조약 등이 있다.

유엔은 고위급 회담을 통해 국가뿐만 아니라 비국가 행위자들을 포함하는 협의체 구성의 중간자 또는 조정자(Orchestrator)로 역할하기도 한다(Abbot and Berstein 2015). 기후변화체제에서 다자간협력체를 유엔의 체제 안으로 끌어들이려는 노력이 시도되었던 것도 요하네스버그 파트너십(Johannesburg Partnerships)이다. 이는 자발적인 등록제로 이후 실효성에 대해서는 회의적인 견해도 제시되었지만(Bäckstrand and Kylsäter 2014), 현재까지도 환경 분야에서 유엔은 민간부문을 체제 내로 포함시키고자 하는 꾸준한 시도를 하고 있다. 안도노바(Andonova 2010)는 이러한 현상에 대해 환경 분야라는 연성정치 영역에서 국제기구가 국가들에 대해 정치적 영향력을 발휘하는 데 있어 상대적 우위를 점하고자 하는 시도로 분석하기도 한다.

유엔이 환경 문제에 있어 전향적이고 적극적인 리더십을 보여주고 있는 반면 경제 관련 국제기구들은 대체적으로 좀 더 조심스럽고 유보적인 태도를 취하는 것이 관찰되고 있다. 이는 무역이나 경제 분야의 국제협약이나 규범체제에서 환경의제가 자칫 시장개방과 통합의 걸림돌로 작용할 수 있다고 보는 관점이 존재하기 때문이다. 실제로 과거에 GATT체제에서나 현재 세계무역기구 체제에서 환경 관련 무역 분쟁이 다루어진 양상을 보면 이들은 환경의 중요성에 대해 강조하면서도 이것이 각국의 경제활동에 방해요인(무역장벽)으로 작용해서는 안 된다는 견해를 유지하고 있다. 이러한 태도는 환경시민사회단체가 이들 무역기구들을 비난하는 주요한 원인이 된다. 1999년 시애틀의 세계무역기구 회의장 앞에서 벌어진 대규모 반세계화 시위는 이러한 갈등을 잘 보여준 상징적인 사건이었다.

한편 경제협력개발기구(OECD)의 경우에는 규범적 성격이 강한 기구의 특성상 환경 관련 의제에 대해 적극적으로 발언하고 회원국에 다양한 방식으로 환경규범을 내재화하도록 요구하고 있다. 주기적으로 발행하고 있는 국별환경보고서(Country Environmental Reviews)는 각국의 데이터를 수집, 경제협력개발기구가 자체적으로 작성하고 있다. 선진국으로 구성된 회원국들은 이를 통해 환경정책의 동형화(Isomorphism)에 대한 압력을 받게 된다. G8이나 G20 등 선진국들의 포럼에서도 환경의제는 주요하게 다루어지지만 대부분의 경우에는 선언적 행위에 그치게 된다.

지역기구(Regional Organizations)에서도 환경의제가 다루어진다. 특정한 지역에 국한된 환경의제의 경우에 특히 이들은 유용한 역할을 해내고 있다. 유럽의 경우 대기오염이나 해양오염과 관련된 조약이 맺어져 있고, 미주의 경우에도 유사한 조약이 수립되어 있다. 유럽연합의 경우에는 특히 환경 문제에 매우 적극적인 태도를 보이고 있으며 회원국들에게 엄격한 환경 기준을 요구하고 있고, 더 나아가 무역 상대국이나 유럽연합 회원국이 되고자 하는 국가들에 대해서도 이를 적용할 것을 요구하고 있다.

지구환경정치의 행위자로서 국제기구에서 발견되는 특성을 정리하면 다음과 같다. 첫째, 국제기구는 국가를 회원국으로 하며 이들 간의 협의와 협력을 도모하는 중간자 역할을 담당하거나 보조자 역할을 담당하게 된다. 이 경우 국제기구의 업무는 회원국의 이해나 견해를 반영하는 것으로 볼 수 있다. 그러나 국제기구를 구성하는 전문가와 관료집단은 전문성을 바탕으로 특정한 정치세력이나 국가의 이해관계로부터 상대적으로 거리를 두고 독자적인 영향력을 확보하기 위해 노력하기도 하며 이들이 주도하는 국제기구 고유의 환경의제설정과 이를 실현하기 위해 다양한 협력 세력을 확보하고자 하는 노력도 보인다. 이와 같이 국제기구는 회원국의 결정사안을 대리 수행하는 대리자(agent)로서의 역할과 자율적 결정권한을 가진 기구로서 독립성(autonomy)의 갈등을 겪고 있다.

둘째, 국제기구는 환경시민사회단체나 인식공동체와 밀접한 협력관계를 유지하기도 하며, 이를 바탕으로 전문성과 최신의 정보를 확보하기도 한다. 또한 자체적으로도 연구 조사의 기능을 갖추고 있으며 국제기구의 견해는 종종 시민단체나 인식공동체의 견해와 유사하거나 또는 더 우월한 중립성을 가지고 신뢰할 만한 것으로 받아들여지기도 한다. 이는 권한과 정통성에 기반하는 현상이라 하겠다.

국제기구는 효과적인가?

국제기구가 지구환경정치의 행위자로서 직면한 가장 핵심적인 사안은 효과성에 있을 것이다. 이와 관련해서는 다음과 같은 쟁점을 생각해 볼 수 있다. 첫째, 앞서 서술한 국제기구의 대리인 대 독립적 기구로서의 정체성에 대한 갈등은 또한 국제기구가 환경의제에 있어 극복해야 할 과제가 된다. 국제기구는 환경 관련 협약과 규범의 생산 및 유지 발전에 제도적 근간이 되는바 이들의 정체성은 높은 신뢰 수준을 요구하게 된다. 이는 국제협력의 가능성으로 귀착될 수 있다. 그러나 현실주의자들은 이와 같은 가능성에 대해 회의를 표명하며, 실제로 국가의 이기적

| 그림 4-2 | 유엔은 자체 기구인 유엔환경계획(UNEP)을 두고 있으며, 유엔개발계획(UNDP)과 같이 개발도상국이나 빈곤국의 사회경제발전을 다루는 조직을 두고 관련된 환경관련 의제에 대한 국가들 간의 협력을 도모하고 자체적인 프로젝트를 수행하기도 한다.

선택이 국제기구나 제도를 무력화한 사례는 다수 발견된다.

　둘째, 대부분의 국제기구가 회원국의 재정적 기여에 의존하고 있다는 점은 이들의 정치적 권한을 제한하는 또 다른 요인으로 작용한다. 가장 많은 회원국을 보유한 대표적인 국제기구인 유엔의 경우 한 해 예산이 뉴욕시 예산의 절반에도 미치지 못할 정도이다.[1] 다수 회원국들은 국제기구로부터 오히려 조력을 요하는 상황에 놓여 있기도 하다. 결국 경제적 역량을 갖춘 소수의 국가가 제공하는 자원에 국제기구의 프로그램 운영과 개발을 의존할 수밖에 없는 현실은 이들 국제기구의 독립성에

1　Purcell, Alex, Pascal Wyse, Phil Maynard, Harriet Grant, and Rachel Weizsz. 2015. "How Did the UN Get So Big." *The Guardian*. (September 8th) https://www.theguardian.com/world/video/2015/sep/08/how-did-the-un-get-so-big-rachel-weisz-video 〈https://www.theguardian.com/world/video/2015/sep/08/how-did-the-un-get-so-big-rachel-weisz-video〉 (검색일: 2018.1.20.)

한계가 있음을 분명히 보여준다. 이에 대한 자구책의 일환으로 국제기구는 기업들과 파트너십을 형성하기도 하지만 다자체제인 국제기구에 직접적인 기여가 기업들에게 어떠한 이익을 제공할지는 확실치 않은 상태이다.

셋째, 국제기구들 간에도 환경의제에 대해 다양한 태도를 표명한다. 이는 국제기구마다 국가들이 별도의 포럼을 형성하고 있기 때문이다. 포럼마다 별도의 규범이 형성되고 이에 따른 국가들의 전략적 선택이 이루어짐으로써 환경의제의 해결이 파편화되는 것을 방지하기 위해 포럼 간의 연계를 추구하거나 단일한 포럼의 형성을 추구해야 한다는 주장도 있지만, 한편에서는 다양한 포럼들의 존재를 현실로 받아들이고 다층적, 다원적 네트워크를 강화하는 것이 바람직하다고 보는 견해도 있다. 급증하는 환경 문제에서 어떠한 형태로 앞으로 국제기구를 중심으로 하는 지구환경거버넌스가 구축될 것인지는 지켜볼 사안이다.

넷째, 국제기구를 통한 문제 해결의 효율성 또는 효과성 문제가 제기되기도 한다. 국제기구는 대부분 관료적 체제를 가지게 되며 특히 유엔과 같이 회원국 규모가 커질 경우에 이러한 경향이 커진다. 올슨(Olson 1965)이 주장했듯이 집단의 구성원 수가 증가할수록 협력의 가능성은 줄어들게 되는데 이를 극복하기 위한 방안으로 관료제적 체계와 소수로 구성된 의사결정기구를 구성하는 등 제도적 해결책을 도입하게 된다. 그러나 이와 같은 제도적 방안은 다시금 결정의 효율성을 떨어트리는 결과를 가져오기도 한다. 지나친 관료화나 절차주의 또는 국제기구 내의 권력의 소수 독점에 대한 문제는 국제기구가 극복해야 할 과제 중 하나일 것이다.

| 표 4-5 | 지구환경정치의 행위자로서 국제기구의 특성과 관련 쟁점 요약

특성	쟁점
포럼 제공	독립성
중간자 또는 조정자 역할	재정적 한계
전문성	포럼 간의 상충
비국가 행위자들과의 협력	관료화

VI 맺는 말

이 장에서 살펴본 행위자들은 각기 고유한 목적의식과 이해관계를 가지고 있다. 최근 지구환경정치에 등장하였으나 여기서 다루지 않은 행위자들도 있다. 예를 들어 개인이 소유한 재단(예: Bill and Melinda Gates Foundation)은 막대한 재원과 기술력, 네트워크를 기반으로 하여 지구환경정치에서 영향력을 높이고 있다. 또한 인터넷 보급의 확대와 기술력의 증가를 바탕으로 온라인상에 형성되는 다양한 포럼들은 일반 시민들의 참여를 가능케 하여 지구시민사회로서 여론을 형성하는 역할을 하기도 한다. 이들에 대한 연구와 토론도 앞으로 활발히 이루어져야 할 것이다.

이 장에서 논의한 행위자들은 상호 밀접한 관계를 맺으며 파트너십을 통한 협력을 추구하기도 하고 동시에 갈등과 경쟁관계를 형성하기도 한다. 이들의 이합집산을 통해 다양한 층위에서 다양한 형태와 규모의 거버넌스 체제가 구축될 수 있으며 이는 최근 다자적 협력체계(multi-stakeholder partnerships) 또는 다중심거버넌스(polycentric governance)로 논의되기도 한다(Ostrom 2012). 전통적인 지구환경정치의 주도자인 국가를 넘어서 형성되는 이들 거버넌스의 등장으로 인해 이해당사자들 간의 조정과 협의의 중요성이 더욱 더 강조될 것이다. 이와 같은 거버넌스가 신뢰를 구축하고 협력을 이끌어내기 위해서는 결국 참여자들 간의 이해와 소통이 중요하다. 이 장에서 소개한 각 행위자들의 특성과 극복과제에 대한 이해를 통해 다층적이고 다원적인 지구환경정치 거버넌스의 가능성이 모색될 수 있기를 바란다.

더 읽을거리

Chasek, Pamela S., David L. Downie, and Janet Wesh Brown. 2017. 『글로벌 환경정치와 정책』. 이유진 역. 서울: 명인문화사.

Speth, James Gustav and Peter M. Haas. 2009. 『지구와 환경: 녹색혁명의 도전과 거버넌스』. 차재권 역. 서울: 명인문화사.

1 지구환경정치에서 각 행위자의 역할과 특성을 설명할 수 있는가?

2 각 행위자들 간 상호관계를 설명할 수 있는가?

3 협력을 이끌어내기 위해 바람직한 행위자들 간의 관계나 거버넌스 형태는 무엇인가?

4 다음의 표에서 각 행위자들에 대한 내용을 적절히 채워보자. 이들에게 정통성, 책무성, 효율성이 있는가? 정통성, 책무성, 효율성은 어떻게 평가할 수 있는가?

	국가	국제기구	시민사회단체	기업	인식공동체
정통성(대표성)					
책무성(투명성)					
효율성					

| 참고문헌 |

Abbot, Kenneth W., and Steven Bernstein. 2015. "The High-Level Political Forum on Sustainable Development: Orchestration by Default and Design." *Global Policy* 6(3): 222-233.

Andonova, Liliana. 2010. "Public-Private Partnerships for the Earth: Politics and Patterns of Hybrid Authority in the Multilateral System." *Global Environmental Politics* 10(2): 25-53.

Bäckstrand, Karin, and Mikael Kylsäter. 2014. "Old Wine in New Bottles? The Legitimation and Delegitimation of UN Public-Private Partnerships for Sustainable Development from the Johannesburg Summit to the Rio+20 Summit." *Globalizations* 11(3): 331-347.

Downie, Christian. 2014. "Transnational Actors in Environmental Politics: Strategies and Influence in Long Negotiations." *Environmental Politics* 23(3): 376-394.

Falkner, Robert. 2016. "The Paris Agreement and the New Logic of International Climate Politics." *International Affairs* 92(5): 1107-1125.

Haas, Peter. 1989. "Do Regimes Matter? Epistemic Communities and Mediterranean Pollution Control." *International Organization* 43(3): 377-403.

Hardin, Garrett. 1968. "The Tragedy of the Commons." *Science* 162: 1243-1248.

Johnson, Tana. 2016. "Cooperation, Co-optation, Competition, Conflict: International Bureaucracies and Non-governmental Organizations in an Interdependent World." *Review of International Political Economy* 23(5): 737-767.

Karns, Margaret P., Karen A. Mingst, and Kendall W. Stiles. 2015. International Organizations: *The Politics and Processes of Global Governance*. 3rd edition. Boulder, London: Lynne Rienner Publishers

Lasswell, Harold. 1936. *Politics: Who Gets What, When and How*. New York, London: Whittlesey House, McGraw-Hill Book Co.

Lee, Taedong. 2013. "Global Cities and Transnational Climte Change Networks." *Global Environmental Politics* 13(1): 103-127.

Lövrand, Eva, Mattias Hjerpe, and Björn-Ola Linnér. 2017. "Making Climate Governance Global: How UN Climate Summitry Comes to Matter in a Complex Climate Regime." *Environmental Politics* 26(4): 580-599.

Martin, Lisa L. 1992. Interests, Power, and Multilateralism. *International Organization* 46(4): 765-792.

Olson, Mancur. 1965. *The Logic of Collective Action*. Cambridge. MA: Harvard University Press.

Ostrom, Elinor. 1990. *Governing the Commons: The Evolution of Institutions for Collective Action*. New York: The Cambridge University Press.

_____. 2012. "Nested Externalities and Polycentric Institutions: Must We Wait for Global Solutions to Climate Change Before Taking Actions at Other Scales?" *Economic Theory* 49: 353-369.

Pattberg, Philipp. 2007. *Private Institutions and Global Governance: The New Politics of Environmental Sustainability*. Northampton, MA: Edward Elgar.

Pingeot, Lou. 2016. "In Whose Interest? The UN's Strategic Rapprochement with Business in the Sustainable Development Agenda." *Globalizations* 13(2): 188-202.

Sénit, Carole-Anne, Frank Biermann, and Agni Kalfagianni. 2017. "The Representativeness of Global Deliberation: A Critical Assessment of Civil Society Consultation for Sustainable Development." *Global Policy* 8(1): 62-72.

Weiss, Thomas G. 2009. "What Happened to the Idea of World Government." *International Studies Quarterly* 53: 253-271.

ICLEI-Local Governments for Sustainability www.iclei.org
    (한국사무소 www.icleikorea.org)
UN Global Compact www.unglobalcompact.org
    (한국협회 www.unglobalcompact.kr)

다양한 환경 레짐과
국제협력

국제환경레짐은 과학계나 시민사회의 경종을 바탕으로 국제사회의 논의를 거쳐 생성되는 경우가 많다. 대체로 국제사회는 환경이라는 대의에 공감을 하면서도 레짐의 논의 과정에서는 국익에 기반한 치열한 외교전을 펼치게 되고, 그 결과 국제환경레짐은 개발과 환경, 선진국과 개도국 등의 상반된 이해를 반영하느라 국제환경 문제를 해결하는 데 가장 효율적인 방식을 채택하지 못하는 경우도 종종 발생하고 있다. 그러나 국제환경레짐이 비록 국내레짐에 비하여 불완전하고 약한 성격을 가지고 있음에도 불구하고, 레짐을 계기로 국가를 비롯한 다양한 이해관계자가 협상의 장에 참여하게 되고, 국제적 레짐을 이행하려는 노력을 기울이게 된다는 점에서 독자적인 영향력을 가지고 있고, 그러한 영향력은 점차 확대되는 경향을 보이고 있다..

일반적으로 국제환경레짐은 국제환경 영역에서 국가, 국제기구, 비정부기구, 개인 등 행위자들의 기대가 수렴되어진 일련의 국제적 규범체계와 실행절차를 의미하며, 그 중 주권국가의 합의에 기초한 조약이 큰 비중을 차지한다. 물론 국제재판소의 판결이나 중재재판소의 판정이 국제환경레짐의 형성에 중요한 영향을 미치는 경우도 있고, 최근에는 국제기구가 국제법규에 근거하여 국가의 개입 없이 직접 사적 주체의 이해관계에 관한 결정을 내리는 이른바 국제행정기구의 사례도 예외적으로 나타나고 있다. 그러나 여전히 주권국가들이 중요한 행위자로 활약하고 있으므로 주요 환경분야별로 주권국가들이 어떠한 합의를 거쳐 어떠한 레짐을 만들어가고 있는지를 중점적으로 살펴보고자 한다.

 참고 다양한 국제환경레짐

국가 간 국제환경레짐도 다자간 레짐, 지역적 레짐, 양자간 레짐 등 다양한 형태의 수많은 레짐이 존재한다. 오리건 대학에 따르면 현재 1,280개의 다자간 환경협약, 2,100개에 이르는 양자간 환경협약, 그 밖에 250여 개의 환경협약이 있다.

- 다양한 환경협약의 현황을 잘 정리해놓고 있는 오리건 대학의 국제환경협약 사이트 https://iea.uoregon.edu/
- 유엔조약 사이트 https://treaties.un.org/
- 우리나라의 조약체결 현황을 검색할 수 있는 외교부 사이트 http://www.mofa.go.kr/trade/treatylaw/treatyinformation/multilateral/index.jsp?menu=m_30_50_40&tabmenu=t_2
- 다양한 분야의 국제환경협약의 생생한 논의 현장을 보고서 형태로 공유하는 비정부기구 http://enb.iisd.org/
- 제3세계의 시각을 중심으로 협상의 현장을 보고서 형태로 공유하는 비정부 기구 https://twnetwork.org/

사실 국제환경레짐은 과학계나 시민사회의 경종을 바탕으로 논의가 시작되는 경우가 많다. 대체로 국제사회는 환경이라는 대의에 공감을 하면서도 레짐의 논의 과정에서는 국익에 기반한 치열한 외교전을 펼치게 되고, 그 결과 국제환경레짐은 개발과 환경, 선진국과 개도국 등의 상반된 이해를 반영하느라 국제환경오염의 문제를 해결하기에 가장 효율적인 방식을 채택하지 못하는 경우도 종종 발생하고 있다. 이하에서는 수많은 국제환경레짐 중 주요 분야의 대표적인 레짐 형성 과정을 간략히 살펴본다.

I 대기 분야 레짐과 국제협력

1 유엔기후변화협약

산업혁명 이후 이산화탄소(CO_2), 메탄(CH_4), 아산화질소(N_2O) 등 온실가스의 배출이 급증하여 온실효과(greenhouse effect)로 인해 지구 평균기온이 상승하고 이상기후가 발생하고 있다. 이에 기후변화에 관한 정부 간 협의체(Intergovernmental Panel on Climate Change, IPCC)를 중심으로 하는 과학자들이 지속적인 우려를 제기하였고, 유엔을 중심으로 국제사회는 기후변화에 대한 레짐을 발전시켜 나가고 있다.

1992년 체결된 기후변화협약(United Nations Framework Convention on Climate Change, UNFCCC)은 기본적인 원칙을 규정하고 있는 골격 협약으로, 유엔기후변화협약은 선진국과 개도국의 '공동의 그러나 차별화된 책임'(common but differentiated responsibility) 원칙을 규정하여 선진국의 역사적 책임을 인정한 바 있다.

유엔기후변화협약을 이행하기 위하여 1997년 체결된 교토의정서(Kyoto Protocol)는 청정개발체제(Clean Development Mechanism, CDM), 공동이행제도(Joint Implementation, JI) 및 국제배출권 거래제(International Emission Trading, IET) 등의 다양한 시장기반 메커니즘을 도입하였다. 특히 청정개발체제(CDM)는 개도국에서 감축한 탄소배출권을 선진국이 자국에서 온실가스를 감축하는 것보다 저렴한 비용으로 구입하여 자국의 온실가스 감축 실적으로 활용할 수 있도록 하여 선진국과 개도국을 국제탄소시장에 함께 유인한 것이 특징이다. 유엔에 따르면 1차 공약기간(2008~2012년) 동안 개도국은 95~139억 달러의 탄소배출권(Certified Emission Reductions, CERs) 수익을 얻었고, 탄소배출권 판매수익(proceed)의 2%는 개도국을 위한 적응 기금(Adaptation Fund)으로 활용되고 있다. 선진국도 청정개발체제가 없었다면 지불해야 했을 35억 달러의 비용을 절약한 것으로 평가받고 있다(UNFCCC 2015a). 그럼에도 불구하고 청정개발체제 사업이 중국, 인도 등 일부 국가에 집중되었다는 점, 청정개발체제의 온실가스 배출량의 측정, 보고, 검증(Measurement, Reporting, Verification, MRV) 방법론에 대한 논란 등 청정개발체제에 대한 불만이 축적되어 왔고, 이는 최근 새로운 탄소시장에 대한 논의의 출발점이 되고 있다.

우리나라는 선진국과 개도국이 대립하는 협상이슈에 있어서 선진국과 개도국을 설득할 수 있는 아이디어를 제시하고, 선도적인 이행 노력을 기울임으로써 리더십을 발휘해왔다. 전자의 대표적인 예로는 U-CDM(Unilateral CDM)을 제안하여(문정남 2007), 우리나라도 청정개발체제 사업에 적극 참여하였던 것을 들 수 있으며, 후자의 예로는 2010

| 그림 5-1 | 제22차 유엔기후변화 당사국총회(모로코 마라케시 개최) 유엔기후변화사무국 발언
사진: http://enb.iisd.org/climate/cop22/enb/

년 녹색성장기본법을 제정하고 2012년 글로벌녹색성장기구(Global Green Growth Institute, GGGI)의 국제기구 출범을 주도한 것, 2012년 배출권 거래제법을 제정한 것 등을 들 수 있다.

　　CDM은 선진국이 개도국에서 온실가스 감축 사업을 할 경우 그 감축 실적을 선진국의 실적으로 인정해주는 제도로 개도국이 주도적으로 청정개발체제 사업에 참여할 길이 없었는데, 우리나라가 제안한 U-CDM의 도입으로 개도국이 주도적으로 사업을 추진한 후 그 감축 실적을 선진국이 구매할 수 있도록 허용함으로써 개도국의 참여가 늘어날 수 있었고, 우리나라도 보다 적극적으로 청정개발체제를 활용하는 계기가 되었다.

　　교토의정서는 미국·중국·일본·러시아가 2차 공약기간(2013~2020)에 불참하면서 의미가 퇴색하였다. 이에 온실가스 주요 배출국이 참여하는 새로운 협약에 대한 필요성이 대두되었고, 유엔기후변화협약

당사국들은 2015년 말 유엔기후변화협약의 이행을 위한 새로운 레짐으로 파리협정(Paris Agreement)을 극적으로 체결하였다. 교토의정서와 달리 파리협정은 각국이 자발적인 온실가스 감축목표, 이른바 국가결정기여(Nationally Determined Contributions, NDC)를 설정하여 이행하도록 하고, 5년마다 글로벌 이행점검(global stocktaking)을 받는 부담은 지우고 있지만 국제법적으로 국가결정기여의 불이행 시 구속력 있는 의무를 부여하고 있지 않는 것이 특징이다. 우리나라의 경우 과거 국제사회에 2020년까지 예상 배출량 대비 30% 감축 목표를 제시한 바 있으나 파리협정 체결을 앞두고 2030년까지 BAU(Business As Usual, 851백만 톤) 대비 37%를 감축하고 이 중 11.3%에 해당하는 약 9,611만 톤은 국제 탄소시장 메커니즘을 활용하겠다는 내용의 국가결정기여(NDC)를 유엔에 제출한 바 있다. 2016년 11월 우리 국회는 파리협정의 비준안에 동의하였고, 2016년 12월 우리 정부는 새로운 온실가스 감축목표에 따른 온실가스 감축 기본로드맵을 수립하였다.

서명국들의 적극적인 비준 참여로 예상보다 빨리 2016년 말 파리협정이 발효하자, 당사국들은 파리협정하의 새로운 기후변화체제를 어떻게 구체화할지 세부적인 이슈들을 2018년까지 협상할 계획이다. 과거 유엔기후협약의 부속서인 교토의정서의 청정개발체제(CDM), 공동이행제도(JI) 및 국제배출권 거래제(IET) 등의 국제탄소시장 관련 세부 규칙을 마련하는 데 4년여가 소요되었다는 전례에 비추어보면, 파리협정을 구체화하는 세부 사항들을 마련하는 데 상당한 시간이 걸릴 것으로 전망되고 있다(최원기 2016).

한편 미국 트럼프 대통령은 취임 후 파리협정 탈퇴의사를 여러 차례 밝혔지만, 2016년 11월 4일 발효한 파리협정 첫 3년 동안 파리협정을 탈퇴할 수 없도록 규정하고 있어, 2019년 11월 4일에 유엔 기후변화 유엔기후변화협약하의 국가 간 협력체계 이외에도 세계온실가스 80% 이상을 배출하고 있는 대도시들이 참여하고 있는 도시기후리더십그룹(Cities Climate leadership group, C40)이나 산업계들이 적극적으로 참여하고 있는 탄소가격리더십연합(Carbon Pricing Leadership Coalition) 등을 중심으로 다양한 논의가 이루어지고 있다.

- 유엔기후변화협약 http://unfccc.int/2860.php
- 교토의정서 http://unfccc.int/kyoto_protocol/items/2830.php
- 파리협정 http://unfccc.int/paris_agreement/items/9485.php
- C40 https://www.c40.org/
- 탄소가격리더십연합 https://www.carbonpricingleadership.org/

협약 사무국에 파리협정 탈퇴 통보를 할 수 있었다. 또한 파리협정은 탈퇴 통보 후 12개월의 유예 기간을 거쳐야 한다고 규정하고 있어, 미국의 탈퇴는 2020년 11월 4일에 법적 효력이 발생하였다. 하지만 미국 바이든 대통령은 2021년 1월 20일 취임 첫날 파리협정 재가입 행정명령에 서명하여, 미국은 다시 파리협정에 복귀하였다(이혜경 2021a). 이후 2021년 4월 바이든 대통령은 기존 회원국들이 2020년 연말까지 유엔기후변화사무국에 제출했던 2030년 감축목표를 제출하였고, 40여 개국 정상을 온라인으로 초청하여 기후정상회담을 여는 등 기후외교에 미국이 돌아왔음을 알리고 있다(이혜경 2021b).

2 기후변화 재원 협력

기후기금을 포함한 기후변화에 대한 재정적 대응구조(financial architecture)는 각종 기후변화 관련 국제협상에서 가장 뜨거운 쟁점 중 하나이다. 공여국의 재원은 양자제도와 다자제도를 통하여 수여국에 전달된다. 대표적인 양자제도로는 노르웨이의 국제기후산림이니셔티브

(International Climate Forest Initiative), 독일의 국제기후이니셔티브(International Climate Initiative), 영국의 국제기후기금(International Climate Fund) 등이 있다. 다자제도는 유엔기후변화협약 제도의 틀 안(UNFCCC Financial Institutes)과 밖(Non-UNFCCC Financial Institutes)의 제도로 구분할 수 있는데, 유엔 주도의 기후기금으로는 녹색기후기금(Green Climate Fund), 지구환경기금(Global Environment Facility), 적응기금(Adaptation Fund), 특별기후기금(Special Climate Change Fund), 최빈국 신탁기금(Least Developed Countries Fund) 등이 있고, 유엔협력 체계 밖의 기후기금 중 세계은행(World Bank) 주도의 기후기금으로는 기후투자기금(Climate Investment Funds)과 산림탄소협력기구(Forest Carbon Partnership Facility) 등이 있다(이혜경 2017c).

기후변화 대응에 있어서는 공적 자금뿐만 아니라 민간 자금의 역할도 매우 중요하다. 2020년 채택된 '적도 원칙(The Equator Principles July 2020)'은 심각한 환경오염, 생태계 훼손, 인권침해를 일으키는 프로젝트파이낸싱에는 참여하지 않겠다는 약속으로 2020년 말 기준으로 37개국 118개 금융회사가 참여하고 있다(김대훈 2021).

- 녹색기후기금 https://www.greenclimate.fund/
- 지구환경기금 https://www.thegef.org/
- 기후투자기금 https://www.climateinvestmentfunds.org/
- 다양한 기후기금의 현황 사이트 http://www.climatefundsupdate.org/listing
- 적도원칙협회 http://www.equator-principles.com/

3 선박 및 항공 분야 국제협력

주요한 온실가스 배출원인 항공기와 선박에 대한 레짐은 국제민간항공기구(International Civil Aviation Organization, ICAO)와 국제해사기구(International Maritime Organization, IMO)를 중심으로 논의되고 있다.

국제민간항공기구(ICAO)의 60여 개 회원국 항공사들은 탄소배출량을 2020년 수준으로 제한하고 시범단계(2021~2023)와 1단계(2024~2026)에는 자발적으로 참여를 원하는 회원국만, 2단계(2027~2035)부터는 일부 예외는 있지만 원칙적으로 모든 회원국이 초과배출량을 국제탄소시장에서 구입하도록 하는 국제항공 탄소상쇄감축제도(Carbon Offsetting and Reduction Scheme for International Aviation, CORSIA)를 2016년 도입하였다. 국제항공탄소생쇄감축제도(CORSIA)에는 2020년 6월 기준으로 우리나라를 포함한 88개국이 참여하고 있다(환경부·국토교통부 2021).

국제해사기구(IMO)는 2018년 선박의 총 온실가스 배출량을 2008년 대비 2050년 50%로 감축하겠다는 목표를 제시하였고, 이 목표를 이행하기 위해 2021년 6월 해양오염방지협약(MARPOL)을 개정하여 신조선에 적용되는 선박에너지효율설계지수(Energy Efficiency Design Index), 현존선에 적용되는 선박에너지효율지수(Energy Efficiency Existing Index) 및 선박탄소집약도지수(Carbon Intensity Indicator) 제도 등을 마련하였다(해양수산부 2021). 참고로, 국제해사기구(IMO)는 2016년 대기질 등을 개선하기 위해 해양오염방지협약(MARPOL)을 개정하여 2020년부터 전 세계 모든 선박연료유의 황 함유량을 0.5% 이하로 낮추도록 한 바 있다(해양수산부 2020).

- ICAO https://www.icao.int/
- IMO http://www.imo.org/en/Pages/Default.aspx

4 오존층 보호 레짐

냉장고, 에어컨, 스프레이, 소화기 등에 사용되는 프레온가스로 인하여 1970년대 남극의 오존층이 파괴된 사실이 알려지자 국제사회는 유엔환경계획(United Nations Environment Programme, UNEP)을 중심으로 오존층 보호에 관한 1985년 비엔나협약(Vienna Convention for the Protection of the Ozone Layer)과 이를 강화한 1987년 몬트리올의정서 (Montreal Protocol on Substances that Deplete the Ozone Layer)를 채택하였다. 대표적인 오존층 파괴물질(ozone depleting substances) 중 하나인 프레온가스(염화불화탄소)가 지구 온난화에 미치는 영향이 이산화탄소에 비해 수천 배에 이르기 때문에 유엔기후변화협약과 함께 중요한 기후변화 레짐으로 분류되기도 한다. 또한 몬트리올의정서가 선진국과 개도국을 구분하여 규율하고 있다는 점과 국내 산업에 미치는 영향이 크다는 점에서도 유엔기후변화협약과 몬트리올의정서는 유사한 면이 있다

1987년 몬트리올의정서는 염화불화탄소(Chlorofluorocarbon, CFC), 수소염화불화탄소(Hydro-Chloro Fluorocarbon, HCFC) 등 오존층 파괴물질에 대하여 선진국과 개도국의 기준 수량(base line), 동결 연도 (freezing year), 중간 감축(step down), 최종 전폐(final phase-out) 등의 일정을 정하고 있다. 개도국에게는 선진국보다는 점진적으로 폐기할 수 있는 기회를 주고 있지만 개도국도 함께 프레온가스 사용을 줄여나가도록 하고 선진국이 이미 개발한 대체 기술은 민간기업의 소유라는 이유로 개도국에게 공유하지 않고 있어, 오존층 파괴의 책임은 사실상 선진국에게 있음에도 불구하고 개도국이 과도한 책임을 부담하고 있다는 비판도 제기되고 있다.

우리나라는 몬트리올의정서 체결 당시 가입 대상국이지만 프레온가스 사용량이 증가 추세에 있었고 대체 기술을 확보하고 있지 못해 가입 결정을 하기가 어려웠다. 그런데 미가입 시 회원국들이 우리나라의 프레온가스 사용 제품에 대한 수입 규제, 프레온가스의 국제 공급을 제한할 가능성이 있어 미가입하기도 부담이 되는 상황이었다. 이후 몬트리올의정서 당사국들이 규제를 일부 완화하기로 논의를 진행하자 우리나라는 많은 논의 끝에 1992년 몬트리올의정서에 가입하고 2010년 프레온가스의 국내 생산과 수입을 중단하였다.

몬트리올의정서는 당사국들의 합의를 거쳐 계속 개정되고 있다. 최근에는 몬트리올의정서의 프레온가스 규제로 '대체 프레온가스'인 수소염화불화탄소의 사용이 늘었는데, 수소불화탄소는 오존층을 파괴하지 않지만 지구 온난화를 일으키는 정도가 이산화탄소의 수백 배에서 만 배 이상 높다는 부작용이 있다는 사실이 알려졌다. 이에 2016년 당사국들은 일명 키칼리개정(Kigali Agreement)을 통해 2020년까지 '대체 프레온가스'(HFC)의 제조와 사용을 점진적으로 줄이고, 2030년 중반까지 전 세계 수소불화탄소(HFCs) 배출량을 80% 이하로 삭감하기 위해 선진국 그룹(미국, 유럽연합 등), 개도국 1그룹(한국, 중국 등), 개도국 2그룹(인도, 파키스탄 등)에 대한 개별 삭감계획에 합의하였다.

* 오존 관련 협정 http://ozone.unep.org/

5 대기질 보호 협력

1960년대 말 일부의 스웨덴 과학자들이 영국 등 주변국의 대기오염물질로 인하여 산성비가 내린다는 주장을 제기하자, 이를 계기로 유엔유럽경제위원회(UNECE)를 중심으로 월경성 대기오염 문제가 논의되기 시작하였다. 그 결과 1979년 체결된 월경성 장거리 이동 대기오염 물질에 관한 협약(Convention on Long-Range Transboundary Air Pollution, CLRTAP)이 체결되었고, 유럽, 북미 등이 참여하였다. 이후 회원국 간 논의를 거쳐 8개 의정서(1984년 제네바의정서, 1985년 헬싱키의정서, 1988년 소피아의정서, 1991년 제네바의정서, 1994년 오슬로의정서, 1998년 아르후스의정서 I, 1998년 아르후스의정서 II, 1999년 예테보리의정서)를 단계적으로 체결하면서 대상 오염물질의 확대, 감축목표의 설정, 감축방법 및 비용분담 등을 규율하게 되었다(최준영 2017).

참고   트레일 제련소 사건

월경성 장거리 이동 대기오염 물질에 관한 협약(CLRTAP)이 국제협약을 통하여 대기오염 문제를 해결하려고 하였다면, 미국과 캐나다 간의 트레일 제련소 사건은 국제중재제도를 통하여 대기오염 문제를 해결한 사례이다. 1941년 캐나다 트레일시의 제련소에서 나온 매연으로 미국 워싱턴주가 피해를 입은 사건에 대해 중재법원은 "국제법과 미국법의 원칙상, 어떠한 국가도 사건이 중대한 결과를 초래하고 손해가 명백하고 확실한 증거에 의하여 입증되었을 때, 타국의 영토나 재산 및 사람에 대하여 매연으로 인하여 손해를 입히도록 자국의 영토를 사용하거나 또는 사용을 허락할 권리가 없다"고 판단하면서 캐나다는 국제법상 트레일 제련소의 행위에 대하여 책임이 있다고 결정하였다(한삼인 외 2009).

참고: http://legal.un.org/riaa/cases/vol_III/1905-1982.pdf

동남아시아에서는 연이은 인도네시아 산불로 인한 연무로 동남아 지역의 환경 및 건강 문제가 야기되자 아세안(Association of Southeast Asian Nations, ASEAN) 국가들이 2002년 아세안 연무협약(ASEAN Agreement on Transboundary Haze Pollution)을 체결하였고, 가장 많은 연무 오염을 유발하는 인도네시아가 협약에 가입하지 않아 한계가 있었으나 인도네시아는 2015년 비준서를 기탁하여 회원국이 되었다.

인도네시아 연무로 한 해 7천만 달러 정도 피해를 입는 이웃 국가 싱가포르는 2014년 월경연무오염법(Transboundary Haze Pollution Act)을 제정하였다. 이 법은 싱가포르 영토 밖에서 대기오염을 유발하여 싱가포르에 영향을 미치는 행위도 처벌할 수 있는 조항을 포함하고 있다.

참고: https://statutes.agc.gov.sg/Act/THPA2014?ValidDate=20140925&ProvIds=pr22—

우리나라는 지난 20여 년간 한·중·일 동북아시아의 장거리 이동 대기오염물질 조사사업(Long-range Transboundary Air Pollutants in Northeast Asia, LPT)을 수행하는 데 적극적으로 참여하고 있으며(이혜경 2017b), 한·중·일·러·몽·북한 6개국이 참여하는 환경분야 연례 지역 협의체 동북아환경협력계획(NEASPEC)에도 적극 참여하여 동북아 대기 협력을 강화하는 방안을 모색하고 있다(이혜경 2017a). 이밖에 동북아 지역에서는 한·중·일 3국 환경장관회의(Tripartite Environment Minister Meeting, TEMM), 산성비모니터링네트워크(Acid Deposition Monitoring Network in East Asia, EANET) 등의 협력 활동이 이루어지고 있다.

II 화학·폐기물 레짐과 국제협력

1 화학 안전 레짐과 국제협력

2004년 발효한 특정유해화학물질 및 농약의 국제교역 시 사전통보 승인 절차에 관한 로테르담협약(The Rotterdam Convention on the Prior Informed Consent Procedure for Certain Hazardous Chemicals and Pesticides in international Trade)은 수출자가 수출 물질 자료를 수입국에 통보하여 해당 화학물질에 대해 수입 혹은 수입 불가 결정을 하는 경우 그 결정에 반해 수출할 수 없도록 하고 있다. 발암물질로 알려진 백석면(chrysotile asbestos)의 경우 우리나라, 호주, 유럽연합 등 다수의 국가들이 로테르담협약의 부속서 III 위험물질 목록에 추가하여 강력한 무역규제를 하는 방안을 찬성하고 있지만 러시아, 카자흐스탄, 짐바브웨, 인도, 키르기스스탄, 벨로루시, 시리아 등의 반대로 2017년에도 협약 절차상 요구되는 만장일치(unanimous)의 지지를 얻지 못하여 위험물질 목록에 포함되지 못하였다(Mauney 2017). 그러나 이전의 논의에서 반대를 주장하였던 캐나다, 베트남, 우크라이나, 파키스탄, 쿠바 등이 입장을 바꾸어

석면은 과거 건축자재 등으로 많이 활용되었으나, WHO의 1군 발암물질로 규정되는 등 심각한 인체 유해성이 알려지면서 여러 나라의 국내법에서 사용을 금지 또는 제한하고 있다. 그러나 사용이 여전히 허용된 곳도 있고, 금지된 지역에서도 잠복기가 길어 금지 이전에 사용된 석면피해가 당분간 지속될 것으로 예상되어 보다 강력한 국제적 레짐의 형성이 필요한 상황이다. 참고로, 생체에 대한 독성은 청석면, 갈석면, 백석면 순으로 알려져 있으며 석면에 장기간 노출될 경우 15년에서 30년의 잠복기를 거쳐 악성중피종, 폐암, 석면폐증 등의 석면질병에 걸리게 된다.

자료주: 석면건축물 안전관리 가이드북(환경부, 2016년); 석면, 알면 대비할 수 있어요(환경부, 2016년)

백석면을 위험물질 목록에 포함시키는 것을 찬성하고 있는 점은 백석면의 금지가 쉬운 일은 아니지만 국제사회가 서서히 백석면의 금지를 향하여 진전해 나가고 있음을 보여주고 있다.

2004년 발효된 잔류성 유기오염물질에 관한 스톡홀름협약(Stockholm Convention on Persistent Organic Pollutants)은 잔류성 유기오염물질(Persistent Organic Pollutants, POPs)의 감소를 목적으로 지정물질의 제조·사용·수출입 금지 또는 제한하는 협약으로 근절물질, 제한물질 등의 규제물질 목록을 지정하고 있다. 우리나라도 당사국으로 스톡홀름협약이 지정하는 잔류성 유기오염물질을 잔류성 유기오염물질 관리법령에 반영하여 국내적으로 이행하고 있다.

수은에 관한 미나마타협약(Minamata Covention on Mercury)은 수은의 독성, 잔류성, 장거리 이동성으로 인한 위험에 국제사회가 공동으로 대응하기 위하여 체결되었으며 구체적 배출 제한 수치를 설정하기보다 국가별 기술 수준을 고려해 유연한 규제를 적용하도록 하고 있는 것이 특징이다. 미나마타협약은 128개 서명 국가 중 50개국이 비준 시 발효하는데, 미국과 중국 등이 비준을 마쳤고, 우리나라와 인도 등은 서명을 마친 상황에서 2017년 8월 발효하였다. 국내적으로 미나마타협약은 2020년 2월 20일 발효하여, 협약에서 정한 수은첨가제품(전지, 일반조명용 형광램프, 일반조명용 고압수은램프, 스위치·계전기, 전자 디스플레이용 형광램프, 화장품, 농약, 비전자계측기기)의 제조와 수출입 금지, 수은 노출인

- 로테르담협약 http://www.pic.int/
- 스톡홀름협약 http://chm.pops.int/
- 스톡홀름협약 잔류성 유기오염물질 목록 http://chm.pops.int/TheConvention/ThePOPs/ListingofPOPs/tabid/2509/Default.aspx
- 미나마타협약 http://www.mercuryconvention.org/

오르후스협약

협약의 정식 명칭은 "환경 문제에 관한 정보적 접근, 결정과정에의 참여, 사법적 접근에 관한 협약"(Convention on Access to Information, Public Participation in Decision-Making and Access to Justice in Enviromental Matters)이며, 협약이 논의된 덴마크 도시 이름을 따서 오르후스협약(Aarchus Convention)이라 불리고 있다. 오르후스협약은 환경보호를 위한 국민의 권리(환경정보 청구권, 환경정책 참여권, 사법심사 청구권 등)를 종합적으로 다룬 최초의 국제협약으로, 체결 당사국에게 협약상의 의무를 이행하기 위한 국내 입법을 제정 또는 개정하도록 하고 있다. 오르후스협약은 유엔유럽경제위원회(UNECE)의 주도로 체결되었지만 가입은 유럽연합 회원국 및 유럽연합에 국한하는 것이 아니라 국제연합(UN)의 회원국은 본 협약 체결국 회의의 승인을 얻으면 가입할 수 있으나, 우리나라는 가입하고 있지 않다(소병천 2002; 이형석 2015).

구에 대한 건강영향조사 및 환경 중 오염 수준 파악 등이 이루어지고 있다(환경부 2019).

1976년 이탈리아 세베소의 제약회사에서 다이옥신 등 유해 화학물질이 대량 누출되는 화학사고가 발생하자, 유럽연합은 1982년 세베소지침(Seveso Directive)을 제정하였다. 이후 개정 과정을 거쳐 2015년 6월부터는 세베소지침 III을 적용하고 있다. 세베소지침 III은 오르후스협약의 정신을 반영하여 화학물질의 정보 공개 및 대중 참여를 강조하고 있다. 또한 유럽연합은 2007년 신화학물질관리제도(Registration, Evaluation, Authorization and Restriction of Chemicals, REACH)를 제정하여 유럽연합 역내의 연간 1톤 이상 제조, 수입되는 모든 물질에 대해 제조·수입량과 위해성에 따라 등록, 평가, 허가, 제한을 받도록 하고 있다. 세베소지침과 REACH는 선진적인 내용을 담고 있어 많은 나라들의 국내법 모델이 되고 있다.

2   폐기물 분야 레짐과 국제협력

선진국의 쓰레기를 후진국에 수출하는 일이 계속 발생하고 있다. 독일 연방환경청은 1995년부터 1997년까지 모두 4만 7천 톤의 재활용 쓰레기를 북한에 수출했음을 확인한 바 있으며, 대만전력공사가 1997년 북한에 6만 배럴의 핵폐기물을 수출하려던 계획은 한국, 중국, 미국 등의 반대로 무산되기도 하였다(장명화 2013).

알바니아의 경우 외국의 쓰레기를 수입하는 것을 허용하는 법률을 2011년 통과시켰으나, 2013년 이를 개정하여 불허하였고, 2016년 재개정을 통해 다시 허용하면서 국내적 논란이 계속되고 있다. 알바니아는 2009년 유럽연합(EU) 가입을 시도했으나 환경보전 기준을 충족하지 못해 가입 준비 자격을 얻지 못한 바 있으며, 현재 유럽연합 가입 협상이 진행되고 있다(양태삼 2013).

유해폐기물의 국가 간 이동 및 교역에 관한 규율 논의는 1980년대 중반 선진국의 유해폐기물이 개발도상국에 버려지는 일이 계속되면서 시작되었다. 논의 과정에서 아프리카 국가 등 개발도상국을 중심으로 국가 간 폐기물 거래를 금지하자는 주장이 제기되었고, 선진국은 경제적 가치가 있는 재활용 가능 폐기물의 선진국 간 거래는 허용되어야 한다는 입장을 표명하였다. 많은 논란 끝에 절충안으로 유해폐기물의 수출 시 수입국의 서면 동의를 요구하는 등 유해폐기물의 국가 간 이동 절차를 규율하는 바젤협약(Basel Convention on the Control of Trans-boundary Movements of Hazardous Wastes and Their Disposal)이 1989년 스위스 바젤에서 체결되었고 1992년 발효하였다. 우리나라는 1992

년「폐기물의 국가간 이동 및 그 처리에 관한 법률」을 제정하였고, 1994년에 바젤협약을 비준하면서 동법을 시행하였다.

바젤협약은 개발도상국에 유해폐기물 수출을 금지하는 1995년 금지개정(1995 Ban Amendment, 2019년 12월 5일 발효, 우리나라 불참)과 2019년 모든 플라스틱을 수출입 통제대상 폐기물로 관리하는 이른바 플라스틱 폐기물 개정(Plastic Waste Amendments, 2021년 1월 1일 발효, 우리나라 참여)이 이루어진 바 있다(환경부 2020). 1999년에는 국가 간 유해폐기물 이동이나 처리 중 생기는 손해에 대한 책임 및 보상에 관한 바젤 의정서(The Basel Protocol on Liability and Compensation, 우리나라 불참)가 체결되었으나 2021년 10월 기준으로 아직 발효 요건을 충족하지 못하였다.

- 바젤협약 http://www.basel.int

III 생물다양성 보호를 위한 레짐과 멸종위기 생물종 보호 국제협력

1 생물다양성협약

유엔의 생물다양성협약(Convention on Biological Diversity, CBD)은 1992년 브라질 리우에서 채택되었고 1993년 발효하였으며, 2018년 2월 기준으로 우리나라를 포함한 196개국(서명국은 168개국)이 참여하고 있다. 당사국들은 2010년 제10차 생물다양성협약 당사국총회(일본 나고야 개최)에서 2002-2010년 생물다양성 전략계획(Strategic Plan for Biodiversity)의 달성에 실패하였다고 평가하면서, 2011-2020년 생물다양성 전략계획과 도시 및 지방정부이행계획을 채택하였다. 전략계획은 5개의 전략목표와 각 목표마다 4개의 세부목표를 세워 총 20개의 세부목표(일명 아이치 타겟)를 제시하고 있다. 현재 당사국들은 각국의 아이치 타겟 이행을 독려하고, 이행 현황을 평가하면서, 2020년 이후의 계획을 수립하기 위한 준비 논의를 함께 진행하고 있다. 우리나라는 2014년 제12차 생물다양성협약 당사국총회를 평창에 유치하여 2020년 생물다양성 전략계획의 이행방안을 제시하는 평창 로드맵 채택을 주도한 바 있다.

2000년에는 유전자변형생물체의 안전성 확보를 위한 카르타헤나 의정서(The Cartagena Protocol on Biosafety)가 채택되었다. 우리나라는 2008년 카르타헤나의정서에 가입하였지만, 미국과 캐나다 등은 참여하고 있지 않다. 카르타헤나의정서에 가입하지 않은 국가도 많고, 카르타헤나의정서에 참여하고 있는 국가도 유전자변형생물체에 대한 각기 다른 표시제도를 운영하고 있어, 유전자변형생물체를 생산하고 수출하는 다국적기업들이 카르타헤나의 사각지대를 활용할 여지가 크다는 점을 환경단체들은 우려하고 있다.

2017년에는 네덜란드 헤이그에서는 이른바 생태학살(ecocide)에 관한 국제시민사회의 모의 법정이 열려 몬산토(Monsanto)의 생태계 파괴 혐의에 대한 권고적 의견이 내려졌으며, 이를 계기로 환경과 인간의

- 몬산토 모의법정 https://www.monsanto-tribunal.org/
- 생태학살 비정부기구 http://eradicatingecocide.com/

건강에 반하는 범죄를 국제형사법에 포함시켜야 한다는 주장이 주목을 받은 바 있다.

생물다양성협약의 부속의정서로 2010년 제10차 생물다양성협약 당사국총회에서 채택된 나고야의정서(The Nagoya Protocol on Access to Genetic Resources and the Fair and Equitable Sharing of Benefits Arising)는 생물유전자원을 이용할 국가는 해당 자원을 제공하는 국가의 절차에 따라 사전 통보 승인을 받은 후 접근하고, 생물유전자원의 이용으로 발생한 이익에 대해 상호 합의한 계약조건에 따라 제공국과 이익을 공유하도록 규정하고 있다. 해외 생물자원도가 높은 우리나라는 2017년 8월 나고야의정서의 당사국이 되었으며,「유전자원의 접근·이용 및 이익 공유에 관한 법률」을 제정하여, 유전자원 및 이와 관련된 전통지식에 대한 접근·이용으로부터 발생하는 이익의 공정하고 공평한 공유를 위하여 필요한 사항을 규율하고 있다.

- 생물다양성협약 https://www.cbd.int/
- 카르타헤나의정서 http://bch.cbd.int/protocol
- 나고야의정서 https://www.cbd.int/abs/

2 멸종위기 생물종 보호 국제협력

멸종위기에 처한 야생 동식물종의 국제거래에 관한 협약

국제자연보호연맹(International Union for Conservation of Nature, IUCN)의 주도로 1963년 체결된 멸종위기에 처한 야생 동식물종의 국제거래에 관한 협약(Convention on International Trade in Endangered Species of Wild Fauna and Flora, CITES)은 야생 동식물종의 국제적인 거래

가 동식물의 생존을 위협하지 않도록 하는 것을 목적으로 하고 있다.

이 협약(CITES)은 멸종위기에 처한 동식물종 중 국제거래로 영향을 받거나 받을 수 있는 종으로서 멸종위기종을 부속서 I에서 정하고 있고, 현재 멸종위기에 처해 있지는 아니하나 국제거래를 엄격하게 규제하지 아니할 경우 멸종위기에 처할 수 있는 종과 그 멸종위기에 처한 종의 거래를 효과적으로 통제하기 위하여 규제를 해야 하는 그 밖의 종에 대하여 부속서 II에서 정하고 있으며, 멸종위기종 국제거래협약의 당사국이 이용을 제한할 목적으로 자기 나라의 관할권 안에서 규제를 받아야 하는 것으로 확인하고 국제거래 규제를 위하여 다른 당사국의 협력이 필요하다고 판단한 종에 대하여 부속서 III에서 정하고 있다. 참고로 우리나라는 「야생생물 보호 및 관리에 관한 법률」을 제정하여 이행하고 있다.

- ICUN https://www.iucn.org/
- ICUN의 적색목록 http://www.iucnredlist.org/
- CITES https://www.cites.org/eng

호랑이 보호 협력

호랑이 보호는 국가 간 협력, 지역적 협력, 국제기구와 비정부기구를 통한 협력 등 다양한 방식의 협력이 이루어지고 있는 대표적인 사례이다. 2010년 러시아·중국 등 13개 국가는 호랑이 정상회의를 열어 다음 호랑이띠 해인 2022년까지 전 세계 야생호랑이 개체 수를 두 배로 늘리자는 호랑이 보호 캠페인(Doubling Wild Tigers by 2022, TX2)을 시작한 바 있다(강찬수 2017). 참고로 세계자연기금(World Wildlife Fund, WWF)에 따르면 100년 전 10만 마리에 이르렀던 야생호랑이 숫자가 2016년 말 4,000마리도 남지 않은 것으로 나타나고 있다.

남한에서는 이미 멸종된 백두산 호랑이(시베리아 호랑이, 아무르 호랑이 등으로도 불림)는 러시아, 중국, 북한 등지에 440여 마리가 남은 것으로 알려지고 있다. 중국과 러시아는 2013년 백두산 호랑이 보호를 주요 내용으로 하는 협약서에 서명했다. 이 협약으로 양국의 야생 백두산 호랑이가 국경을 넘어 자유롭게 교류하면 러시아 호랑이들이 겪고 있는 먹잇감 부족 문제와 중국에서 호랑이가 극히 제한된 지역에만 분포하는 문제가 동시에 해결되는 효과가 생길 것으로 기대되고 있다. 참고로 동북아환경협력계획(NEASPEC)은 러시아와 중국 지역에 카메라를 설치하고 백두산 호랑이의 현황을 파악하고 있다.

- WWF의 TX2 캠페인 http://tigers.panda.org/tx2/
- NEASEPC SOM 21회의록 http://www.neaspec.org/article/21st-senior-officials-meeting

고래 보호 협력

1946년 체결되고 1948년 발효된 국제포경규제협약(International Agreement for the Regulation of Whaling)의 이행을 위하여 설립된 국제포경위원회(International Whaling Commission, IWC)에 한국은 1978년 가입하였다. 국제포경위원회는 1986년 상업 목적의 포경을 금지하였고, 이후 연구 목적 등의 예외가 일부 허용되고 있다. 한국의 경우 포경을 원칙적으로 금지하고 있지만 우연히 어구에 걸려 죽거나 자연사한 고래의 거래를 허용하고 있어, 합법적인 고래 거래의 규모가 연간 약 2,000마리에 이르는 것으로 알려지고 있다. 우리나라는 2012년 국제포경위원회 연례회의에서 북태평양지역에 밍크 고래 개체 수가 회복되어 포획이 필요하다고 주장하여 국제적 파장을 일으켰으나 많은 비판을 받고 주장을 철회하기도 하였다(그린피스 2012).

　일본의 경우 국제적 비난에도 불구하고 과학적 연구 목적과 오랜 식문화 등을 명목으로 많은 고래를 잡고 있다. 2014년 국제사법재판소(International Court of Justice, ICJ)는 호주와 일본 간의 포경 분쟁에 대해 일본의 과학 연구 목적의 포경을 위법행위로 판결한 바 있다. 하지만 판결을 자세히 살펴보면 특별허가 조사포경을 허가한 자체는 협약에 합당하다는 해석이 내려졌고, 다만 일본의 특별허가에 의한 남극 조사포경 프로그램(JARPA II, The second phase of the Japanese Whale Research Program under Special Permit in the Antarctic)의 수행에 있어서 조사 목표와 실행 간에 보이는 모순으로 인해서 동 조사 프로그램이 협약을 위반했다는 판결이다(손호선 외 2014).

　일본은 국제포경위원회가 1982년 금지한 상업적 고래잡이를 재개할 수 있도록 외교 활동을 펼쳤으나 성공하지 못하자, 2019년 국제포경위원회를 탈퇴하고 1988년 포기했던 상업적 포경을 31년 만에 재개하였다(조일준 2019).

* IWC https://www.iwc.int/home

IV 특수지역 보호 레짐과 국제협력

1 사막화방지협약

기후변화협약, 생물다양성협약과 함께 유엔 3대 환경협약으로 꼽히는 '심각한 한발 또는 사막화를 겪고 있는 아프리카 국가 등 일부 국가들의 사막화 방지를 위한 유엔 협약'(United Nations Convention to Combat Desertification in Those Countries Experiencing Serious Drought and/or Desertification, Paricularly in Africa, UN Convention to Combat Desertification)은 무리한 개발과 오남용으로 인한 사막화 현상을 억제하기 위해 1994년 채택되고 1996년 발효하였다(Brauch and Spring 2011). 이 협약은 사막화 및 토지 황폐화 현상을 겪고 있는 아프리카 등의 개발도상국에 재정적, 기술적으로 지원하여 사막화를 이겨내는 것을 목적으로 시작하였으나, 취약한 과학적 기반과 파트너십 구축 미비, 실질적인 실행체계의 부재, 당사국 간의 첨예한 입장 차이 등의 한계를 안고 있다(박수진 외 2013). 몽골과 중국의 사막화로 인하여 황사 피해를 입고 있는 우리나라는 2011년 창원에서 제10차 유엔사막화방지협약 당사국총회를 유치하여 사막화방지협약의 장기적인 목표 설정과 과학기반 구축 유도, 사막화, 토지황폐화, 가뭄 피해 등을 효과적으로 줄이기 위한 파트너십 구축을 포함하는 '창원이니셔티브'의 채택을 주도한 바 있다(산림청 2016).

- 유엔사막화방지협약 https://www2.unccd.int

2 람사르협약

생태계의 보고인 습지가 급격히 파괴되어 습지 보호 필요성이 대두되자 1971년 람사르협약(Convention on wetlands of international importance especially as waterfowl habitat, Ramsar Convention)이 이란의 람사르에서 채택되었고, 1975년 발효하였다. 람사르협약은 생물다양성 보호 및 이용 분야에서 비교적 일찍이 체결된 레짐으로 주목을 받았지만, 관련 용어나 기준이 불분명하고 강제력이 약하다는 한계도 가지고 있다(김홍균 2008). 람사르협약은 가입 시 람사르 습지 목록에 포함될 적어도 1개 이상의 습지를 지정하도록 하고, 람사르 습지 목록 포함 여부에 상관없이 국내 습지에 자연보호구역을 설정하도록 하는 내용을 담고 있다. 우리나라는 1997년에 람사르협약에 가입하였으며, 2020년 1월 기준으로 국내 람사르 등록 습지는 23개 지역(199.312km²)이다.

- 람사르협약 https://www.ramsar.org/
- 우리나라 국토환경정보센터 http://www.neins.go.kr/etr/ecology/doc02d.asp

3 극지방 보호를 위한 국제협력

남극 레짐

남극의 환경을 보호하기 위한 다자 조약은 남극조약(Antarctic Treaty: 1959년 체결, 1961년 발효, 한국 1986년 가입), 남극해양생물자원보존협약(Commission for the Conservation of Antarctic Marine Living Resources, CCAMLR: 1980년체결, 1978년 발효, 한국 1985년 가입), 남극광물자원개발활동의 규제에 관한 협약(Convention on the Regulation of Antarctic

Mineral Resource Activities, CRAMRA: 1988년 체결, 미발효 상태) 등이 있다. 2018년 10월 남극해양생물보전위원회(CCAMLR)에서는 세계 최대 규모의 남극보호구역을 지정하는 안건이 논의될 것으로 예상되고 있다. 참고로 우리나라는 대한민국 정부와 영국 정부 간의 남극해양생물자원 보존에 관한 협약상의 국제과학감시계획 시행에 관한 약정, 대한민국 정부와 영국 정부 간의 남극해양생물보존위원회의 국제과학감시계획에 관한 양해각서 등 양자적 협력도 이행하고 있다.

- 남극조약 http://www.ats.aq/e/ats.htm
- 남극해양생물보존협약(Convention for the Conservation of Antarctic Marine Living Resources, CCAMLR) https://www.ccamlr.org/en/organisation/camlr-convention
- 남극해양생물보전위원회(Commission for the Conservation of Antarctic Marine Living Resources, CCAMLR) https://www.ccamlr.org/en/organisation/commission
- 남극의정서 http://www.ats.aq/e/ep.htm
- 우리나라 남극 관련 조약 체결 현황 http://mofa.go.kr/trade/arc/antarctica/law/index.jsp?menu=m_30_50_90&tabmenu=t_3
- 남극의정서 환경영향평가제도 운영 현황 http://www.ats.aq/devAS/ep_eia_list.aspx

1991년 체결되고 1998년 발효한 환경보호에 관한 남극조약의정서(Protocol on Environmental Protection to the Antarctic Treaty)는 남극 환경과 생태계 보호를 위하여 남극에서의 순수한 과학적 활동 이외에 어떠한 개발행위도 금지하고 있으며, 남극 환경을 적극적으로 보호하기 위해 모든 남극 활동에 대하여 환경영향평가를 의무화하고 있다(박병도 2005). 남극의정서는 활동의 환경 영향 정도를 사소하거나 일시적인 것에 못 미치는 정도의 영향, 사소하거나 일시적인 영향, 사소하거나 일시적인 것을 초과하는 정도의 영향으로 구분하고, 정도에 따라 예비 단계, 초기환경평가, 포괄적 환경평가의 이행 요건과 효과 등을 규율하고 있다.

참고 남극조약 포괄적 환경영향평가의 내용
(남극조약의정서 부속서 I 제3조 제2항)

가. 목적, 위치, 지속기간 및 강도를 포함한 제안된 활동의 기술, 실행되지 아니한 대안을 포함한 활동에 대한 가능한 대안과 동 대안들의 결과

나. 예측된 변화와 비교될 초기 환경 관련 상태에 대한 기술과 제안된 활동이 없을 경우 미래의 환경 관련 상태에 대한 예측

다. 제안된 활동의 영향을 예측하기 위하여 사용된 방법과 자료에 대한 기술

라. 제안된 활동의 있을 수 있는 직접적 영향의 성질, 정도, 지속기간과 강도에 대한 평가

마. 제안된 활동의 존재 가능한 간접적 또는 2차적인 영향에 대한 고려

바. 현존 활동과 그 밖의 다른 알려진 계획된 활동을 감안한 제안된 활동의 누적적 영향에 대한 고려

사. 제안된 활동의 영향을 감소 또는 완화시키고 예상되지 아니한 영향을 탐지하기 위하여 취해질 수 있으며 또한 즉각적이고 효과적으로 사고를 처리하고 활동의 부정적 영향을 조기 경고할 수 있는 조치의 확인(감시계획 포함)

아. 제안된 활동의 불가피한 영향의 확인

자. 과학연구수행과 그 밖의 다른 현존하는 사용 목적 및 가치에 대하여 제안된 활동이 미치는 효과에 대한 고려

차. 이 항에서 요구되는 정보 수집에 있어 접하는 지식과 불확실성의 차이에 대한 확인

카. 이 항에서 제공되는 정보의 비전문적 요약

타. 포괄적 환경평가를 준비한 사람 또는 기구의 성명과 주소 및 그에 대한 논평을 보낼 곳의 주소

출처: 정부

북극 보호 협력

북극이사회(Arctic Council)는 1996년 오타와선언(Ottawa Declaration on the Establishment of the Artic Council)에 근거하여 군사와 안보 활동을 제외한 민간 영역에서의 북극 개발과 환경보호 등 현안을 논의하기 위해 설립되었다. 그러나 오타와선언은 북극이사회의 지리적 영역에 대해 명시하지 않고 있다. 또한 북극이사회가 독자적인 법인격을 가진 국제기구로 설립되지 않고 고위급 정부 간 포럼(high-level governmental forum)형식으로 설립되었기 때문에 구속력 결정을 내릴 수 없는 한계가 있지만(김기순 2010) 2009년에 북극연안기름 및 가스지침을 제시하여 국제사회의 주목을 받기도 하였다.

현재 북극에 인접한 8개국(노르웨이, 덴마크, 러시아, 미국, 스웨덴, 아이슬란드, 캐나다, 핀란드)이 회원국으로, 약 50만 명의 원주민을 대표하는 6개 단체가 상시참여자(Permanent Participants)로, 13개 국가(프랑스, 독일, 이탈리아, 일본, 네덜란드, 중국, 폴란드, 인도, 한국, 싱가포르, 스페인, 스위스, 영국)와 비정부기구·국제기구 등이 옵서버로 북극이사회에 참여하고 있다(김기순 2015).

의장국은 회원국 간 순환으로 담당하고 있으며 현재 의장국인 러시아(2021. 5-2023. 5.)가 기후변화, 원주민 보호, 경제개발 등의 이슈에서 어떠한 리더십을 발휘할지 주목을 받고 있다.

- 북극이사회 https://www.arctic-council.org/index.php/en/

V 해양환경 보호를 위한 국제협력

1 해양환경 보호 국제협력

1982년 체결되고 1994년 발효한 유엔해양법협약(United Nations Convention on the Law of the Sea)은 해양환경의 보호에 관한 일반적이고 포괄적인 방침을 규정하고 있다. '바다를 지배한 자가 세계를 지배한다'는 말처럼 해양은 국제정치의 현실을 반영하는 공간이기 때문에, 해양법협약의 체결과 이행에 있어 해양 강대국과 연안국, 선진국과 개도국 등 다양한 이해관계가 상충하고 있다(신창현 1997). 해양법협약은 해양환경 보호에 관한 내용을 여러 조항에서 언급하고 있지만, 구체적인 해양환경 이슈들을 규율하는 데는 충분하지 않은 상황이다.

예를 들어 1993년 발효된 생물다양성협약과 1994년 발효된 유엔해양법협약은 모두 관할권 이내의 생물자원에 대한 국가의 주권적 권리만을 다루고 있어 관할권 이원의 생물자원을 규율하는 법적 체제가 없는 상황이다. 이에 2004년부터 유엔 차원의 국가관할권 이원지역의 해양생물다양성(Biological diversity of areas Beyond National Jurisdiction, BBNI) 보존 및 지속가능 이용에 관한 협정 마련 논의가 △이익공유 문제를 포함한 해양유전자원, △해양보호구역을 포함한 지역기반 관리수단, △환경영향평가, △역량강화 및 해양기술이전 등 핵심 의제를 중심으로 논의되고 있다(외교부 2020).

- BBNJ http://www.un.org/depts/los/biodiversityworkinggroup/marine_
  biodiversity.htm
- BBNJ 제3차준비위원회회 협상에 대한 IISD의 보고서 http://enb.iisd.org/oceans/
  bbnj/prepcom3/
- A Regular Process for Global Reporting and Assessment of the State of the
  Marine Environment, including Socioeconomic Aspects(Regular Process) 최신논의
- UNRP http://www.un.org/depts/los/global_reporting/global_reporting.htm

2   어업 규제 국제협력

불법 · 비보고 · 비규제(Illegal, Unreported and Unregulated, IUU) 어업이 자원의 보존관리 조치를 심하게 저해한다는 지적에 따라 식량농업기구(Food and Agriculture Organization of the United Nations, FAO)를 중심으로 불법 · 비보고 · 비규제(IUU) 어업 예방 · 방지 · 근절 국제행동계획(International Plan of Action to Prevent, Deter and Eliminate IUU Fishing, IPAO-IUU)을 2001년 채택하였다. 이 국제행동계획은 그 자체로는 법은 아니지만 현재 국제사회에서 형성 중인 레짐을 반영하고 있다고 볼 수 있다(김선표 외 2001). 계획 제4조가 이 계획의 성격을 자발적인 것으로 규정하고 있지만, 미국 · 유럽연합 · 일본 등은 국내 법규를 강화함으로써 불법 · 비보고 · 비규제 어업 규제를 강화하려는 계획의 취지를 국내적으로 이행하고 있다. 참고로 미국은 2013년 1월 남극 수역에서 발생한 우리 어선의 불법조업과 우리 정부의 제재 수준이 충분치 않다는 이유로 우리나라를 불법 · 비보고 · 비규제 어업국으로 지정한 바 있으며 2015년 2월 이를 해지했다(해양수산부 2015).

2016년 발효하였으며 우리나라도 가입한 항만국 조치협정(Agreement on Port State Measures to Prevent, Deter and Eliminate Illegal, Unreported and Unregulated Fishing)은 수산물을 적재한 모든 선박은 협정을 비준한 국가의 항구를 이용하고자 할 경우, 사전 입항신고 후 허가를 받아야 하고, 선박이 불법 어업을 하였거나 불법 수산물을 적재한 경우 해당 항만 당국은 입항금지 조치를 하거나 항구 서비스(하역, 환적, 연료·물자공급, 정비 등) 사용을 제한할 수 있도록 하고 있다.

지역수산관리기구(Regional Fisheries Management Organizations, FRMOs)는 FAO의 행동규약과 유엔 공해어족 보전협정(UN Fish Stocks Agreement)에 명시되어 있는 기구로 수역별 혹은 어종별로 다양하게 조직되어 있다. 우리나라의 경우는 대서양참치보존위원(International Commission for the Conservation of Atlantic Tunas, ICCAT), 인도양 참치위원회(Indian Ocean Tuna Commission, IOTC), 국제포경위원회(International Whaling Commission, IWC), 남극해양생물보전위원회(Commission for the Conservation of Antarctic Marine Living Resources, CCAMLR), 중

- IPAO-IUU http://www.fao.org/fishery/ipoa-iuu/en; http://www.fao.org/3/a-y1224e/index.html
- 항만국 조치협정 http://www.fao.org/fishery/psm/agreement/en
- 지역수산관리기구(FRMOs)의 FAO 행동규약 http://www.fao.org/fishery/rfb/en
- 유엔 공해어족 보전협정 http://www.un.org/depts/los/convention_agreements/convention_overview_fish_stocks.htm
- 지역수산관리기구 지도 http://www.fao.org/fishery/rfb/en
- 대서양참치보존위원회 http://www.iccat.es/en/
- 인도양참치위원회 http://www.iotc.org/
- 국제포경위원회 https://iwc.int/home
- 남극해양생물보전위원회 https://www.ccamlr.org/
- 중서대서양수산위원회 http://www.fao.org/fishery/rfb/wecafc/en
- 중동대서양수산위원회 http://www.fao.org/fishery/rfb/cecaf/en
- 아시아태평양수산위원회 http://www.fao.org/apfic/en/

서대서양수산위원회(Western Central Atlantic Fishery Commission, WE-CAFC), 중동대서양수산위원회(Fishery Committee for the Eastern Central Atlantic, CECAF), 아시아태평양 수산위원회(Asia-Pacific Fishery Commission, APFIC) 등에 가입하여 활동하고 있다.

3　해양쓰레기 규제 국제협력

국제해사기구 중심의 레짐

1973년 국제해사기구(International Maritime Organization, IMO) 주도로 선박이 일으키는 오염 및 유조선 사고의 방지와 처리 등을 규율하는 일명 MARPOL협약(International Convention for the Prevention of Pollution from Ships, Marine Pollution Treaty 73/78)이 체결되었는데 이 협약의 부속서 V는 일반해역과 특별해역에서 해양쓰레기 투기가 금지되는 경우와 허용되는 경우를 나누어 규정하고 있다.

이 밖에 국제해사기구를 중심으로 육상으로부터의 폐기물 배출로 인한 해양오염 방지를 위해 체결된 국제협약으로는 1972년 체결된 북해 연안 공업선진국들이 육상폐기물을 북해에 버리는 것을 방지하기 위한 오슬로협약(Convention for the Prevention of Marine Pollution by Dumping from Ships and Aircraft, Oslo Convention), 1972년 폐기물 및 기타 물질의 투기에 의한 해양오염 방지에 관한 런던협약(Convention on Prevention of Marine Pollution by Dumping of Wastes and Other Matter, London Convention), 1996년 런던의정서(London Convention on the Prevention of Marine Pollution by Dumping of Wastes and Other Matter) 등이 있다.

우리나라는 2006년 발효한 런던의정서에 2009년 가입했다. 그러나 이후에도 육상폐기물을 해양에 배출한다는 국제적 비판을 받아오다가, 국내 제도와 정책을 정비하여 2016년부터 모든 종류의 육상폐기물에 대한 해양배출을 전면 금지하고 있다.

- IMO http://www.imo.org/en/Pages/Default.aspx
- 마르폴협약 http://www.imo.org/en/about/conventions/listofconventions/pages/international-convention-for-the-prevention-of-pollution-from-ships-(marpol).aspx
- 런던협약과 런던의정서 http://www.imo.org/en/OurWork/Environment/LCLP/Pages/default.aspx

---

유엔 중심의 국제협력

2005년 제60차 유엔총회의 유엔해양법협약과 관련한 결의는 육상기인 활동으로부터 해양환경을 보호하기 위한 범지구적 행동계획(Global Programme of Action for Protection of the Marine Environment form Land-based Activities, GPA)의 이행 진전을 권고한 바 있다. 2010년 생물다양성협약 제10차 당사국총회에서는 2020년까지 해양오염으로 인한 생물다양성 훼손을 최소화하기로 하였고, 2012년 리우+20 지속가능발전 지구정상회의는 2025년까지 연안 및 해양환경에 미치는 영향을 줄이기 위해 과학적 자료에 근거하여 행동에 나설 것을 결의하였다. 2011년 유엔환경계획(UNEP)과 미국해양대기청(NOAA)이 공동 주최한 제5차 해양쓰레기 국제학술대회에서는 지구적 범위의 해양쓰레기 문제에 대응하기 위한 종합적이고 체계적인 기본 문서(framework document)인 호놀룰루전략(Honolulu Strategy)이 마련되기도 하였다(홍선욱 외 2013).

이 밖에 1969년 설립된 유엔의 해양환경 전문가그룹(The Joint Group of Experts on the Scientific Aspects of Marine Environmental Protection, GESAMP)은 최근 플라스틱과 관련한 해양오염에 관한 보고서로 국제사회에 경종을 울린 바 있으며 유엔환경계획은 북서태평양보전실천계획(Northwest Pacific Acton Plan, NOWPAP), 동아시아해양을 위한 조정기구(Coordinating Body for the Seas of East Asia, COBSEA) 등의 지역해 프로그램을 운영하고 있고, 2012년에는 해양쓰레기국제파트너십(Global Partnership on Marine Litter)을 주도한 바 있다.

- 유엔 해양쓰레기국제파트너십 http://web.unep.org/gpa/what-we-do/global-partnership-marine-litter
- GESAMP http://www.gesamp.org/
- 플라스틱 오염 비정부기구 사례 https://www.5gyres.org/; http://www.plasticpollutioncoalition.org/

각종 플라스틱 제품 쓰레기, 치약이나 화장품에 사용된 미세 플라스틱뿐만 아니라 세탁이나 자동차 타이어와 브레이크 패드 마모로 인한 미세플라스틱도 바다로 유입되고 있어, 해양플라스틱 오염 문제가 심각하게 대두되고 있다(이혜경 2017d). 플라스틱 해양오염은 해양 동물의 생존에 위협이 되고 있을 뿐만 아니라 어류 등 먹이사슬을 통하여 인체에 축적될 수 있는 것으로 나타나 충격을 주고 있지만, 인체 유해성은 아직 과학적으로 규명되지 않고 있다. 일부 국가들이 국내 법령으로 미세플라스틱의 사용이나 일회용 플라스틱의 사용을 금지하고 있지만, 여전히 전 세계적으로 급증하고 있는 플라스틱의 생산량과 소비량을 제어하기에는 충분하지 않은 수준이다.

4 유류오염에 관한 손해배상

유조선의 화물유 오염 손해배상

유조선에 의한 화물유 오염 손해배상을 위한 협약으로는 유조선 선주의 배상 책임을 규율하는 1992년 유류오염손해 민사책임에 관한 국제협약(International Convention on Civil Liability for Oil Pollution Damage,

CLC)과 정유사의 보상 책임을 규율하는 1992년 유류오염손해 국제보상
기금설치에 관한 국제협약(The International Oil Pollution Compensation
Funds)이 있다. 미국은 1992년 민사책임과 기금협약에 참여하지 않고
국내법인 유류오염법(Oil Pollution Act)을 적용하고 있는데, 유류오염법
이 당사자의 책임과 배상을 보다 광범위하게 인정하고 있어, 국제협약
체계보다는 피해자 및 해양환경 보호에 철저하다는 평가도 있다(윤효영
2009).

연료유 오염 손해배상

연료유에 대한 오염사고가 증가하여 연료유 오염에 대한 국제협약
의 필요성이 대두되자 선박 연료유로 인한 해양오염 손해를 보상하기
위한 벙커협약(The International Convention on Civil Liability for Bunker
Oil Pollution Damage, Bunkers Convention)이 2001년 채택되었다. 2008
년 발효한 이 협약은 총톤수 1,000톤 이상의 모든 선박을 대상으로 협약

의 규정에 따른 보험(insurance)이나 재정보증(financial security)을 갖추
도록 하고 있다. 또한 보험이나 재정보증을 입증하는 당사국 발행의 벙
커협약 증명서(certificate)를 해당 선박에 비치하도록 하고, 협약 당사국
은 1,000톤 이상의 선박이 벙커협약 증서를 비치하고 있지 않을 경우 입
항을 거부할 수 있도록 하고 있다.

• Bunkers 협약 http://www.imo.org/en/About/Conventions/ListOfConventions/
Pages/International-Convention-on-Civil-Liability-for-Bunker-Oil-Pollution-
Damage-(BUNKER).aspx

VI 물 분야 국제협력

1 담수 분야 국제협력

담수(fresh water) 분야의 경우 국가 간 지하수층 이용 및 보호에
관한 협약 초안(Draft articles on the Law of Transboundary Aquifers)이
2008년 유엔 국제법위원회(International Law Commission)에서 채택된
적이 있었지만 이후 논의의 진전을 이루지 못하여, 기후변화나 생물다
양성 분야처럼 본격적인 레짐이 형성되어 있지 않지만, 유엔과 세계물
포럼 등에서 중요 이슈로 논의되고 있다.

유엔에서는 1972년 유엔인간환경회의(UN Conference on the Hu-
man Environment)에서 환경 문제의 일부로 물이슈가 제기된 바 있으며,

1977년 유엔물회의(UN Conference on Water)를 계기로 용수 공급 지역 확대를 통한 공공보건 향상을 논의하였다(김덕주 2010). 또한 1992년 유엔총회는 리우선언(Rio Declaration on Environment and Development)의 실천계획인 의제 21(Agenda 21)의 권고를 받아들여 3월 22일을 세계 물의 날(World Water Day)로 지정·선포하였고, 1994년부터 매년 물의 날 주제를 선정함으로써 물이슈에 대한 국제적 논의의 기반을 조성하고 있다. 또한 2010년 유엔총회는 안전한 식수와 위생인권을 주장하는 결의안을 압도적인 찬성으로 채택한 바 있다.

세계물위원회(World Water Council)는 1996년 프랑스 물 관련 정부부처 및 기업 중심으로 발족하였으나 국제사회의 다양한 물 분야 이해관계자 간 협력체계를 구축하여 현재 전 세계 60개국 이상의 정부 간 기구, 국제기구, 정부부처 및 학계, 시민단체, 기업체 등 390여 개 이상의 회원기관이 회원으로 활동하고 있다. 세계물위원회는 1997년부터 3년마다 물 분야 최대 회의인 세계물포럼(World Water Forum)을 개최하여 물 문제의 해결 방안을 논의하고 실현을 위한 정치적 선언을 도출하고 있으며, 비즈니스 차원에서 물 EXPO 등도 개최하고 있다(김진수 외 2015). 2015년 제7차 대구경북 세계물포럼의 성과를 바탕으로 우리나라 주도로 아시아물위원회(Asia Water Council)가 설립되었으며, 아시아 지역 물 문제를 글로벌 어젠다화하고 물 문제 해결을 통해 아시아의 지속가능한 발전을 위한 논의를 시작하고 있다(김수영 외 2016).

- UN Water http://www.unwater.org/about-unwater/
- UN 총회 결의(64/292, The human right to water and sanitation) http://www.un.org/es/comun/docs/?symbol=A/RES/64/292&lang=E
- 세계물위원회 http://www.worldwatercouncil.org/en

2021 Valuing Water (물의 가치, 미래의 가치)

2020 Water and Climate Change (물과 기후변화)

2019 Leaving no one behind (물, 언제나 어디서나 누구에게나)

2018 Nature for Water (물의 미래, 자연에서 찾다)

2017 Wastewater (하수의 재발견)

2016 Water and Jobs (물과 일자리)

2015 Water and Sustainabl Development (물과 지속가능발전)

2014 Water And Energy (물과 에너지)

2013 Water, Water everywhere, Only if we share (물, 우리가 나눌 때 비로소 모든 곳에서 흐른다)

2012 Water and Food Security (물과 식량안보)

2011 Water for Cities (도시를 위한 물)

2010 Communicating Water Quality Challenges and Opportunities (물 살리기)

2009 Transboundary Water (국경을 초월한 물)

2008 Sanitation (물과 위생)

2007 Coping with Water Scarcity (지구촌 물부족 극복)

2006 Water and Culture (물과 문화)

2005 Water for Life (생명을 위한 물)

2004 Water and Disasters (물과 재해)

2003 Water for the Future (미래를 위한 물)

2002 Water for Development (개발을 위한 물)

2001 Water and Health (물과 건강)

2000 Water for the Twenty-first Century (21세기를 위한 물)

1999 Everyone Lives Downstream (모든 사람은 하류에 살고 있다)

1998 Ground water – the Invisible Resources (지하수 – 보이지 않는 자원)

1997 The World's Water Is There Enough? (세계의 물은 충분한가?)

1996 Water for Thirsty Cities (물부족 도시를 위한 물)

1995 Women and Water (여성과 물)

1994 Caring for our water resources is everyone's business (우리의 수자원에 대한 관심은 모든 사람들의 일이다)

출처: K Water

2 공유 하천에 관한 지역적 협력

국제공유하천에 대한 국제협약으로는 국제하천 및 국제호수의 보호와 이용에 관한 협약(The Convention on the Protection and Use of Transboundary Watercourses and International Lakes)이 1997년 체결되고 2014년 발효하였다. 이 협약은 국제공유하천과 국제호수의 지속가능하고 공평한 관리를 촉진하기 위하여 관련국 간 협력을 강화하도록 하는 국제법적 원칙을 제시하고 있다. 또한 유엔유럽경제위원회가 1997년 체결한 수자원협약(Convention on the Protection and Use of Transboundary Watercourses and International Lakes)은 2013년 발효하였으며, 현재 유엔회원국에게 서명을 개방하고 있다.

메콩강은 대표적인 지역적 공유하천으로 티벳고원에서 시작하여 6개국(중국, 미얀마, 태국, 라오스, 캄보디아, 베트남 등)을 거쳐 남중국해에 이르는 강으로 6700만 명의 사람들이 유역에 살고 있다. 메콩강 유역 4개국(태국, 베트남, 캄보디아, 라오스)는 1995년 메콩강유역개발협력협정(일명 Mekong Agreement)에 서명하고 1957년 유엔이 설립했던 메콩위원회를 메콩강위원회(Mekong River Commission)로 개편하였다. 분쟁해결 시 메콩강위원회가 우선적으로 문제해결 노력을 하도록 하고 있으나, 메콩강 상류에 있는 중국과 미얀마가 회원국이 아닌 대화상대국(Dialogue Partners)으로 참여하고 있다(박재현 2013).

2003년 메콩강위원회는 메콩강 유역의 환경보호 및 생태계 보전을 위해 협의를 거쳐 동의를 얻은 경우에만 사업을 진행한다는 원칙을 담은 협정서(Procedures for Notification, Prior Consultation and Agreement, PNPCA)를 채택한 바 있으며, 이후 댐 건설과 관련한 분쟁 시 중요한 이슈로 제기되고 있다.

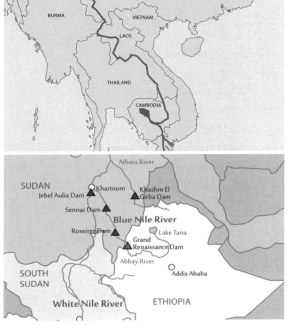

| 그림 5-2 | 메콩강 유역 댐과 에디오피아 르네상스댐
출처: https://www.rfa.org/ english/commentaries/river-07082016162730.html
http://www.circleofblue.org/ 2013/world/infographic-wealth-of-the-nile-basins-countries-dams-gdp-per-capita/

　　나일강 유역에서는 에티오피아가 2011년 에티오피아 르네상스댐 (Grand Ethiopian Renaissance Dam, GERD)을 짓기 시작하자 강하류의 수량이 줄어들 것을 염려한 이집트의 강한 반발을 유발하였다. 이러한 갈등은 2015년 에티오피아 르네상스댐 운영에 관한 원칙선언협정 (Agreement on Declaration of Principles on the Grand Ethiopian Renaissance Dam Project)에 이집트·에티오피아·수단이 합의하면서 평화적으로 해결되었다. 이 협정은 협력 원칙, 개발·지역통합·지속가능 원칙, 심각한 피해를 초래하지 않는다는 원칙, 댐 안전의 원칙, 분쟁의 평화적 해결 원칙 등을 포함하고 있다. 무엇보다 이 협정이 댐에서 발전한 전기를 이집트 등 나일강 하류에 우선 제공하기로 하고, 나일강 수량 감소에 따른 피해도 보상하는 내용을 담고 있는 것은(방현덕 2015) 지역경제 통합을 통한 건설적인 협력 사례로 주목을 받고 있다(Cascão et al. 2016).

- 유엔물협약 https://www.unece.org/env/water/
- 메콩강위원회 http://www.mrcmekong.org/
- PNPCA http://www.mrcmekong.org/assets/Publications/policies/Guidelines-on-implementation-of-the-PNPCA.pdf
- 에티오피아 르네상스댐 운영에 관한 원칙선언협정 원문 http://aigaforum.com/documents/full-text-of-egypt-sudan-ethiopia-agreement-on-nile-use.pdf
- 국제 물분쟁 관련 ICJ 판례 https://www.internationalwaterlaw.org/

VII 원자력 분야 국제협력

- 1966년 구 소련 체르노빌 원자력 발전소 사고로 인한 방사능 낙진으로 인접국 및 유럽이 심각한 피해를 입었으며, 실험책임자 중 한 명은 업무상 중과실치사의 법적 책임(징역 10년을 받았으나 5년 복역 후 건강상 이유로 석방된 후 사망함)을 졌으나, 구 소련은 도의적 책임 이외의 법적 책임은 부인하였다. 이후 에너지난으로 우크라이나가 체르노빌 원전을 계속 가동하자, 서방국가들이 대체발전소 건설을 위한 자금을 지원하여 2000년 영구 폐쇄를 결정하였다(신경진 2000).

- 2011년 대지진 당시 폭발한 후쿠시마 원전사고 도쿄전력 경영진의 형사재판은 2017년 시작되었다(김병규 2017). 도쿄전력은 2017년 7월 원전 내 오염수를 바다로 방출하겠다는 방침을 세웠다(YTN 2017).

- AEA에 공개되고 있는 후쿠시마 제1원전(Fukushima Daiichi) 상황 정보: https://www.iaea.org/newscenter/focus/fukushima/status-update

1   국제원자력기구

국제원자력기구(International Atomic Energy Agency, IAEA)는 원자력의 군사적 전용 금지 및 평화적 이용 증진을 위한 기술협력 사업 이외에도 안전 이용을 보장하기 위한 협력을 하고 있으며 2021년 4월 7일 기준으로 173개국이 참여하고 있다. 국제원자력기구(IAEA)는 아시아태평양(The Regional Cooperative Agreement for Research, Development and Training Related to Nuclear Science and Technology for Asia and the Pacific, RCA), 중남미(The Regional Cooperation Agreement for the Promotion of Nuclear Science and Technology in Latin America and the Caribbean, ARCAL), 아프리카(The African Regional Cooperative Agreement for Research, Development and Training related to Nuclear Science and Technology, AFRA), 서남아시아(The Cooperative Agreement for Arab States in Asia for Research, Development and Training related to Nuclear Science and Technology, ARASIA)의 지역협정을 체결하여 지역별 협력도 추구하고 있다.

- RCA   https://www.iaea.org/technicalcooperation/Regions/Asia-and-the-Pacific/RCA/index.html
- 한국원자력협력재단의 국제기구 안내 http://www.icons.or.kr/icons-page010604

2   경제협력개발기구 산하 원자력기구

1958년 유럽경제협력기구(Organization for European Economic Cooperation)의 유럽원자력기구(European Nuclear Energy Agency)는

1972년 OECD Nuclear Energy Agency(OECD/NEA)으로 개편되었다. OECD/NEA는 원자력 선진국들의 모임으로서 정치적 측면이 배제되고 원자력 과학기술 측면과 미래의 정책적 측면을 다루는 특징을 가지고 있다(고한석 외 2001). 회원국은 관련 정보를 공유하고, 공동연구 사업에 참여하는 권리를 가지며, 분담금을 납부하고, NEA의결사항을 이행할 의무를 가진다(미래창조과학부 2016). 뉴질랜드, 칠레, 에스토니아, 이스라엘을 제외한 OECD국가들이 참여하고 있으며, 중국, 인도 등의 비회원국도 옵서버로 참석하고 있다.

• OECD/NEA https://www.oecd-nea.org/

3 아시아원자력협력포럼

일본은 1990년에 아시아원자력협력국제회의(ICNCA)를 2000년부터 아시아원자력협력포럼(FNCA)으로 개편하여 아시아 지역 원자력의 평화적 이용 증진 및 공동연구를 위한 노력을 주도하고자 하였다. 이는 일본이 1997년 교토의정서 채택 이후 기후변화와 원자력 레짐을 함께 주도함으로써 일본의 세력을 강화하려는 전략이었다는 분석도 있다(티라노 사토시 외 2017). 그러나 일본이 추구하였던 기후변화 레짐과 원자력 레짐의 결합 시도는 2011년 발생한 후쿠시마 원전사고로 어려움에 봉착한 상황이며, 국제사회에서 기후변화 레짐과 원자력 레짐의 관계가 어떻게 논의되어 나갈지는 향후 지속적으로 추이를 지켜볼 필요가 있을 것으로 보인다. 참고로 아시아원자력협력포럼에는 한국, 일본, 호주, 방

• FNCA http://www.fnca.mext.go.jp/english/

글라데시, 중국, 인도네시아, 말레이시아, 필리핀, 태국, 베트남, 몽골, 카자흐스탄 등이 참여하고 있다.

더 읽을거리

김홍균. 2015.『국제환경법』. 홍문사.

외교부. 2017.『기후환경외교편람』. 외교부.

이재곤·박덕영·박병도·소병천. 2015.『국제환경법』. 박영사.

천정웅, 1995.『지구환경레짐의 국제정치학』. 한울아카데미.

J. R. 맥닐. 홍욱희 역. 2008.『20세기 환경의 역사』. 에코리브르.

크리스토프 자이들러. 박미화 역. 2010.『북극해 쟁탈전』. 더숲.

Bayeh, E. 2016. "Agreement on Declaration of Principles on the Grand Ethiopian Renaissance Dam Project: A Reaffirmation of the 1929 and 1959 Agreements?" *Arts and Social Sciences Journal* Vol. 7. Iss. 2.

Chung, Rae Kwong. 2007 "A CER discounting scheme could save climate change regime after 2012." *Climate Policy* Vol. 7. Iss.2.

DeSombre, Elizabeth R. 2007. *The Global Environment and World Politics*. Continuum.

Young, Oran R. Ed. 1999. *The Effectiveness of International Environment Regimes*. Massachusetts Institute of Technology.

1 우리나라는 과거 기후변화협상에서 선진국과 개도국 간의 가교 역할을 하는 적극적인 외교를 펼쳐왔으나 파리협정의 체결을 앞두고 소극적인 자발적 감축목표를 제시하여 기후 악당이라는 오명까지 얻고 있다. 우리나라가 기후외교에서 다시 적극적인 리더십을 발휘할 수 있는 방안은 무엇인가?

2 국내환경정책과 국제환경레짐의 관계는 국력에 따라 다르게 나타나는가?

3 기후변화로 북극의 해빙이 급속도로 빨라지면서 북극항로의 경제적 이용 가능성이 높아지고, 환경파괴의 속도도 가속화될 것이 우려되고 있다. 우리나라는 북극의 환경이슈에 대해 어떠한 입장을 취하여야 하는가?

4 민주주의와 자본주의는 장기적인 환경정책의 이행이나 효율적인 국제환경레짐의 수립에 기여하는가? 국제환경레짐은 국제환경이슈를 해결하는 데 좀 더 도움이 되는 방향으로 발전하고 있는가?

5 국제환경정의(international environment justice)는 존재하는가? 국제환경정의가 존재한다면 국익과 충돌할 경우 각국은 어떠한 선택을 하여야 하는가?

강찬수. 2017. "세계 야생호랑이 3890마리 남았다." 『중앙일보』. 2017.2.20.

고철환. 2016. "런던, 해양투기 금지를 말하다." 『에코뷰』. 2016.3.3.

고한석·오근배·이한명. 2001. "OECD/NEA 원자력 정보의 활용 강화 방안 연구."
　　　『한국원자력학회 춘계학술발표회 논문집』.

그린피스. 2012. 『사라지는 고래: 한국의 불편한 진실』.

김기순. 2010. "북극해의 자원개발과 환경문제." 『독도저널』 봄호.

_____. 2015. "북국이사회 체계의 발전과 현안." 『국제법동향과실무』. pp. 133-148.

김대훈. 2021. "신한은행, 적도원칙 이행보고서 발간." 『한경ESG』.

김덕주. 2010. "물문제에 관한 국제적 논의 동향 및 우리의 대응." 『주요국제문제분석』.
　　　2010-03호.

김병규. 2017. "후쿠시마 원전사고 도쿄전력 경영진 책임가릴 형사재판 개시." 『연합뉴스』.
　　　2017.7.1.

김선표·홍성걸·오순택. 2001. "불법 비보고 비규제(IUU)어업 근절을 위한 FAO의
　　　국제행동계획과 국내적 이행방안." 『해양정책연구』 16(2). pp. 48-82.

김수영·이진욱. 2016. "수자원 분야 국제협력을 통한 물 산업 활성화 방안." 『물
　　　정책·경제』 27.

김윤덕. 2011. "why 환경외교에 미친 그가 외친다. 환경은 돈입니다. 돈돈." 『조선일보』.
　　　2011.2.6.

김진수·김경민. 2015. "2015 제7차 세계물포럼 개최 성과 및 향후 과제." 『이슈와 논점』
　　　제997호. 국회입법조사처.

김홍균. 2008. "람사르(Ramsar)협약의 의의, 한계 그리고 과제." 『환경법연구』 30(3).

문정남. 2007. "'녹색성장'에 대한 열정적 강의: Unilateral CDM의 주창자, UNESCAP
　　　ESDD 정래권 국장 〈인터뷰〉." 『에코비전 21』 9(90). pp. 38-43.

미래창조과학부. 2016. "OECD/NEA(Nuclear Energy Agency) 협력 현황." 2016.8.12.

박덕영 역. 2012. 『국제사회와 법: 국제법과 인권, 통상, 환경』. 연세대학교 대학출판문화원.

박병도. 2005. "국제환경법상 환경영향평가에 관한 연구." 『환경법연구』 27(2). pp. 173-
　　　174.

박수진. 2012. "국가관할권 이원지역(ABNJ)에서의 국제해양법질서와 향후 과제:
　　　해양유전자원에 관한 국제레짐 논의를 중심으로." 『慶熙法學』 47(4). p. 128.

박수진·임종환·이도원·최진무·구홍미·정진숙·안유순. 2013. "유엔사막화방지협약
　　　(UNCCD) 이행의 한계와 한국의 역할." 『국제개발협력연구』 5(1). pp. 35-74.

박수진·정지호. 2010. 12월. 『해양환경부문 기후변화정책의 개선방안 연구』.
　　　한국해양수산개발원 기본연구 10-03.

박재현. 2013. "메콩강 유역국과의 외교강화 방안-메콩강 개발계획을 중심으로."

『주요국제문제분석』 2013-22. 국립외교원.

방현덕. 2015. "이집트·에티오피아·수단, 나일댐 분쟁 해소."『연합뉴스』. 2015.3.24.

산림청. 2016. "우리의 산림복원기술, 17개국 사막화 방지에 기여." 보도자료. 2016.6.15.

소병천. 2002. "최근의 국제법 입법소개 Aarchus 협약."『국제법학회논총』 27(3).

손호선·안두해·안용락. 2014. "국제사법재판소의 일본 남극 조사포경 불법 판결에 따른 한국의 고래 자원 관리 정책 방향제안."『해양정책연구』 29(2).

신경진. 2000. "체르노빌 원자력발전소 영구폐쇄."『중앙일보』. 2000.12.16.

신창현. 1997. "한·중·일의 해양경계획정 문제: UN해양법 협약과 신해양질서의 관점에서."『국제문제조사연구소』.

심상민. 2017. "국가관할권 이원지역의 해양생물다양성(BBNJ) 논의현황과 한국에의 함의."『주요국제문제 분석』 2017-51, 국립외교원 외교안보연구소.

양태삼. 2013. "알바니아, '쓰레기수입' 국민투표로 결정."『연합뉴스』. 2013.4.11.

외교부. 2020. "국가관할권 이원지역의 해양생물다양성(BBNJ) 논의 현황."

윤효영. 2009. "유조선에 의한 유류오염손해에 대한 국제배상제도-미국 유류오염법과의 비교를 중심으로."『환경법과 정책』 3. pp. 153-188.

이경희. 2017. "국제해운업계'온실가스 저감 선원 휴식' 주목."『코리아쉬핑가제트』. 2017.6.14.

이재곤·박덕영·박병도·소병천. 2015.『국제환경법』. 박영사. pp. 166-170.

이지언. 2017. "적도원칙협회, 기후변화 대응과 인권보호 위해 적도원칙 개정 착수." 『오마이뉴스』. 2017.11.2.

이철. 2017. "트럼프 압박에 선박 배출가스 규제도 기우뚱… 조선에 악재: IMO에 급진적 환경규제 문구 완화 요청 규제 연기되면 신규 선박발주도 늦춰질 전망."『뉴스원』. 2017.7.18.

이춘규. 2017. "고래잡이 절실한 일본 '상업포경 재개' 우군 확보 나선다."『연합뉴스』. 2017.1.10.

이형석. "환경공익소송과 오르후스 협약-영국의 사례를 중심으로."『환경법과 정책』 14.

이혜경. 2017a. "동북아의 대기 오염 문제 해결을 위한 다자협력 현황 및 전망."『이슈와 논점』. 국회 입법조사처.

_____. 2017b. "동북아 장거리 이동 대기오염 물질 공동연구(LPT)."『지표로 보는 이슈』. 국회 입법조사처.

_____. 2017c.『유엔기후기금 외교 동향 및 시사점-녹색기후기금(GCF)·지구환경기금(GEF)·적응기금(AF)을 중심으로』, 국회입법조사처 현안보고서.

_____. 2017d. "플라스틱 오염 현황과 시사점."『지표로 보는 이슈』, 국회입법조사처.

_____. 2021a. "파리협정 복귀와 2050 넷제로."『바이든 신행정부의 주요 정책 전망과 시사점』. 국회 입법조사처.

_____. 2021b. "기후정상회의의 의의와 과제."『이슈와 논점』. 국회 입법조사처.

임민수. 2016. "선박 사용 연료유 황 함유량 0.5%로 강화."『에코 타이거』. 2016.11.2.

장명화. 2013. "쓰레기 반입해 외화 버는 나라들." 『자유아시아방송』. 2013.4.18.

정서영. 2016. "고래 불법포획 논쟁과 포경정책의 국가 내부 이해관계자 분석-한국과
　　일본을 중심으로." 『한국환경정책학회 춘계학술대회 요약집』.

조일준. 2019. "일본, 31년만에 다시 '고래잡이'나섰다." 한겨레.

최원기. 2015. "제7차 세계물포럼 한국 개최의 외교적 의의." 『주요국제문제분석』 2015-
　　06. 국립외교원.

_____. 2016. "파리협정(Paris Agreement) 후속협상: 최근 동향과 전망."
　　『주요국제문제분석』 2016-18, 국립외교원. p. 12.

최준영. 2017. "월경성장거리 이동 대기오염물질에 관한 협약(CLTRAP)과 미세먼지해결을
　　위한 국제협력방안." 『이슈와 논점』. 국회입법조사처.

타카노 사토시·진상현. 2017. "기후변화협상에서 일본의 원자력 저탄소화 전략: 레짐
　　복합체 이론을 중심으로." 『환경정책』 25(1). pp. 125-161.

톰 간더튼(Tom Ganderton). 2014. "역사의 뒤안길로 접어든 고래잡이." 한국 그린피스
　　웹사이트. 2014.4.4.

한국경제. 1989. "한국, 오존층보호 위한 몬트리올의정서 12월에 가입." 『한국경제』.
　　1989.8.4.

한삼인·강홍균. 2009. "초국경 환경피해와 국가책임." 『환경법연구』 31(2).

해양수산부. 2015. "한국, 불법(IUU)어업국에서 책임있는 어업국으로 도약." 보도자료.
　　2015.2.10.

_____. 2020. "2021년부터 내항선 연료유 황 함유량 기준 강화된다-내항선 연료유에 대해
　　현행 최대 3.5%에서 0.5%로 강화되는 해양환경관리법 시행령(개정: 2019.7.2.) 시행
　　-." 보도자료.

_____. 2021. "앞으로는 운항 중인 선박도 온실가스 감축해야-국제해사기구, 온실가스
　　관련 해양오염방지협약 개정…2023년 1월 1일부터 시행-." 보도자료.

홍선욱·이종명·장용창·강대석·심원준·이종수. 2013. "호놀룰루 전략과 우리나라
　　해양쓰레기 관리를 위한 시사점, 한국해양환경." 『에너지학회지』 16(2). pp. 143-
　　150.

환경부. 2019. "수은에 관한 미나마타협약 국내 비준 절차 완료." 보도자료.

_____. 2020. "폐플라스틱, 수입국 동의 후 국가간 이동…바젤협약 발효." 보도자료.

환경부·국토교통부. 2021. "국제선 항공사 온실가스 배출량 검증…기관 3곳 지정."
　　보도자료.

황시영. 2017. "항공업계 "파리협약 무관…ICAO 합의 따라 배출가스 감소." 『머니투데이』.
　　2017.6.2.

OECD. 2010. 한국원자력 안전기수술원 번역. 『원자력과 사회 1-신뢰를 부르는 성공적인
　　소통법』.

YTN. 2017. "日 도쿄전력 후쿠시마 원전 오염수 바다 방출 방침." 2017.7.14.

西井 正弘·臼杵 知史. 2011. 박덕영·오미영 역. 『환경문제와 국제법』. p. 75. 세창출판사.

Brauch, Hans Günter, Úrsula Oswald Spring. 2011. "securitizing land degradation and desertification: a proactive soil security concept." *Coping with Global Environmental Change, Disasters and Security: Threats.* (editors: Hans Günter Brauch, Úrsula Oswald Spring, Czeslaw Mesjasz, John Grin, Patricia Kameri-Mbote, Béchir Chourou, Pál Dunay, Jörn Birkmann), Springer.

Cascão, Ana Elisa & Alan Nicol. 2016. "GERD: new norms of cooperation in the Nile Basin?" *Water International* Vol. 41, Issue 4.

Cohen, Alexander F. 1984. "Cosmos 954 and the International Law of Satellite Accidents." *Yale Journal of International Law* Volume 10, Issue 1.

Davenport, Coral. October 15 2016. "Nations, Fighting Powerful Refrigerant That Warms Planet, Reach Landmark Deal." *New York Times.*

European Commission. 2 July 2015 "Minamata Convention will help China and India avoid mercury emissions in 2050." *Science for Environment Policy*, Issue 419.

IMO, FAO, UNESCO-IOC, UNIDO, WMO, IAEA, UN, UNEP, UNDP. 2015. *SOURCES, FATE AND EFFECTS OF MICROPLASTICS IN THE MARINE ENVIRONMENT: A GLOBAL ASSESSM.* GESAMP Report and Studies 90.

MARE. 5 June 2017. "ICS Calls on IMO to Adopt Carbon Target." *The Maritime Executive.*

Mauney, Matt. 17 May 2017. "Asbestos Blocked from 6th Time from Hazardous Substance List." *Asbestos.*

Sands, Philippde. 2003. *Principles of International Environmental Law* (2nd ed.). Cambridge University Press.

UNEP Press Release. 15 July 2016. "Media Advisory: At Montreal Protocol Meetings in Vienna: Countries to Continue Efforts to Control Greenhouse Gases under the Montreal Protocol."

UNFCCC. 2015. "The Kyoto Protocol - A Critical Step Forward."

UNFCCC. 2015. "Achievement of the Clean Development Mechanism."

2부

지구환경정치의 이슈와 쟁점

환경과 시장

공재인 대기, 수자원을 중심으로 하는 환경오염은 전형적인 시장실패의 문제이며 해결을 위해서는 국가의 개입과 시장 메커니즘의 활용이 모두 필요하지만 구체적인 정치적 대안 제시와 정부의 개입 정도에 대해서는 논란이 있다.

이 장에서는 각국의 환경정치에 있어서 중요한 사안이 된 환경세, 환경 관련 시장 혁신과 시장 왜곡에 대하여 소개하고 배출권 거래제의 특성과 운영 현황을 살펴봄으로써 환경 문제 해결과 관련된 국가와 시장의 문제에 대한 이해를 돕고자 한다.

I 시장 메커니즘의 등장과 효율성 논란

1 재산권, 소유권과 환경세

재산권과 소유권

시장 메커니즘이 효율성을 가지기 위해서는 시장이 완전 경쟁적이며, 시장에 대한 완전한 정보가 각 개인에게 알려져야 하며 시장에서 거래되는 재화나 서비스의 재산권과 소유권이 분명하게 설정되어야만 한다(권오상 2014, 64). 재산권은 자본과 토지, 기타 물건으로부터 얻는 편익에 대한 소유자나 지배하는 사람의 권리를 의미한다(한경 경제용어사전 2016). 소유권은 재산권 중에서 가장 기본이 되는 부분이며 자본과 토지, 기타 물품을 소유한 사람이 소유물을 사용, 수익, 처분할 수 있는 지배권이다(김기수 1992). 이러한 소유권의 주체는 개인이 될 수도 있고, 집단이나 국가가 될 수도 있다. 그런데 소유권은 배타성, 이전성, 실행가능성을 가지고 있어야 소유권을 통한 시장 메커니즘의 효율성이 발휘될 수 있다(권오상 2014, 75).

| 표 6-1 | 시장 메커니즘의 효율성을 보장하는 소유권의 성질

소유권의 성질	의미
배타성(Exclusivity)	자원을 소유하고 사용함에 따라 발생하는 모든 편익과 비용은 그 자원의 소유주에게 귀속되고, 또한 자원의 소유주만이 이러한 편익을 누리거나 비용을 부담함
이전성(Transferability)	모든 소유권은 자발적인 거래를 통해 다른 사람에게 이전될 수 있음
실행가능성(Enforceability)	자신이 보유한 소유권은 자신이 원하지 않을 경우 다른 사람에 의해 침해되지 않음

출처: Tientenberg(2005, 125); 권오상 (2014, 65).

사람들이 숨 쉬는 공기를 구성하는 대기 환경을 비롯한 환경 공공재의 이용에서 시장의 실패가 발생하는 것은 자원에 대한 소유권과 사용 후 요금 부과와 사용한 사람들의 책임 설정이 명확하게 되어 있지 않기 때문이다. 그로 인해 시장 메커니즘이 등장했음에도 불구하고 환경 공공재 사용에서 효율성 논란이 발생하게 된다. 이러한 논란을 해결하기 위해 피구의 이론이 등장하게 된다.

피구 이론과 환경세

피구(Arthur C. Pigou)는 1920년에 외부효과가 존재하여 한계 사회적 비용이 한계 사적 비용보다 더 클 때 조세를 통해 사회적 최적 자원배분을 달성하도록 하는 정책 수단이자 환경세인 최적 오염세(일명 피구세)를 제안하였다. 피구세를 도입하기 위해서는 오염 배출로 인한 환경 피해와 정책으로 인한 편익, 그리고 최적 세율을 결정하기 위한 기업의 비용조건 등에 대한 완전한 정보가 필요하다. 그러나 이러한 정보를 얻는 것은 현실적으로 가능하지 않거나 가능하더라도 매우 큰 비용이 소요된다. 이러한 현실적 제약에도 불구하고 피구세를 변형한 형태의 환경세 정책이 수립, 실행되고 있다. 환경세 중에서 가장 대표적인 제도인 탄소세는 배출되는 탄소(혹은 이산화탄소)나 사용되는 연료의 탄소 함유량에 비례하여 세금을 부과하는 제도로 피구세의 변형된 형태이다. 탄소세가 직접규제에 비해 더 나은 정책으로 평가되는 데는 직접규제의 효율성 보장과 배출자들의 지속적인 배출저감 인센티브를 제공하기 때문이다. 또한 탄소세로 인한 재정수입은 각종 시장실패로 인한 후생손실을 회복하는 데 사용할 수도 있다(김훈민 2010).

2   개방자원시장과 공유자원시장의 비효율성

개방자원시장

대부분의 환경재의 경우 그 소유권이 시장의 효율성 기준에 부합하게 정해져 있지 않다. 특히 환경재 중에 개방자원(open access resources)은 소유권과 재산권 자체가 설정되어 있지 않다. 개방자원의 대표적 사례로는 각국의 영해와 경제수역을 제외한 공해상의 수산자원, 각국 정부가 내국인과 외국인의 어로행위를 제한하지 않는 연근해와 연근해의 수산자원, 지구의 대기 및 대기권, 남극 및 북극을 들 수 있다. 수산자원의 과도한 남획, 지구온난화, 동북아시아의 월경성 대기오염과 같은 시장의 실패는 정부나 국제기구가 시장에 개입하여야 하는 당위성을 제공한다.

공해상과 연근해의 수산자원은 수산자원을 사용하는 국가의 정부가 관여하지 않으면 업자들이 제한 없이 참여하기 때문에 수산자원의 과도한 남획이 발생한다. 수산자원 중에 남획이 발생하는 어종 중의 하나인 고래의 경우 각국 정부가 국제포경위원회(International Whaling Commission, IWC)와 같은 국제기구를 결성하여 몇 년간 고래를 잡지 않기로 합의하거나, 국가별로 연간 포획 가능한 고래 수를 정해 이를 지키기로 하는 국제협약을 체결할 수도 있다.

대기권에 있는 기체 중에서 복사열인 적외선을 흡수해 지구로 다시 방출하는 특성이 있는 기체인 이산화탄소(CO_2)와 메탄(CH_4), 아산화질소(N_2O), 수소불화탄소(HFCs), 과불화탄소(PFCs), 육불화황(SF_6) 등의 온실가스 농도가 증가하면서 온실효과가 발생해 지구 표면의 온도가 상승하는 지구온난화는 기후변화의 주범으로 지적되고 있다. 또한 중국을 비롯한 개발도상국들의 제조업 발전 과정에서 발생하는 이산화탄소와 각종 오염물질의 배출, 그 과정에서 나타나는 미세먼지의 발생과 한국을 비롯한 인접 국가로의 확산을 통제하지 못함으로써 중국, 한국, 일본 간의 대기오염 문제 해결을 위한 정부 차원의 개입과 국제협력이 요구되고 있다. 2015년 12월 12일 제21차 유엔 기후변화당사국총회에서 지구온난화를 막기 위해 세계 195개국이 참여한 파리협정의 체결도 개방자원인 대기와 대기권에 대한 보호정책이다.

공유자원시장

공유자원(common-property resources)은 소유권이 설정되어 있지 않은 개방자원과 달리 마을과 같이 소규모 집단에 소유권이 부여된 자원이다(권오상 2014).

공유자원은 소유권이 있는 집단 내의 구성원이면 누구나 그 자원을 이용하지만 구성원 개인의 재산권이 제한을 받는 문제가 있다. 그러나 공유자원도 구성원들의 자원 남용과 시장실패가 발생할 가능성이 있다(권오상 2014). 특히 후진국일수록 초지나 수자원과 같은 생물자원을 개인이 아닌 마을이나 부족이 공동 소유하는 경우가 많으므로 공유자원의 적절한 관리 문제가 매우 중요하다(권오상 2014). 엘리너 오스트롬은 공동체 내에서 공유자원의 이용과 배분을 위한 시장 메커니즘의 역할보다는 공유자원을 관리하는 공동체 기구의 중요성을 강조한 바 있다(Ostrom 1990). 그러나 대표적인 공유자원 중의 하나인 방목지는 세계적으로 개인화하는 정책이 장려되고 있지만 방목지의 지속가능한 사용을 어렵게 하고 가축 생산량을 감소시키기도 한다. 이러한 공유자원의 과잉 이용으로 인한 훼손을 막기 위해 소유권을 보유한 집단은 합리적 자원 이용을 유도하는 공식적 수단과 비공식적 수단을 사용한다. 공식적 수단으로는 공유자원의 사유화 추진, 구성원 전체가 동의하는 명시적 규칙하의 공유자원 이용이 있다(권오상 2014). 비공식적 수단으로는 마을 구성원들의 관습이나 전통을 이용하여 자원의 이용형태를 결정, 명시적 규칙 도입 없이 경제적 인센티브를 적절하게 제공하여 공유자원의 남용과 훼손을 방지하는 방법이 있다(권오상 2014).

공공재시장의 비효율성

공공재(public goods)의 성격을 지니는 재화의 시장도 소유권 설정이 불완전하기 때문에 시장실패의 가능성이 존재한다. 공공재 소유권은 비배타성(nonexcludability), 비경합성(nonrivalness)을 충족시켜야 하지만 실제 시장에서 비배타성과 비경합성을 모두 충족하는 재화나 서비스는 찾기가 쉽지 않다. 그러나 사람들이 숨쉬는 공기, 산의 정상에 올라가서 보게 되는 아름다운 경치는 비경합성과 비배타성을 모두 가지고 있는 공공재이다. 그로 인해 이러한 환경 관련 공공재는 대가를 지불하지 않아도 소비를 막을 방법이 없고 누군가가 소비한다고 해서 소비할 공공재의 양이 줄어들지 않는다. 그렇기 때문에 소비자들 중에는 공공재를 자발적으로 구입하지 않고 다른 소비자가 먼저 구입하기를 기다린 후 이를 무료로 이용하는 게 훨씬 좋다는 것을 알게 되는 무임승차(free-riding) 현상이 나타난다. 그로 인해 각 소비자(사용자)가 시장에서 공공재를 구매하기 위해 실제로 내는 금액은 사회적으로 보아 바람직한 수준만큼의 공공재를 공급하기 위해 필요한 금액보다 더 적게 지불되고, 환경 관련 공공재의 양은 사회적인 최적 수준보다 더 적게 공급된다. 사람들이 마시는 공기도 소비자들 중에 맑은 공기를 마시기 위해 사회적으로 필요한 금액보다 대가를 덜 지불하거나 지불하지 않으려는 경향이 나타난다.

또한 제조업 공장을 운영하는 기업들 중에는 집진기를 비롯한 대기오염 방지 설비를 운영하지 않고 기업의 이윤을 늘리는 데만 치중하여 공장이 있는 지역과 인접 지역의 대기 환경을 악화시키는 경우도 발생한다. 환경 관련 공공재를 시장에서 공급할 때 상술한 바와 같은 시장실패가 발생할 경우 정부의 개입 없이 민간에 의한 자율적인 공공재 수요, 공급을 활성화하기가 쉽지 않다. 그렇기 때문에 국가, 지방정부, 공기업 등의 공공기관이 환경 관련 공공재를 직접 공급, 관리하게 된다. 한국의 서울특별시와 6개 광역시(울산, 대전, 부산, 광주, 대구, 인천) 정부가 도시에 나무를 심어 녹지와 공원을 만들면서 조성하는 도시림은 지방정부가 환경 관련 공공재를 공급, 운영하는 대표적인 사례이다. 또한 각국의 중앙정부나 지방정부에서 산지와 호수를 국립공원으로 운영하면서 국립공원을 이용하는 사람들에게 입장료를 받는 것도 공공기관이 환경 관련 공공재를 직접 공급, 관리하는 데 있어서 흔히 사용되는 방법이다.

II 외부효과와 시장실패

1 외부효과

아담 스미스(A. Smith)의 보이지 않는 손(invisible hands)에 의해 수요자와 공급자가 시장에서 누리는 혜택이 극대화되도록 유도하는 시장 메커니즘은 외부효과로 시장실패를 야기할 수 있다. 따라서 외부효과는 시장비효율의 원인이며 사회 후생의 극대화를 저해하는 요인이라 할 수 있다.

외부효과는 어떤 경제 주체의 의사결정이 시장을 통하지 않고 직접적으로 다른 경제 주체의 의사결정에 영향을 주는 경우로 시장에서는 대가를 주고받는 데 반해 외부효과는 대가를 주고받지 않기 때문에 시장 밖에서 존재하는 현상이라서 외부효과로 불린다. 이 외부효과는 시장실패의 요인이 되는데, 사회적 비용이나 사회적 편익에는 포함되지만 시장에서 가격으로 반영되지 않기 때문에 사적 비용 또는 사적 편익에는 포함되지 않는 특징이 있다. 따라서 외부효과가 존재하면 사적 비용은 사회적 비용과 무관하며, 사적 편익은 사회적 편익과 무관하게 된다. 즉 손익계산 밖의 효과로 이해되며 특히 환경자원과 같은 공공재 문제에서 나타날 수밖에 없다.

2 시장실패의 문제와 정부 규제

일반적으로 환경오염 문제는 전형적인 시장실패의 문제이기 때문에 국가의 개입이 필요하다는 입장이지만 구체적인 대안과 국가의 개입 정도에 대해서는 많은 논란이 있다.

시장실패는 시장이 경쟁을 통한 파레토최적(Pareto optimum)을 위

부정적 외부효과와 긍정적 외부효과

- **부정적 외부효과**(negative externality): 제3자의 경제적 후생수준을 낮추는 외부효과로서 그 대표적인 사례는 자동차 배기가스나 기업의 생산활동에 따른 온실가스 배출 등이 있다.
- **긍정적 외부효과**(positive externality): 제3자에게 경제적 후생수준을 높여 이익을 주는 외부효과로서 신기술의 개발이 그 예이다.

한 조건을 충족하지 못하여 경제적 효율성(economic efficiency)을 달성하지 못하는 경우로 시장이 자원을 효율적으로 배분하지 못하는 것을 의미한다. 이러한 시장실패를 해결 또는 보완하기 위해 외부효과의 내부화를 모색하는데, 대표적인 외부효과의 내부화는 정부가 기업에게 생산성 증대를 위해 보조금을 지불하거나 재산권 보호(특허 등)와 같은 산업정책을 시행하여 기업활동을 유도하는 것이다.

이 밖에 정부개입을 통한 시장실패 문제의 해결방안은 정부의 명령과 통제(command and control) 방식에 의한 직접적인 규제방법이다. 시장실패를 해결하기 위한 정부의 규제는 시장의 원리가 아닌 정치적 결정에 의해 이루어지므로 사회배분의 정의와도 연결되어 있다는 특징을 갖는다. 왜냐하면 오염원 규정과 같은 엄격한 환경 규제방법을 동원하는 국가의 결정은 환경규제의 사회적 비용과 편익에 대한 냉철한 계산뿐만 아니라 환경적 또는 경제적 규제에 대한 사회구성원의 엇갈린 입장 속에서 정치적 압력으로 작용하기 때문이다(Boyce 2002). 그러나 정부의 개입을 최소화하고 시장원리에 충실함으로써 시장실패를 해결 또는 보완할 수 있다는 주장도 있는데 대표적인 것이 사적 교섭을 통한 해결이다.

사적 교섭을 통한 해결은 일반적으로 시장 메커니즘을 통한 방법으로 알려져 있고, 이에 대한 이론적 근거는 코즈의 정리(Coase Theorum)이다. 즉, 사적 교섭을 통한 환경 문제의 해결은 환경오염자와 그 피해자를 협상에 의해 합병시키는 것인데, 합병하면 오염자는 피해자의 피해를 자신의 피해로 간주하므로 환경오염을 최대한 자제하려고 할 것이기 때문이다. 그러나 교섭에 따르는 거래비용(transaction cost)이 과도하게 많이 소요되는 경우 사적 교섭이 곤란하여 언제나 성립되는 것은 아니며, 교섭의 특성상 정치적인 이해관계에 따라 사회적으로 바람직하지 못한 결과를 초래할 수도 있다는 문제점도 존재한다.

또한 정부규제에 의한 명령과 통제의 해결방식과 시장원리에 입각하여 해결하려는 두 방식 모두 정부와 시장(기업)이 회피할 가능성도 존재하는데 그 이유는 기업 입장에서는 규제 비용과 저감 비용을 모두 지불해야 하는 이중적인 부담으로 인식하고, 정부 입장에서는 시장마찰(market friction) 우려와 준수 여부의 감시활동에 따른 높은 행정 비용이 발생할 수 있기 때문에 기존에 행하던 전통적인 규제방식인 명령과 통제 방식을 선호할 가능성도 있다(Stavins 2003).

III 배출권 거래제의 운영과 국가-시장의 문제

1 배출권 거래제 실행원리 및 특성

배출권 거래제도는 캐나다 토론토대학의 정치학자 데일즈(J. H. Dales)가 1968년에 처음 제안한 제도이다.[1] 배출권 거래제도는 기업들이 정부로부터 온실가스 배출 허용량을 부여받고, 그 범위 내에서 생산활동 및 온실가스 감축을 하되, 각 기업이 감축을 많이 해서 허용량이 남

---

1   데일즈(Dales 1968)는 호수, 하천은 어메니티 편익에 대한 계산과 측정이 불가능하기 때문에 소유권 설정에 의한 최적의 자원배분이 어려운 점을 지적하였다. 그러므로 거대 독점자 역할을 하는 정부가 어메니티나 배수에 필요한 허용 한도를 할당 및 결정한 후 시장은 법적인 오염물질 배출량 목표에 따라 배출권을 거래하면 배출권에 정(+)의 가격이 형성되어 배출량을 목표한 수준으로 억제할 수 있다고 주장하였다.

을 경우는 다른 기업에게 남은 허용량을 판매할 수 있고, 반대로 기업이 감축을 적게 해서 허용량이 부족할 경우, 다른 기업으로부터 부족한 허용량을 구입할 수 있도록 하는 제도이다. 이를 그림으로 이해하면 다음과 같다.

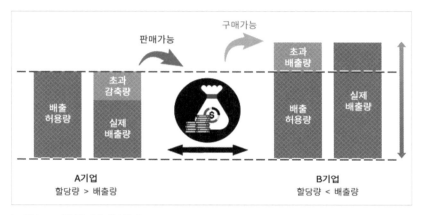

| 그림 6-1 | 배출권 거래제의 원리
출처: 환경부 홈페이지(https://www.me.go.kr/home/web/index.do?menuId=10292)

가장 일반적인 배출권 거래제도는 총량제한 배출권 거래제도(cap and trade)이다. 정부는 제도가 적용될 환경영향권 및 환경의 질에 대한 목표를 설정하고 허용될 수 있는 최대 환경오염물질 배출량, 즉 배출총량(cap)을 계산한 후 다시 배출총량을 소량으로 분할하여 그 수만큼 증서(certification)를 발행하고 배출자들에게 배분하는 방식이다.

배분된 배출권증서는 경매를 통해서 배분될 수도 있고, 정부가 정한 기준에 의해 배분될 수 있는데 이렇게 배분된 배출권은 자유롭게 거래가 가능하기 때문에 배출권 시장에서 수요와 공급에 의한 가격이 결정되어 최적 배출총량 수준에서 균형이 이루어지는 원리라고 할 수 있다. 다만, 배출권 가격이 정부의 배출권 발행량(정부의 최초 할당량)에 의

배출권 거래 시장 구분과 운영방식

배출권 거래제에 의해 형성된 시장을 탄소시장(carbon market)이라고 하는데, 이 시장은 크게 의무이행 시장(compliance market)과 자발적 시장(voluntary market)으로 구분된다. 의무이행 시장은 유럽국가 중심의 EU-ETS, 미국 지역 중심으로 운영하는 지역 온실가스 이니셔티브(Regional Greenhouse Gas Initiative: RGGI)[2]와 같이 국제적 온실가스 감축제도나 정부의 규제에 의해 만들어지는 시장인 반면, 자발적 시장은 기업이나 정부, 지자체, NGO, 개인들이 자신들의 온실가스 배출을 자발적으로 상쇄(offsetting)하기 위해 감축량을 구매하는 동기에 의해서 형성되고 있다. 가장 대표적인 자발적 시장은 미국의 시카고 기후거래소(Chicago Climate Exchange, CCX)로, 2003년에 설립된 미국 최초의 자발적이지만 의무이행을 위해 규정에 따라 운영되는 온실가스 감축 및 거래 시스템이며, CCX는 회원을 대상으로 자발적인 총량거래(cap-and-trade) 방식으로 운영된다.

회원국들의 의무감축은 할당배출량(allowance)과 함께 자발적 표준에 의해 발행된 상쇄(offset) 방식으로 이행할 수 있지만 대부분의 자발적 배출권은 비교적 자유롭게 거래되는 장외거래 시장에서 거래되고, 장외거래 시장은 총량거래 방식이 아니라 베이스라인 방식에 의해 발생하는 배출권을 자발적 소매 수요나 투자 목적으로 거래한다. 장외거래 시장에서의 배출권은 자발적 배출권(Verified Emission Reduction, VER)과 단순한 탄소 옵셋(carbon offsets)으로 구성되는데, 한국의 경우 에너지관리공단에서 각 기업이 감축한 배출량에 대해 발행하는 배출권(Korea Certified Emissions Reductions, KCERs)은 엄격한 모니터링과 검증절차를 거치지 않은 옵셋에 해당한다고 할 수 있다.

....

2   RGGI는 Connecticut, Delaware, Maine, Maryland, Massachusetts, New Hampshire, New Jersey, New York, Rhode Island, Vermont 등 총 10개 주가 참여하는 미국 최초의 총량거래 시스템(cap-and-trade compliance system)이다. 미국은 교토의정서에 비준하지 않은 국가이기에 자발적 시장이지만 주 정부의 법률에 의해 의무적으로 설립된 시장이라는 점에서 자발적 시장과 의무시장의 중간적 성격을 가지고 있다.

해 영향을 크게 받기 때문에 실제적으로는 정부가 환경오염물질의 배출량을 직접 통제하는 효과를 갖기도 한다.

2   환경 관련 기술혁신 및 시장의 왜곡 문제

시장-국가의 기술혁신

환경정책은 외부성(externality)을 최소화하기 위해 기업에게 인센티브 제공으로 불균형을 균등화하려고 하는데 이때 오염자가 환경적 투입요소(environmental inputs)에 대한 소비를 고려하고 결정하도록 하여 환경비용을 내부화하는 방법으로 기술혁신이 필요하다. 왜냐하면 기술혁신은 오염을 막는 한계비용을 줄이고 오염저감 비용을 감소시키며, 환경적 건전성을 개선할 수 있기 때문에 사회적 편익을 증대시키는 결과를 가져올 수 있기 때문이다. OECD(2009)는 녹색성장전략으로 녹색시장의 건설(Building green markets)과 시장실패 보완을 위한 녹색 정책수단의 적용(applying green policy instruments to address market failures), 녹색 기술/혁신 진흥 등을 꼽았다. 따라서 기술혁신은 환경에도 기업에도 모두 순기능적인 역할을 하기 때문에 환경 문제에 가교역할을 할 수 있고, 아울러 국가가 시장실패를 보완한다는 측면에서 환경기술혁신의 중요성은 매우 크다고 할 수 있다.

한편 국가가 시장에 반응하는 형태에 따라 기술혁신 추구 형태가 달라질 수 있고, 환경오염에 대한 성과도 차이가 날 수 있다. 기술혁신 추구 형태는 자유시장경제 국가(Liberal Market Economies)의 경우 시장의 자율성을 강조하는 특성으로 인해 급진적인 기술형태를 띠고 조정시장경제 국가(Coordinated Market Economies)는 시장개입 또는 조정이 용이한 점진적 기술혁신을 추구하는 경향이 있다(Mikler and Harrison

2012).

　급진적 기술혁신은 혁명적인 속성으로 인해 기술패러다임을 급격히 변화시키는 반면 점진적 기술혁신은 점진적 진화의 속성으로 인해 현재 상태의 조건에 반응하여 변화한다. 점진적 기술혁신은 현존의 생산과정에 대한 작지만 진보적인 수정을 통해 매우 실질적인 변화를 가져오는 반면, 급진적 기술혁신은 기존 생산과정을 재창조, 재설계하기 때문에 경제시스템과 기술-경제 패러다임을 변화시킬 수 있다(Dicken 2003, 86-87). 또한 급진적 기술혁신은 높은 리스크를 갖는 장기간 재정투자가 요구되고 시장의 판도를 바꿀 수 있는 잠재력을 가지고 있으며 시장수요에 거의 영향을 받지 않는 기초과학 연구의 특징을 가지고 있는 반면, 점진적 기술혁신은 낮은 리스크를 가지고 있고 단기 또는 중기에 적합하다.

　이러한 특징을 볼 때, 급진적 기술혁신은 높은 위험 부담을 안고서 장기적 관점으로 투자하여 향후에 기술 관련 시장의 판도를 변화시킬 수 있는 가능성을 추구하는 자유시장경제 국가에게 적합하다고 할 수 있다.

　그리고 기초과학 연구개발에 막대하고 불확실한 재정투자에 대한 부담을 갖는 국가 입장에서는 점진적 기술혁신이 가용기술 측면에서 보다 빠른 성과를 낼 수 있기에 기업과 국가 모두가 선호할 가능성이 높다. 예를 들어 온실가스 감축 관련 기술시장과 기술혁신 측면에서 본다면, 단기적 성과를 낼 수 있는 점진적 기술혁신을 선호할 가능성이 높다. 왜냐하면 점진적 기술혁신의 능력을 가진 조정시장경제 국가는 중단기적으로 낮은 조정비용이 소모 될 것이고, 급진적 기술혁신 기술력을 수용하는 데 보다 유리한 위치를 점할 수 있기 때문이다. 일례로 청정기술 발전을 위한 사업에 선도적으로 뛰어든 덴마크는 세계를 주도하는 풍력

터빈과 타워 제조기업 베스타스(Vestas)를 키워냈고, 지속적으로 상당한 비용을 줄일 수 있었다(Stone 2009). 그리고 온실가스 감축을 위해 국가는 사회통합과 경제발전, 자원 배분 등을 동시에 추구해야 하기 때문에 급진적 기술혁신 추구는 부담으로 작용할 수 있다는 측면을 고려하면, 온실가스 감축에 필요한 실질적인 변화를 추구하는 점진적 기술혁신은 탈탄소화에 필요한 생산과정 재설계와 같은 급진적 기술혁신이 출현, 확산될 때까지 가교역할을 할 수 있다. 이런 점에서 볼 때, 유럽국가들 특히 독일을 비롯한 조정시장경제 국가에게 보다 실질적인 온실가스 감축 성과를 나타냈다고도 볼 수 있다.

시장왜곡 문제

이렇듯 배출권 거래제도는 배출부과금제도에 시장원리를 더 많이 추가하여 환경오염 원인자의 자발적 배출억제와 환경오염방지 기술의 개발을 더욱 강도 높게 촉진하기 위한 제도라고 할 수 있다. 따라서 직접규제가 갖는 환경오염방지 기술 개발 저해의 문제를 해결할 수 있는 대안으로 부상하고 있다.[3] 왜냐하면 환경오염 원인자의 자발적 배출량 억제 노력과 기술개발 노력을 동시에 추구할 수 있기 때문이다. 그러나 배출권 거래제도는 사회적으로 부도덕한 행위인 오염배출이 권리가 되어 시장에서 거래된다는 비판도 존재하고 배출권 거래제의 실제 운영에 있어서 시장의 왜곡문제가 발생할 수도 있다는 지적도 있다.

---

3   직접규제의 경직성을 완화하기 위한 배출권 거래제도는 ① 배출원별 또는 공정별 기술규제가 기업에 큰 번거로움과 경제적 부담을 해결하기 위해 기포정책(bubble policy)을 미국 환경청(EPA)이 1975년에 시행하였고, ② 직접규제가 환경오염도가 법정한계에 이른 지역에서의 기업경제활동을 크게 위축시킬 수 있는 문제를 해결하기 위해 상쇄정책(offset policy)을 1976년에 시행하였다.

배출권 거래제의 또 다른 중요한 특징은 초기할당(initial allocation)의 결과가 거래 후 최종배분(post-trade final allocation)에 영향을 주지 않기 때문에 비용효과성(cost-effectiveness)이 초기할당의 결과에 상관없이 달성될 수 있다(Hahn and Stavins 2011). 다시 말해 이론적으로 코즈의 정리(Coase Theorem)가 실현 가능하다는 것이다. 그러나 현실에서는 배출권 거래제의 효과를 저해하는 제약요인으로서 시장왜곡 요인이 존재한다. 일반적으로 거래비용이 존재하거나, 시장지배력을 가진 참여자가 있거나, 온실가스 배출규제 이외에 다른 규제가 존재할 때, 그리고 시장 불확실성이 클 경우 배출권 거래제의 효율성은 저해된다(Tietenberg 2006). 따라서 시장을 왜곡할 수 있는 요인은 ① 높은 거래비용, ② 강한 시장지배력, ③ 규제, ④ 시장의 불확실성 등이 있다.

거래비용에 의한 시장왜곡은 시장의 크기가 작거나 참여자가 소규모이거나 또는 소규모 배출업체 중심의 편향된 분포를 보이거나 아니면 이질적인 시장 참여자가 존재할 경우에 발생할 수 있다(Hahn and Stavins 2011). 이러한 거래비용으로 인한 피해를 최소화할 방법은 정부가 초기할당을 경제적으로 명확히 찾아 할당하는 것인데 현실적으로 불가능하다는 점과 시장 참여자들 간의 자발적인 거래를 통해 비용효과 측면에서 적정 배분점을 찾아가도록 한다는 배출권 거래제 본연의 취지에도 부합되지 않는다. 따라서 정부가 가능한 최적의 초기할당 설정으로 거래비용을 낮추려는 노력과 다양한 중개기관들의 참여를 유도할 필요가 있다. 이와 관련하여 EU, 미국 캘리포니아 배출권 거래제 등은 할당 대상 업체 이외에 다양한 경제 주체들의 시장 참여를 허용하고 있는데 이와 관련하여 엘러만(Ellerman 2009)은 다양한 중개기관들의 참여가 EU 배출권 거래시장의 거래비용을 낮추는 데 일조하고 있다고 평가한 바 있다.

거래비용(transaction cost)

일반적으로 각종 거래행위(정보 수집, 협상, 계약 준수 등)에 수반되는 비용이다. 배출권 거래제와 관련해서는 ① 배출권의 거래 상대방을 탐색하고 관련된 정보를 수집하는 데 들어가는 탐색 및 정보 비용, ② 거래 당사자들이 지불해야 하는 협상 비용(거래조건 협상에 소요되는 시간과 법적 비용, 거래 중개수수료 및 각종 보험료 등을 포함), ③ 거래의 신뢰성과 법적 이행을 담보하는 데 소요되는 감독 및 이행강제 비용 등을 말한다.

시장지배력에 의한 시장왜곡은 거대 기업의 독점행위 또는 일부 기업그룹 등 시장지배력을 가진 시장 참여자의 담합에 의해 발생할 수 있다. 시장지배력을 가진 기업이 다량의 배출권을 할당받아 배출권의 독점공급자가 될 경우 감축량보다 더 적게 감축하고 다수의 소규모 기업들은 효율적인 수준에 비해 더 많은 양을 감축하게 되고 반대로, 시장지배력을 가진 기업이 수요독점 기업이 될 경우 더 많이 감축하게 되고 다수의 소규모 기업들은 효율적인 수준보다 적은 양을 감축하게 된다(Montero 2009). 따라서 초기할당도 중요하지만 정부의 이에 대한 감시와 규제가 필요하다.

규제에 의한 시장왜곡은 온실가스 규제뿐만 아니라 다른 유형의 규제가 존재하는 경우에는 그러한 규제가 참여 업체들의 비용최소화 행동에 왜곡을 일으킬 수 있는데 특히 전력 공급과 같은 공공서비스 제공 기업들에 대한 규제가 시장의 객관적인 가격 비율과 상이할 경우 시장을 왜곡할 수 있다(Bohi and Burtraw 1992; Tietenburg 2006). 흥미로운 것은 예를 들어 RPS(신재생에너지 공급의무할당제) 제도로 규제를 받는 발전사들은 신재생에너지로의 전환 또는 배출권 구입을 통해 주어진 감축의무를 최소비용으로 달성하고자 하는데, 만일 최적의 전원믹스에서의 신재생에너지 발전량보다 RPS 제도에서 요구하는 신재생에너지 발전량이 높게 요구될 경우에는 비용최소화 수준을 상회하는 전원믹스와 배출권 구매를 할 수밖에 없기 때문에 감축비용은 최적화되지 못할 가능성이 높다. 그러나 배출권 거래제를 통한 비용 효과성을 넘어 RPS 제도는 궁극적으로 친환경에너지로의 전환을 목표로 하기에 국가적 차원의 대응이 필요한 사안이다.

불확실성에 의한 시장왜곡은 경기변동에 의한 가격유동성과 간접배출의 포함 여부에 따라 가격불안정성이 커질 수 있다. 다시 말해 초기에 소규모의 배출권을 할당받은 기업들은 미래의 높은 할당배출권 가격에 대비하여 감축기술 투자를 보다 적극적이고 과감하게 하려는 경향이 있고, 반대로 많은 배출권을 할당받은 업체는 가격 급락의 위험에 대비하기 위해 온실가스 감축기술 투자에 지나치게 소극적인 경향이 있다는 것을 의미한다(Badlursson and von der Fehr 2004). 배출권 거래제도를 가장 먼저 도입하고 선도적인 역할을 하고 있는 EU-ETS의 경우, 외부충

배출권 거래제도와 유사한 규제정책들

- **상쇄정책**(offset policy): 신규 배출원의 허가조건으로서 기존 오염배출원의 배출량이 신규 배출원의 배출량보다 더 감소할 것을 규정하는 제도
- **기포정책**(bubble policy): 동일 기업 소유의 여러 공장 또는 특정 지역 내 여러 기업의 배출량을 하나의 묶음(풍선)으로 간주하여 개별 오염원의 배출량을 통제하지 않고 그 전체의 배출량을 규제하는 제도
- **정산정책**(netting policy): 특정 배출원의 신규 배출시설 인허가 시 기존 배출시설에서의 배출량 억제 실적을 빼고 계산해주는 제도
- **이월정책**(banking policy): 기존 배출원의 오염 억제시설을 장차의 신규 배출시설의 도입 또는 다른 기존 배출시설의 증설 시에 사용할 수 있도록 이월하는 것을 허용하는 제도로서 경제적으로 가장 효율적인 수단이지만 적용 대상이 매우 제한적이라는 단점이 있음

격에 의한 배출권 거래가격의 안정화가 길게는 약 1년 가까이 소요되는 것으로 나타나 배출권의 과다할당 및 잉여배출권 이월금지 등의 정책적 요인이 필요하다고 분석된 바 있다(백정호·김현석 2013). 따라서 시장의 불확실성이 큰 배출권 거래제 시장의 특성상 가격불안정성과 같은 외부 충격으로 인한 사회적 피해를 최소화해야 할 것이다.

3 배출권 거래제 실행 사례

주요 국가, 지역의 배출권 거래제 운영 현황

현재 배출권 거래제를 운영하는 주요 국가와 지역으로는 유럽연합 (EU), 미국과 캐나다, 일본, 중국 등이 있다. 일본은 수도 도쿄와 교토, 사이타마현에서 각각 지역별 배출권 거래제를 시행하고 있다. 중국도 베이징(北京) 외에도 상하이(上海), 텐진(天津), 광둥성(广东省), 선전(深

圳), 후베이성(湖北省), 충칭(重庆), 푸젠성(福建省)이 지역별로 배출권 거래소를 운영하고 있다. 중앙정부 차원에서는 2017년 12월 19일부터 배출량 데이터 확보가 용이한 전력 산업부터 전국적인 배출권 거래를 시작하였다(国家发展改革委员会 2017).

배출권 거래제 시행에 있어서 다른 나라들의 벤치마킹 대상이며 유럽 내 31개 국가들의 참여로 배출권 거래를 실시하고 있는 유럽연합

| 표 6-2 | 유럽연합(EU)과 주요 국가들의 배출권 거래제 운영 현황

구분	EU ETS 3기	WCI (Western Climate Initiative)		일본	중국 (베이징)
		캘리포니아	퀘벡		
지역	28개 EU 회원국 및 3개 유럽 자유무역연합 회원국 (아이슬란드, 노르웨이, 리히텐슈타인)	미국 캘리포니아	캐나다 퀘벡	도쿄	베이징
		2014년 이후 시장 연계			
배출량	4,611.6MtCO$_2$ (2012년)	459.28MtCO$_2$ (2013년)	78.3MtCO$_2$ (2012년)	70.1MtCO$_2$ (2012년)	188.1MtCO$_2$ (2012년)
적용 대상	전력, 항공, 기타 산업별 약 12,000개 시설 (화학, 암모니아, 알루미늄 추가)	전력, 시멘트, 철강 등	전력, 산업	상업, 업무 부문 약 1,300개 사업장	전력, 시멘트, 석유화학 업종 약 1,000개 사업장
		25,000톤 이상 사업장			
감축 목표	2020년까지 2005년 배출량 대비 21% 감축 (연간 1.74% 감축)	2020년까지 1990년 수준으로 감축	2020년까지 1990년 배출량 대비 20% 감축	1기(2010~2014): 평균 6% 감축 2기(2015-2019): 평균 15% 감축	2015년까지 2010년 GDP당 배출량 대비 17% 감축
할당	유상 할당의 점진적 확대 (산업): 20% (발전): 100%	10% 유상 할당		2002년부터 2007년까지 연속 3개년 배출량	2009년부터 2012년 까지의 평균 배출량
가격	5.4-8.3 유로 (2016년 기준)	12.9-13.2달러 (2016년 기준)		1,500-3,500엔 (2016년 기준)	40.5-50.8위안 (2016년 기준)

자료: 기획재정부(2017, 15).

(EU)과 2015년부터 배출권 거래제를 시행하고 있는 한국의 사례는 배출권 거래에서의 국가와 시장의 역할에 대하여 고찰하는 데 도움이 될 수 있다.

유럽연합(EU)

유럽연합(EU)은 1997년 교토의정서에 적극적으로 참여하면서 온실가스 감축의무 달성의 수단으로 미국의 이산화황(SO_2) 배출권 거래제를 모델로 2005년 유럽지역의 탄소배출권 거래제(EU Emission Trading System, EU-ETS)를 시행하였다. EU-ETS는 1단계(2005~2007년), 2단계(2008~2012년), 3단계(2013~2020년), 4단계(2021~2030년)로 구분 및 계획하고 있다. 2013년부터 시행된 EU-ETS 3단계에서는 지난 이행 기간의 시행착오를 바탕으로 많은 변화를 꾀했다. 특히 3단계에서는 기존의 EU-ETS에 적용되지 않았던 해양과 항공 부문을 추가하여 매우 빠르게 증가하고 있는 항공부문의 온실가스 배출량을 개선하겠다는 의지를 보이고 있다. 이러한 EU-ETS의 할당배출권(EU Emissions Allowances, EUA)은 전 세계 탄소배출권 거래시장에서 거래금액 기준 약 84%, 거래량 기준 약 77%라는 매우 큰 비중을 차지하고 있다. EU-ETS의 탄소배출권 거래소는 2005년 EU-ETS가 시행됨에 따라 대도시를 중심으로 개설되었으며, 유럽기후거래소(European Climate Exchange, ECX)에서 90% 이상의 거래를 진행하고 있다. ECX를 제외한 대부분의 거래소는 전력거래소의 성격을 띠는 반면에, ECX는 배출권 거래만을 전담하는 차별성을 지니고 있다. 2007년 Powernext에서 탄소시장 부문만 분리되어 설립된 Bluenext는 주로 현물상품을 중심으로 거래가 이루어져, 현물시장의 65% 이상이 거래되고 있다. ECX에 이은 두 번째 규모의 탄소배출권 거래소인 Nord Pool은 전력거래소에서 출발하였는데, 당시 주요 고객인 전력회사들이 전력생산 과정에서 소비하는 석탄과 가스로 인해 탄소배출권의 수요가 있었기 때문이다.

EU-ETS의 4단계는 2021년부터 시작된다. 4단계에서는 3단계에서의 교토의정서 체제의 발리 행동계획에 따른 배출권 거래에서 파리협정에 따른 배출권 거래 체제로 전환된다.

EU-ETS를 기획하고 실천하는 주체는 EU집행위원회(Commission of the European Communities)이다. 2009년 EU집행위원회는 온실가스 배출권 거래제와 재생에너지 발전차액지원제도(Feed in Tariff)[4]를 적극적으로 시행한 이후, 2014년에 '2030 기후 에너지정책 프레임워크(2030

| 표 6-3 | EU-ETS의 3단계와 4단계 비교

구분	3단계(2013~2020)	4단계(2021~2030)(안)
감축 목표	2020년까지 2005년 대비 21% 감축 (non-ETS 10% 감축)	2030년까지 2005년 대비 43% 감축 (non-ETS 30% 감축)
근거 협약	발리 행동계획	파리협정
기간 목표	2013년부터 2020년까지 매년 1.74%씩 감축	2021년부터 2030까지 매년 2.2%씩 감축
주요 내용	EU 통합 ETS 시행 전체 배출권의 57% 경매 무상 할당 방식 선진화: BM 할당 확대. 제품 · 열 · 연료 전력부문 유상 할당	전체 배출권의 57% 경매 BM계수 업데이트 혁신기금 도입 신규진입비축제도(NER) 실시: 3기 미할당분 2억 5,000만 톤을 포함하여 총 4억 톤 비축
온실가스 거래 대상	CO_2, N_2O, PFCs	CO_2, N_2O, PFCs
해당 법령	EU Directive 2003/87/EC EU Directive 2009/29/EC	EU Directive 2015/0148/EC

자료: 기획재정부(2017, 14).

....

4   발전차액지원제도는 재생 가능한 에너지원으로 생산한 전력과 기존 에너지원으로 생산한 전력의 생산단가 차액을 정부가 보상해주는 제도이다.

Climate and Energy Policy Framework)'를 통해 2030년까지 온실가스 배출량을 1990년 대비 40% 감축하는 법적 구속력 있는 목표를 설정하였고, 국가별 재생에너지 소비 목표를 설정하지 않음으로써 보다 시장기능을 활성화시켜 목표를 달성하고자 하였다(이정은·조용성·이수철 2015). 그러나 배출권 거래가격의 급락으로 인한 배출권 시장의 불확실성과 전기가격 인상으로 인한 소비자에게의 비용 전가 문제 등이 있다. 특히 배출권 과잉 할당과 무상 할당이 주된 원인으로 지목되는데, 할당의 문제는 국가의 정치적 권한의 조정 성격을 띠고 있기 때문에 더욱 큰 논란이 되고 있다.

한국

한국의 배출권 거래는 중앙정부에서 2009년 1월 신성장동력 비전 및 발전 전략을 확정한 후 동년 11월에 국책 연구기관들의 잠재 감축량에 대한 연구를 토대로 온실가스 감축목표 설정을 시작하였다. 그로부터 2개월 후인 2010년 1월 중앙정부는 녹색성장기본법 제정을 통해 ETS 도입의 법적 근거를 만들었고 2012년 5월 배출권 거래제법을 제정함으로써 거래 체계의 구축을 시도하였다. 배출권의 할당, 거래, 제출 절차는 2014년 1월에 한국거래소를 배출권 거래소로 지정 공고하면서부터 시작되었다.

한국은 2013년 3월 23일부터 시행하고 있는 〈온실가스 배출권의 할당 및 거래에 관한 법률(약칭 배출권거래법)〉에 따라 2015년부터 배출권 거래제를 시행하고 있다(국가법령정보센터 2013). 2015년 시행 첫 해에는 환경부가 배출권 거래제의 주무 부처였으나 2016년 6월부터 기획재정부로 주무부처가 변경되었고 2018년부터는 환경부가 다시 주무부처 역할을 수행한다.

| 표 6-4 | 한국 배출권의 할당, 거래 및 제출 절차

절차	시기	주요 내용
국가 감축목표 설정	2014년 1월	온실가스 감축 로드맵에서 연도별 감축목표 제시
배출권 발행총량 · 업종별 할당량 결정	2014년 9월	온실가스 감축 로드맵에서 제시된 온실가스 배출목표량과 업종별 감축목표를 반영하여 결정
참여대상 선정	2014년 9월	최근 3년간 온실가스 배출량 평균 125,000CO_2톤 이상인 업체 또는 25,000CO2톤 이상인 사업장
업체별 배출권 할당	2014년 11월	민간전문가로 구성된 공동작업반과 할당결정심의위원회(위원장: 환경부 차관)에서 결정
거래	2015년 1월 - 2016년 6월	배출권거래소(KRX)나 장외거래를 통해 배출권 거래
명세서 제출	2016년 3월	MRV(Measuring, Reporting, Reportion&Verifying)가 가능한 방식으로 작성한 실제 배출량에 대한 명세서 제출
배출량 인증	2016년 5월	할당 대상업체의 실제 배출량 인증(배출량인증위원회 심의)
이월 차입 신청	2016년 6월	실제 배출량보다 보유한 배출권이 많은 경우, 시장에서 매도하거나 다음 연도로 배출권 이월 실제 배출량보다 보유한 배출권이 부족한 경우, 시장에서 매수하거나 다음 연도의 배출권 차입 배출량을 인증받은 날부터 10일 이내 신청
이월 차입 승인	2016년 6월 20일	이월 · 차입 신청분에 대한 승인 여부 결정
배출권 제출 및 과징금 부과	2016년 6월	인증받은 배출량에 해당하는 수량의 배출권 제출 인증받은 배출량보다 제출한 배출권 부족 시 과징금 부과(법 제33조)

출처: 한국거래소 https://open.krx.co.kr/contents/OPN/01/01050402/OPN01050402.jsp (검색일: 2016.8.30)

한국의 배출권 거래는 6개 온실가스(CO_2, CH_4, N_2O, HFCs, PFCs, SF_6)를 이산화탄소 기준으로 환산하여 배출권을 할당, 경매하는 방식으로 진행되고 있다. 〈그림 6-2〉에 나온 바와 같이 투자자가 코스콤(KOS-COM)에 정식 주문과 계약 체결, GIR에서 장외거래와 배출권의 이월, 차입, 조정을 신청하면 한국거래소(KRX)에서 호가와 체결을 통해 배출권

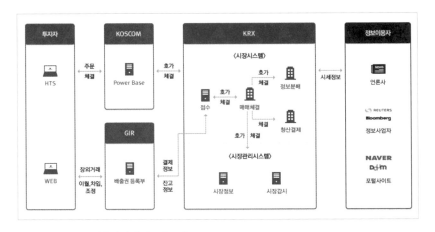

| 그림 6-2 | 한국의 배출권 시장 시스템 구성도
출처: 한국거래소 https://open.krx.co.kr/contents/OPN/01/01050402/OPN01050402.jsp (검색일: 2016.8.30.)

거래를 진행하고 있다.

한국은 배출권 거래제를 실시한 지 5개월여가 지난 2015년 6월 29일에 국가 감축 기여 방안(intended nationally determined contributions, 이하 INDC)으로 2030년 BAU 대비 37%를 유엔기후변화협약(The United Nations Framework Convention on Climate Change, 이하 UNFCCC)에 제출하며 능동적으로 참여하면서 배출권 거래제의 실시와 기업들의 배출권 거래제 참여 유도를 적극 추진할 것으로 기대되었다. 그러나 환경부는 배출권 거래제에서 기업들에 대한 무상 할당 축소와 시장 거래 참여를 강하게 요구할 경우 제조업 기업들의 국내 투자와 고용이 감소할 가능성을 의식하면서 1차 거래 기간(2015-2017)에 기업들에게 15억 9,800만 톤의 100% 무상 할당을 실시하였다. 또한 수출 주력업종에 대해서는 1차 계획 기간이 끝난 후에도 100% 무상으로 배출권을 할당하고 생산시설을 신·증설할 때에도 배출권을 추가로 할당하여 배출권 거래가 기업의 국내 신규 투자에 장애 요인으로 작용하지 않도록 하였다

(황국상 2016). 또한 계획 기간 사이의 이월과 계획 기간 내에서의 장래 배출량을 미리 끌어다가 사용하는 차입을 모두 허용하였다(조현진·김하나 2016). 그리고 국내 배출권 거래뿐만 아니라 매립가스 자원화사업, 아산화질소 저감사업, 육불화황 저감사업, 재생에너지 및 연료전환사업에서 구매한 인증실적을 상쇄 배출권(Korean Credit Unit, 이하 KCU)으로 전환하여 거래할 수 있도록 하였다. 아울러 2018~2020년의 2차 계획 기간에는 기업이 온실가스를 배출할 수 있는 총량에서 97%는 무상으로 할당이 되고 나머지 3%만 유상 할당을 하게 되며 2021~2025년의 3차 계획 기간에는 90%의 무상 할당, 10% 유상 할당을 받으면 된다(황국상 2016). 이와 같이 기업들에게 배출권의 무상 할당 비율을 높게 책정하는 배려를 했음에도 불구하고 개별 기업 차원에서는 기업에 무상 분배되는 할당량이 적다는 이유로 행정법원에 행정소송을 제기하는 사례들이 나온 바 있다.[5]

기획재정부가 2016년 관련 부처들과 함께 2015년분 온실가스 배출권 거래제의 첫 번째 정산을 실시한 결과 5억 4,900만 톤의 배출권을 할당받은 기업 522개 중 290개(55.6%)가 보수적인 배출량 사용과 경영난으로 인한 일부 사업 중단으로 할당량을 모두 사용하지 못해서 여유분이 1,700만 톤이나 발생했고 배출권이 남은 대부분의 기업(227개)은 이를 이월했으며 배출권이 부족했던 업체는 232개(44.4%), 1,100만 톤이었다(임소형 2016). 기획재정부에 따르면 배출권이 부족했던 232개 업체

---

5   1차 계획 기간 한국의 업계가 신청한 배출권 할당량 총량은 20억 2,100만 톤으로 중앙정부가 할당한 양보다 4억 2,300만 톤이 많았다. 정부 할당 배출량이 업계 신청보다 적게 할당되면서 개별 기업들의 행정소송이 제기되었다. 가장 먼저 대 정부 행정소송을 시작했던 현대제철은 2015년 12월 행정소송에서 패소하였다. 아세아시멘트, 한국타이어, SK머티리얼즈, 동양시멘트, 성동조선해양, 현대그린파워, 프렉스에어코리아, 휴스틸이 제기한 배출권 할당거부처분취소 소송은 2017년 2월 2일 선고공판에서 기업들의 청구가 기각되었다.

들 중 183개는 부족한 만큼을 2016년과 2017년 할당량에서 미리 당겨 쓰거나 시장에서 경매를 통해 매입해 사용했으며 나머지 49개 업체는 할당에 문제가 있다며 중앙정부에 이의신청을 하였다(임소형 2016).

현재 한국의 배출권 거래시장은 무상 할당량은 여전히 많고 유상 거래를 할 수 있는 배출권의 양은 많지 않다. 이러한 상황이 지속되면서

| 표 6-5 | 한국의 온실가스 배출권 거래 가격 추이(KAU 16)

날짜	거래 가격(원 / 톤당)
2015년 11월 30일	7,880
2015년 12월 30일	7,880
2016년 1월 29일	7,880
2016년 2월 29일	7,880
2016년 3월 31일	7,880
2016년 4월 29일	7,880
2016년 5월 31일	7,880
2016년 6월 30일	16,600
2016년 7월 29일	17,000
2016년 8월 31일	17,000
2016년 9월 30일	18,000
2016년 10월 31일	18,500
2016년 11월 29일	18,600
2017년 1월 19일	7,880
2017년 1월 23일	20,850
2017년 2월 22일	25,900
2017년 6월 30일	20,350
2017년 8월 22일	20,050
2017년 10월 17일	21,050
2017년 11월 23일	28,000
2017년 12월 18일	22,000

출처: 한국거래소

2017년 1월 23일부터는 톤당 배출권 거래 가격이 2만 원을 넘고 있다.

톤당 배출권 거래 가격이 2017년 1월 19일에 비해 2배 이상 인상된 상태가 계속되고 있지만 한국의 중앙정부는 1,400만 톤 규모로 비축한 배출권 예비분을 방출하지 않고 있다(정현수·정혜윤 2017). 이는 기획재정부에서 배출권 거래시장의 급등 원인을 시장 전체적으로 여유 물량이 있지만 기업들이 시장의 불확실성 때문에 배출권을 보유하려는 경향이 있는 것으로 보고 있기 때문이다(정현수·정혜윤 2017). 그러나 할당된 배출권의 양이 많지 않다고 생각하는 기업들이 존재하고 배출권 거래 가격이 2017년 1월 19일에 비해 2배 이상 올랐기 때문에 여유 자금이 부족한 기업들은 시장에서 유상 거래를 통해 배출권을 충분하게 확보하기 쉽지 않을 수 있다. 이러한 상황에서 중앙정부의 2018년부터 2020년까지의 배출권 할당 계획에 따라 환경부가 기업들에게 업종, 업체별로 배출권 할당량을 어떻게 배정할지도 배출권 거래 가격과 기업들의 배출권 유상 거래 참여에 영향을 미칠 수 있다. 그리고 한국 중앙정부와 산업통상자원부가 온실가스 배출량이 표면적으로 많지 않은 원자력 발전소의 발전량을 어느 정도로 조정할지에 따라서 2018년부터 2020년까지의 한국의 배출권 할당 계획과 기업들에 대한 배출권 할당량도 영향을 받을 수 있다. 만약 배출권 할당 계획(2018~2020년)에서 기업들에게 할당하는 배출권의 양이 많지 않을 경우 배출권의 구입에 사용할 여유 자금이 부족한 배출권 거래 참여 기업들 중에서는 할당량 초과분에 대해 배출권 연평균 가격의 3배의 과징금을 내는 기업이 나올 가능성을 배제할 수 없다.

탄소세와 배출권 거래제의 논쟁 요소 중에 환경적 편익의 확실성 (benefit certainty)과 비용의 확실성(cost certainty)이 있다(Avi-Yonah and Uhlmann 2009; Sewalk 2014). 배출권 거래제 옹호론자들이 주장하는 환경적 편익의 확실성은 국제적 연대를 통해 일단 공동의 노력이 성사된다면 근본적인 환경 개선이 가능하다는 점에서 전망적인 장점이라고 할 수 있다. 그러나 지속가능한 수준에서 실제로 총량이 제한되지 않으면 환경적 확실성이 모호하다는 지적도 있다(Johnson 2008).

탄소세 옹호론자들이 주장하는 비용의 확실성은 국제적 연대가 필요한 배출권 거래제에 비해 주권국가 내부적 차원에서 달성할 수 있는 비교적 단순한 과정을 거치므로 탄소가격의 안정적 유지와 예측이 가능하다는 장점이 있다. 그러나 정치적 저항 때문에 그렇게 쉽게 성사되기도 어렵다(Avi-Yonah and Uhlmann 2009, 45). 왜냐하면, 과세의 형태를 띠기 때문에 기업의 반발과 소비자에게 그 비용이 전가될 수 있다는 우려에서 정치인들은 자유로울 수 없기 때문이다.

사실 이 두 가지 방법 중에서 어느 방법이 실질적인 감축 효과를 기대할 수 있는지와 배출권 거래제의 지구적 연계 가능성이 논쟁의 중심일 수 있다. 우선 감축 효과를 보면, 배출권 거래제를 옹호하는 입장에서는 미국처럼 국가 단위가 아닌 지역 단위로 시행하는 ETS라 할지라도 더 큰 시장 규모와 영향력을 갖기에 시행 단위를 떠나 ETS는 효과적인 감축정책으로 인식된다(김이진·이상윤 2014). 그러나 중요한 것은 앞서 언급했듯이 모든 당사국이 참여하는 방식이 아니라면 그 효과는 완전할 수 없다. 이런 이유로 국내적으로 조절이 용이한 탄소세 도입이 어떠한 형태로든 나타나는 것으로 이해할 수 있다. 탄소세 도입 지지자들은 ETS로 목표하는 감축 효과를 실제로 보장할 수 없고 환경적 편익의 확실성은 환상이라고 주장한다(Johnson 2008; Avi-Yonah and Uhlmann 2009). 왜냐하면 ETS 자체가 정부 주도의 배출권 할당 과정이 필요한데 이 과정에서 정치경제적 압력으로 보다 강력하고 효과적인 감축을 저해할 수 있기 때문이다.

다음으로 지구적 연계 여부는 ETS가 아직 국제적으로 통일된 거래 체제를 가지고 있지는 않지만, 28개국 유럽지역의 EU-ETS가 운영중이고, 캘리포니아 주는 2014년부터 캐나다 퀘벡 주의 총량거래(cap and trade) 방식으로 ETS를 연계하여 운영하고 있다(안세환 2015). 이런 점을 볼 때, 미국과 캐나다의 일부 주들이 참여하는 서부기후이니셔티브(Western Climate Initiative) 추진으로 북미지역의 ETS 확대 가능성이 있다. 아울러 국제적 연계를 통해 목표가 상대적으로 엄격히 관리되고(Relative stringency of targets), 상쇄방식을 보다 널리 인식시킬 수 있으며(Recognition of off-sets), 비용억제(cost containment) 효과를 볼 수 있다는 점에서 캘리포니아 주와 EU-ETS를 연계하는 방안도 논의된 바 있다(Zetterberg 2012).

유럽연합의 경우, EU-ETS 시행 이전에 탄소세를 도입하려 했지만,

| 표 6-6 | 탄소세와 배출권 거래제 비교

	탄소세(Carbon Taxation)	배출권 거래제(Emission Trade Scheme)
방식	이산화탄소 사용(배출)에 따른 세금부과	이산화탄소 배출권에 대한 할당 및 거래
특징	비용의 확실성(cost certainty)	편익의 확실성(benefit certainty)
장점	탄소가격의 안정적 유지 및 예측	근본적인 환경개선 가능
단점	정치적 저항 발생 조세저항과 비용의 소비자 전가 문제	전 지구적 연계 문제 배출권 산정 및 할당 문제 공정거래에 대한 감시 및 문제

회원국들은 조세권이 전통적으로 개별 주권국가의 통치권에 속하므로 국경을 초월하는 과세는 개별 국가의 정치권력을 위협할 수 있다고 인식하고 탄소세 도입에 부정적이고 거부되었다(Slate 2011). 그러나 1990년 핀란드를 시작으로 북유럽국가들은 탄소세를 징수하였는데, 현재 EU의 지침에 배출권 거래제가 모든 회원국에서 시행되고 있기 때문에 기존에 탄소세 제도를 도입한 국가들(핀란드, 스웨덴, 노르웨이, 덴마크, 독일, 이탈리아 등)은 배출권 거래제와 탄소세 제도가 공존하고 있다. 이런 점을 보면, 국제적으로 조화롭게 하면서 국가적인 탄소세와 같은 가격으로 지구적 환경오염에 대한 외부효과를 해결할 수도 있다(Nordhaus 2007; Metcalf and Weisbach 2009; Cooper 2010). 그 이유는 가격 불안정성이 문제가 되어온 ETS를 보완하기 위해 탄소세에 대한 국가 내부의 정치경제적 역량으로 탄소가격을 최대한 안정적으로 조율하는 한편, 전 지구적 차원의 대응에 취약했던 탄소세 문제를 ETS의 강점인 배출총량에 대한 국제적 가이드라인으로 보완할 수 있기 때문이다.

더 읽을거리

Jonathan Neale. 2011. 김종환 역. 『기후변화와 자본주의』(원제: *Stop Global Warming: Change the World*). 서울: 책갈피.

Naomi Klein. 2016. 이순희 역. 『이것이 모든 것을 바꾼다』(원제: *This Changes Everything*). 경기: 열린책들.

권오상. 2013. 『환경경제학』. 서울: 박영사.

유상희·김효선·박광수·양준모·윤주훈. 2010. 『기후변화 및 탄소시장 용어집』. 서울: 경문사.

이정전. 2011. 『환경경제학 이해』. 서울: 박영사.

1 환경 공공재의 사용 비용에 대한 행위자들의 무임승차와 행위자들 간의 불균등한 지불 문제를 해결하기 위해 정부가 사용할 수 있는 정책 수단에는 어떤 것들이 있을까?

2 환경 문제를 시장의 실패와 국가(정부)의 실패의 문제로 접근하여 배출권 거래제를 어떻게 이해할 수 있을까?

3 탄소배출권 거래제와 탄소세의 특징 및 장단점을 비교해 볼 때, 어떤 제도적 수단이 환경에 보다 효과적일까?

4 배출권 거래시장에서 국가의 정치 행위인 배출권 할당이 적절하게 이뤄지기 어려운 원인은 무엇일까?

5 한국의 배출권 거래시장의 문제를 해결하기 위하여 중앙정부는 어떤 정책 수단을 사용해야 할까?

| 참고문헌 |

국가법령정보센터. 2013.『온실가스 배출권의 할당 및 거래에 관한 법률(약칭 배출권거래법)』. http://www.law.go.kr/lsInfoP.do?lsiSeq=137271#0000(검색일: 2017.11.12.)
권오상. 2014.『환경경제학』. 서울: 박영사. pp. 64-65, 68-71.
기획재정부. 2017.『제2차 배출권 거래제 기본계획(안)』. pp. 14-15.
김기수. 1992. "民法上 土地所有權의 特性과 그 制限."『考試界』37(2). p. 15.
김이진·이상윤. 2014. "주요국의 배출거래제 추진 현황 및 시사점."『환경포럼』18(7). pp.1-27.
김훈민. 2010. "탄소세·마찰적 실업." KDI 경제정보센터 웹사이트. https://eiec.kdi.re.kr/publish/archive/click/view.jsp?fcode=00002000110000100002&idx=1341 (검색일: 2018.01.12.)
백정호·김현석. 2013. "EU ETS의 장단기 가격결정요인 분석."『에너지경제연구』12(1). pp. 25-43.
안세환. 2015. "국내외 배출권 거래제 시행 현황."『CGS Report』5(5). pp. 10-13.
이정은·조용성·이수철. 2015. "한국형 온실가스 배출권 거래제도 활성화를 위한 EU 및 일본 사례 비교 연구."『한국기후변화학회지』6(1). pp. 11-19.
임소형. 2016. "불황의 역설, 온실가스 배출권 예상 밖 여유."『한국일보』. 2016. 7. 20. 19면.
정현수·정혜윤. 2017. "갈피 못잡는 배출권 정책⋯기업·가격도 오락가락."『머니투데이』. 2017. 12. 19. http://news.mt.co.kr/mtview.php?no=2017121915174235265(검색일: 2017.12.20.)
조현진·김하나. 2016. "배출권 거래제의 시장 안정화 방안에 관한 법정책적 연구."『환경법연구』38(1). p. 283.
한경 경제용어사전. 2016. "재산권."『한경 경제용어사전』. http://dic.hankyung.com/apps/economy.view?seq=1944(검색일: 2017.07.01.)
한국거래소 홈페이지(https://open.krx.co.kr)
환경부 홈페이지(https://www.me.go.kr)
황국상. 2016. "줄잇는 '배출권 거래제' 소송⋯기업의 승산은."『the L』. 2016. 6. 14. http://thel.mt.co.kr/newsView.html?no=2016061417168263222(검색일: 2016.07.01.)

Avi-Yonah, Reuven S. and David M. Uhlmann. 2009. "Combating global climate change: Why a carbon tax is a better response to global warming than cap and trade." *Stanford Environmental Law Journal* 28(3): 3-50.
Baldursson, F. M. and Von der Fehr Nils-Henrik M. 2004. "Price volatility and risk exposure: on market-based environmental policy instruments." *Journal of*

Environmental Economics and Management 48(1): 682-704.

Bohi, D. R. and D. Burtraw. 1992. "Utility Investment Behavior and the EmissionTrading Market," *Resource and Energy Economics* 14: 129-153.

Boyce, James K. 2002. *The Political Economy of the Environment.* Massachusetts, USA: Edward Elgar.

Cooper, Richard N. 2010. "The Case for Charges on Greenhouse Gas Emissions." In Joe Aldy and Robert Stavins (eds), *Post-Kyoto International Climate Policy: Architectures for Agreement.* Cambridge University Press.

Dales, J. H. 1968. "Land, water, and ownership." *The Canadian Journal of Economics* 1(4): 798-800.

Dicken, Peter. 2003. *Global Shift: Transforming the World Economy.* London: Sage Publications.

Ellerman, A. D. 2009. "The EU Emission Trading Scheme: A Prototype Global System?" MIT Joint Program on the Science and Policy of Global Change, Report No. 170, Cambridge, MA.

Hahn, R. W. and R. Stavins. 2011. "The Effect of Allowance Allocations on Cap-and-Trade System Performance." *Journal of Law and Economics* 54(4): 267-294.

International Carbon Action Partnership (ICAP). 2014. Emissions Trading Worldwide, ICAP Status Report: 21-23.

_____. 2015. Emissions Trading Worldwide: ICAP Status Report 2015.

Johnson, Kenneth C. 2008. "Beware of the Dogmatist: A Consensus Perspective on the Tax versus Cap Debate." Social Science Research Network Working Paper. http://ssrn.com/abstract=1154638 (검색일: 2017.08.15.)

Kossoy et al., 2013. "Mapping carbon pricing initiatives: developments and prospects." The World Bank: Carbon Finance.

Metcalf, Gilbert E. and David Weisbach. 2009. "The Design of a Carbon Tax." *Harvard Environmental Law Review* 33(2): 499-556.

Mikler, John and Neil E. Harrison. 2012. "Varieties of Capitalism and Technological Innovation for Climate Change Mitigation." *New Political Economy* 17(2): 179-208.

Montero, J. P. 2009. "Market power in pollution permit markets." *The Energy Journal.* 115-142.

Nordhaus, William D. 2007. "To tax or not to tax: Alternative approaches to slowing global warming." *Review of Environmental Economics and Policy* 1(1): 26-44.

_____. 2013. *The Climate Casino: Risk, Uncertainty, and Economics for a Warming World.* NewHaven: Yale University Press.

OECD. 2009. A Proposal for Developing A Green Growth Strategy, C147/REV1.

pp. 1-17. https://unfccc.int/files/meetings/cop_15/side_events_exhibits/
application/pdf/09_12_10_greengrowth2.pdf (검색일: 2017.04.10.)

Ostrom, Elinor. 1990. *Governing the Commons: The Evolution of Institutions for Collective Action*. Cambridge University Press.

Sewalk, Stephen. 2014. "The EU-27, US, UK, and China should dump cap-and-trade as a policy option and adopt a carbon tax with reinvestment to reduce global emissions." *Suffolk University Law Review* 47: 525-578.

Slate, Aura Carmen. 2011. "European Emission Trading Scheme at a Turning Point- From the Pilot Phase to Post-2012." *Romanian Journal of European Affairs* 11(3): 60-78.

Stavins, Robert N. 2003. "Market-based Environmental Policies: What can we learn from U.S. Experience (and related research)?" KSG Working Paper, No. RWP03-031(2003.07). http://www.rff.org/files/sharepoint/WorkImages/Download/RFF-DP-03-43.pdf (검색일: 2017.03.24.)

Stone, Andy. 2009. "Blade Runner." *Forbes* 183(8): 104-112.

Tietenberg, T. H. 2005. *Environmental and Natural Resources Economics*, 7th ed., Reading, Harper and Collins.

_____. 2006. *Emissions Trading: Principles and Practice*. Washington, D.C.: Resources for the Future.

Zetterberg, Lars. 2012. *Linking the Emission Trading Systems in EU and California*. Stockholm: Swedish Environmental Research Institute (IVL).

国家发展改革委员会. 2017. "全国碳排放权交易市场建设方案(发电行业)." pp. 1-7.

환경과 무역

7장은 환경과 무역의 관계를 다루면서, 자유무역 규칙에 있어 환경이라는 변수가 장차 어떤 변화를 야기할지에 대해 다양한 분쟁 사례를 중심으로 서술하고 있다. 자유무역의 증가와 경제적 번영은 환경오염을 증대시키는 경우가 많으며, 특히 자유무역의 증대로 인해 개도국의 환경오염은 선진국에 비해 더욱 심각한 상황에 이를 수 있지만, 생태적 근대화론이나 환경적 쿠즈네츠 곡선 등의 논의까지 고려할 때, 국가와 국제사회가 어떤 의지와 방향을 갖고 노력하는지에 따라 무역과 환경은 반드시 반비례하는 것이 아니라 조화롭게 공존할 수 있는 지점을 찾을 수 있을 것이다. 무역과 환경의 조화를 위해서는 국제사회 차원에서 두 가지 접근이 필요하며, 환경 규칙에 자유무역 요소를 포함시키는 접근보다는, 이미 강력한 법적 체제를 구축한 WTO의 자유무역 규칙에 환경적 고려를 강화시키는 방향이 주를 이루어왔다. 이 장에서는 WTO/GATT의 자유무역 원칙과 이를 수호하기 위한 분쟁해결제도를 소개하고, WTO 내에서도 무역에 있어서의 환경적 고려가 지속적으로 발전해 왔음을 보여주고 있다.

이 장에서 특히 주목할 만한 부분은 제3절의 다섯 개 WTO 환경분쟁 사례로서, 자유무역의 원칙과 환경보호의 요인이 어떤 식으로 충돌했고, 또 어떤 식으로 해결되었는지에 대해 상세히 다룬 부분이다. 제3절에서는 이미 결정이 이루어져 판례로 정립된 주요 사례들을 설명하고 그 논점을 짚은 후, 기후변화라는 가장 중요한 환경 사안에 대한 각 사례별 함의점을 함께 논의하고 있다. 다섯 개 사안은 각각 온실가스 요인의 동종 상품 판단기준 적용 여부, 온실가스가 대기오염 물질인지의 판단 여부, 온실가스 배출이 국경세조정 대상이 될 수 있는지의 여부, 국가의 기후변화정책 추진에 있어서 보조금 지원의 문제, 그리고 선진국과 개도국 환경분쟁 구도의 근본적인 변화를 다루고 있으며, 결과적으로 장차 무역과 환경의 관계를 규율해 온 기존의 자유무역 규칙이 기후변화 문제로 인해 큰 논쟁과 변화를 겪을 것이라는 점에 주목하고 있다.

I 환경과 무역의 관계

무역, 특히 자유무역을 옹호하는 측에서는 번영과 삶의 질 향상을 위한 핵심요소는 경제적 자유라고 생각한다. 모든 국가는 자국의 물건은 비싸게 팔고 싶어 하면서, 타국의 물건을 싸게 사고 싶어 하기 때문에, 자유무역의 정신이 쇠퇴한다면 대부분의 국가는 국내 산업에 우위를 제공하기 위한 보호무역 조치들을 취하게 될 것이다. 이를 제한하고, 국제사회에서 신뢰성 있는 보편규칙을 만들어 그에 대한 준수를 추구하는 것이 자유무역 옹호자들의 기본적인 입장이자 목표이다. 하지만 전 지구적 교역이 활발히 이루어질수록, 이것이 환경에 미칠 악영향 역시 증대될 가능성이 상존한다. 역사적 사실에 비춰 판단하건대, 환경은 시장에서 적절한 비용으로 산정되지 않는 경우가 대부분이었다. 또한 주어진 편익은 누리고 싶어 하면서도, 그에 따른 비용은 타자, 혹은 미래세대에 전가하고자 하는 모습을 흔히 발견할 수 있다. '공유재의 비극'이 보여주듯, 전 지구적 차원에서 공공재의 지속적인 보전과 공유는 대단히 어려운 일이며, 개별 주권국가의 지극히 합리적인 판단에 의한 행동의 귀결은 자국만의 이익 추구와 무임승차로 나타난다.

무역과 환경 사이의 연관성은 다음의 세 가지로 정리할 수 있겠다 (Sheldon 2006, 366). 첫째, 국제적인 생산·소비 활동의 구조가 무역에 의해 큰 영향을 받고, 이러한 활동이 환경에 악영향을 미친다면, 무역의 확대는 자연히 환경에 악영향을 준다. 물론 이러한 악영향을 방지하기 위한 환경정책 역시 역으로 무역에 영향을 주게 된다. 둘째, 한 나라의 생산·소비 활동은 산성비 발생이나 오존층 파괴처럼 전 지구적 환경에 영향을 미친다. 이 경우 오염 피해를 입은 국가는 오염원을 일으킨 국가를 상대로 공공의 피해를 막기 위해 적절한 무역정책을 사용하게 된다. 셋째, 무역정책은 때때로 국제환경협약의 효력을 높이기 위한 환경적 제재의 형태를 지니게 된다.

　　이러한 연관성을 고려할 때, 경제성장 및 자유무역의 증대와 환경오염은 비례관계에 있다고 이해하는 것이 타당할까? 환경주의자들은 그렇다고 말한다. 자유무역의 증가는 생산·소비의 증가를 야기하여 결과적으로 환경오염을 증대시킨다는 것이다. 하지만 생태적 근대화론자들은 이에 동의하지 않으며, 무역의 확대와 경제의 성장이 이루어지면 역U자 형태의 환경적 쿠즈네츠 곡선(Kuznets curve)이 형성되어, 어느 순간부터는 경제적 번영에 비례하여 환경오염이 오히려 줄어든다고 주장한다. 1980년대 중반부터 힘을 얻기 시작한 생태적 근대화론은, 경제적으로 세계 최선진국에 속하는 네덜란드, 노르웨이, 독일, 스웨덴, 일본 등이, 세계에서 가장 에너지효율이 높으면서 1인당 오염원 배출이 낮은 최상의 환경보호국임을 지적한다. 이러한 선진국에서는 환경오염을 방지하는 것이 기업 활동에 이득임을 충분히 인식하고 있으며, 현재의 오염을 방치하면 미래에 더 큰 비용을 들여야 한다는 것을 잘 알고 있다는 것이다. 또한 환경산업 자체가 발달하게 되어, 환경보호가 곧 성장의 동력으로 작동하기도 한다. 따라서 경제성장이 충분히 이루어진 국가는 환경보호에 더 많은 신경을 쓴다는 것이 생태적 근대화론의 주장이다(드라이제크 2005, 243-253).

　　두 가지의 논쟁적인 담론을 모두 참조하면, 경제성장과 자유무역이 환경에 미치는 영향은 맥락에 따라 가변적 결과를 낳는다고 보는 것이 합리적일 것이다. 그로스먼(Gene M. Grossman)과 크루거(Alan B. Krueger)는 '세 가지 효과' 논의를 통해 이 사안을 바라볼 중요한 틀을 제시한 바 있다. 이들은 경제성장과 자유무역이 환경에 미치는 영향

경제성장이 환경오염에 미치는 세 가지 효과

- **규모효과:** 경제활동이 증가하면 환경오염이 늘어난다는 효과이다. 일정한 공해계수와 생산구성을 가정할 때, 경제활동이 늘면 오염물질의 배출 역시 늘어나서 환경오염이 심화된다.
- **구성효과:** 자유무역이 활성화되고, 그 결과 비교우위에 따른 상대적 가격 변동이 일어나면, 국가의 생산을 구성하는 다양한 부문의 상대적 크기에 영향을 준다. 자유무역은 비교우위를 강화시켜 국가로 하여금 특정 부문에의 생산에 집중하게 만들고, 이로 인해 비교우위를 지니는 부문의 수출과 비교우위를 지니지 않는 부문의 수입이 심화된다. 이때 확장되는 수출부문이 축소되는 수입부문보다 오염이 더 적다면 국내의 환경오염이 줄어들고, 오염이 더 크다면 국내의 환경오염이 늘어난다.
- **기술효과:** 상품과 서비스의 생산에 따른 오염집약도를 줄일 수 있는 기술향상이 일어난다. 기술효과는 규모효과와 연결되는데, 경제성장에 따라 소득이 증가하면 일반적으로 환경보호에 대한 국가적 조치가 수반되며, 기술효과는 이러한 조치를 촉진하는 역할을 한다.

이 규모효과(scale effect), 구성효과(composition effect), 기술효과(technique effect)라는 세 가지 효과의 상호작용 결과라고 주장했다(Grossman and Krueger 1993).

여기서 구성효과는 국가마다 상이하게 나타나므로, 결국 자유무역이 환경에 미치는 영향은 주로 규모효과와 기술효과의 상대적 크기에 달려 있다. 다시 말해서, 경제성장에 의해 소득이 늘어난다면, 규모효과에 따라 늘어나는 환경오염과 이를 상쇄하는 기술효과의 크기에 따라 환경오염의 정도가 최종적으로 결정되는 것이다. 그러므로 경제성장과 자유무역의 확대가 일어날 때, 특정 국가가 처한 맥락에 따라 환경오염은 늘어날 수도 있고 줄어들 수도 있다.

이 가변적인 결론 속에서 더 깊이 생각해봐야 할 부분은 선진국-개도국의 남북 문제이다. 일찍이 치칠니스키(Graciela Chichilnisky)의 연구를 통해 제시된 바와 같이, 자유무역 규범이 전 지구적으로 확대될 경우 개도국은 선진국에 비해 더 큰 환경오염을 일으킬 수 있다(Chichilnisky 1994). 일반적으로 개도국은 선진국에 비해 환경에 대한 효율적인 관리 및 규제가 부족하고, 환경재를 비용으로 적절히 산정하지 않는 경향을 지닌다. 따라서 개도국이 자국 산업을 육성할 때, 규제가 약한 오염산업 부문에서의 비교우위를 발견할 가능성은 매우 높다. 이에 따라 자유무역의 전 지구적 확대는, 개도국의 오염산업 육성과 이에 필연적으로 수반되는 개도국 환경오염 및 자원고갈을 야기할 수 있는 것이다. 이러한 현상이 심화될 때, 개도국은 점점 더 지구의 환경오염원이자 선진국의 오염도피처로서 기능할 것이며, 이는 기존의 남북갈등을 더욱 심화시키는 촉매제로 작용하게 된다.

개도국이 지니는 이러한 문제를 극단적으로 이용하고자 하는 구상도 존재한다. 세계은행 부총재였던 서머스(Lawrence H. Summers)가 1991년에 작성한 메모는 무역, 남북관계, 환경오염에 대한 지극히 논쟁적인 견해를 노골적으로 표출하고 있다. 전 지구적 오염물질을 최빈국으로 이동시킬 것을 권하는 서머스의 메모는 그 주장의 근거로 세 가지를 제시한다. 첫째, 오염피해는 이로 인해 증가한 질병률과 사망률로 나타나는데, 최빈국은 인건비가 낮으니 오염피해의 비용이 더 적다. 둘째, 오염 초기에 미미하게 증가하는 오염도는 큰 피해를 일으키지 않는다. 최빈국은 오염도가 낮으니, 오염도가 높은 선진국보다 최빈국을 오염시키면 세계적인 환경오염 피해액을 줄일 수 있다. 셋째, 깨끗한 환경은 소득탄력적이므로, 소득 수준이 높은 선진국의 오염을 줄이는 것보다, 최빈국의 오염을 늘리는 것이 세계적으로 후생을 증대시키는 길이다. 문

서머스 메모

메모(The Memo)

일시: 1991. 12. 12.
대상: 회람용
작성: 로렌스 서머스(Lawrence H. Summers)
주제: 전 지구적 환경오염

로렌스 서머스

'더러운' 산업계 귀하: 단지 우리끼리, 더러운 산업계가 더 많이 최빈국으로 이주하도록 세계은 행이 장려해야 하지 않을까요? 세 가지 이유를 생각해 볼 수 있습니다.

1) 건강을 손상시키는 오염비용은 증가한 질병률과 사망률에 따른 기정 소득으로 측정합니다. 이러한 관점에서, 건강을 손상시키는 오염의 일정 부분은 가장 비용이 적게 들어가는 국가, 즉 가장 임금이 낮은 국가에서 이루어져야 합니다. 저는 최저소득 국가에 독성폐기물을 투척 하는 것 이면의 경제논리에 흠이 없다고 생각하며, 우리는 이를 직면해야 합니다.
2) 오염의 초기 증가분은 아마도 매우 낮은 비용을 지닐 것이기 때문에, 오염비용은 비선형적일 것입니다. 아프리카의 과소인구 국가들은 매우 오염이 적고, LA나 멕시코시티와 비교할 때 그들의 대기질은 매우 비효율적으로 낮습니다. 매우 많은 오염이 비교역산업(운송, 발전)에 서 생겨나며, 고형폐기물의 단위당 운송비가 매우 높다는 한탄스러운 사실만이, 세계복지가 대기오염과 폐기물 교역을 촉진하는 것을 막고 있습니다.
3) 미적·보건적 이유에 인한 깨끗한 환경에 대한 수요는 소득탄력성이 매우 높을 것입니다. 전 립선암의 발병 가능성을 100만분의 1로 바꿀 수 있는 원인에 대한 고민은, 5세 이하 사망이 1,000명당 200명인 나라에서보다. 전립선암에 걸리고도 생존하는 국가에서 훨씬 더 높을 것입니다. 또한, 산업적 대기배출에 대한 고민의 대부분은 먼지의 가시성에 대한 것입니다. 이러한 배출은 아마도 건강에 직접적인 영향을 거의 주지 않을 것입니다. 미적 오염에 대한 고민을 담은 상품의 교역은 분명히 복지를 진작시킬 수 있습니다. 생산이 유동적이라면, 깨 끗한 공기에 대한 소비는 비교역적입니다.

최빈국에서 더 많은 오염을 담당하자는 이 모든 제안에 대한 반대 주장이 지니는 문제점은 반전될 수 있으며, 자유화에 대한 세계은행의 모든 제안에 반대하여 다소 효과적으로 이용될 수 있습니다.

제를 오로지 경제적인 관점에서만 바라본 서머스의 메모는 많은 비판에 직면해야 했으나, 이러한 구상의 기저에 깔린 구조적인 문제는 여전히 진행되고 있다.

결과적으로 자유무역은 환경오염을 증폭시킬 수도 있고, 오히려 감소시킬 수도 있다. 달리 말하면, 자유무역과 환경은 조화롭게 선순환할 수도 있고, 상호파괴적으로 악순환할 수도 있는 것이다. 지금까지 국제사회는 무역과 환경의 악순환을 막기 위해 크게 두 가지 방향에서 제도적 조치를 취해 왔다. 하나는 다자환경협약에 무역 사안을 포함시키는 것이다. 예를 들어, 다자환경협약에 환경 레이블링(labelling) 또는 반환경제품 수출·입금지 등을 규정하거나, 동 협약에 가입하지 않은 국가와의 교역을 금지하는 등의 조치이다. 다른 하나는 환경 문제를 양자 간 또는 다자 간 자유무역협약에 포함시키는 것이다. 예를 들어, 오염물질을 배출하는 상품과 그렇지 않은 상품을 무역에서 차별화하거나, 환경보호를 목적으로 하는 특별한 조치는 예외적으로 허용해주는 등의 방식이다.

전자는 지금까지 효과적으로 작동해 왔다고 말하기 어렵다. 거의 대부분의 다자환경협약은 의무 비준수에 대해 실효성 있는 제재를 가할 능력을 갖고 있지 못하며, 분쟁 발생 시 당사국 간 협상을 통한 해결이 이루어지지 않는다면 제3자에게 중재를 요청하거나, 국제사법재판소나 중재재판소 등 여타 기관에 의존하도록 규정하고 있다. 게다가 국가는 이득이 되지 않는다고 판단하는 경우 쉽게 다자환경협약에서 탈퇴하는 행태를 종종 보여 왔다는 사실을 생각할 때, 그동안 무역과 환경의 충돌 지점을 해결해 온 실질적인 기제는 후자의 접근법, 그 중에서도 다자무역협약을 통한 것이었다고 할 수 있다. 이는 곧 자유무역을 수호하기 위해 창설된 국제기구인 세계무역기구(World Trade Organization, WTO)의 규칙 속에서 자유무역과 환경보호를 조화시키는 방안을 마련하는 방식이다.

II WTO의 원칙과 분쟁해결제도

1   WTO와 자유무역, 그리고 환경

WTO는 국제체제의 가장 대표적인 다자무역협약인 관세·무역일반협약(General Agreement on Tariffs and Trade, GATT)하에서 1995년 1월 1일에 설립된 기관이다. 제2차 세계대전을 전후로 한 협상 끝에 1947년 10월 23개 국가들은 GATT를 채택하고, 이후에도 지속적인 협상을 통해 점차 관세의 축소와 반덤핑이나 비관세장벽의 축소와 같은 자유무역적 조치를 확대하고자 했다. 1949년 프랑스 앙시(Annecy)에서 첫 라운드(round)를 통해 다수의 관세 축소를 감행한 이래, 제8차 라운드인 우루과이(Uruguay)라운드에 이르러서는 GATT의 원칙을 수호하는 WTO의 창설이 결정되었다.

GATT 1947 체제에서 무역과 환경에 관한 논의는 꾸준히 존재해왔다. 예컨대 제7차 도쿄라운드(1973~1979)에서는 무역에 대한 기술장벽협정을 체결하여 기술규정 및 표준의 형태를 지닌 환경조치가 자유무역원칙을 훼손하지 못하도록 한 바 있으며, 1994년에는 무역·환경위원회의 설립이 결정되어 WTO 내에서 이 사안을 관할하는 전문조직의 활동이 이루어져 왔다. WTO는 자유무역의 원리를 근간으로 하는 조직이기에 그 운영상 환경에 대한 고려는 다소 부차적인 문제로 취급되어 온 경향을 보이는 것이 사실이다. 그러나 회원국 간 다양한 환경·무역분쟁이 발생하면서 판단하기에 까다로운 사례들이 축적되었고, 결국 WTO 내에서 자유무역과 환경의 관계에 대한 입장을 확실히 정리해야 할 필요성이 높아졌다. 2004년에 발간한 WTO에서의 무역과 환경에 관한 보고

① WTO는 환경보호기관이 아니다.

"마라케쉬협정의 서문에서 WTO 회원국들은 지속가능한 발전을 향해 나아가는 것의 중요성을 확인했고, 각료결정에서도 국제무역과 환경정책을 상호보완적으로 만들기 위한 목표를 갖는다고 선언했다. 하지만 WTO는 환경보호기관이 아니며, 그렇게 되고자 하는 열망도 갖고 있지 않다. 무역과 환경 분야에서의 역량은 무역정책과 무역에 중요한 영향을 미치는 무역 관련 환경정책에 한정된다. 무역과 환경의 연계에 있어 WTO 회원국들은 WTO 스스로가 환경 문제에 대한 해결책을 갖고 있다는 전제하에서 움직이지 않는다. 그러나 무역정책과 환경정책은 상호보완적이라고 믿는다. 환경보호는 경제성장의 토대가 되는 자연자원을 보전하며, 무역자유화는 적절한 환경보호를 위해 필요한 경제성장을 이끈다. 이를 촉진하기 위한 WTO의 역할은 무역을 자유화하고, 환경정책이 무역을 방해하지 않도록, 그리고 무역규칙이 적절한 국내 환경보호의 길을 방해하지 않도록 보장하는 것이다."

② GATT/WTO의 규칙은 환경보호를 위해 상당한 범주를 제공한다.

"WTO 회원국들은 이미 GATT/WTO 규칙이 회원국들이 국내적으로 환경보호정책을 채택할 수 있도록 상당한 범주를 제공한다고 믿는다. GATT 규칙은 이런 면에서 단지 하나의 요구사항만 부과하는데, 그것은 비차별원칙이다. WTO 회원국들은 동종 상품의 경우 수입 상품과 국내 상품 간의 차별(내국민대우 원칙), 또는 상이한 무역거래국들 간 차별(최혜국대우 조항)을 하지 않는다면 자유롭게 국내 환경보호정책을 채택할 수 있다. 비차별은 다자무역체제의 근간을 이루는 주요 원칙의 하나이다. 이는 시장에의 예측 가능한 접근을 보장하고, 경제적 취약층을 더 힘 있는 층으로부터 보호하며, 소비자의 선택을 보장한다."

③ 개도국의 시장접근성 증진

"개도국의 특수한 상황과 경제성장 과정에서 그들을 도울 필요성은 WTO 내에서 널리 인정되고 받아들여진다. 빈곤이 일순위의 정책입안사항이며 환경보호의 가장 큰 장애물인 개도국의 관점에서, 그들의 수출을 위한 세계시장의 개방은 필수적이다. WTO 회원국들은 개도국이 환경을 보호하고 지속가능한 발전을 향해 나아가기 위해 필요한 자원을 만들어 내는 것을 돕기 위해, 금융 및 기술이전과 더불어 개도국 수출을 위한 무역자유화가 필요하다고 인식한다. 많은 개도국과 최빈국은 외화수입을 위해 자연자원의 수출에 의존하고 있어서, 무역자유화는 자원의 배분과 보다 더 효율적인 사용을 가능케 하며, 제조상품의 수출 기회를 진작시킬 것으로 기대된다."

"WTO 회원국들 사이에서는 국가 수준에서의 무역과 환경 관료들 간의 향상된 조정이 국제 수준에서의 무역과 환경 간 정책적 갈등을 제거하는 데 기여할 수 있다는 믿음이 널리 퍼져 있다. 과거에는 조정의 결여가 무역과 환경 포럼에서 잠정적으로 상충되는 협상으로 귀결되었다. 게다가, 다자환경기구 협상을 통한 다자협력은 초국경적(지역적 · 전 지구적) 환경 문제를 해결하기 위한 최고의 접근법을 이룩한다는 인식이 널리 퍼져 있다. 다자환경 기구는 환경 문제를 일으키는 일방적 시도에 맞서 보호장치를 제공한다. 일방적 해결책은 종종 차별적이며, 환경기준의 치외법권적 적용을 빈번히 포함한다. 유엔환경개발회의는 전 지구적 환경 문제에 대한 합의적 · 협력적인 다자주의 환경 해결책을 분명히 지지했다. 이러한 해결책은 자의적 차별과 위장된 보호주의의 위험을 줄이고, 전 지구적 자원에 대한 국제공동체 공통의 관심사와 책임을 반영한다."

서에서, WTO는 이를 네 개의 문장으로 요약하고 있다(WTO 2004, 4-8).

결국 WTO의 입장은 앞서 서술한 두 번째의 접근, 즉 다자무역협정 내에서 그 원칙의 훼손이 이루어지지 않는다는 전제하에 환경보호와의 조화를 수용하는 방식을 받아들이고 있는 셈이다. 우루과이라운드 이후 새로운 협상

| 그림 7-1 | 제11차 WTO각료회의(사진: WTO)

라운드로 2001년부터 진행되어 온 도하개발의제(Doha Development Agenda, DDA)에서 유럽연합(European Union, EU)은 환경보호를 위한 다자환경협약의 무역규제 조치가 WTO 규범에 자동적으로 합치되는 것을 목표로 협상을 추진했으나, 미국, 호주를 비롯한 선진국과 다수의 개도국이 이에 반대하여 기존 WTO의 입장은 변경되기가 쉽지 않을 전망이다. 다음 장에서는 WTO가 채택하고 있는 자유무역의 일반원칙을 검토하고, 그 안에서 환경보호가 어떻게 규정되고 있는지를 살펴본다.

2 WTO의 원칙

최혜국대우와 내국민대우

WTO에서 가장 중요한 원칙이라고 할 수 있는 것이 회원국 간 차별을 금지하는 비차별원칙(the principle of non-discrimination)이다. 이는 GATT 제1조에서 규정하는 최혜국대우(Most-favoured Nation)와 제3조의 내국민대우(National Treatment)로 규정된다. 먼저 최혜국대우란, 한 국가가 동종 상품(like product)에 대해 관세, 통관, 수출·입 절차·규칙 등 국제통상 관계에 있어, 특정 국가에 부여하고 있는 대우보다 불리하지 않은 조건을 다른 국가에도 부여해야 한다는 원칙이다. 예를 들어, WTO 회원국인 A국이 같은 회원국인 B국의 특정 상품을 수입할 때 가장 낮은 관세인 3%를 부과하고 있다면, C, D 등 다른 WTO 회원국으로부터 동종 상품을 수입할 때에도 B에게 주는 혜택인 3%를 초과하는 관세를 부과해서는 안 되는 것이다.

최혜국대우에서 기준으로 삼는 것은 상품의 동종 여부인데, 예컨대 A국이 B국에서 수입하는 상품과, C국에서 수입하는 상품이 동종의 성격을 지닌 것이라면 A국은 B국과 C국의 상품을 차별해서는 안 된다. WTO 분쟁해결제도에서는 ① 상품의 물리적 특성, ② 최종 용도, ③ 소비자의 기호 및 습관, ④ 관세 목적의 국제상품분류의 네 가지 사안을 고려하여 동종성 여부를 판단한다.

최혜국대우는 WTO의 근간을 이루는 대원칙이지만, 규정상 예외를 허용 받는 경우가 있다. GATT 제14조(국제수지 악화를 이유로 한 예외), 제19조(긴급사태시의 면책), 제20조(일반적 예외), 제21조(안전보장을 위한 예외), 제25조 5항(특정 회원국의 의무 면제 조항)에 해당되는 경우에는 최혜국대우의 예외를 인정하며, GATT 제1조 2항(역사적 특혜), 제18조(개도국 특혜), 제24조(관세동맹 또는 자유무역지대 특혜)와 같은 특정 회원국에 대한 특혜 역시 WTO 원칙에 어긋나는 것이 아님이 인정된다.

다음으로 내국민대우는, 수입 상품에 대해 적용되는 내국세 또는 그 밖의 상품의 매매에 관련되는 각종 국내 규제와 관련, 국내 상품에 대해 허용하는 대우보다 불리하지 않은 대우를 허용해야 한다는 원칙이다. 다시 말해서, 자국 상품에 대해 하는 대우를 외국상품에도 최소한 동일하게 해야 한다는 뜻이다. 이는 국내 상품에 비해 수입 상품을 더 불리하게 대우하여 국내 상품의 경쟁력을 높이는 보호무역 조치를 원칙적으로 금지하고, 공정한 경쟁을 보장하고자 하는 자유무역의 정신에서 비롯된 규칙이다.

GATT 제3조 1항과 2항에서는 내국세 및 그 밖의 내국과징금을 부과할 때, 국내 산업의 보호를 목적으로 하거나, 국내의 동종 상품에 부과한 액수를 초과하여 부과해서는 안 된다는 점을 명시하고 있다. 이는 명백한 차별뿐 아니라, 차별로 보이지 않을지라도 실질적으로는 수입 상품에 불리한 판매 조건을 적용하는 사실상의 차별 혹은 위장된 차별까지 금지하는 것을 목적으로 한다. 또한 제3조 4항은 수입 상품의 국내판매, 구매, 운송, 유통, 사용 등에 영향을 미치는 모든 법률, 규정, 요건에 관하여, 수입 상품이 국내 상품에 부여되는 대우보다 불리하지 않은 대우를 받아야 함을 규정함으로써, 세금뿐 아니라 판매 등의 규제 조건에서도 내국민대우의 원칙을 적용하고 있다.

특기할 만한 사실은, 내국민대우는 최혜국대우와는 달리 동종 상품뿐 아니라, '직접적으로 경쟁관계에 있거나 대체 가능한 상품'에 대해서도 적용된다는 점이다. 아래의 그림과 같이, WTO 분쟁해결제도에서는 국산품과 수입품이 동종 상품일 경우에는 수입품에 대한 차별 여부를 심사하며, 동종 상품이 아닐 경우에는 직접적으로 경쟁관계에 있거나

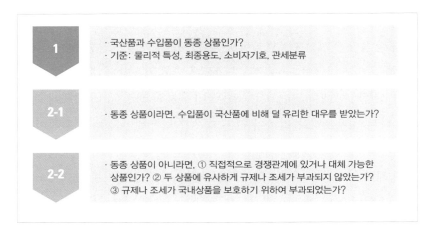

1	· 국산품과 수입품이 동종 상품인가? · 기준: 물리적 특성, 최종용도, 소비자기호, 관세분류
2-1	· 동종 상품이라면, 수입품이 국산품에 비해 덜 유리한 대우를 받았는가?
2-2	· 동종 상품이 아니라면, ① 직접적으로 경쟁관계에 있거나 대체 가능한 상품인가? ② 두 상품에 유사하게 규제나 조세가 부과되지 않았는가? ③ 규제나 조세가 국내상품을 보호하기 위하여 부과되었는가?

| 그림 7-2 동종 상품과 내국민대우 원칙

대체 가능한 상품인지의 여부를 검토하고, 두 상품에 부과된 규제나 조세의 성격을 조사하여 내국민대우 원칙의 위반 여부를 확인한다.

보조금

비차별원칙 위반으로 가장 빈번하게 벌어지는 무역분쟁 중 하나가 국내 상품에 대한 보조금(Subsidy)의 지급과 관련된 것이다. GATT는 제16조에서 보조금에 대한 규칙을 정하고 있는데, 1항은 "보조금 지급에 의하여 다른 체약당사자의 이익에 심각한 손상이 야기되거나 야기될 우려가 있다고 결정되는 경우에는 동 보조금을 지급하는 체약당사자는 요청이 있는 경우 동 보조금 지급을 제한할 가능성에 대하여 다른 당해 체약당사자 또는 체약당사자들, 또는 체약당사자단과 논의한다."고 하여 타국에 손해를 입힐 수 있는 차별 성격의 보조금 지급을 엄격히 제한하고 있다.

GATT 제6조의 상계조치와 제16조의 보조금 관련 규정만으로는 세부적인 문제를 해결할 수 없었기에, GATT 이외에도 보조금 사안은 주로 WTO 보조금·상계조치협정(WTO Agreement on Subsidies and Countervailing Measures, ASCM)을 통해 따로 상세한 규칙을 마련하여 시행 중이다. ASCM에서는 보조금의 정의를 명확히 했고, 그 종류를 체계적으로 분류하여 GATT의 일반적인 규약을 보완하고 있다. ASCM은 상품무역 관련 보조금만 다루고 있고, 서비스무역은 관찰하지 않는다는 특징을 지니며, 상품무역 중 농산물에 관련된 것은 WTO 농업협정(WTO Agreement on Agriculture)에서 다룬다.

　WTO ASCM 제1조는 보조금이 성립되는 요건을 정부 또는 공공기관의 재정적 기여가 있거나 소득 또는 가격지지가 어떤 형태로든 있는 경우, 또는 혜택이 부여된 경우로 정의하고 있다. 이러한 보조금 중 기본적으로 WTO의 규제 대상이 되는 보조금은 특정성(specificity)을 지닌 보조금이다. 다시 말해서 특정한 기업이나 산업, 혹은 특정한 지역에만 보조금이 지급되는 경우, 이는 WTO의 원칙에 대한 훼손으로 간주된다.

　ASCM 제3조와 제4조에서는 WTO 회원국이 시행해서는 안 되는 금지보조금(prohibited subsidies)을 규정하고 있는데, 수출 실적에 따라 지급되는 보조금, 또는 국산품의 사용을 조건으로 지급되는 보조금이 여기에 해당된다. 규제 대상 보조금으로는 금지보조금 외에도 조치가능 보조금(actionable subsidies)이 존재하는데. 이에 대한 명확한 정의는 없으나, 다른 회원국의 이익에 심각한 손상을 초래하는 등 부정적 효과를 초래하는 경우 규제 조치가 가능한 보조금이라고 인정된다. ASCM 제8조에 따라 명백히 허용되는 보조금은 특정성이 없거나, 특정성이 있을지라도 보조금의 특성상 허용되는 R&D, 낙후지역개발, 환경에 지급되는 보조금 등이다.

국경세조정

GATT 제2조 2(a)항은 특별한 규정을 담고 있는데, "동종의 국내 상품에 대하여 또는 당해 수입 상품의 제조 또는 생산에 전부 또는 일부 기여한 물품에 대하여 제3조 2항의 규정에 합치되게 부과하는 내국세에 상당하는 과징금"을 WTO 회원국이 부과할 수 있게끔 허용하고 있다. 자국에서 국내 상품에 특정한 비용을 부과한 경우에, 이러한 비용의 적용을 받지 않은 수입 상품에 대해서도 자국 진입 시 추가로 비용을 부과하도록 한 조치로서, 이를 '국경세조정'(Border Tax Adjustments, BTA)이라고 부른다.

국경세조정을 환경 사안에 적용해보자. WTO 회원국인 A국이 국내 환경을 보호하려는 취지에서 환경세를 부과하여, A국의 생산자들은 환경세를 지불하고 상품을 생산해야 한다고 가정해보자. 이에 반해, 역시 WTO 회원국인 B국은 국내 환경보호 조치가 없어서, 환경세를 더 지불하지 않고도 A국과 비슷한 상품을 생산할 수 있다면, A국보다 더 싼 값으로 상품을 만들 수 있기 때문에 가격경쟁력이 생긴다. 이 경우 A국의 생산자들은 자국의 환경규제로 인해 가격경쟁력을 상실하게 되므로, A국을 떠나 환경규제가 없는 곳으로 이동하여 생산을 하려고 할 것이다. 그렇다면 환경을 보호하고자 하는 정당한 취지로 한 국내 조치가 산업경쟁력을 상실하게 만들고, 자국 기업을 해외로 유출(leakage)시키는 결과를 낳게 된다. WTO에서는 이것이 자유무역 규칙상의 공정한 방식이라고 인정하지 않는 바, A국으로 하여금 국경세조정을 할 수 있도록 했다. 위의 경우 A국은 B국의 동종 상품을 수입할 때, 국내 환경세만큼의 관세를 B국 상품에 부과할 수 있다. 이렇게 환경세의 유무에 따른 양국의 동종 상품에 대한 가격 차이를 조정하여 공정한 가격경쟁을 하도록 만든 조치가 국경세조정이다.

일반적 예외

GATT에서는 특수한 경우 회원국의 의무를 면제해주는 다수의 예외조항을 채택하고 있는데, 그 중 제20조는 가장 일반적인 예외(General Exceptions)를 다루고 있다. 두문과 a~j항으로 이루어진 제20조 중 환경사안을 근거로 한 예외에 해당되는 것은 b항과 g항이다. 먼저 b항에서는 "인간, 동물, 또는 식물의 생명 또는 건강을 보호하기 위하여 필요한(necessary) 조치"라고 명시하고 있는데, 이는 기본적으로 생명체의 생명 또는 건강에 대한 보호조치를 의미하나, 이를 위해 필요하다는 것은 무엇을 의미하는지에 대해서는 해석의 여지가 있다. WTO 분쟁해결제도는 판례를 통해, '필요한' 조치는 곧 GATT의 다른 규정과 모순되지 않고, 더 이상의 대안조치가 존재하지 않는 경우를 의미한다고 적시했으나, 모든 가능한 대안조치를 먼저 취해야 한다는 요구는 여전히 논란 가능성을 내포하고 있다.

다음으로 g항은 "고갈될 수 있는 천연자원의 보존과 관련된(relating to) 조치로서 국내 생산 또는 소비에 대한 제한과 결부되어 유효하게 되는 경우"라고 규정하고 있다. 즉, 유한자원의 고갈을 막기 위한 목적으로 국내 생산 또는 소비를 제한하는 조치를 회원국이 할 수 있도록 허용하기 위해 존재하는 항목인 것이다. 하지만 g항 역시 해석의 여지가 다분한 구절이 포함되어 있는데, '고갈될 수 있는 천연자원'이란 무엇이며, 이에 대해 어느 정도까지 관련이 되어야 하는지가 문제가 된다. 후자의 경우 유한한 천연자원의 고갈을 막기 위한 것이 주된 목적인 경우에만 예외를 인정받을 수 있다는 판례가 존재하나, 전자인 '고갈될 수 있는 천연자원'에 대한 명확한 정의는 아직 없기에 사건에 따라 새로운 해석의 여지가 상존한다고 볼 수 있다.

환경적 예외를 인정하는 b항과 g항을 비롯한 a항부터 j항까지의 예

표 7-1 | GATT 1947의 주요 원칙과 조항

원칙	조항	구절
최혜국 대우	1조 1항	"수입 또는 수출에 대하여 또는 수입 또는 수출과 관련하여 부과되거나 수입 또는 수출에 대한 지급의 국제적 이전에 대하여 부과되는 관세 및 모든 종류의 과징금에 관하여, 동 관세 및 과징금의 부과 방법에 관하여, 수입 또는 수출과 관련된 모든 규칙 및 절차에 관하여, 그리고 제3조제2항 및 제4항에 언급된 모든 사항에 관하여 체약당사자가 타국을 원산지로 하거나 행선지로 하는 상품에 대하여 부여하는 제반 편의, 호의, 특권 또는 면제는 다른 모든 체약당사자의 영토를 원산지로 하거나 행선지로 하는 동종 상품에 대하여 즉시 그리고 무조건적으로 부여되어야 한다."
내국민 대우	3조 1항	"체약당사자들은 내국세 및 그 밖의 내국과징금과 상품의 국내판매, 판매를 위한 제공, 구매, 운송, 유통 또는 사용에 영향을 주는 법률·규정·요건과 특정 수량 또는 비율로 상품을 혼합하거나 가공 또는 사용하도록 요구하는 내국의 수량적 규정이 국내생산을 보호하기 위하여 수입 상품 또는 국내 상품에 적용되어서는 아니 된다는 것을 인정한다."
	3조 2항	"다른 체약당사자의 영토 내로 수입되는 체약당사자 영토의 상품은 동종의 국내 상품에 직접적 또는 간접적으로 적용되는 내국세 또는 그 밖의 모든 종류의 내국과징금을 초과하는 내국세 또는 그 밖의 모든 종류의 내국과징금의 부과대상이 직접적으로든 간접적으로든 되지 아니한다. 또한, 어떠한 체약당사자도 제1항에 명시된 원칙에 반하는 방식으로 수입 또는 국내 상품에 내국세 또는 그 밖의 내국과징금을 달리 적용하지 아니한다."
	3조 4항	"다른 체약당사자의 영토 내로 수입되는 체약당사자 영토의 상품은 그 국내판매, 판매를 위한 제공, 구매, 운송, 유통 또는 사용에 영향을 주는 모든 법률, 규정, 요건에 관하여 국내 원산의 동종 상품에 부여되는 대우보다 불리하지 않은 대우를 부여받아야 한다. 이 항의 규정은 상품의 국적에 기초하지 아니하고 전적으로 운송수단의 경제적 운영에 기초한 차등적 국내 운임의 적용을 방해하지 아니한다."
보조금	16조 1항	"체약당사자는 직접적 또는 간접적으로 자신의 영토로부터의 상품의 수출을 증가시키거나 자신의 영토로의 상품의 수입을 감소시키도록 운영되는, 제반 형태의 소득 또는 가격 지지를 포함한 보조금을 지급하거나 유지하는 경우 동 보조금 지급의 정도와 성격에 대하여, 자신의 영토로 수입되거나 자신의 영토로부터 수출되는 상품 또는 상품들의 물량에 대하여 동 보조금 지급이 미칠 것으로 추산되는 효과에 대하여, 그리고 동 보조금 지급을 필요하게 하는 상황에 대하여 서면으로 체약당사자단에 통보한다. 동 보조금 지급에 의하여 다른 체약당사자의 이익에 심각한 손상이 야기되거나 야기될 우려가 있다고 결정되는 경우에는 동 보조금을 지급하는 체약당사자는 요청이 있는 경우 동 보조금 지급을 제한할 가능성에 대하여 다른 당해 체약당사자 또는 체약당사자들, 또는 체약당사자단과 논의한다."
국경세 조정	2조 2(a)항	"이 조의 어떠한 규정도 체약당사자가 상품의 수입에 대하여 언제든지 다음을 부과하는 것을 방해하지 아니한다. (a) 동종의 국내 상품에 대하여 또는 당해 수입 상품의 제조 또는 생산에 전부 또는 일부 기여한 물품에 대하여 3조 2항의 규정에 합치되게 부과하는 내국세에 상당하는 과징금"
일반적 예외	20조 두문	"다음의 조치가 동일한 여건이 지배적인 국가 간에 자의적이거나 정당화할 수 없는 차별의 수단을 구성하거나 국제무역에 대한 위장된 제한을 구성하는 방식으로 적용되지 아니한다는 요건을 조건으로, 이 협정의 어떠한 규정도 체약당사자가 이러한 조치를 채택하거나 시행하는 것을 방해하는 것으로 해석되지 아니한다."
	20조 b항	"인간, 동물 또는 식물의 생명 또는 건강을 보호하기 위하여 필요한 조치"
	20조 g항	"고갈될 수 있는 천연자원의 보존과 관련된 조치로서 국내 생산 또는 소비에 대한 제한과 결부되어 유효하게 되는 경우"

외 상황을 인정받기 위해서는, 먼저 제20조의 두문에서 규정한 요건을 충족시켜야만 한다는 점은 반드시 짚고 넘어가야 할 것이다. 두문은 "다음의 조치가 동일한 여건이 지배적인 국가 간에 자의적이거나 정당화할 수 없는 차별의 수단을 구성하거나 국제무역에 대한 위장된 제한을 구성하는 방식으로 적용되지 아니한다는 요건을 조건으로" a~j항의 예외가 인정된다는 것을 명시하고 있다. 이는 앞서 살펴본 비차별원칙, 즉 최혜국대우와 내국민대우를 지킨다는 전제하에서만 특정한 예외조치가 허용될 수 있다는 의미를 지닌다.

3   WTO 분쟁해결제도

지금까지 GATT에서 규정하는 자유무역적 조치와 그 환경적 예외에 대한 규칙을 검토했다. 모든 WTO 회원국은 GATT의 규범을 준수해야 할 의무를 지니는데, 위반이 일어날 경우 WTO는 이를 해결하기 위해 강력한 분쟁해결제도(dispute settlement mechanisms)를 마련해 놓았다. WTO 분쟁해결제도는 모든 WTO 협정상 발생하는 분쟁을 조정하는 기능을 담당한다. WTO는 국가주권을 최대한 존중하는 국제기구의 관행상 보기 드물게도, 국가 동의 없이 제소가 가능하며 법원의 결정이 법적 구속력을 지니는 사법제도를 보유하고 있다. WTO는 창설과 함께 강제적 해결방식을 채택하여, 개별 회원국 간 자의적 분쟁해결을 금지하고, 공식적인 규칙 및 절차인 '분쟁해결양해(dispute settlement under-standing, DSU)'를 통해 분쟁을 해결하도록 규정했다.

DSU의 전반적인 운용을 담당하는 기구는 WTO의 분쟁해결기구(Dispute Settlement Body, DSB)인데, 패널의 설치, 패널 및 상소기구 보고서 채택, 패소국의 이행 감독, 승소국의 보족조치 승인 등을 총괄한다.

1995년 WTO의 창설 이래 500개가 넘는 사건이 분쟁해결 절차를 거쳤고, 320개의 규칙이 DSB의 권위하에서 공식화되었다. WTO의 분쟁해결제도가 규정하는 분쟁해결의 과정은 아래와 같다.

① 협의

WTO 규칙이 위반되고 있다고 믿을 만한 사유가 있을 경우, WTO 회원국은 규칙을 위반하고 있다고 여겨지는 다른 회원국에게 우선 협의(Consultations)를 요청해야 한다. 양자 협의를 통해서, 분쟁 당사국 간 심도 깊은 논의를 할 수 있는 기회를 가지며, 법적 소송까지 가지 않고 만족할 만한 해결책을 도출할 수 있게끔 마련해 놓은 장치이다.

② 패널

협의 요청 후 60일이 지나도 만족할 만한 해결책을 찾을 수 없는 경우, 협의를 요청했던 국가는 패널(Panel)의 설치를 요구할 수 있다. DSB에 의해 패널이 설치되면, 법적인 소송 단계에 들어간다. 패널은 분쟁당사국의 합의에 의해 해당 사안에 대한 전문가들이 지명되는데, 보통 3인의 패널리스트로 이루어지며, 특별한 요청이 있는 경우 5인으로 구성되기도 한다. 패널에서는 분쟁당사국과 제3국(들)이 참석한 가운데, 이들의 의견을 서면과 구두로 모두 조사한 다음, 패널 보고서를 분쟁당사국에 제출한다. 패널 구성부터 보고서 제출까지는 일반적으로 6개월이 걸리며, 최고는 9개월까지 허용되고, 긴급사안의 경우 3개월이 주어진다. 보고서 제출 후 2주 내에 분쟁당사국들이 합의하지 않는 경우, WTO 회원국들에게 보고서를 회람한다. 분쟁당사국이 합의하면 DSB는 패널 보고서를 공식적으로 채택하며, DSB의 채택이 있어야만 보고서는 법적 구속력을 지니게 된다. 만약 DSB가 한 명의 반대도 없는 총의(consensus)로 채택을 거부한다면, 패널 보고서는 채택되지 않는다.

③ 상소기구

분쟁당사국이 패널 보고서에 대해 합의하지 못한 경우, 상소기구(Appellate Body)에 상소할 수 있다. 상소기구는 국제법과 국제통상의 저명한 인사 7인으로 구성되어 있는 상설기구이며, 7인 중 3~4명은 반드시 개도국 시민으로 지명된다. 패널이 사건 자체를 심사하는 사실심의 기관이라면, 상소기구는 패널의 판결에 대해 법적 해석을 하는 법률심의 기관으로, WTO가 창설되면서 이러한 2심제가 제도화되어 1995년부터 상소기구가 운영되기 시작했다. 상소기구는 분쟁당사국이 상소한 날로부터 60~90일 이내에 상소보고서를 제출해야 한다. 상소보고서는 패널 보고서에 대한 법적 해석을 담고 있는데, 이는 패널 결정의 유지, 수정, 또는 번복의 형태로 이루어진다. 상소보고서 제출로부터 채택까지는 최대 30일이 걸리며, 2심제를 채택하고 있는 WTO 분쟁해결 절차상 상소에 대한 재상소는 불가능하다.

④ 패소국 이행

DSB는 패널 보고서 또는 상소보고서를 채택하면서, 패소국에게 권고와 규칙(recommendation and ruling)을 제시한다. 이는 대개 WTO 원칙에 부합되지 않는 조치의 철회를 보장하는 내용으로 이루어지며, 패소국은 DSB가 권고하는 합리적 기간 내에 이를 이행(Implementation)해야 하는 의무를 지닌다. 만약 패소국이 권고된 의무를 다 이행하지 못한다면, 승소국과의 협상을 통해 상호 인정하는 보상(compensation)을 결정할 수 있다. 보상은 금전적으로만 이루어지는 것은 아니며, 관세철폐 등 혜택을 줄 수 있는 어떤 조치도 가능하다.

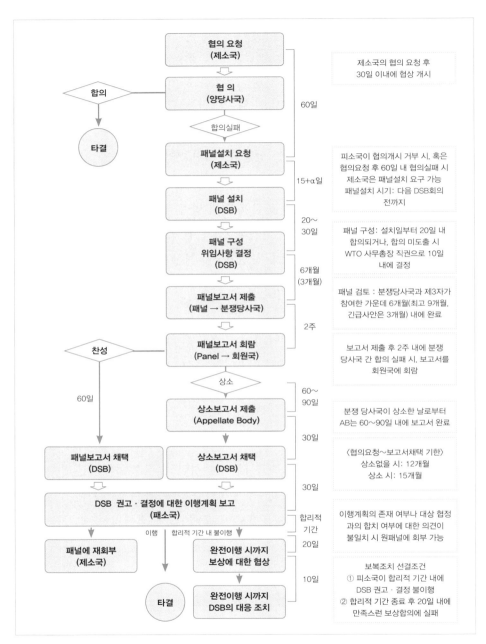

협의 요청
(제소국)

제소국의 협의 요청 후
30일 이내에 협상 개시

합의

협 의
(양당사국)

60일

타결

합의실패

패널설치 요청
(제소국)

피소국이 협의개시 거부 시, 혹은
협의요청 후 60일 내 협의실패 시
제소국은 패널설치 요구 가능
패널설치 시기: 다음 DSB회의
전까지

15+α일

패널 설치
(DSB)

20~
30일

패널 구성
위임사항 결정
(DSB)

패널 구성: 설치일부터 20일 내
합의되거나, 합의 미도출 시
WTO 사무총장 직권으로 10일
내에 결정

6개월
(3개월)

패널보고서 제출
(패널 → 분쟁당사국)

패널 검토 : 분쟁당사국과 제3자가
참여한 가운데 6개월(최고 9개월,
긴급사안은 3개월) 내에 완료

2주

찬성

패널보고서 회람
(Panel → 회원국)

보고서 제출 후 2주 내에 분쟁
당사국 간 합의 실패 시, 보고서를
회원국에 회람

상소

60~
90일

60일

상소보고서 제출
(Appellate Body)

분쟁 당사국이 상소한 날로부터
AB는 60~90일 내에 보고서 완료

30일

패널보고서 채택
(DSB)

상소보고서 채택
(DSB)

〈협의요청~보고서채택 기한〉
상소없을 시: 12개월
상소 시: 15개월

30일

DSB 권고 · 결정에 대한 이행계획 보고
(패소국)

합리적
기간

이행계획의 존재 여부나 대상 협정
과의 합치 여부에 대한 의견이
불일치 시 원패널에 회부 가능

이행

합리적 기간 내 불이행

패널에 재회부
(제소국)

완전이행 시까지
보상에 대한 협상

20일

타결

완전이행 시까지
DSB의 대응 조치

10일

보복조치 선결조건
① 피소국이 합리적 기간 내에
DSB 권고 · 결정 불이행
② 합리적 기간 종료 후 20일 내에
만족스런 보상합의에 실패

| 그림 7-3 | WTO 분쟁해결 절차도

출처: e-나라지표, "WTO 분쟁해결 절차도." http://www.index.go.kr/potal/main/EachDtlPageDetail.do?idx_cd=1680#quick_05

III WTO 주요 환경분쟁 사례와 기후변화 사안에의 함의

지금까지 WTO가 채택한 자유무역의 원칙과 이의 침해가 일어난 경우 회원국 간 분쟁을 해결하는 절차에 대해 다뤘다. 제3절에서는 환경 문제를 분쟁의 중심으로 삼은 가장 대표적인 사건들을 선별하여 검토함으로써, 자유무역의 증진과 환경보호의 문제가 충돌할 때 WTO가 이를 어떻게 해결했는지 구체적으로 살펴본다.[1] 또한 주요 환경분쟁에 대한 WTO 분쟁해결제도의 판결이, 최근 전 지구적으로 가장 중요한 환경사안으로 꼽히는 기후변화 문제에 어떤 함의를 지니는지를 함께 고찰한다.

1 EC-석면(EC-Asbestos) 사건과 동종 상품 정의의 문제

EU의 전신인 유럽공동체(European Communities, EC)가 캐나다에게 제소를 당한 EC-석면 사건은, WTO 분쟁해결제도 역사상 가장 중요한 환경분쟁 사례의 하나로 꼽힌다. 이 사건은 GATT 제20조 b항을 무역분쟁에 적용한 최초의 사례이며, GATT의 '동종 상품' 개념을 명확히 규정함으로써 이후의 판결에도 큰 영향을 미쳤다.

1996년 12월 24일, 프랑스 정부는 국내산과 수입산을 아우르는 석면 및 석면함유 제품을 금지하는 석면금지법(Decree No. 96-1133)을 제정했다. 이 법은 모든 종류의 석면, 석면이 포함된 물질·상품·기구의 제

---

1   각 사건은 GATT뿐 아니라 WTO 체제하에서 체결되어 있는 다양한 협정에 대한 위반 여부를 함께 심리·판결하고 있으나, 여기서는 주로 앞서 살펴본 GATT 원칙의 위반 여부에 대해서 다룬다.

작, 가공, 판매, 수입, 유통을 전면 금지했으며, 1997년부터 바로 시행이 이루어졌다. 하지만 문제가 되는 부분이 발생했는데, 백석면에 대한 규정이었다. 석면금지법은 백석면에 대해, 직업병 유발 위험이 이보다 낮거나 더 안전을 보장해주는 대체물질이 없는 경우에만 금지대상에서 잠정적으로 제외한다고 정했다.

이를 두고 프랑스에 백석면을 수출하고 있던 캐나다가 이의를 제기했다. 백석면은 PCG(PVA, cellulose, and glass) 섬유와 동종 상품이며, 프랑스는 자국산 PCG에는 규제를 가하지 않지만, '대체물질' PCG를 근거로 하여 백석면 수입은 금지함으로써 프랑스가 GATT 제3조 4항 내국민대우를 위반했다고 주장했다. 1998년 5월 28일, 캐나다는 프랑스와 협의에 들어갔으나, 해결이 이루어지지 않자, 1998년 10월 8일 캐나다는 패널 구성을 요청했고, 동월 21일에 패널이 구성되었다.

2000년 9월 18일 패널은 판결을 담은 보고서를 발표했다. 패널은 백석면과 PCG는 물리적 특성과 최종 용도가 유사하기 때문에 동종 상품이라고 판단했으며, 따라서 프랑스의 석면금지법은 GATT 제3조 4항을 위반했다고 판시했다. 이에 더하여 석면금지법은 GATT 제20조의 두문과 b항의 사유에 해당된다는 점을 명시하였다. 그러나 패널 판결에 불복한 캐나다는 2000년 10월 23일에 상소했고, 2001년 3월 12일 상소기구는 패널 보고서에 대한 의견을 제출했다. 상소기구의 판결은 다음과 같이 요약된다. 첫째, 상소기구는 GATT 제3조 4항 하 '동종 상품'과 관련된 패널의 판결을 번복했다. 상소기구는 특히 패널이 '동종성'을 조사하면서 석면이 갖는 건강에의 위험을 배제하는 실수를 범했다고 지적했다. 둘째, 상소기구는 측정이 제3조 4항에 부합되지 않는다는 패널의 판결을 번복했다. 동종성 입증은 캐나다가 고도의 책임을 져야 하는데 그러지 못했으며, 최종 용도와 소비자 기호에 대한 증거가 불충분했다는 것이다. 셋째, 상소기구는 프랑스의 석면금지법이 제20조 b항에 해당된다는 패널의 판결은 유지했다. 결론적으로, 상소기구는 프랑스의 석면금지법이 GATT 제3조 4항의 내국민대우 원칙을 위반했음을 증명하지 못했다고 판시했다.[2]

이 사건이 갖는 중요한 의의는 GATT 제20조 b항에 대한 인용과 더불어, ① 상품의 물리적 특성, ② 최종 용도, ③ 소비자의 기호 및 습관, ④ 관세 목적의 국제상품분류라는 동종 상품의 4개의 특징을 명시했다는 점이다. 그런데 문제는 최근의 기후변화 대응에 이를 적용하기에는 까다로운 부분이 나타난다는 점이다. 가장 큰 문제가 되는 지점은 생산 과정 또는 소비 상황에서 다량의 온실가스를 배출하는 상품과 그렇지 않은 상품이 동종 상품으로 간주될 것인지의 여부이다. 지금까지는 온실가스 배출량의 차이가 있다고 해도 동종 상품으로 간주되어 왔으나, 기후규범이 국제사회에 더 내재화되면 해석의 변화가 발생할 수 있다. 예컨대 석유로 동력원을 삼고 엔진을 사용하는 기계차와 전기로 배터리를 충전하는 전기차는 동종 상품으로 간주되는 것이 타당할 것인가? 자동차라는 면에서 물리적 특성, 최종 용도, 관세 분류는 유사할지 몰라도, 소비자 기호 및 습관에서는 온실가스 배출 여부에 의해 동종 상품이 아니라고 여겨질 가능성이 다분한 제품들이 생겨나고 있다. 이에 따라 기후변화 대응산업(녹색산업)의 제조품에 대한 동종 상품 여부의 해석은, 기존의 제조품에 대한 해석과 상이해질 수 있는 여지가 발생하는 상황이다.

....

2   https://www.wto.org/english/tratop_e/dispu_e/cases_e/ds135_e.htm

2 미국-가솔린(US-Gasoline) 사건과 온실가스 적용의 문제

1990년 미국은 청정대기법을 개정하여, 미국 시장에서 판매되는 국내산·수입산 휘발유에 대해 품질기준을 설정했다. 이는 가솔린의 성분 조합과 배기가스의 배출을 규제하여 대기오염을 방지하는 취지에서 개정된 법안이었다. 동 법은 미국의 정유업자(정제업자, 혼합업자, 수입업자)에 대해, 자신의 1990년 품질자료와 생산기록을 사용하도록 했으며, 이 자료가 없으면 혼합물 품질자료와 혼합물 생산기록을, 이마저도 없는 경우에는 1990년 이후의 자료를 사용하도록 규정했다. 하지만 미국에 수출하는 외국의 정유업자의 경우, 1990년 품질자료와 생산기록을 사용하되, 이것이 없으면 법정품질기준을 적용받도록 조치했다. 또한 외국의 정유업자는 자신이 생산한 가솔린의 75% 이상을 미국에 수출하는 경우에만 미국 정유업자와 동일한 세 개의 방법 모두를 사용할 수 있도록 했다. 1995년 베네수엘라(1월 24일)와 브라질(4월 10일)은 각각 미국의 이러한 조치를 내국민대우 위반이라고 이의를 제기하며 미국 정부와 협의에 들어갔다.

협의에 의한 해결에 실패하자 1995년 4월 26일 베네수엘라가 요청한 패널이 구성되었으며, 5월 31일에는 베네수엘라와 브라질의 제소를 동일한 패널이 조사할 것이 승인되었다. 패널 보고서는 1996년 1월 29일에 나왔는데, 여기서 패널은 국산 가솔린과 수입 가솔린은 동종 상품이며, 청정대기법의 가솔린 규정은 수입품에 대해 국산품보다 불리한 대우를 함으로써 GATT 제3조 4항을 위반했다고 판결했다. 이에 대하여 미국은 동법이 GATT 제20조의 일반적 예외에 해당된다고 주장하며 1996년 2월 21일에 상소했다.

1996년 4월 22일, 상소기구는 보고서를 제출하며 WTO 환경소송의 역사에 한 획을 그은 판결을 내렸다. 대기오염을 방지하고자 한 조치는 GATT 제20조 g항이 규정한 "고갈될 수 있는 천연자원의 보전과 관련된" 조치에 해당된다고 명시한 것이다. 하지만 미국의 조치는 제20조의 적용을 받을 수 없는데, 이는 제20조 두문에서 규정하는 "정당할 수 없는 차별"과 "국제무역에 대한 위장된 제한"에 해당되기 때문에, 두문의 조건을 충족시키지 못한 것으로 판결했기 때문이다.[3]

이 사건을 기후변화 사안에 적용할 때 생겨날 수 있는 가장 중요한 쟁점은, 온실가스, 특히 CO_2가 GATT의 일반적 예외조항에 해당되는 환경오염물질인지의 여부이다. 미국-가솔린 사건에서 살펴본 대로, 청정 대기는 GATT 제20조 g항에 명시된 '고갈될 수 있는 천연자원'이므로 일반적 예외에 속한다는 인정을 받았다. 즉, 의도적인 차별이나 위장된 제한 조치가 아닌 한, 대기를 청정하게 만들기 위한 국가의 조치는 WTO 비차별원칙의 적용을 받지 않는 예외로 인정받는 것이다. 그렇다면 남은 문제는 CO_2가 여타 오염물질처럼 대기를 오염시키는 물질로 판정받을 수 있을지의 여부인데, 아직까지는 이 사안을 둘러싼 WTO 제소는 이루어지지 않고 있다. 하지만 미국, EU 등 선진국의 국내법에서는 CO_2를 대기오염물질로 판단하고 있기 때문에, 관련 사건이 선진국에 의해 WTO에 제소될 경우 국제사회에서 초유의 쟁점이 될 것으로 판단된다.

WTO의 자유무역질서에서 탄소장벽이 구체적으로 작동한 사례는 나타나지 않고 있다. 1국 1표제를 채택하여 숫자가 많은 개도국의 영향력이 비교적 강력하게 작용하는 WTO의 의사결정 구조상, 국경세조정이나 일반적 예외 등 개도국에 큰 피해를 입힐 수 있는 규칙 변화가 단기간에 발생하지는 않을 것으로 보인다. 특히 중국, 인도 등의 힘 있는

---

3   https://www.wto.org/english/tratop_e/dispu_e/cases_e/ds2_e.htm

개도국에서는 탄소배출에 대한 통상법적 제재를 강력히 반대하고 있다. 그러나 국제사회의 기후변화 대응이라는 당위적 명제가 현존 자유무역 규범과 합치되는 부분이 분명히 존재하고 있으며, EU 등의 서방 선진국들을 중심으로 그러한 추세를 강화하고자 하는 움직임이 나타나고 있는 것도 사실이다.

3 미국-수퍼펀드(US-Superfund) 사건과 탄소관세의 문제

1986년 10월 17일, 미국 정부는 유해폐기물 처리장을 정화하고, 유해폐기물로부터 국민 건강을 지키기 위해 "미국수퍼펀드수정·갱신법"을 제정했다. 수퍼펀드법은 이를 위해 기준치 이상의 원유 포함 물질, 특정 화학제품, 특정 수입제품에 새롭게 부과할 세금체계를 완비했다. 이 법의 특징은 미국산 원유에 대해서는 배럴당 8.2센트의 원유세를, 수입산 원유에 대해서는 11.7센트를 부과한다는 이중 기준이었다. 또한, 중간재로 사용되는 석유화학제품에 과세를 할 것을 명시하여, 결국 과세된 석유화학제품을 중간재로 쓰는 미국산 최종상품은 수입산에 비해 가격경쟁에서 불리해질 수밖에 없었다. 이를 보완하기 위해 동법에서는 과세된 미국산 중간재와 동종 제품을 사용하는 수입 상품에 대해서 똑같이 과세를 하고, 수입업자에게는 중간재에 대한 정보제공의 의무를 부여했다.

그 결과, 1986년 10월 30일 유럽경제공동체(European Economic Community, EEC)를 필두로 하여, 11월 7일 캐나다, 11월 10일 멕시코가 연이어 미국에 이의를 제기하고 협의를 요청했다. 이들은 수퍼펀드법의 두 가지 특징인 차별적 원유세와 중간재 과세가 GATT 제3조 2항의 내국민대우 위반이라고 주장했고, 특히 중간세 과세에 대해서는 미국이 자국의 환경보호를 위해 중간재에 세금을 부과하지만, 수입품은 타국에서 생산되므로 미국의 환경에 유해하지 않기 때문에 이에 대한 과세는 정당하지 않다고 주장했다. 협의에 의해 해결이 되지 않자 1987년 2월 27일에 패널이 구성되었고, 1987년 5월 27일 패널 보고서가 발표되었다.

패널은 원유세와 중간재 과세에 대해 각각 다음과 같이 판결했다. 먼저 원유세에 대해서는, 국내산과 수입산 원유에 차별적으로 과세한 미국이 GATT 제3조 2항을 위반했다고 판시했다. 국내산과 수입산 원유는 동종 상품이며, 국내산에 비해 수입산 원유에 배럴당 3.5센트가 더 높게 과세한 것은 외국 제품에 불리한 조치를 한 것이라는 결론이다. 다음으로 중간세 과세에 대해서는, 패널은 이것이 WTO가 인정하는 국경세조정에 해당되므로, GATT 제2조 2(a)항에 부합된다고 하여 미국의 손을 들어주었다.[4]

기후변화 대응 측면에서 생각해 볼 때, 전 지구적으로 일괄적인 탄소비용이 부과되지 않는 이상 국경세조정은 자유무역규칙과 결합되어 강력한 무역장벽으로 나타날 수 있다. 기후변화 영역에서의 국경세조정은 생산 또는 소비 과정에서 온실가스를 다량으로 배출한 상품에 대해 무역 시 탄소관세를 부여하고, 반대로 온실가스를 감축한 비용에 대해서는 감세 등을 통해 보전을 해주는 조치로 이해할 수 있으며, 미국, EU 등에서는 이미 내부 논의를 통해 국경세조정을 통한 탄소관세 부과를 추진하고 있다. 기후변화 대응을 위해 여러 국가에서 이미 시행하고 있는 탄소가격제(carbon pricing)는 이러한 추세를 한층 가속화시킬 것으로 판단된다. 탄소세 및 탄소배출권 거래제 등의 정책을 통해 탄소에 비용을 부과하고 있는 국가에서는, 자국의 상품경쟁력을 유지하기 위해

----

4   https://www.wto.org/english/tratop_e/dispu_e/gatt_e/87superf.pdf

타국의 상품에도 자국과 똑같은 탄소비용을 부과하려 할 것이 예상되기 때문이다.

국경세조정은 에너지집약적 제조업 중심의 수출 구조를 지닌 많은 개도국에게 큰 부담을 지우는 일이고, 기후변화에 책임이 큰 선진국들이 개도국에게 비용을 부과한다는 면에서 기후정의에도 부합되지 않는 바, 개도국의 격렬한 저항을 야기하고 있는 사안이다. 또한 그 구체적인 시행에 있어, 최종 상품이 아니라 상품의 제조 과정에서 배출되는 온실가스도 국경세조정의 관할 대상인지의 여부와, 국가의 환경규제를 통해 부과된 비용이 세금이나 탄소배출권 구매의 형태가 아니라 기술규제인 경우에는 어떻게 탄소관세의 기준을 산정할지의 문제 등 해결이 어려운 사항들이 도전과제로 남아 있다(United Nations Environment Programme and World Trade Organization 2009, 101-103). 하지만 국제사회가 동의한 기후변화협약인 파리협정의 세부적인 규칙이 정립되고 기후규범의 심화가 이루어질 경우, 온실가스 감축이 없이 생산한 제품들에 일정한 비용 부과가 뒤따르는 흐름이 등장할 것은 분명한 일이다.

4 캐나다-재생에너지(Canada-Renewable Energy) 사건과 녹색 보조금의 문제

2009년 캐나다는 "녹색에너지법"을 발효했고, 온타리오 주에서는 이에 근거하여 발전차액지원제(Feed-in Tariff, FIT)를 시행했다. 2014년까지 석탄 화력발전을 대체하기 위해, 온타리오 주의 공공 전기공급업자들로 하여금 정부가 정한 보증가격으로 재생에너지를 구입할 수 있도록 한 것이다. 2010년 기준 일반전기는 평균 1kWh당 3.79CAD인 데 반해, 풍력으로 만든 전기는 13.5~19.0CAD, 태양력으로 만든 전기는

44.3~80.2CAD에 이르는 비싼 가격이었다. 온타리오 주정부는 이를 보완하기 위해 재생에너지 전기의 차액을 정부에서 지원해주는 FIT를 시행했는데, 여기에서 국산장비를 이용 조건으로 적용한 것이 문제였다. 온타리오 주는 재생에너지 장비의 특정 수량 또는 부분의 혼합, 과정, 사용에 있어 온타리오산 장비를 일정량 이상(풍력 25%, 태양력 60%) 사용할 것을 조건화했다.

2010년 9월 13일, 일본 정부는 캐나다의 FIT가 WTO 규칙을 위반했다고 주장하며 캐나다와 협의에 들어갔다. 일본은 캐나다의 FIT가 GATT 제3조 4항과 5항의 내국민대우 원칙 등을 위반했다고 주장했는데, 이는 수입품에 대해 "국내판매, 판매를 위한 제공, 구매, 운송, 유통 또는 사용에 영향을 주는 모든 법률, 규정, 요건에 관하여 국내 원산의 동종 상품에 부여되는 대우보다 불리하지 않은 대우를 부여받아야 한다."는 규정을 어겼기 때문이라는 것이었다. 협의에서 해결이 되지 않자, 일본은 2010년 9월 24일에 패널 구성을 요청했고, 동월 27일에 EU와 미국 역시 같은 안건에 대한 캐나다와의 협의를 요청하자, 하나의 사건으로 패널 심사가 이루어졌다. 패널은 분쟁해결 절차상의 심사기한을 넘겨, 2012년 12월 19일에 판결을 담은 보고서를 발표했다.

패널의 판단은 다음과 같았다. 첫째, 패널은 온타리오 주의 FIT가 GATT 제3조 4항 내국민대우 위반이라는 일본의 주장을 인정했다. 둘째, 온타리오 주의 FIT는 GATT 제3조 8(a)항에 해당되는 정부조달이라는 캐나다의 주장을 받아들이지 않았다. GATT 제3조 8(a)항에서는 "이 조의 규정은 상업적 재판매 또는 상업적 판매를 위한 재화의 생산에 사용할 목적이 아닌, 정부기관에 의하여 정부의 목적을 위하여 구매되는 상품의 조달을 규율하는 법률, 규정 또는 요건에는 적용되지 아니한다."라고 함으로써 정부조달의 예외성을 인정하고 있다. 하지만 패널은 온타리오 주의 FIT가 '상업적 재판매'에 해당되기 때문에 제3조 8(a)항의 요건에 부합되지 않는다고 판시했다.

캐나다 정부는 이에 대해 상소했고, 2013년 5월 24일 상소기구는 보고서를 발표했다. 먼저, 상소기구는 온타리오 주의 FIT가 국내 상품을 구매하거나 사용하도록 요구함으로써 수입 상품에 비해 국내 상품에 우대를 부여하여 내국민대우 원칙을 위반했다는 패널의 판결을 유지했다. 또한 이는 GATT 제3조 8(a)항에 해당되는, 내국민대우 원칙의 예외를 인정받는 정부조달로 간주되어야 한다는 캐나다의 주장을 받아들이지 않았다.[5]

캐나다-재생에너지 사건은, 기후변화를 막기 위한 재생에너지 육성 목적으로 국가가 보조금을 지급할지라도, 이것이 자국의 이익을 위하면서 타국의 이익을 훼손하는 차별적 측면을 지닌다고 판단되면 WTO 원칙에 어긋난다는 점을 명확히 보여준다. 앞서 살펴봤듯이, WTO는 수출 실적에 따라 지급되는 보조금 또는 국산품의 사용을 조건으로 지급되는 보조금을 금지보조금으로 정하여 엄격히 제한하고 있다. 하지만 캐나다-재생에너지 사건의 중요한 점은, 이것이 기존에는 드물었던 두 가지 새로운 측면과 결합되어 있다는 것이다. 첫 번째는 캐나다의 FIT가 재생에너지의 사용을 증진시키는, 다시 말해서 기후변화 대응이라는 전 지구적 도전을 해결하기 위한 국가적 노력의 산물이었다는 점이고, 두 번째는 이 조치의 근간에 환경산업을 새로운 국가 성장동력으로 인식하는 녹색성장(green growth)류의 사고가 있다는 부분이다.

과거에는 비용이 들어가는 환경조치가 국가의 제조경쟁력을 저하시키는 부분에 더 많은 초점이 맞춰졌지만, 최근 들어 국제사회가 요구

5   https://www.wto.org/english/tratop_e/dispu_e/cases_e/ds412_e.htm

하는 환경 문제에 대응하면서, 이를 통해 국가의 환경산업을 육성하여 이 새로운 영역에서의 생산 및 수출의 주도권을 장악하기 위한 각국의 노력이 치열하게 전개되고 있다. 캐나다-재생에너지 사례는 태양광과 풍력 등의 재생에너지 장비의 사용 조건과 이를 통해 생산한 전기가 자유무역의 규칙과 갈등을 일으킨, 비교적 새로운 성격을 지니는 사건이었고, 판결에 의하여 국가의 녹색성장 전략 역시 WTO 원칙과 조화를 이루는 방향으로 수립되어야 한다는 점이 명확해졌다. 그렇다면 재생에너지산업의 경쟁력이 떨어지는 국가는 기후변화 대응을 위해 외국산 재생에너지 장비의 국내시장 장악을 그대로 용인할 것인가? 국가는 그 무엇보다 자국의 이익을 우선시한다는 역사의 교훈에 비춰볼 때, 자유무역의 원칙과 국가의 기후변화정책이 충돌할 가능성이 가장 높은 지점은 국경세조정과 더불어 이러한 차별적 보조금 문제임을 예상할 수 있다. 이는 바로 다음에 살펴볼 사건에서도 다시 한 번 확인된다.

5 중국-풍력장비(China-Wind Power Equipment) 사건과 환경분쟁 구조변화의 문제

2010년 12월 22일, 미국은 중국이 자국의 풍력장비 제조업체에 대해 WTO 규정에 위반되는 보조금을 제공했다고 주장하며 이의를 제기했다. 미국의 주장에 따르면, 중국 정부는 2008년부터 특별기금을 운영해오면서 자국의 풍력장비 제조업체들에게 수입 상품이 아닌 국내 상품 사용을 조건으로 보조금을 지급해 왔다는 것이었다. 풍력장비에 대한 보조금 프로그램에 따라 중국의 풍력발전용 터빈 생산자들은 670만~2,250만 달러에 해당하는 보조금을 받았기에, 이는 WTO 보조금·상계조치협정 제3조 등의 보조금 규정을 위반한 것이라는 주장이다. 미국이 중국 정부와 협의에 들어가자, 2011년 1월 12일 EU 역시 같은 사안으로 중국에 협의를 요청했고, 동월 17일에는 일본까지 중국에 대한 이의제기에 합류했다.[6]

이 사건은 패널 심사로 가지 않고, 중국이 풍력보조금 프로그램의 폐지를 약속함에 따라 양자합의로 해결되었으나, 기 지급된 보조금에 의해 중국의 풍력업체는 충분히 발전하여 세계 풍력시장을 장악하게 되었다. 결과적으로 비차별원칙에 어긋나는 녹색보조금의 지급은 WTO 규칙의 제재를 받게 되므로 자국 산업의 육성에 제한이 걸린다는 점과, 일부 개도국에서 WTO 규칙을 위반하고 자국 업체에만 보조금을 지급한다고 해도 그것을 중단시키기까지는 시간이 걸려서 충분한 제재효과를 얻을 수 없다는 점에 주목해야 할 필요가 있다.

중국-풍력장비 사건이 갖는 가장 큰 함의는, 최근 WTO 환경분쟁의 양상이 두드러지게 변화했다는 점과, 이 사건이 그 변화를 가장 전형적으로 보여주고 있다는 점이다. 앞서 살펴본 대로, 과거 WTO의 환경분쟁에서는 선진국의 환경보호 조치에 대해 개도국이 자유무역규칙 위반을 근거로 소송을 거는 형국이 주를 이루었다. 환경관리에서 취약성을 보이는 개도국으로서는 환경보호 규범의 강화는 선진국의 신제국주의이고, 새로운 형태의 보호무역이라고 인식한 것이다. 하지만 중국-풍력장비 사건에서 볼 수 있듯이, 최근에는 자국 녹색산업계의 보호를 위해 선진국이 개도국이 취한 환경적 조치에 소송을 거는 경우도 증가하고 있으며, 이에 따라 환경보호를 위해 자국 녹색산업을 육성하고자 하는 경우에서도 WTO 규칙의 위반 여부를 민감하게 고려해야 하는 상황에 이르렀다.

....

6   https://www.wto.org/english/tratop_e/dispu_e/cases_e/ds419_e.htm

| 그림 7-4 | 중국 신장의 풍력발전단지

　　한 국제통상법 연구는 이런 흐름을 네 가지로 정리한다(Wu and Salzman 2014, 408-413). 첫째, 무역과 환경 사안에서의 갈등을 둘러싼 지정학적 역동성이 더 복잡해지고 있다. 다시 말해서 기존의 선진국-개도국의 도식적 입장은 무너지고, 이제는 두 진영 모두 자유무역을 옹호하고, 친환경산업을 육성하여 국익을 증진시키려는 노력을 하고 있다는 것이다. 둘째, 이러한 추세는 국내의 정치경제적 연합을 급격히 재편되게 만들었다. 과거 대립하던 환경단체와 제조업계는 이제 재생에너지 산업 등의 친환경 제조업을 중심축으로 하여 새로운 연합을 형성하고 있다. 셋째, 법 적용의 문제가 확대되고 있다. 과거에 GATT 제20조의 예외조항은 환경보호를 가장한 보호주의의 부분만 심사하면 됐으나, 녹색산업이 발달함에 따라 이를 육성하기 위한 보조금, 세금혜택, 투입 부문에서의 인위적 제한 등에 대해 더 특별한 고찰이 요구되는 상황에 이르렀다. 넷째, 과거의 통상분쟁은 WTO를 통한 다자적 해결의 기제를 주로 활용해왔으나, 이제는 국내의 행정 절차에 의해 타국의 녹색산업 육성정책에 대한 일방적 행동을 취하게 되는 형태가 늘어나고 있다. 결과

적으로, 오늘날에는 기후변화 대응을 위한 제조업의 부상에 의해 기존의 WTO 규칙은 새로운 성찰을 요구받고 있으며, 이로 인해 조성되는 전 지구적 흐름에 국가 및 WTO의 면밀한 대응이 필요한 상황이다.

IV 맺음말

지금까지 환경과 자유무역의 관계와 두 분야가 충돌할 경우 이를 해결하기 위한 기제를 WTO의 분쟁해결제도와 주요 사건들을 중심으로 살펴보았다. WTO의 자유무역 원칙을 중심축으로 두고, 그 대전제인 회원국 간 비차별을 전제로 하여 환경적 예외를 고려하는 것이, 그동안 국제사회에서 환경-자유무역 간 갈등을 해결해온 방식이었다. 국제사회에 적절하고 공신력 있는 다자환경협약의 법원이 부재한 상태에서, 이는 가장 합리적인 선택이었다고 볼 수 있다.

WTO 분쟁해결기구에서는 개별 사건의 해결을 넘어, 자유무역 원칙의 견지와 환경보호를 모두 아우르는 법리를 마련하기 위해 노력해왔다. 하지만 WTO는 보편적인 국제기구가 아니라 오직 자유무역의 원칙을 수호하는 기관이며, 스스로도 그러한 성격을 분명히 인지하고 있다. 따라서 과연 WTO가 점점 더 복잡해지고 세분화되는 환경-무역 관련 쟁점들을 총괄할 수 있을지에 대해서는 의문이 들 수밖에 없다. WTO는 자유무역 규칙에의 위반 여부를 심판하는 것에 특화되어 있을 뿐, 교역 증진에 따른 환경오염이 야기하는 전 지구적 도전과제를 해결하는 일에 있어서는 한계를 지닐 수밖에 없는 것이다.

이에 더하여, 분쟁의 당사국이 모두 WTO 회원국임과 동시에 특정 다자환경협약의 회원국인 경우, WTO의 사법적 판결만으로는 문제가 완전히 해결되지 않는다. WTO는 오로지 내부 규정에 의해서만 분쟁의 성격을 판단할 것이나, 이는 여러 다자환경협약의 규정들과 항상 일치하지는 않을 것이다. 예컨대 앞서 살펴 본 온실가스의 대기오염물질 인정 사안이나, 탄소관세를 통한 국경세조정의 부과 등은 WTO와 유엔기후변화협약(UNFCCC) 중 어느 한 쪽이 일방적으로 규정할 수 없는 까다로운 사안이다.

따라서 WTO에서는 융통성과 명확성이라는 두 가지 대조되는 측면을 동시에 보강해야 할 것으로 판단된다. 우선적으로는 일반적 예외를 다룬 GATT 제20조의 두문 및 개별 조항들의 해석을 유연하게 가져갈 필요가 있으며, 필요한 경우 조문의 개정을 통해 변화하는 현실에 적합한 규칙을 마련해야 할 것이다. 다음으로는 WTO 규칙상 아직 불확실한 부분을 제거해야 한다. 앞서 살펴본 바와 같이 친환경상품이 동종 상품으로 인정되지 않을 수 있는 가능성, 또는 국경세조정이 최종재가 아닌 생산 과정에 적용될 수 있을지의 여부 등 환경 사안과 관련된 다양한 쟁점에 대해 WTO 규칙상의 명확성을 정립해야 할 것이다.

더 읽을거리

김호철. 2011. 『기후변화와 WTO: 탄소배출권 국경조정』. 서울: 경인문화사.

Copeland, Brian R. and M. Scott Taylor. 2005. *Trade and the Environment: Theory and Evidence*. Princeton: Princeton University Press.

Epps, Tracey and Andrew Green. 2010. *Reconciling Trade and Climate: How the WTO Can Help Address Climate Change*. Cheltenham: Edward Elgar.

Mavroidis, Petros and Mark Wu. 2013. *The Law of the World Trade Organization (WTO): Documents, Cases and Analysis*. St. Paul, MN: West Academic Publishing.

United Nations Environment Programme and World Trade Organization. 2009. *Trade and Climate Change*. Geneva: The WTO Secretariat.

1   최빈국에 오염산업을 집중시키자는 서머스의 메모는 타당성을 지니는가? 그렇지 않다면 그 이유는 무엇인가?

2   주로 WTO의 자유무역 원칙에 의해 국가 간 환경분쟁을 조정하는 것은 적절한가? 그 대안이 있다면?

3   자유무역과 환경보호가 조화될 수 있도록 WTO체제 내에서 혁신할 수 있는 방향은?

4   온실가스, 특히 CO_2를 국제법상 대기오염 물질로 규정하는 것은 타당한 일인가?

5   온실가스 배출을 대상으로 하는 국경세조정을 개도국이 받아들여야 한다고 생각하는가? 그렇지 않다면, 개도국의 국경세조정 없이 기후변화 대응의 실효성을 확보할 수 있을까?

6   WTO 규칙을 위반하지 않으면서도 자국의 기후산업을 육성할 수 있는 바람직한 정책은 무엇일까?

| 참고문헌 |

존 S. 드라이제크. 정승진 역. 2005. 『지구환경정치학 담론』. 서울: 에코리브르.
e-나라지표. "WTO 분쟁해결 절차도." http://www.index.go.kr/potal/main/EachDtlPag
　　eDetail.do?idx_cd=1680#quick_05

Chichilnisky, Graciela. 1994. "North-South Trade and the Global Environment."
　　American Economic Review 84-4.
Grossman, Gene M. and Alan B. Krueger. 1993. "Environmental Impacts of the North
　　American Free Trade Agreement." In Peter M. Garber. *The U.S.-Mexico Free
　　Trade Agreement*. Cambridge: The MIT Press.
Sheldon, Ian. 2006. "Trade and Environmental Policy: A Race to the Bottom?"
　　Journal of Agricultural Economics 57-3.
United Nations Environment Programme and World Trade Organization. 2009. *Trade
　　and Climate Change*. Geneva: The WTO Secretariat.
World Trade Organization. 2004. *Trade and Environment at the WTO*. Geneva: The
　　WTO Secretariat.
World Trade Organization, "Dispute Settlement." https://www.wto.org/english/
　　tratop_e/dispu_e/dispu_e.htm
Wu, Mark and James Salzman. 2014. "The Next Generation of Trade and
　　Environment Conflicts: The Rise of Green Industrial Policy." *Northwestern
　　University Law Review* 108-2.

08

환경과 개발협력

주요어(KEY WORDS) 브룬틀란위원회 · 리우회의 · 국제개발협력 · 공적개발원조 · 개발원조위원회(OECD-DAC) · 지속가능발전 · 새천년개발목표(MDGs) · 지속가능발전목표(SDGs) · 원조효과성 · 녹색원조 · 녹색성장 · 민관협력(Public-Private Partnership) · 아디스아바바 행동의제(AAAA) · 남남협력

경제성장과 환경 문제는 종종 동전의 양면과 같이 인식되곤 한다. 국내에서 자연 자원의 보존이냐 개발이냐를 두고 정치적 논쟁이 벌어지는 것처럼 지구정치 차원에서도 환경보호와 경제발전의 관계에 대해 다양한 행위자들이 상이한 시각을 견지하고 있다. 특히 선진국과 그 외 국가들의 대립적 구도는 일견 냉전 이후 국제정치에서 존재했던 진영 대결 양상을 연상케 하는 면이 있다. 그러나 환경과 개발을 둘러싼 지구정치의 구도를 그러한 양극체제로 수렴시키기는 어려운 몇 가지 이유가 있다. 첫째, 선진국에 대한 저개발국가 및 개발도상국들의 경제적, 기술적 의존도가 높아 힘의 균형이 존재한다고 보기 어렵다. 둘째, 기업이나 시민사회와 같은 민간부문 및 과학자들의 인식공동체와 같은 비국가 행위자들의 정치적 영향력이 상대적으로 크다. 셋째, 환경 문제는 승자와 패자가 따로 없는 지구공동의 문제라는 인식의 공유와 협력의 당위성에 대한 대체적인 합의가 존재한다. 무엇보다도 환경과 연계된 개발의 문제는 생존의 위협에 직면할 만큼 극심한 빈곤 상태에 처해 있거나 조상 대대로 일구어온 삶의 터전을 잃어버릴 위기에 놓이는 등 급박한 인간 안보의 위기를 포괄하고 있다는 점에서 정치경제적 관점뿐만 아니라 윤리적 관점에서의 접근을 필요로 한다.

이 장에서는 지난 수십 년간 국제사회가 환경과 개발의제를 어떻게 연계해 왔으며, 관련 문제의 해결을 위해 어떠한 대응체제를 마련하고 있는지 국제개발협력체제를 중심으로 살펴보고자 한다. 개발협력은 통상적으로 저개발국가의 경제사회적 발전을 위해 선진국이 경제적 자원을 유무상으로 제공하는 행위를 뜻한다. 선진국이 원조공여자로서 개도국과 빈곤국의 환경 문제에 대한 대응 역량을 강화시키며 양자를 협력의 체계로 이끄는 데 주도적인 역할을 담당하고 있지만, 최근에는 남남협력(South-South Cooperation)을 통한 개도국 간 원조 및 기업이나 재단, 비정부기구 등이 공여자가 되는 개발협력도 활발하다.

환경과 경제발전의 관계를 둘러싼 서로 다른 관점과 이해의 충돌 한 편에는 절박한 생존의 문제가 도사리고 있다. 여전히 지구상에는 극심한 빈곤상태에 처해 있거나 자연재해 등으로 인해 삶의 터전을 잃어버릴 위기에 처한 지역이 존재한다. 이곳에서 자연환경은 보호의 대상이기보다는 맞서 이겨내거나 이용해야 할 대상이다. 문제는 이들 대부분은 국가의 독자적 역량으로 이와 같은 빈곤으로부터 탈출하거나 자연재해를 극복하기가 상당히 어려운 처지라는 데에 있다. 국제개발협력(International Development Cooperation)은 국가 간 협력을 통해 빈곤과 저개발의 극복을 모색하는 행위로 이미 지난 수십 년간 선진국들은 원조공여국(供與國)으로서 수원국(受援國)에 유·무상(有·無償)으로 개발원조를 제공해 왔으며, 환경 문제가 본격적인 개발협력의 의제로 자리 잡게 된 것은

| 그림 8-1 | 목장을 위한 공간을 만들기 위해 파괴되고 있는 브라질의 아마존 삼림

비교적 최근의 일이다. 환경과 개발을 둘러싼 다양한 행위자들의 복잡한 이해관계로 인해 개발협력 분야는 지구환경정치에 새로운 과제를 안겨 주고 있다. 이 장에서는 유엔의 지속가능발전목표(Sustainable Develop-meng Goals, SDGs)체제와 기후변화체제에 초점을 두고 현 시대 개발협 력이 환경 문제에 대응하는 방식과 내용에 대해 논의해보고자 한다.

II 지구환경정치와 국제개발협력

1 환경과 개발에 대한 유엔회의

2015년 유엔에서 채택된 지속가능발전목표는 같은 해 채택된 파리 기후변화협정과 더불어 수십 년간 점진적인 발전을 거듭해 온 국제환 경협력체제의 결실이라고 할 수 있다. 그러나 이와 같은 국제규범의 수 립으로 지구환경정치의 모든 행위자들이 환경과 개발의 다양한 의제들 에 대해 완벽한 공감대를 형성하고 있다고 보기는 어렵다. 개발도상국 이나 빈곤국들의 경우 자원고갈과 환경훼손, 환경재해 등으로 인해 경 제는 물론 보건과 안전에도 큰 위협을 받고 있다. 그러나 자구책을 마련 하기에는 역량이 부족할 뿐만 아니라 근본적으로 선진국들이 일찍이 산 업화와 제국주의로 경제적 근대화의 기반을 마련하는 과정에서 야기한 지구환경 파괴에 적절한 책임을 저야 한다는 입장이다. 한편 대부분의 선진국들에서는 1970년대부터 꾸준히 성장해 온 환경의식이 제도 정치 내에서도 영향력을 발휘하고 있고 국가적 차원에서 국제적인 환경규범을 수립하는 데에도 주도적 역할을 담당해 왔으나, 동시에 성장한계에 도달한 국가경제의 돌파구를 마련해야 한다는 국내의 정치적 압력 또한 매우 강력한 실정이기도 하다. 개도국에 대해서도 이들이 경제발전과 산업화로 인한 환경 문제에 대해 선진국 못지않은 책임성을 보여줘야 한다는 입장을 견지한다.

국가들뿐 아니라 비국가 행위자들까지 고려한다면 상황은 더욱 복잡해진다. 개도국 정부들은 다국적기업의 유치를 통해 외환의 공급처를 마련하고 고용을 창출하는 등 경제발전의 실마리를 마련하는 것이 향후 천연자원의 무차별적인 개발과 훼손을 줄여 나가는 데에도 도움을 줄 것이라 보기도 한다. 그러나 대부분의 환경 및 개발 분야 시민사회단체의 관점에서는 자본주의의 횡포와 잘못된 국가 정책이 생태계를 훼손하는 주요 원인이며, 고질적인 빈곤과 인간 개발의 문제, 인권, 젠더의 문제 등 사회구조적 불평등이 환경 문제와 연관되어 있다고 여긴다. 흥미로운 것은 이들 국가와 비국가 행위자들의 이해관계가 상당히 다차원적이라는 점이다. 서구 선진국의 시민단체들이 종종 개도국이나 빈곤국에서 서구적 가치의 환경보호 이념을 내세우며 이들에게 절박한 경제적 안정의 문제를 도외시한다는 비판에 직면하는 것이나, 기업과 시민사회단체가 파트너로서 친환경적인 개발프로젝트를 수행하기도 하는 것을 그 예로 들 수 있다. 지난 수십 년간 끈기 있게 진행되어 온 환경과 개발에 대한 유엔의 국제회의와 때로 지난하기도 했던 협상 과정들은 바로 이와 같은 다양성과 이질성을 조정하고 수렴하려는 시도였다고 볼 수 있다.

1972년 스톡홀름에서 환경을 주제로 한 최초의 국제회의인 유엔인간환경회의가 열리면서 개발과 환경의 관계에 대한 현실정치에서의 논의가 공론화되기 시작되었다. 1983년 유엔은 전 노르웨이 수상인 그로 할렘 브룬틀란(Gro Harlem Brundtland)을 위원장으로 하고 고위정치인과 전문가로 구성된 독립위원회(World Commission on Environment and Development)를 조직하여 수년간 각국에서 조사를 수행하였으며 그 결과를 1989년 '우리 모두의 미래(Our Common Future)'라는 제목의 보고서로 발표하였다. 동 보고서는 특히 지속가능발전의 명문화된 개념인 "미래 세대의 역량을 저해하지 않으면서 현 세대의 필요를 충족시키는 발전("Sustainable development is development that meets the needs of current generations without compromising the ability of future generations to meet their own needs")"을 제시함으로써 이후 관련 연구와 정책 수립을 위한 일종의 기준점을 제시하였다는 점에서 의미가 깊다. 또한 이 보고서는 개발과 환경의 다면적이고 복합적이며 때로 모순이나 대립될 수 있는 관계를 포괄적으로 다루고 있어, 산업화된 서구 선진국들의 환경에 대한 관심과 이제 막 경제성장을 시작했거나 절실히 필요로 하는 중하위소득국의 관점을 모두 담고 있다.

브룬틀란 보고서 이전, 서구 선진국들을 중심으로 한 환경과 경제성장의 연계에 대한 논의는 로마클럽의 '성장의 한계(The Limits of Growth)' 보고서와 와드와 듀보스(Ward and Dubos)의 '오직 하나뿐인 지구(Only One Earth)'를 통해 축적되어 왔다. 이들 저작은 자연으로부터 천연자원을 무한대로 제공받는 것으로 상정한 이전의 경제발전에 대한 논의에 회의를 제기한다. 유한한 자원과 증가하는 인구로 인해 지구경제가 맞게 될 성장의 한계는 일국의 노력으로 극복되는 종류의 것은 아니다. 환경 자원은 지구공공재의 성격을 띠고 있기 때문에, 공동의 의식과 행동이 필요하다. 지속가능발전이라는 개념의 근간은 바로 여기에서 찾을 수 있겠다.

지속가능발전의 통상적인 개념은 경제와 환경뿐만 아니라 사회발

통상적으로 지속가능발전은 세 가지 영역에서 발전이 동시에 이루어져야 함을 의미한다. 첫째, 경제적인 면에서 안정적이고 건전한 시장을 기반으로 하는 국가 경제의 성장을 통해 국민 복리후생의 증진을 추구하는 것이다. 둘째, 사회 갈등을 야기하는 차별과 불평등의 원인 제도 및 규범을 제거함과 동시에 사회적 약자를 보호하기 위한 제도와 정책을 발전시키는 것이다. 셋째, 오염과 난개발로 훼손된 자연생태계를 복원시키고 보존하는 방안을 마련하는 것이다. 이를 형상화하면 아래 그림과 같이 표현할 수 있다. 여기서 표현된 세 개의 원이 지속가능발전의 각 요소를 상징하고 있으며, 세 개의 원이 겹쳐지는 부분에서 바로 지속가능발전의 가장 이상적인 형태를 발견할 수 있다.

그러나 지속가능발전의 개념은 과학적으로 구성되었다기보다는 정치적으로 합의된 이상향에 가깝기 때문에, 이를 바탕으로 한 정책의 수립이나 과학적 연구에 있어서 자의적 해석의 여지가 있는 것도 사실이다. 또한 세 가지 요소의 관계를 아래와 같이 형상화한 것이 현실을 객관적이고 정확하게 반영한 것인지에 대해서도 생각해 볼 문제이다. 예를 들면 경제와 사회가 환경과 대등한 영역

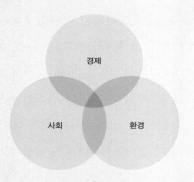

지속가능발전의 세 요소

이 아닌 환경의 하부 개념이라 생각해 볼 수는 없을까? 또는 세 개의 영역이 중첩되는 정도는 동일한 것일까? 등등의 의문을 제기할 수 있다(Giddings et al. 2001). 그러나 현재까지는 그림과 같은 모델을 대체할 만한 대안적 개념은 없는 상황이므로, 지속가능발전을 논하는 정책결정자들이나 학자들은 이와 같은 개념적 자의성에 대한 충분한 인식하에 이 개념을 사용할 필요가 있다.

전을 포함하고 있다. 여기서 말하는 사회발전이란 불평등의 해소와 같은 사회적 의제들의 해결을 의미한다. 분배와 형평은 한 국가 내의 문제

일 뿐만 아니라 북반구와 남반구로 갈린 지구경제의 부익부 빈익빈 현상을 해결하는 데에도 중요한 개념이다. 그 동안 경제정책의 주도권을 잡았던 전통적인 주류 경제학자들의 관점에서 경제발전의 영역에 포함되어 있지 않던 빈곤해결의 문제가 이와 같이 경제성장의 주요한 조건으로 성립된 것도 지속가능발전 개념의 중요한 기여라 할 수 있다.

그러나 브룬틀란 보고서 이후에도 즉각적으로 각국의 경제사회정책에 환경에 대한 인식이 증가하는 식의 변화가 생기거나 지구경제의 빈부격차에 대한 해결책이 제시된 것은 아니다. 1980년대 신자유주의적 국제경제 기조에 이어 1990년대는 냉전 이후 세계화의 시대로 더욱 강력한 시장통합과 자본 확대가 유지되면서 환경보호와 경제성장 사이의 간극은 쉬이 좁혀지지 않았다. 1990년대 후반 아시아금융위기와 2000년대 후반 월가에서 시작된 세계금융위기를 겪으며 지구정치경제체제는 지속가능성에의 도전에 직면하고 있음이 드러났으나, 1997년 교토의정서의 체결 이후 십여 년간의 실망스러운 이행 성과에서도 볼 수 있듯이 대부분의 국가에서 환경은 여전히 경제성장에 이은 후순위 목표로 여겨졌다. 2000년에 개최된 유엔새천년회의는 새천년이라는 일종의 상징적 시기에 맞춰 모든 국가에서 통일된 개발목표를 수립하자는 상당히 과감한 리더십을 발휘하였지만, 빈곤, 교육, 젠더, 보건, 환경, 국제협력을 포괄하는 총 여덟 개의 개발 목표 중 일곱 번째 목표에서 지속가능발전을 다소 포괄적으로 다루고 있어 환경의 의미를 축소한다는 비판을 받기도 하였다. 또한 여덟 개의 목표 자체도 복합적인 지속가능발전의 문제를 다루는 데 부족하다는 지적이 있었다.

2015년에 결의된 지속가능발전목표는 17개의 개발목표와 169개의 세부목표로 대폭 확대되었으며 특히 새천년개발목표에서 포함하지 못하였던 에너지, 경제성장, 소비자, 불평등 해소, 법제도 정비 등과 같은

새천년개발목표(Millennium Development Goals)

1 절대빈곤 및 기아 퇴치
2 보편적 초등교육 달성
3 남녀평등 및 여성능력 고양
4 아동사망률 감소
5 모성보건 증가
6 HIV/AIDS, 말라리아 및 기타 각종 질병 퇴치
7 지속가능한 환경 확보
8 개발을 위한 범지구적 파트너십 구축

지속가능발전목표(Sustainable Development Goals)

1 모든 국가에서 모든 형태의 빈곤 종식
2 기아의 종식, 식량안보 확보, 영양상태 개선 및 지속가능 농업 증진
3 모든 사람의 건강한 삶을 보장하고 웰빙을 증진
4 모든 사람을 위한 포용적이고 형평성 있는 양질의 교육 보장 및 평생교육 기회 증진
5 성평등 달성 및 여성, 여아의 역량 강화
6 모두를 위한 식수와 위생시설 접근성 및 지속가능한 관리 확립
7 모두에게 지속가능한 에너지 보장
8 지속적, 포괄적, 지속가능한 경제성장 및 생산적 완전고용과 양질의 일자리 증진
9 건실한 인프라 구축, 포용적이고 지속가능한 산업화 진흥 및 혁신
10 국내와 국가 간 불평등 완화
11 포용적이고 안전하며 회복력, 지속가능성 있는 도시와 거주지 조성
12 지속가능한 소비 및 생산 패턴 확립
13 기후변화와 그 영향에 대처하는 긴급 조치 시행
14 지속가능발전을 위한 해양, 바다, 해양자원 보존 및 이들의 지속가능한 사용
15 육지생태계 보호, 복구 및 이들의 지속가능한 수준에서의 사용 증진과 산림의 지속가능한 관리, 사막화 대처, 토지 황폐화 중단과 회복 및 생물다양성 손실의 방지
16 지속가능발전을 위한 평화적이고 포괄적인 사회 증진과 모두가 접근 가능한 사법제도의 수립, 모든 수준에서 효과적이고 책무성 있으며 포용적인 제도 구축
17 이행수단 강화 및 지속가능발전을 위한 글로벌 파트너십 활성화

참고: 지속가능포털 내 지속가능발전 목표 소개(http://ncsd.go.kr/app/sub02/20_tab2.do)

목표들이 포함되었다. 환경에 대한 내용은 부문별로 세분화된 목표가 상정되어, 물, 삼림 및 사막화, 해양, 생물다양성 등에 대한 목표가 각각 설정되었다. 특히 가장 마지막 목표인 17번째에는 앞선 16개 목표를 달성하기 위해 국가 및 비국가 행위자들을 모두 포함하는 국제협력이 필수적임을 강조하고 있으며, 개도국이나 빈곤국의 개발재원 마련 방안을 논의하고 있다는 점에서 개발협력의 관점을 담아내고 있다고도 할 수 있다. 이와 관련해서는 같은 해에 아디스아바바에서 개최되었던 개발재원총회에서 수립된 아디스아바바 행동의제(Addis Ababa Action Agenda)에 준할 것을 명시하고 있다. 동 행동의제는 지속가능발전의 목표 수행을 위한 각 국가의 책무성과 국가 간 협력의 중요성 및 민간재원의 활용을 강조하고 있다. 포괄적인 목표 선정과 함께 지속가능발전목표는 결과에 기반을 둔 책임성 있는 정책의 수립과 실행을 위해 모니터링 및 평가지표 개발이 중요하다는 인식을 보여줌으로써 실효성에 대한 비판이 높았던 새천년개발목표를 보완하는 모양새를 갖추었다고 하겠다.

각국의 지속가능발전목표 이행 상황에 대한 점검은 매년 유엔의 고위급정치포럼(High-Level Political Forum)에서 회원국들이 자발적으로 작성한 국가보고서에 대한 검토를 통해 이루어지고 있다.[1] 2015년 발족한 지속가능발전목표는 이제 막 첫걸음을 뗀 상황이라고 할 수 있다. 각 정부가 동 목표에서 천명한 환경과 개발의 균형적 관계를 국내 정책에 녹여냄으로써 효과를 발휘하기까지는 어느 정도의 시차가 있을 것이라 예상할 수 있다. 무엇보다도 지속가능발전의 성공적인 성취는 국제적 공조를 통해 개도국과 빈곤국의 상황이 2030년으로 정해진 기한 내에

---

1   유엔의 지속가능발전 지식플랫폼(https://sustainabledevelopment.un.org/vnrs)에서 각국의 보고서 내용을 확인할 수 있다.

얼마나 개선될 수 있을지에 달려 있다고 볼 수 있다. 다음에서는 실질적인 개발협력의 규준과 지원방식에 대한 논의가 이루어지고 있는 국제개발협력체제에서 환경 문제에 대해 어떠한 대응이 이루어지고 있는지 살펴본다.

2 국제개발협력체제와 환경

국제개발협력체제는 넓게 보면 국제경제체제의 한 부분이라 할 수 있다. 규범적으로는 기아와 빈곤으로부터의 해방과 기본적 인권의 보장을 위해 국제사회가 가져야 할 윤리적 책무에 기반하고 있지만, 정치적으로는 2차대전 이후 서구 선진국을 중심으로 수립된 무역과 금융의 질서의 한쪽 편에서 국가 간 원조를 통해 후발국가들이 이러한 질서에 편입될 수 있도록 도모하는 체제라고도 볼 수 있다. 국제개발협력체제에서 선진국과 개도국 및 빈곤국의 구분은 양자원조를 수행하는 공여국과 이로부터 수혜를 받는 수원국으로, 다자기구는 복수의 국가들이 제공하는 재원을 기반으로 원조를 수행하는 양자원조기구로 치환된다. 유엔과 같이 구심점이 되는 단일한 국제기구가 존재하지 않는 대신, 개발협력의 국제규범은 주로 서구 선진국들로 구성된 기존의 공여국을 중심으로 수립되고 보급되어 왔다. OECD 내의 개발원조위원회(Development Assistance Committee)는 그 중에서도 핵심이 되는 조직으로 현재 30개 공여국이 회원국으로 가입되어 있다. 또한 세계은행과 같이 브레튼우즈체제하의 국제금융기구와 유엔 산하의 개발 관련 기관인 유엔개발프로그램(UN Development Program) 등의 기관도 국제개발협력체제를 구성하는 국제기구라 하겠다.

개발협력에서 환경은 직접적인 목적이기보다는 개발로 인해 발생

- **공적개발원조**(Official Development Assistance): 수원국의 경제발전과 복지 증진을 위해 지원되는 공적 자금 또는 기술협력을 의미한다. OECD 개발원조 위원회의 정의에 준하여 다음 세 가지 요건을 충족해야 한다. 첫째, 중앙 및 지방정부를 포함한 공공기관 또는 그 실시기관에 의해 개도국 및 다자간 기구에게 지원되어야 하며, 둘째, 개도국의 경제발전 및 복지증진에 기여함을 주된 목적으로 해야 하고, 셋째, 공여 조건에 있어서 증여율이 25% 이상으로 완화된 이른바 양허성 조건의 자금이어야 한다. 따라서 개발원조로 통칭하는 개발재원과 공적개발원조로 명시되는 재원 사이에는 분명한 차이가 있다. 그러나 2016년부터 개발원조위원회를 중심으로 이와 같은 공적개발원조의 제한적 정의를 보완하기 위한 새로운 개발원조 개념의 도입에 대한 논의가 이루어지고 있다. 지속가능발전목표에 의거하는 포괄적인 개발 분야에 OECD 비회원국이나 민간부문에 의해 제공되는 원조의 흐름까지 모두 포함시키는 가칭 '지속가능발전을 위한 총공적원조지원(Total Official Support for Sustainable Development)' 개념이 그것이다.

- **유상원조**(Loans)**와 무상원조**(Grants): 유상원조란 수원국에 상환 의무를 부과하는 융자를 의미한다. 공적개발원조로 인정되기 위해서는 증여율이 25% 이상이어야 하며, 상환 의무를 부과하지 않고 무상으로 증여하는 경우 이를 무상원조라 지칭한다. 개발원조위원회에서는 수원국의 부채에 대한 부담을 경감하기 위해서 공여국에게 무상원조의 비율을 유상원조의 비율보다 높이 책정하도록 권고하고 있다.

- **구속성 원조**(Tied Aid): 수원국이 조달하는 수입물자 및 서비스의 조달처를 공여국으로 한정하는 경우를 말한다. 공여국이 자국 기업을 특정하여 조달처로 지정함으로서 수원국에게 과도한 부담을 안기고 수원국의 오너십을 약화시키는 등의 부작용이 발생하는 경우가 많아 개발원조위원회에서는 공여국에게 구속성 원조를 줄여나갈 것을 권고하고 있다.

- **양자원조**(Bilateral Aid)**와 다자원조**(Multilateral Aid): 공여국이 수원국에 직접 원조를 제공하는 양자원조에 대비하여 다자원조란 국제기구에 기금을 출연 또

는 출자하여 간접적으로 지원하는 방식을 뜻한다.

- **공여국 경제규모 대비 원조비율 0.7%:** 개발원조위원회는 1980년대 후반부터 회원국들의 경제규모 대비 공적개발원조 비율(ODA/GNI)을 0.7%로 높이도록 권고하였으며 이는 현재까지도 국제사회에서 통용되고 있다. 2020년 현재 이 기준을 넘어선 공여국은 덴마크, 독일, 룩셈부르크, 노르웨이, 스웨덴, 영국 6개국이다(OECD 2021).

- **원조효과성**(Aid Effectiveness)**과 개발효과성**(Development Effectiveness): 국제개발협력의 주요 원칙들이다. 2005년 프랑스 파리에서 개최된 개발원조위원회 고위급회의에서 채택된 원조효과성 5개 원칙(수원국 오너십 존중, 수원국 개발전략에 일치하는 원조 제공, 공여국 간 원조 조화, 결과중심적이고 효율적인 자원활용과 의사결정, 공여국과 수원국 간의 상호책임성 강화)에 이어 2011년 부산에서 개최된 고위급회의에서는 좀 더 포괄적인 개발효과성의 명칭 아래 4개 원칙(수원국 오너십, 결과중심, 포용적 개발파트너십, 투명성과 상호책임성)을 제시하였다.

참고: ODA KOREA(www.odakorea.go.kr)

하는 부차적인 문제로 오래도록 인식되어 왔다. 그러나 수십 년간의 원조 수행에도 불구하고 지구경제 내 빈부 격차가 좀처럼 해결되지 않는 상황에 대해 1990년대 후반 이후 공여국과 양자원조기구들의 자성의 목소리가 높아지기 시작하면서, 지속가능성(Sustainability)이 효과적 원조의 필수불가결한 조건이라는 점에 대해서도 공감대가 형성되었다. 여기에는 앞서 논의한 유엔의 환경과 개발 회의의 영향도 매우 중요한 요인으로 작용했다고 볼 수 있다. 각 공여국을 통해 수집된 개발원조 데이터를 기반으로 하여 개발원조 효과에 대한 평가와 모니터링을 수행해 온 OECD의 개발원조위원회가 1998년부터 리우회의의 주요 결과인 3대 협약(기후변화, 사막화방지, 생물다양성)의 이행 상황을 모니터링하기 위한 '리우마커(Rio Marker)'를 도입한 것이 대표적인 예라 하겠다. 리우마커는 "수원국 또는 수원 대상 지역의 물리적 또는 생물학적 환경을 개선하는 것을 목적"으로 하거나, "환경과 결합된 개발 목적으로 새로운 제도의 도입이나 역량 개발을 수행하는 행위"를 구분하는 표지이다(OECD 2012). 또한 OECD는 직접적으로 환경 분야에 주어지는 개발협력의 성과를 평가하는 지표인 '환경정책마커(Aid to Environment Policy Marker)'도 도입하여, 환경정책과 관련 행정, 환경교육, 홍수 방지책, 생물권보호 등의 현황에 대해서도 모니터링을 수행하고 있다(허태욱 2013).

이들 지표의 개발과 데이터의 축적은 개발협력의 주류 규범으로 환경이 편입되었음을 의미한다. 환경에 대한 원조는 1980년대부터 있어 왔지만(허태욱 2013) 환경과 개발의 불가분의 관계에 대한 인식 제고와 관련 원조 규모의 증가는 1990년대부터 본격적으로 이루어졌다고 볼 수 있다. OECD가 집계한 환경 분야 국제개발원조 규모는 2018-2019년 기준으로 약 380억 달러에 달하며, 이는 2014-2015년 기준 약 290억 달러 규모로 집계된 것과 비교했을 때 약 30퍼센트 증가한 수준이다. 분야별로는 환경보호, 농업/어업/삼림업, 다분야, 정부/시민사회 ,수자원 공급 및 수질관리 등의 분야에 환경원조가 집중된 것으로 나타났다. 규모 면에서 가장 많은 환경원조를 수행한 공여국으로는 독일, 유럽연합, 미국, 영국, 프랑스 등의 국가들이 있으며, 수원국별로는 아프리카 지역, 미주 지역, 이디오피아, 조지아, 인도 등의 순으로 환경 관련 원조를 받은 것으로 나타나고 있다.[2]

....

2   OECD 개발원조위원회 회원국들의 환경원조 실태에 대한 정보는 홈페이지에서 확인할 수 있다(http://www.oecd.org/dac/financing-sustainable-development/development-finance-topics/rioconventions.htm).

공여국 또는 공여 주체마다 환경원조의 양태는 조금씩 다르게 나타난다. 환경원조의 선두 국가 중 하나인 독일의 경우 기후변화, 자연자원 관리, 도시 및 산업환경 관리, 환경정책 등에 대한 원조를 중점적으로 시행하고 있다. 또한 수원국 자연환경의 직접적인 개선과 관련된 사업보다는 기존 원조 사업에서 환경에 대한 고려를 높일 수 있는 방안을 강구하는 사업에 대한 원조에 좀 더 초점을 맞추고 있는 것으로 나타나는데 이는 일본의 환경원조 정책에서도 유사하게 나타나는 특징이다. 일본은 국제적인 환경 이슈에 중점을 두어 기후변화, 생물다양성, 지속가능한 자원이용, 산업오염, 청정기술을 이용한 경제개발을 개발협력 정책의 우선순위에 두고 있다. 지역기구인 유럽연합도 주요 환경원조 공여국으로, 특히 물 관련 원조에 관심을 많이 두고 있으며 환경에 직접적인 영향을 미치는 사업이 증가하는 추세를 보인다. 다자원조기구인 세계은행의 경우에는 자연재해 및 기후변화 관련 사업에 중점적인 지원을 하고 있으며 녹색 발전(Green Development)을 기치로 삼고 있기도 하다. 특히 국제개발협회(International Development Association, IDA)를 통해 환경원조를 수행해 왔으며 주로 아프리카, 남미, 동남아시아 지역 등에 지속가능발전, 산림, 도시개발, 물 공급, 대기질 관리, 농촌지역 전략화, 재생에너지 등 다양한 분야에 걸쳐 지원해 왔다. 이 외에도 OECD 개발원조위원회 회원국들을 중심으로 출자가 이루어지고 세계은행, 유엔개발프로그램, 유엔환경프로그램 등이 주요 실행 기관으로 있는 지구환경기금(Global Environmental Fund, GEF)도 환경 관련 원조를 수행하고 있다. 그러나 GEF의 경우 수원국의 필요에 의하기보다는 국제환경 문제를 중심으로 공여국의 정책적 우선순위를 반영한 원조가 수행된다는 특징을 보인다(정회성 2012).

　　앞서 살펴본 환경과 개발에 대한 유엔회의의 결과는 국제개발협력체제에도 영향을 미치고 있으나, 실질적인 원조가 이루어지는 환경 분야와 원조 규모, 수행 방식 등 구체적인 방법론에 있어서는 개별 공여 주체마다 고유한 접근 방법을 택하고 있음을 알 수 있다. 그러나 환경원조가 일종의 국제협력의 시너지를 발휘하여 수원국의 지속가능한 발전에 기여하는 실질적인 결과를 가져오기 위해서는 국제개발협력체제 내에서 숙의가 더욱 필요할 듯하다. 세계은행의 경우 개발원조에 있어서 환경 문제를 주류화하고 있다는 증거를 찾기 어렵고(정회성 2012) GEF는 수원국의 관점보다 공여국의 정책 우선순위에 의해 원조를 집행하고 있는 현실에 비추어 볼 때 환경적 위기에 처한 많은 국가들은 여전히 개발협력의 질서를 형성하는 데에서 주도권을 가지고 있지 않는 것으로 보이기 때문이다.

III   기후변화와 개발원조

기후변화로 인한 생태계의 이상 징후가 인류 전체에 미치는 사회경제적, 정치적 영향력은 막대하지만 이에 상대적으로 가장 큰 타격을 받는 것은 결국 한 사회나 국가의 가장 취약한 계층이 될 수밖에 없을 것이다. 이를 지구환경정치의 관점에서 보자면, 기후변화로 인한 즉각적인 충격은 주로 개발도상국이나 빈곤국에서 먼저 나타난다고 하겠다. 그러나 수원국들이 기후변화에 대응하도록 개발원조를 수행하는 소위 기후원조가 기존의 원조와는 별개의 재원에서 추가적으로 마련되어야 한다는 원칙에 대한 합의에도 불구하고 공여국들이 이를 잘 지키지 않고 있다는 비판도 제기되고 있다. 대부분의 개도국과 빈곤국에서 기후변화는 곧 그들의 경제체제가 지속가능한지 여부와 직결되어 있기 때문에, 개발협력은 이들을 지원하기 위해 여전히 주요한 국제협력의 실행방안이기도 하다. 이에 다음에서는 국제기구와 개별 공여국들이 수행하는 기후 관련 원조에 대해 간략히 살펴보기로 한다.

1   국제환경기금

기후변화에 대한 대응으로는 적응(adaptation)과 감축(mitigation)의 두 전략이 있다. 직접적인 온실가스 배출의 감축은 주로 산업구조의 변화나 기존 개발사업의 친환경화를 의미한다면, 적응은 기후변화로 인해 발생한 생태환경적 변화로 인해 사회경제적인 타격을 받게 되는 국가들에 대한 원조와 대응책 마련을 의미한다. 국제적인 기후재원의 조성 움직임은 2000년대부터 본격적으로 나타난다. 최빈국의 국가적응행동계획(National Adaptation Programmes of Action)을 지원하기 위한 최빈개도국기금(Least Developed Countries Fund)이나 화석연료 의존도가 높은 개도국에 주어지는 특별기후변화기금(Special Climate Change Fund)이 그 예라 하겠다. 또한 탄소배출권 판매수익과 기부금으로 구성된 적응기금(Adaptation Fund) 역시 개도국의 적응비용을 지원하도록 되어 있다. 가장 대표적인 지원책으로는 녹색기후기금(Green Climate Fund)을 들 수 있다 (정지원 외 2015). 2020년까지 연간 1,000억 달러의 재원 조성을 목표로 했던 동 기금은 그러나 2019년까지 초기재원인 103억 달러가 확보된 이후 목표액에는 크게 미치지 못하는 성과를 보이고 있다. 재원 확보가 지지부진한 가운데 이들 기금의 조성이 수원국이 필요로 하는 충분한 재원이 될 것인지에 여부에도 이견이 있으며, 또한 재원이 어떻게 쓰여야 하는지에 대해서는 여전히 논의가 분분하다.

2 주요 공여국의 기후변화 관련 개발협력전략

2000년대 이후 기후 관련 양자원조는 꾸준한 증가 추세를 보이고 있으며 OECD 개발원조위원회의 집계에 따르면 2019년 기준으로 약 33조 원(약 280억 달러)의 개발원조가 기후변화와 관련하여 수행된 것으로 나타난다.[3] 기후변화 문제를 개발협력의 테두리 안에서 어떻게 다룰 것인지에 대해서는 국가마다 상이한 대응을 보여주고 있다. 이는 개발협력에 대한 국가별 전략과 기후변화 대응에 대한 전략이 반드시 연계되어 있지 않은 현실을 방증하기도 한다. 2015년 파리협정 이후 각국의 기후 관련 원조정책은 대부분 유동적이라고 볼 수 있다. 아래에서는 주요 공여국들이 발표한 전략에 대해 간략히 소개한다.

독일

독일의 기후 관련 원조는 유럽 내에서도 앞서 나가 있는 것으로 평가된다. 독일 환경부의 국제기후이니셔티브(International Climate Initiative)와 주요 원조 기관인 독일재건은행(KfW) 및 독일기술협력공사 등의 공적개발협력 프로그램을 통해 지원하고 있다. 적응과 관련된 개도국 정책을 지원하고 있으며 신재생에너지, 에너지 효율성 제고 등의 중점 사업을 시행 중이다. 기후 문제를 범분야의 관점에서 접근하고 있으며 기술이전과 역량강화를 강조하는 특징도 보인다(정지원 외 2015). 독

---

3   OECD 개발원조위원회 회원국들의 기후 관련 원조 실태에 대한 정보는 홈페이지에서 확인할 수 있다(http://www.oecd.org/dac/stats/climate-change.htm).

일 정부는 2020년 40억 유로를 개도국 지원을 위한 기후재원에 투입하였으며 2025년까지 연간 60억 유로 규모로 확대할 것이라 발표하였다 (*Reuters* 2021년 6월 13일자).

일본

일본의 기후변화 원조 전략은 저탄소 기술과 신재생에너지 분야에 중점을 두고 있으며 특히 신기술 개발과 기술 확산 및 응용에 투자를 집중시키고 있다. 또한 자연재해 대비 사업 및 홍수 대비 목적 사업도 수행하고 있다. 2007년에는 'Cool Earth 50' 이니셔티브를 발표하고 적응 및 청정에너지 개발 분야와 감축 분야에 5년간 총 100억 달러를 지원하기도 하였고 2013년부터 2015년 사이 160억 달러의 단기재원을 조성하고 유무상원조와 기술협력을 제공하였다. 특히 기업의 투자 등을 통한 민간재원을 확보하기 위한 정책적, 재정적 지원에 노력을 기울이고 있다 (정지원 외 2015). 2019년 기후 관련 분야에 대한 양자원조 규모는 약 60억 달러로 개발원조위원회 회원국들 중 선두권을 차지하는 것으로 나타났다(Donor Tracker 웹사이트 참조).

스웨덴

스웨덴은 2007년 '기후변화와 개발에 관한 국제위원회' 설립과 2009년 '기후변화와 개발'을 유럽연합의 정책우선순위 과제로 제시하는 등 유럽 국가들 내에서도 기후변화 관련 개발협력에 있어 선도적인 역할을 보여 왔다. 특히 스웨덴은 환경과 기후변화를 고유한 분야로 인식함과 동시에 개발협력의 전 분야에 걸쳐 고려해야 할 범분야 이슈로도 책정하고 있다. 2019년에 스웨덴 정부의 기후 분야 개발원조액은 약 9조 5천억 원(약 750억 SEK) 규모로 이는 전년도 대비 20% 증가한 액수이다(Ministry of the Environment 2020).

한국

한국은 2009년 OECD 개발원조위원회 회원국이 된 이래 소위 개발원조 정책의 선진화를 위한 다양한 정책을 수행해왔다. 환경과 관련해서는 2002년 요하네스버그회의 이후 대통령 자문 지속가능발전위원회를 통해 공적원조 방안이 논의된 바 있고, 2008년 녹색성장전략을 통해 기후 관련 원조에 대한 논의도 시작되었다. 후자에는 아시아 지역 개도국에 제공되는 동아시아기후파트너십이 포함되어 있다. 이를 통해 물관리, 저탄소도시, 저탄소에너지, 산림, 폐기물 관리 등에 대한 지원이 수행되었다. 한국 원조에서 환경부문의 소위 녹색원조는 꾸준한 증가 추세에 있는 것으로 나타난다(한근식 2013, 정지원 외 2015). 2021년에는 글로벌녹색성장기구(Global Green Growth Institute)에 500만 달러 규모의 그린뉴딜 펀드 신탁기금을 신설하여 개도국을 지원하기로 하였다.

IV 쟁점들

1 국제규범의 실효성

지속가능발전목표의 수립과 기후변화대응체제와 같은 환경과 개발의 지구거버넌스의 효과성에 대한 회의적 견해들은 꾸준히 제기되어 왔다. 가장 핵심적인 사안은 강제성의 부재와 처벌제도의 미약함이다. 이는 고질적인 국제정치의 특징이자 한계이며 환경 분야에만 특수하게 나타나는 것은 아니다. 그러나 빈곤과 환경위기가 가진 문제의 엄중함에 비추어 볼 때 강력한 유인책의 부족으로 인한 실효성의 약화는 심각한 문제로 여겨진다. 각국이 국제회의를 통해 개발목표와 온실가스 배출량 감소를 의결하더라도 국내에서 새로운 법규의 제정과 정책 도입이 이루어지는 데까지는 국내 정치의 다양한 이해관계자들의 갈등 해결이 우선해야 할 것으로 보인다.

2 개발재원 마련

개발협력에 있어 환경 문제를 해결하기 위한 가장 핵심적인 사안 중 하나는 충분한 개발재원의 확보에 있다 해도 과언이 아니다. 기존의 공여국인 선진국들은 공식적으로는 지속가능발전과 기후변화 대응을 위한 기금 마련에 충분히 기여할 것을 약속하고 있으나, 기금조성의 속도는 기대에 미치지 못하는 것으로 보인다. 최근에는 대안적 개발재원 마련 방안에 대한 관심도 높아지고 있고, 이와 관련된 새로운 이슈도 제시되고 있다. 다음에서는 그 중 남남협력과 민간부문의 참여에 대해 간략히 논의한다.

남남협력

서구 선진국에서 개도국 또는 빈곤국으로의 흐름으로 규정되어 있던 기존 개발재원의 흐름이 아닌, 개도국과 개도국, 개도국과 빈곤국 간의 개발협력은 최근 많은 관심을 모으고 있다. 브라질, 러시아, 인도, 중국, 남아프리카공화국을 지칭하는 BRICS는 대표적으로 남남협력을 주도하는 개도국 그룹을 형성하고 있다. 이들은 기존의 OECD를 중심으로 하는 국제개발협력의 규범체계와 협력적 관계를 유지하면서도 독자적인 개발원조의 규범체계를 수립하고자 하며, 중국은 이에 주요한 리더십을 발휘하고 있다. 특히 이들의 등장과 성장은 환경과 개발의 긴장 관계에서 경제성장에 좀 더 기울어져 있는 개도국의 관점이 개발협력에 반영될 것임을 의미한다는 점에서, 앞으로 지속가능발전목표와 기후변화대응체제에 미칠 파급 효과에 대해 주목할 만하다.

민간부문의 영향력 확대

지속가능발전목표에도 명시된 바와 같이 기업은 최근 국제개발협력에서 공공부문의 중요한 파트너로 인식되어 가고 있으며, 개별 공여국들은 개발원조에서 민관협력이 차지하는 비중을 높이려 하고 있다. 그러나 이들의 시장 논리가 기존의 개발협력 규범에 배치되는 것은 아닌지 우려가 상당히 높다. 만일 그러할 경우 이를 제어할 마땅한 장치가 마련되어 있지 않기 때문이다. 그럼에도 불구하고 그 존재감과 영향력은 증가하고 있는 것이 현실이다. 특히 환경과 같이 첨단기술과 정보의 중요성이 높은 분야에서 막대한 자본력까지 갖춘 기업의 영향력은 커질 수밖에 없다. 한 가지 변수는 또 다른 비국가 행위자인 시민사회단체와 정부 간의 민관협력이나, 기업, 시민단체, 정부, 지역주민들까지 모두 참여하는 다자협력체의 구성도 증가하는 추세에 있다는 점이다. 기업들에게 적절한 유인책을 제공하면서도 동시에 다양한 행위자들의 경제, 사회, 환경적 요구를 충족시키는 지속가능거버넌스에 대한 고민은 향후 개발협력 분야의 화두가 될 것으로 보인다.

V 맺음말

현재의 국제개발협력체제는 2차대전 이후 수립된 국제경제체제를 바탕으로 각종 규범과 정책이 전통적인 공여국, 즉 서구 선진국의 주도로 수립된 결과물이었다. 그러나 고질적인 빈곤과 불평등이 지구경제에 주는 부담이 점점 더 커지고 있고, 기후변화와 같은 새로운 환경위협이 점증하는 현실 속에서 새로운 개발협력의 질서에 대한 요구는 높아지고 있다. 개도국의 관점을 반영한 개발협력체제의 수립이나, 기업과 시민사회단체를 아우르는 국가와 비국가 행위자들 간의 다자적 포럼의 등장이 기존의 질서를 하루아침에 바꾸지는 못할 것이다. 이들이 모두가 열망하는 지속가능한 발전을 성취하는 데 있어 완벽히 대안을 제시한다고 보기도 아직은 어렵다. 그러나 지난 수십 년간 성공과 실패를 지나오면서 국제사회가 축적해 온 경험과 지식에 대해 충분히 성찰하고 이를 바탕으로 다양한 실험을 시도하는 것은 가치 있는 일이다. 지구환경은 매일 변화하고 있으며, 발전의 기회와 권리를 충분히 누려야 할 수많은 다음 세대가 매일 등장하고 있기 때문이다.

더 읽을거리

Meadows, Dennis, Donella Meadows, and Jørgen Randers. 2004. 『성장의 한계』. 김병순 역. 서울: 갈라파고스.

Sachs, Jeffrey D. 2015. 『지속가능한 발전의 시대』. 홍성완 역. 서울: 21세기북스.

World Commission on Environment and Development. 2005. 『우리 공동의 미래 – 지구의 지속가능한 발전은 위하여』. 2판. 조형준·홍성태 역. 서울: 새물결.

1   환경과 개발의 우선순위는 존재하는가? 또한 이러한 우선순위를 정하는 데 있어 어떠한 이
    해관계가 개입할 수 있는가?

2   현 국제개발협력체제의 한계는 무엇인가? 이러한 한계가 수원국의 지속가능한 발전에 대
    해 가지는 함의는 무엇인가?

| 참고문헌 |

정지원 · 권율 · 문진영 · 이주영 · 송지혜. 2015. "기후변화 대응을 위한 국제사회의 지원체제
　　비교연구."『KIEP 대외경제정책연구원 연구보고서 15-16』.
정회성. 2012. "녹색 ODA 현황분석 및 활성화 방안 연구."『한국국제협력단 연구보고서』.
허태욱. 2013. "환경정의론과 생태근대화론을 통한 한국의 녹색 ODA 논의의 고찰."
　　『한국정책학회보』22(1).
한근식. 2013. "Post-2015 개발의제와 녹색 ODA."『국제개발협력』2.

Biermann, Frank, Norichika Kanie, and Rakhyun E. Kim. 2017. "Global Governance
　　by Goal-Setting: The Novel Approach of the UN Sustainable Development
　　Goals." *Current Opinion in Environmental Sustainability* 26-27: 26-31.
"Germany to Increase Climate Funding for Developing Countries." *Reuters*, 2021.
　　6. 31. http://https://www.reuters.com/article/germany-g7-climatefunding-
　　idAFL5N2NV0CM (검색일: 2021.10.3.)
Giddings, Bob, Bill Hopwood, and Geoff O'Brien. 2002. "Environment, Economy
　　and Society: Fitting Them Together into Sustainable Development." *Sustainable
　　Development* 10: 187-196.
Hopwood, Bill, Mary Mellor, and Geoff O'Brien. 2005. "Sustainable Development:
　　Mapping Different Approaches." *Sustainable Development* 13(1): 38-52.
"Japan Remains a Leader in Climate-Related Finance Despite Drops in Climate
　　Funding in 2019." Japan-Climate. Donor Tracker. https://donortracker.org/
　　japan/climate (검색일: 2021.10.3.)
Ministry of the Environment. 2020. "Sweden Increasing Its Contribution to Climate
　　Action in Developing Countries." Press Release. Government Offices of
　　Sweden. https://https://www.government.se/press-releases/2020/10/sweden-
　　increasing-its-contribution-to-climate-action-in-developing-countries/ (검색일:
　　2021.10.3.)
Organization for Economic Cooperation and Development – Development Assistance
　　Committee. http://www.oecd.org/dac/
United Nations General Assembly. 1992. *United Nations Framework Convention on
　　Climate Change*.
United Nations Framework Convention on Climate Change. 2015. *Paris Agreement*.
UN Sustainable Development Knowledge Platform. https://sustainabledevelopment.
　　un.org/

환경과 안보

환경과 안보의 상관성에 대한 이론적 접근과 함께 사례를 통해 환경 문제가 다양한 사회적 요인과 결합하였을 때 어떠한 결과가 나타날 수 있는지를 살피고자 한다. 이를 바탕으로 환경 문제가 안보화되었을 때의 대응 방식에 대해 분석 수준을 구분하여 바라보고자 한다. 먼저, 환경 문제가 안보로 연결될 수 있는가에 대해 학계 내에서는 다양한 의견들이 존재한다. 따라서 이에 대한 시각을 분류한 후, 대표적인 의견을 검토하고자 하였다.

더불어 이 장에서는 환경 문제가 안보와 어떻게 연결될 수 있는지를 사례연구를 통해 살펴보고자 하였다. 환경 문제가 매개변수로서 사회적 요인과 결합했을 때 무력분쟁이 나타날 수 있는 반면, 적절한 대응기제의 작동으로 환경 문제의 안정화 또한 야기될 수 있다는 것을 확인하였다. 환경 문제 자체는 갈등의 핵심 요인으로 작용할 수 있으며, 복잡하고 다양한 방식으로 안보 문제에 영향을 미치는 것으로 볼 수 있다.

마지막으로 환경 문제가 안보에 영향을 미친다는 것을 확인함에 따라, 그에 대한 대응으로서 다양한 분석 수준에 따라 대응 방식이 어떻게 나타날 수 있는지 살펴보았다. 분석 수준은 1) 국가 혹은 시민사회 차원, 2) 국제적 차원, 3) 강대국 중심의 국제관계 차원, 4) 지역적 차원으로 구분하였다. 이러한 다양한 분석 수준에서 시도되는 대응 방안은 향후 지속적으로 제기될 환경 문제 및 안보와의 상호작용에 대한 지구환경정치의 복잡한 양상을 분석적으로 이해하는 데 도움을 줄 수 있을 것으로 기대한다.

I 서론

21세기 전반에 걸쳐 인류의 삶에서 가장 심대하고 광범위한 도전은 환경 분야에서 제기될 것으로 보인다. 인류가 존재한 이래 한 번도 겪어 보지 못한 과제들이 출현하고 있으며, 이에 대한 대응이 긴박해질 가능성이 크기 때문이다.

대표적으로 기후변화에 대한 위기의식은 지금까지 인류가 화석연료 소비를 바탕으로 건설해 온 현대 문명의 기초를 바꾸어야 한다는 주장으로까지 연결되고 있다. 지구온난화로 인한 기후변화는 해수면 상승으로 인한 영토 및 작물 생산량의 손실, 이주민 발생, 자연적 재해 발생의 빈도 증가, 공중보건의 악화 등 다양한 문제를 야기한다(Chalecki 2013, 116-130). 특히 기후변화가 야기한 비자발적 이주 문제는 이주민들에 대한 주변국들의 거부로 나타나는 국수주의 경향의 심화, 이주민들의 인권 침해, 강제실종, 지역 내 갈등 심화 등 다양한 사안에 대해 복합적으로 파급력을 미친다.

이와 같이 기후변화는 지구, 지역, 선·후진국, 계층 등의 논점을 포괄하는 다층적이며 복합적인 "공간 정치학"(spatial politics)의 문제를 야기하고 있기 때문에 다층적 대응이 요구되고 있다(Barnett 2007, 1361-1363).[1] 따라서 기후변화의 도전에 대한 대응은 개별 국가 차원에서만

---

1 이와 같이 사회 계층적이며 국가적이며 지구적인 성격이 혼재된 환경 국제정치의 특성은 그 출현 과정에서 기인한다. 환경 국제정치는 국내 비정부기구 및 지식공동체로부터 문제가 제기되고, 이 사회세력이 초국가적 노력으로 연결되면서 국제기구(UN)를 움직여 글로벌거버넌스를 구축하려는 노력이 시작되었고, 이것이 각국 정부 및 기업들의 행동 변화를 촉발하였다. 이런 영향의 고리는 환경 문제가 가지고 있는 복합성을 단적으로 보여준다.

진행될 것이 아니라 국제적 및 지구적 노력이 동시에 수반되어야 하는 성격을 지닌다. 그러므로 환경의 국제정치는 강대국 중심주의나 단편적 국제주의 또는 녹색좌파운동 등 어느 한 사조의 배타적 시각만으로 풀어가기 어렵다. 또한 환경 문제는 그 이슈에서도 과학기술, 무역, 안보 등은 물론이고, 정치 및 국제정치가 동시적으로 연관되는 성격을 가지고 있기에 환경의 국제정치를 이해하기 위해서는 복합적 사고가 요구된다.

환경 문제 가운데 가장 심대한 도전인 기후변화와 함께 중요하게 인식되는 또 다른 문제는 자원의 고갈이다. 자원의 고갈은 직접적으로 세 가지의 방식으로 분쟁을 야기할 수 있는데, 전체 인구를 위한 자원의 양과 질의 감소, 자원의 불균등적 분배, 인구 성장에 따른 개인당 한정된 자원 양의 감소 등으로 인해 분쟁의 발생 가능성을 높일 수 있다(Chalecki 2013, 106).

더불어 자원 고갈에 따른 자원의 희소성은 자원 수출국에게도 또 다른 문제를 야기할 수 있다. 석유는 국제경제에 있어 핵심적인 자원으로 오랫동안 그 역할을 수행하고 있다. 따라서 석유 수출국들은 국가의 경제를 석유 수출 산업에 더욱 의존하게 되면서 국가경제가 국제 석유 가격의 변동에 따라 급격하게 변동하는 양상을 띠게 된다. 따라서 석유 가격의 하락은 석유 수출국들의 경제를 악화시키고 사회 내 불안정을 야기하는 핵심 원인이 되기도 한다.

한편 안보 문제는 전통적으로 국가안보의 관점에서 주로 취급되어 왔다. 물론 주로 군사나 동맹 등의 이슈를 다루는 국제정치학의 안보 영역은 환경 영역과 일견 접점이 없어 보일 수 있다. 그러나 기후와 생태계의 변화는 군사적 및 전략적 차원에서도 고려하지 않을 수 없는 요소로 부각되고 있다. 특히 최근 들어 기후변화의 영향이 전반적으로 가시화되고 피해를 심하게 겪는 국가나 지역이 등장하면서, 각국은 환경 변화에 적응하고 대처하기 위하여 안보 전략을 수정하고 있다. 가령 미국의 '4년주기 국방정책 검토 보고서'(Quadrennial Defense Review Report, QDR) 2010년 판에서는 기후변화로 인하여 군의 임무 수행, 수행 환경, 수행 역할 등이 바뀔 것이며, 기후변화가 동시에 여타 분쟁을 더욱 악화시키는 촉매제로 작용할 가능성에도 주목하여야 한다고 주의를 환기시키고 있다(U.S. Department of Defense 2010, 107-108).

안보의 개념은 다양하게 정의될 수 있기에 환경과 안보의 상관성을 이해하기 위해서는 이에 대한 정확한 정의가 선결되어야 할 것이다. 하지만 '안보'를 아주 단순하게 국가의 생존으로만 정의하더라도 자연 및 환경자원을 둘러싼 갈등과 분쟁은 매우 중요한 안보 문제가 될 수 있다. 수자원 분쟁, 사막화로 인해 줄어드는 경작지 및 목초지를 둘러싼 갈등, 수익성 있는 광물이나 해양생물자원을 둘러싼 갈등 등이 그 예가 될 수 있을 것이다. 이러한 갈등이 무력을 동반하거나 기존 분쟁을 악화시킬 경우, 이는 지역적 차원의 지속적 분쟁으로 발전될 가능성을 지니고 있다. 그리고 이는 비단 국가 간의 분쟁뿐만 아니라 국가 내의 분쟁을 일으킬 수도 있는 탈영토적 속성도 가지고 있다.

최근 안보연구의 성과를 반영하여 안보의 의미를 더욱 확장하면 '인간안보' 개념을 만나게 된다. 인간안보의 개념은 1994년에 유엔개발계획(United Nations Development Programme, UNDP; 이하 UNDP)에서 발행되는 '인간개발보고서(1994 Human Development Report)'에서 구체화되었다. UNDP는 인간안보 개념의 필요성과 관련하여 "오랜 기간 동안 안보의 개념은 외부의 침략으로부터 영토를 보전하는 것, 외교정책을 통해 국가 이익을 보호하는 것, 또는 핵전쟁 위험으로부터 전 세계의 안보를 지키는 것 등 좁은 의미로 해석되었다. 그런데 일상생활 속에서 안보를 추구하는 평범한 사람들의 정당한 관심은 무시되었다"고 지적한다(UNDP 1994). 이런 문제의식 속에서 UNDP는 인간안보 개념을 두 가지 방식으로 정의하는데, 첫째, 기아, 질병, 가혹행위 등 만성적인 위협으로부터 인간을 보호하는 것과, 둘째, 가정, 직장, 사회 공동체 속에서 일상생활 양식이 갑작스럽게 파괴되는 것으로부터 보호하는 것을 강조한다. 구체적으로 UNDP는 인간안보의 주요 범위와 내용으로 총 7가지의 범위를 상정하였으며(표 9-1 참조), 이러한 인간안보 담론의 출현은 차후에 다양한 안보 개념이 등장하게 된 배경이 되었다.

이 같은 인간안보의 개념을 환경 문제에 적용할 경우 환경 문제와 안보의 상관성은 더욱 높아진다. 사막화로 인한 경작지 축소, 해수면 상승으로 인한 거주지와 토지 손실 및 염화, 이상기후 등은 개인의 안보를 위협하는 새롭고 근본적인 도전이 되었으며, 이는 동시에 국가 및 국제적 차원의 안보와도 직결되는 문제로 발전하고 있다.

특히 기후변화로 발생하는 환경난민과 이주 문제는 그들의 생존은 물론 전통과 문화의 보존에 중대한 도전이 되고 있으며, 이들이 새로운

표 9-1 | 인간안보의 다양한 측면

인간안보 구성요소	추구하는 바
경제안보	빈곤으로부터의 자유
식량안보	충분한 식량의 확보
건강안보	질병으로부터의 보호, 치료
환경안보	환경오염, 자원고갈 등의 위험으로부터 보호
개인안보	고문, 전쟁, 강도, 내란, 마약남용 등 다양한 위협으로부터 개인의 신체적 안전을 보호하는 것
공동체 안보	전통문화의 보존과 종족의 보호
정치적 안보	시민으로서 정치적 권리를 향유하고 정치적 탄압으로부터 자유로운 것

출처: 전웅(2004, 33)을 정리함.

정착지를 찾는 과정은 또 다른 분쟁의 불씨가 될 수 있다는 점에서 중요한 안보적 쟁점으로 떠오르고 있다. 예를 들어 2001년 조사에 따르면 저지대 국가인 방글라데시의 경우 기후변화에 따른 해수면 상승으로 위험에 처하게 된 시민이 2600만 명에 이르는 것으로 추산되는데, 2600만 명의 급박한 이주가 주변 지역에 미칠 결과를 상상해 본다면 이는 결코 간단한 문제가 아니다.

주목해야 할 점은 비록 기후변화가 야기하는 환경 문제는 전 지구적 차원의 성격을 지닌다고 하더라도 각국의 지리적 위치, 주변 환경, 적응 능력의 정도에 따라 각국에 미치는 효과는 차별적일 수 있다는 사실이다. 또한 환경 및 에너지 문제로 인해 기존의 국가 간 권력구조가 역전되거나 혹은 변화될 수도 있으며, 바로 이런 이유 때문에 환경 문제는 새로운 21세기 국제질서의 형성에 커다란 영향을 끼칠 수 있는 문제로 여겨지기도 한다.

이 같은 지구적(global)이면서 지역적(regional)이고 또한 지방적(local)인 과정이 얽혀드는 복합적 과정을 '지구환경정치'로 개념화하면서 이 환경 문제가 안보 문제와 가지는 연계성을 이해하기 위하여 이 장에서는 환경 문제가 안보와 어떤 상관성을 가지는지, 그 상관성이 구체적으로 구현되는 안보화의 조건과 그 구체적인 사례는 무엇인지, 이 같은 도전에 대한 적절한 대응체제의 구축은 가능한지 등에 대해서 검토해 보고자 한다.

II 환경과 안보의 상관성

환경 이슈가 안보와 어떤 상관성을 지니는가에 대해서는 다양한 이론적 시각이 공존하고 있다. 우선 전통적인 시각에서의 안보에 대한 이해를 살펴볼 필요가 있다.

전통적인 안보 패러다임의 지속성을 강조하며 다양한 이슈들이 안보연구에 포함됨으로써 안보연구 분야가 확장되는 과정에 비판을 제기하는 입장은 소위 정통 안보론자들의 중요한 주장이다. 대표적으로 월트(Stephen M. Walt)는 기아, 환경오염, 질병, 경제 악화 등의 비군사적 이슈들을 안보연구에 포함시키는 것은 안보연구에 대한 지적인 통합성을 파괴하며, 이와 함께 중요한 문제의 해결책을 제시하는 데 더욱 큰 어려움을 야기할 것이라고 주장한다(Walt 1991, 212-213). 궁극적으로 안보연구는 국가에 대한 군사적 위협에 초점을 두어 이에 대한 지속적이고 장기적인 학문적 연구에 초점을 두어야 한다는 것이다. 다양한 비군사적 이슈들이 대두되며 이에 따른 새로운 위협이 증가되는 현상은 탈냉전기의 자연스러운 현상이지만, 이것이 군사적 위협의 절대적 감소를 의미하는 것은 아니라는 것이다. 가장 높은 수준으로 조직화된 공동체인 국가는 국민들의 생존을 보호할 의무가 있으며, 따라서 군사적 위협에 대한 대응 방안에 대한 연구가 안보연구의 본류로 지속되어야 한다는 입장이다. 특히 전쟁과 같은 조직화된 폭력은 인간의 존재에 대한 가장 큰 위협으로 국제사회 내에서 전쟁 발발의 가능성은 항상 존재하기에 향후에도 지속될 위협으로 상정되어야 한다. 따라서 전쟁의 대비를 중심으로 한 안보연구는 냉전시기와 마찬가지로 집중적으로 조망될 필요가 있다는 것이다.

듀드니(Daniel Deudney)도 비슷한 입장을 표한다. 전쟁과 같은 무력분쟁은 국가의 존속에 대한 위협이기 때문에 국가안보의 핵심 주제이며, 안보는 기본적으로 제로섬(zero-sum) 게임의 논제라는 것이다(Deudney 1990, 461-464). 그런데 환경 문제와 무력분쟁을 의도의 차원에서 살펴볼 경우, 무력분쟁은 인간의 의도적 행태가 작용하여 발발하지만 환경 문제는 인간의 의도 여부와 상관이 없기 때문에 안보의 관점에서 파악하기 어렵다고 주장한다. 따라서 이러한 시각에서 볼 때에 환경 문제는 인간의 자산 및 삶에 대한 위협은 될 수 있지만 '국가안보'에 대한 위협이 되기는 어렵기 때문에 안보연구의 대상이 되어서는 안 된다는 것이다.

결국 이 같은 시각에서 환경 문제와 무력분쟁은 각각 고려되는 충위가 다르기 때문에 연관성을 가진다고 보기 어려우며, 더 나아가 환경 문제가 국가안보의 영역에 포함될 수 없다고 결론지을 수 있다. 이렇듯 새로운 안보연구의 흐름에 반대하고 전통적 안보연구에 대한 지속적인 집중을 강조하는 주장에는 환경 문제가 무력 갈등에 의한 전쟁의 발발보다는 부차적인 문제라는 인식이 내포되어 있음을 알 수 있다.

전통적 안보론자들의 입장과는 다르지만, 여전히 환경과 안보의 연관성에 대해서 비판적 입장을 견지하는 학자들도 존재한다. 이들은 국제안보론 등에서 활발히 논의되고 있는 비전통적 안보담론은 철저하게 서구중심적이라는 점을 비판한다. 이들은 군사적 및 영토적 측면을 기반으로 이분법적 사고에 입각한 안보 논의는 국가 내부에서 사회적으로 불안정성이 심화되는 제3세계 국가들에게 있어서는 현실적인 안보담론이 아니며, 이는 발달된 국가체제를 가지는 특정 지역을 중심으로 한 편협한 안보담론이라고 비판한다. 대표적으로 아윱(Mohammed Ayoob)은 그러한 안보담론의 형성과 발전을 비판하며 제3세계 국가들의 특성을 고려한 안보연구의 필요성을 역설하였다(Ayoob 1984, 44-45). 그는 제3세계 국가들의 특성을 저발전, 빈곤, 약소국으로 규정하면서 이 같은 제3세계 국가들의 현실을 고려한 안보연구의 재구조화가 필요하다고 주장한다. 경우에 따라서 일부 학자들은 환경 문제를 안보 문제라는 용어로 부르는 것 자체가 강대국의 논리에 종속될 가능성을 높이기 때문에 환경 문제를 안보적 용어로 부르지 말자는 주장을 제기하기도 한다.

이러한 문제 제기는 현재까지의 안보담론의 흐름이 서구 중심의 현실주의적 국제체제를 기반으로 한 연구에서 주로 형성되었다는 점에서 전혀 맥락에 맞지 않다고 할 수는 없을 것이다. 그렇지만 근대 국민국가의 안과 밖을 구분하여 안보를 조망하는 시각이 지니는 한계는 매우 자명하다. 또한 군사적 문제만을 안보의 본류로 이해하려는 시각이 가지는 한계도 분명해 보인다. 최근 안보담론의 확장은 다양한 이슈들이 안보 영역에 포함될 수 있음을 보여주고 있으며, 진정한 안보의 대상이 무엇인지에 대한 연구를 활성화하고 있다. 하지만 이러한 서구 중심의 안보담론은 궁극적으로 제3세계 국가들이 서구 중심의 국제정치에 종속될 수밖에 없는 구조를 전제하고 있다는 한계를 내포하고 있는 것도 사실이다. 이 같은 비판적 시각은 환경안보의 담론에도 영향을 미치면서, 최근 환경 관련 정부 간 협상에 있어서 제3세계 국가들이 자국의 입장을 반영하여야 한다는 요구를 지속적으로 강화하게 된 배경이 되었다.

한편, 환경과 안보의 상관성에 대해서 가장 적극적인 시각을 견지하고 있는 시각은 안보 확장론자들에게서 찾아질 수 있다. 특히 코펜하겐학파는 안보의 개념을 재구조화하여 '안보화'(securitization) 논의를 전개하였다. 코펜하겐학파의 문제의식은 전통적인 안보연구가 제기하는 현존하는 위협과 긴급 조치의 의미를 비판하는 데에서부터 출발한다. 이들은 국제정치 현실에서 정치화의 과정과 안보화의 과정을 어떻게 특

| 표 9-2 | 환경과 안보의 상관성에 대한 주요 시각들

환경-안보 상관성	시각	핵심 논지
부정적	전통적 안보론자 (월트, 듀드니)	전통안보는 국가안보의 영역이기 때문에 환경 문제를 안보 문제로 볼 수 없다.
	서구중심 시각 비판 (아윱)	환경 문제의 안보화는 철저히 서구중심적인 논리이기에, 환경 문제를 안보 문제로 분류할 수 없다.
긍정적	안보 확장론자 (부잔)	안보에 대한 위협은 공동체 내 구성된 사회적 담론이기 때문에 환경 문제는 안보와 연결될 수 있다.
	환경-군사 연관론자 (호머딕슨)	환경 문제가 사회적 영향의 매개변수를 거칠 경우 전통안보 영역인 군사적 갈등에 영향을 미칠 수 있다.

징지을 것인가에 대해 질문하면서 안보개념의 재구조화를 시도한다.

안보화이론에 따르면, 안보는 현존하는 위협이 무엇인가에 대한 사회적 합의를 간주관적으로 구성하는 정치적 담론으로 정의된다(Buzan 1998, 23-25). 즉 위협이란 실재적으로 존재하는 것이 아닌 주체와 객체 간의 사회적 구성에 의해 형성되는 것이므로 행위자들 간의 상호작용 과정 속에서 존재한다는 것이다. 따라서 안보는 특정 이슈가 보다 정치적인 규칙으로 성립되는 흐름이기 때문에, 안보화의 개념은 정치화의 극단적인 경우로 이해될 수 있다. 더불어 안보화는 특정 정치적 규칙을 깨는 것을 합법화하는 존재적 위협과 관련된다. 이러한 시각은 행위자 간 구성된 관념을 바탕으로 위협을 인식하며, 정치적 담론이 분석의 대상이 된다는 점에서 구성주의적 관점에 이론적 기반을 둔다고 할 수 있다. 이러한 입장은 가시적인 위협만을 상정하지 않고, 위협 요소에 대한 사회적 담론의 구성 과정에 초점을 맞춘다는 점에서 군사 영역을 초월한 안보 영역의 확대를 가능하게 하였다. 더불어 안보화는 국가를 통해서만 나타나는 과정이 아니기 때문에 다양한 분석 수준의 단위를 다양한 차원에서 상정할 수 있다는 점을 제시하였다. 결국 '안보화'란 특정 문제가 사회 내 행위자들의 상호작용에 의해 형성된 담론을 바탕으로 안보 영역으로 포함되는 과정을 일컫는 것으로 볼 수 있다.

한편 환경 부문은 국가 간 핵무기 경쟁이 안정화된 이후, 즉 냉전 후반기부터 사회적 담론에 주요한 요소로 대두되었다. 부잔(Berry Buzan)은 환경 이슈가 안보화되어야 한다는 당위성을 주장하기보다는 특정 행위자들이 환경의 안보화를 시도하였다는 점에 주목하였다. 환경의 안보화 과정을 관찰해 보면 환경 의제는 과학적 의제와 정치적 의제로 분류되어 현실 상황과 함께 결합되며 논의되어 왔다는 점을 알 수 있다. 과학적 의제로서의 환경 문제는 그 해결을 위해서 과학적 기술의 발전이 중요하다는 입장에서 다루어져 왔다. 반면 정치적 의제로서의 환경 문제는 정부 간 합의를 통한 레짐 및 제도 등의 설립을 중심으로 다루어져 왔다. 하지만 이 같은 노력만으로는 충분치 않다는 인식이 확산되었다. 환경안보의 대상으로 긴급한 환경 문제의 발생 그 자체뿐 아니라 인간이 이룩한 문명의 손실 위험성까지도 고려하여야 한다는 주장이 대두된 것이다. 즉 자원 고갈의 문제나 지속가능성 등으로 대표되는 환경 이슈들은 궁극적으로 인간 문명의 유지에 대한 위협의 관점에서 파악되어야 한다는 것이다. 이런 시각을 수용하게 될 경우 이 같은 문제들을 해결하기 위해서는 정치적 의제로서 환경 문제를 다루는 노력과 더불어 환경 이슈와 안보의 상관성을 인정하고 나아가 이에 대한 국제적 인식의 공유가 충분히 이루어져야 한다는 주장은 당연한 귀결이다.

이 같은 안보화론자들의 입장에서 지구환경정치의 발전을 안보화의 과정으로 이해해 보는 것은 가능하다. 지구환경정치 발전 과정에서 나타난 환경 이슈와 안보의 상관성의 발전은 크게 세 차원의 모티브로 생각해 볼 수 있을 것이다. 첫째, '정의'(definition)를 통한 안보화 과정이 시작된 시기이다. 이는 주로 환경 이슈가 국제적인 문제로 인지되고 그 안보적 함의에 대한 인식이 확산되었던 1960년대부터 1990년대 초 사이에 이루어진 과정들과 관련된다. 둘째는 '규칙 제정'(rule-setting) 과정이다. 이는 구체적 환경 이슈들에 대한 정치적 타협의 결과로 다양한 레짐들이 만들어진 시기로 이 같은 흐름은 1972년 이후 시작되었으며, 1980년대 중반에 강화되었다가, 1990년대 소강상태를 맞게 되었다. 셋째, '제도화'(institutionalization)의 과정을 생각해 볼 수 있다. 탈냉전 이후 1990년대 시작되었으나, 최근 2010년대 중반 이후에 그 중요성이 다시 부각되고 있는 지구환경정치의 포괄적 제도의 형성이 논의되는 시기와 관련된다.[2] 물론 안보화 과정으로 파악되는 지구환경정치의 발전은 순차적 방식에 따라 전개되는 과정으로 보기는 어렵다. 환경 이슈는 다양한 분야에서 야기되고 동시다발적 및 상호 중첩적으로 발생하고 있기 때문이다. 그에 따라 안보화는 이슈에 따라 일부는 중첩되기도 하고, 또 새로운 과학기술의 개발로 새로운 '정의'와 안보화 과정이 전개되기도 한다. 환경 이슈가 지구정치화되는 과정은 안보화로 시작된 발전의 모티브의 촉발이라는 측면에서 상호 깊은 연관을 가진다.

　한편 환경 문제를 구성주의적 관점과 담론의 차원에서가 아니라 군사적 안보의 문제와 직접적인 연관을 가지는 이슈로 이해해야 한다는 주장도 존재한다. 즉 환경 문제는 인간안보에 영향을 미치는 신흥 안보적 이슈로만 바라볼 것이 아니라, 전통적 안보 영역인 군사적 갈등에까지 영향을 미치는 것으로 바라보아야 한다는 주장이다. 호머딕슨(Thomas F. Homer-Dixon)은 환경 문제와 분쟁을 연결하는 세 가지 가설을 다음과 같이 설정하여 이에 대한 해답을 구하였다(Homer-Dixon 1991, 85-98). 첫째, 재생 가능한 자원의 고갈로 인한 분쟁 혹은 자원 경쟁은 물,

---

2　　이 같은 과정은 지구환경정치의 역사를 다룬 본서 1장을 참조해보면 좋을 것이다.

토양과 같이 관리할 수 있는 환경 자원의 공급 감소에 의해 발생할 것이다. 둘째, 환경적 영향에 의한 인구의 이동은 집단 간 정체성 분쟁과 종족적 대립을 야기한다. 셋째, 재생 불가능한 자원의 부족은 경제적 빈곤을 증가시키고 사회제도를 붕괴시키며, 이는 다시 내전과 폭동 등 자원의 고갈로 인한 갈등을 초래할 것이다. 호머딕슨은 사례연구를 통해 이 가설들에 대한 증명을 시도하였고, 그 결과 두 번째 가설인 환경 문제로 인한 인구이동이 분쟁을 야기한다는 가설은 많은 사례들을 통하여 입증되었다. 세 번째 가설의 경우도 일정 정도의 근거를 가지고 있는 것으로 확인되었다. 자원의 고갈이 야기하는 사회적 불안정은 정부에 대한 불만이 더욱 표출될 수 있는 장이 활성화하기 때문이다. 하지만 재생 가능한 자원의 고갈로 인해 발생하는 분쟁에 관한 첫째 가설은 사례의 수가 현저히 적었기 때문에 기각하였다. 결국 환경 문제를 자원 고갈로 상정하였을 때 자원 고갈 그 자체는 무력분쟁에 대한 독립변수가 되기 어렵다고 볼 수 있다는 것이다. 하지만 둘째 및 셋째 가설의 증명에서 보이듯이 매개변수로서 인구의 이동과 같은 사회적 영향이 중요한데, 이 작용의 여부에 따라 환경 문제가 사회적 영향과 상호작용하여 군사적 영역에 영향을 미친다는 점은 타당하다고 볼 수 있다.

 참고

기후변화에 의한
주요한 안보 및 지구정치적 도전

기후변화가 인류에 미칠 영향은 심대하다. 하지만 그 규모가 커서 우리의 감각은 그것을 상상하기에는 일상적인 삶에 너무 익숙하다. 이에 대하여 전문가들은 기온 상승이 어떤 영향을 미칠 것인가를 시뮬레이션하여 보여주었다. 결과는 매우 비관적이다. 기후변화는 남북 갈등의 악화, 국내적 및 국제적 이민의 증대, 수자원 부족, 보건문제의 악화 등을 수반하면서, 점차 정치·사회적 불안정성을 증대시키고 민주주의 정치체제에 대한 신뢰 및 정부 정당성을 약화시키고 정부 능력의 현저한 저하를 가져오게 될 것이다. 결국 세계는 다양한 수준의 불균형을 경험하면서 무력이 연루되는 높은 분쟁 가능성에 노출될 것이다. '기후변화에 대한 국제패널'(International Pannel on Climate Change, IPCC)은 우리가 적절한 행동에 나서지 않을 경우 지속될 기온 상승을 세 단계로 나누었다(IPCC 2000). 각각의 상황에서 벌어질 수 있는 주요한 안보 및 지구정치적 도전을 정리해 보면 다음과 같다.

시나리오 I(예상된 변화)—기온 1.3℃ 상승, 해수면 0.23m 상승

2007년 IPCC 4차 보고서 예측 수준의 기후온난화가 진행되었을 때 2040년경 상황은 온건한 변화(moderate change)에도 심각한 결과들이 발생할 수 있음을 예고한다. 특히 중국의 경우 사막화와 물 부족 및 식량감소로 인해 미국보다 더 큰 피해를 볼 수 있다고 경고하였다.

시나리오 I에서 나타날 수 있는 국제적 현상

△이민증가와 자원갈등 심화 △질병 등으로 인한 이민통제와 인적 교류 및 관광산업 위축 △복지예산의 급격한 부담 증가와 사회적 불안 증대로 인한 정치력 약화 △에너지자원 보유국 권력 강화 대 자원수입국 권력 약화 △수자원 위기로 인한 지역정치의 동요 △힘의 분배상태 변화 및 지역질서 유동성 증대

시나리오 II(심각한 변화)—기온 2.6℃ 상승, 해수면 0.52m 상승

IPCC 보고서의 보수적 평가가 예측하지 못한 보다 크고 빠른 온난화가 진행되었을 때에 2040년 상황은 지역별 기후변화의 영향과 결과의 성격이 다소 차이가 있을 수 있지만, 지역을 가리지 않고 근본적인 성격의 대응을 요하는 변화가 진행될 것으로 예측된다.

시나리오 II에서 나타날 수 있는 국제적 현상

△사회 최상위층의 이탈과 민주체제의 기반 잠식 △세계 어류시장의 붕괴 △정부의 재원 부족으로 상수도의 사유화 가능성 상승 및 그에 따른 폭동 발생 가능성 상승 △세계화 현상의 퇴조와 상호의존적 생산 및 금융체계의 붕괴에 따른 세계적 경제침체 △기업의 정부에 대한 우위의 등장 및 기후변화에 적응한 초국적 기업의 힘이 국가를 능가하기 시작 △동맹체제와 다자협력체제의 붕괴 △UN 안보리의 파열로 인한 무력화

시나리오 III(재난적 변화)—기온 5.6℃ 상승, 해수면 2.0m 상승

두 번째 시나리오가 계속되어 2100년경이 되었을 때의 상황으로, 예측이 거의 불가능한 미래가 펼쳐질 것으로 예상된다. 이 경우 지구상에 존재하는 모든 기존 생명체의 기본적 테마는 생존이 될 것이다.

시나리오 III에서 나타날 수 있는 국제적 현상

△미국을 포함한 부국을 향한 이민이 국가 및 사회 안보상의 주요 문제로 대두 △러시아의 급격한 인구감소로 중국의 극동·시베리아에 대한 진출의 가능성 확대 및 그에 따른 핵보유국 중-러 간 갈등 고조 △예측 불가능한 위기의 촉발과 국가의 대처 능력 저하에 따른 대중들의 분노 고조 △종말론적 종교의 과열 △이민자와 소수자에 대한 적대감과 폭력의 확산 △이타주의 및 관용의 상실 △교통·물류상의 문제와 근해 경비의 필요성 증대에 따른 미군의 지구적 역할과 범위의 급격한 위축 △전력발전 설비의 테러리즘에 대한 취약성 증대 및 테러나 불량국가에 의한 비대칭위협의 급증

이같이 환경 이슈가 군사적 이슈에 연관되는 안보화에 대한 논의는 탈냉전 이후 미국에서 안보 문제를 재정의하는 과정에서 더욱 적나라하게 그 논점들을 드러내었다. 환경과 군사 문제에 대한 관련성은 1974년 테일러 장군(General Maxwell Taylor)이 모든 형태의 비군사적 위협을 다루는 안보 개념의 확장에 대한 필요성을 주장한 때로부터 주목받았다. 브라운(Lester Brown)은 1977년 국가-자연 관계에서 발생하는 안보 문제에 주목하여야 하며, 이 문제를 포괄하는 안보 문제의 재정의 필요성을 강조하였다. 핸슨(James Hansen)의 기후온난화에 대한 경고는 환경 이슈와 안보화 과정의 상관성에 대한 사고를 결정적으로 강화시키는 계기가 되었다. 비록 교토체제의 참여는 부정적이었지만 1990년대 클린턴 행정부는 '기후변화행동계획'(Climate Change Action Plan 1993)을 수립하여 2000년까지 1990년 수준까지의 온실가스 감축 목표를 제시하기도 했다. 하지만 그 뒤 부시 행정부는 중국 요인과 과학적 불확실성을 들어 교토의정서 이행을 거부하였다. 이 같은 미국의 행태는, 오바마 행정부가 기후변화 대응체제 발전을 위한 노력을 경주하여 신(新)기후체제의 출범을 가능하게 했으나 트럼프 행정부가 신기후체제로부터 탈퇴하는 행태 속에서 반복되고 있다. 하지만 분명한 것은 환경 의제는 이제 미국에서도 군사적 안보와 깊은 연관을 가진 것으로 인정되기 시작했다는 것이다. '국가안보와 기후변화의 위협'(National Security and the Threat of Climate Change)이라는 문건은 미국 안보부서들이 환경 문제, 특히 기후변화에 대해서 안보 문제와 연관하여 이 문제를 파악하게 되었다는 것을 보여주며(CNA Corporation 2007), 결국 2010년 미국의 '4년주기 국방정책 검토 보고서'(QDR 2010)에서는 기후변화에 따른 안보체제 정비를 명문화하였다.

이처럼 환경 문제와 관련하여 국가안보를 재정의하는 과정은 긴 논쟁과 함께 전개된다. 기후변화로 인한 안보적 위협과 그 예상되는 결과에 대한 연구들이 축적되면서 이 문제에 대한 지구적 대응 필요성에 대한 의식은 높아지게 되었고, 2010년대 들어서 거의 모든 정부들은 환경 이슈가 안보에서 차지하는 중요성을 인정하게 되었으며, 특히 기후변화의 안보적 함의는 매우 강조되고 있다.

III 환경과 안보의 실제

1 환경갈등의 경성(硬性) 안보화 사례

환경 문제가 사회적 영향과 결합될 경우에 갈등의 양상은 보다 다차원적으로 나타난다. 앞서 기술하였듯이 호머딕슨은 환경 문제가 갈등의 원인으로 작용함에 있어서 사회적 영향이 매개 요인으로 작용하는 양상을 적절히 설명하였다(Homer-Dixon 1991, 86-88).

그는 환경과 갈등의 인과적 연결고리로 고려될 수 있는 변수를 세부적으로 이해할 필요가 있음을 강조하면서, 환경 갈등과 연관되는 구체적 사회적 영향 네 가지를 들었다. 첫째, 농업생산량의 감소, 둘째, 경제 악화, 셋째, 비자발적 인구이동, 넷째, 제도 및 사회적 관계의 악화이다. 이 같은 사회적 영향으로 환경 문제는 갈등을 야기하고, 이는 다양한 형태의 무력분쟁으로 전화될 가능성을 가진다. 이러한 호머딕슨의 주장은 환경변화로 인한 갈등 발생의 기제를 설명하는 데 유용하다. 환경 문제가 어떻게 경성(硬性) 안보화되는지를 분석하기 위해 환경 갈등의 발생 기제를 다음과 같이 도식화해 설명해 볼 수 있다.

| 그림 9-1 | 환경갈등 발생 기제   출처: Homer-Dixon(1991, 86)의 표를 수정함.

다르푸르 사태

　기후변화가 야기한 분쟁의 대표적 사례로 자주 거론되는 다르푸르 사태는 수단 북부에 위치한 다르푸르 지역에서 발생한 무력분쟁을 지칭한다. 다르푸르 분쟁은 일반적으로 인종 내지 민족 간 갈등으로 규정되지만, 갈등의 근본적 원인은 기후변화로 인한 가뭄의 지속과 사막화의 확대와 같은 환경 문제로 아랍 유목민들이 다르푸르 지역에 유입되면서 시작되었다. 환경 문제로 인한 아랍 유목민의 비자발적 이주는 지역 내 인구의 급속한 증가에 따른 자원의 경쟁을 야기하였고, 이것이 분쟁의 씨앗이 된 것이다. 벨처(Harald Welzer)에 따르면, 지난 20년간 이 지역의 강우량은 1/3 이상 감소하였고, 유목민 유입에 따른 다르푸르 지역의 인구 증가율은 2.6%였는데(Welzer 2010, 128-137), 이는 자원 경쟁의 치열함을 야기한 결정적인 변수가 되었다. 따라서 다르푸르 지역에 유입된 아랍 유목민과 지역 토착민인 '푸르' 원주민들 사이에 나타난 자원 경쟁 및 그로 인한 갈등의 확산은 아랍 유목민을 지지하는 정부 정책과 그에 대항하는 '푸르' 원주민의 반정부 활동이 맞부딪히면서 결국 최악의 무력분쟁 상황으로 변모하였다.

　이주 유목민과 토착민 간의 갈등이 격렬한 무력분쟁으로 전화된 과

다르푸르 분쟁

2003년 2월을 기점으로 시작된 다르푸르 분쟁은 국제사회에서 사상 최대의 유혈사태 및 인권 유린사태로 인식되고 있다. 다르푸르 분쟁은 인간안보를 위협하는 최악의 유형으로 손꼽히는 사례이며, 수단은 전 세계 177개국을 대상으로 사회안정성을 측정한 조사에서 '실패국가'(failed states)로 분류되었다.

다르푸르 지역은 수단 서부의 해발고도 600~900m 고원지대에 위치하며, 수세기 동안 다수의 인종이 공존해왔던 지역이다. 그러나 인구는 크게 북부 아랍계와 남부 아프리카계 흑인으로 구성되어 왔으며, 아프리카계 흑인 푸르(Fur)족이 이 지역의 토착민이다.

다르푸르 분쟁의 시작은 다르푸르에 거주하는 반군 조직들이 중앙정부에 반기를 들면서 공격을 감행한 2003년 2월부터이다. 중앙정부는 반군들의 공격을 진압하기에는 중앙정부의 병력만으로는 한계가 있다고 판단함에 따라 친정부 계열의 아랍민병대인 잔자위드(Janjaweed)를 조직하여 반란군을 진압하도록 지시하였다. 이에 따라 반군과 중앙정부의 힘을 얻은 잔자위드 간의 유혈분쟁이 시작된 것이다. 이에 따라 반군 세력인 수단해방군(Sudan Liberation Movement/Army, SLMA), 정의와 평등운동(Justice and Equality Movement, JEM)은 중앙정부의 오마르 알–바시르 대통령과 잔자위드(Janjaweed)에 대항하며 10년 이상의 장기간 내전으로 이어지게 되었다.

유엔은 다르푸르 사태를 '대학살'(geno-cide)로 규정하였으며, 유엔 안전보장이사회에서는 2005년에 수단을 본격적으로 제재할 만큼 국제적인 우려와 관심이 집중되었다. 사태의 심각성이 두드러진 이유는 '인종청소'의 양상으로 비화되었기 때문이다. 특히 친정부 세력인 잔자위드는 여성과 아동을 대상으로 매우 폭력적인 행태를 보였는데, 약 1만 명 이상의 여성이 강간에 희생되었다는 점은 이를 잘 드러내준다.

반정부군을 진압하기 위해 무차별적 공격을 강행한 오마르 알–바시르 대통령의 정책집행은 다르푸르 분쟁을 야기하였으며 다르푸른 분쟁은 특정 지역의 인종 구성을 재구성하고자 나타난 인권 유린 행태와 더불어 2012년을 기준으로 약 30만 명 이상의 사망자, 270만 명의 난민을 만들어냈다. 따라서 국제형사재판소(International Criminal Court, ICC)는 2008년, 최악의 분쟁을 야기한 오마르 알–바시르 대통령의 체포영장을 청구하였으며 2009년에 체포영장을 발부하였다.

정을 살펴보면, 원주민들이 수단 정부의 아랍화 정책에 반발하며 반정부 단체인 '수단자유군'(SLM/A), '정의와 평등운동'(JEM) 등을 창설하여 봉기한 것이 시초가 되었다. 이러한 반란에 대해 수단 정부는 아랍계 무장세력 '잔자위드'(Janjaweed)를 지원하였고, 결과적으로 인종 간 무력 분쟁으로까지 전화된 것이다. 더욱이 잔자위드는 아프리카계 흑인 종족을 탄압하는 데 그치지 않고 인종 청소를 목적으로 한 강간과 살육을 감행하는 등 거침없는 행보를 보였다. 유엔에 따르면 다르푸르 분쟁으로 2003년에서 2006년 사이에 최소 40만여 명이 숨지고 250만여 명의 난민이 발생하였는데, 이러한 양상 때문에 유엔은 다르푸르 분쟁을 인간 안보에 대한 최악의 위협 사례로 선정하였다. 가뭄과 사막화라는 환경 문제가 이주의 문제를 야기함에 따라 자원을 둘러싼 갈등이 고조되고 결국 국제사회 차원에서 개입하지 않으면 안 될 정도로 최악의 인권유린과 살육의 참극이 벌어진 것이다. 이러한 다르푸르 분쟁의 발현 과정은 앞서 제시한 도식에 따라 다음과 같이 정리될 수 있다.

| 그림 9-2 | 다르푸르 분쟁 발생 기제

요르단강 수자원 갈등과 3차 중동전쟁

한편 국제하천은 여러 국가가 하천과 용수를 다양한 용도로 공유한다는 점에서 이익이 중첩되는 특징을 보이며, 국제하천을 둘러싼 분쟁은 여러 지역에서 다양하게 발생해왔다. 그 중 수자원 분쟁의 경성 안보화의 대표적 사례는 중동의 수자원 분쟁이다. 국제하천은 수천 년 동안 인접한 여러 국가에 대해 수자원을 공급하는 역할을 해왔다. 지구의 총 수량 14.5억 km³ 가운데 담수는 2.5%에 불과하며, 매우 낮은 비율로 존재하는 담수만이 인간 생활에 이용 가능하기 때문에 수자원 확보는 국가들의 존립에 필수적 과제가 된다. 따라서 국제하천을 공유한 국가들은 식수 등 생활용수, 농·공업을 위한 산업용수, 그리고 환경용수 등 인간생활의 다방면에서 사용되는 수자원을 확보하기 위해 수자원 활용에 매우 민감할 수밖에 없다.

이러한 상황에서 환경 문제는 수자원 확보를 더욱 어렵게 만드는 요인으로 작용한다. 기후변화에 따라 하천이 마르는 건천화 현상의 확대는 수자원 경쟁의 심화를 야기하고 있으며, 이는 인구의 증가에 따른 수자원 수요가 더욱 증가하는 상황과 맞물리면서 무력분쟁을 야기할 수도 있다는 예측이 높아가고 있다. 특히 2017년 유엔 안전보장이사회 회의에서 구테흐스 사무총장은 2050년경에는 물에 대한 수요가 전 세계적으로 40%나 늘어나 세계 인구의 1/4 이상이 물 부족에 시달릴 것이라고 경고하였다. 이러한 경고는 앞으로 인류가 한정된 수자원의 감소로 경쟁이 격화될 수 있으며, 더욱 심각한 수자원 부족 사태에 직면하게 될 것이라는 비관적인 예상에 더욱 힘을 더해주고 있다.

게다가 수자원의 분포는 지역마다 다르며 고갈의 정도도 상이하기 때문에, 지역적 수준에서 나타날 수 있는 분쟁의 양상과 정도는 다를 것이다. 특히 중동과 같은 지역에서는 물부족이 심각한 환경 문제라는 위기의식으로 인식되기 때문에 수자원 갈등이 인간의 삶을 좌우하는 문제이면서 동시에 핵심적인 지역 국제정치의 문제로 받아들여지고 있다. 이런 특성은 역내 다양한 수자원 분쟁 사례를 통해서 확인이 가능하다. 특히 중동 지역 내 요르단강을 둘러싼 분쟁은 물부족 문제가 수자원 확보를 위

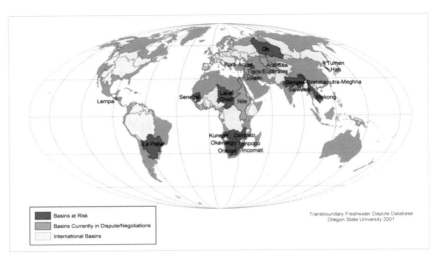

그림 9-3 ㅣ국제하천 관련 분쟁위험 지역 　　　　출처: Oregon State University, "Basins at Risk."

한 국가 간 갈등으로, 그리고 종국에는 전쟁으로 이어진 대표적인 사례다.

요르단강은 그 시작부터 국제적이다. 레바논에서 발원한 하스바니강(Hasbani River), 시리아 영토 내 골란고원에서 발원한 바니아스강(Banias River), 이스라엘의 훌레 계곡에서 발원한 단강(Dan River)이 합류하여 갈릴리 호수로 모이게 되고, 여기서 요르단강 본류가 남으로 흘러가게 된다. 그런데 1948년 이스라엘이 건국되면서 요르단강 유역에서의 국가 간 긴장 상태는 가시화되기 시작했으며, 본격적인 무력분쟁의 시발은 1953년 이스라엘의 일방적인 취수시설 공사가 계기가 되었다. 이스라엘은 국가 건국과 함께 세계 각지로부터의 귀환 이주로 인한 급속한 인구증가를 경험하게 된다. 1948년부터 1952년까지 약 5년 동안 인구는 두 배 이상으로 증가하였는데, 이는 요르단강 유역에서 지속되고 있던 물부족 문제와 함께 맞물리면서 수자원 확보를 위한 이스라엘의 적극적인 행보는 주변국들과의 갈등을 유발할 수밖에 없었다. 1990년대를 기준으로 보아도 이스라엘이 확보하고 있는 수자원은 중동의 수자원

대국 이라크나 터키 그리고 시리아에 훨씬 미치지 못하고 있는데(김종일 2006, 72), 당시 이스라엘이 확보할 수 있는 수자원은 심각한 수준에 머물고 있었던 것이다.

따라서 이스라엘은 시리아와 국경지대인 갈릴리 호수에서 유로 변경에 영향을 미칠 수 있는 취수시설 공사를 개시한 것이다. 이는 시리아의 수자원 확보에 위협을 야기하는 조치였기 때문에, 시리아는 공사 지역에 포격을 가하며 강력한 항의 의사를 보였다. 아랍 국가들도 지속적으로 이스라엘의 일방적인 수자원 확보를 위한 행태에 반발을 보였음에도 불구하고, 이스라엘은 1964년 1단계 유로변경 공사를 완료하였다고 공표하였다(Lowi 1995, 115-144). 결국 주변 아랍 국가들은 이스라엘로 들어가는 물을 차단하기 위한 유역변경 시설 공사에 착수하기로 결정하였으며, 이에 대해 이스라엘은 '철저한 주권 침해'라고 반발하며 무력 사용을 개시하게 되었다(이상돈 2011, 7-10). 이 국제하천 분쟁이 제3차 중동전의 시발점이 되었던 것이다(신연재 2006, 178-179). 시리아와 이스라엘 간의 빈번한 충돌은 시리아와 군사동맹을 맺은 이집트를 연루시켰고, 이러한 긴장 상황에서 시작된 이스라엘의 기습 공격은 전쟁으로 비화되었다. 요르단강 수자원 갈등 사례는 이 자원이 지니는 민감성이 지역별로 차이가 날 뿐만 아니라 수자원 자체가 지니는 심각성을 보여주고 있다. 이러한 점에서 향후 기후변화에 따른 수자원 문제의 안보화 가능성에 대해서 시사하는 바가 크다.

| 그림 9-4 | 요르단강 국제하천 분쟁 발생 기제

요르단강은 1960년대와 비교하였을 때 수량이 90% 이상 감소한 것으로 알려졌다. 이는 요르단강에 인접한 시리아 및 이스라엘 등의 식수 이용에 심각한 영향을 미쳤다. 요르단강 유역의 수자원 부족 원인은 수질오염 문제와 함께 수자원 고갈 그리고 수자원 경쟁의 심화 등으로 나타난다.

요르단강 인접국들의 수자원 문제가 심각해지자 1955년 미국 행정부가 적극적으로 나섰다. 미국은 요르단강 유역 국가 간 수자원 배분 체계인 '존스턴 통합계획안'(Johnston Unifies Plan)을 제안하였다. 이에 대해 요르단과 이스라엘이 동의를 하며 추진되는 듯하였다. 하지만 이 계획에 따른 국가별 수자원 할당량은 이스라엘이 3억 7,500만㎥으로 요르단의 1억㎥보다 훨씬 많으며, 시리아와 레바논의 할당량을 합친 것보다 약 3배 많게 배분되었다(Wolf 1995, 161-162). 이에 아랍리그위원회(The Council of the Arab League)는 이스라엘의 존재를 인정하는 것과 더불어 상당한 수자원 할당량이 이스라엘에게 배분되었다는 점에 반발하여 존스턴계획안은 결국 무산되고 말았다.

1964년에 이스라엘이 1단계 유로변경 공사의 완료를 공포함에 따라 시작된 이스라엘

대 시리아 · 레바논 간의 무력 충돌은 주로 수로의 파괴에 목적을 두면서 시작되었다. 이스라엘의 국가수로를 방해하기 위해 유역변경 공사를 실시한 시리아 · 레바논은 이스라엘의 폭격에 공사 중단을 반복해야 했다. 이스라엘이 인접국의 유역변경 공사에 대해 적극적으로 무력행사를 감행한 이유는 이 공사가 강물의 77%를 아랍 국가들이 사용하고 이스라엘은 약 23% 만을 사용하게끔 계획되었기 때문이었다. 따라서 이스라엘은 이에 대해 명백한 주권 침해라고 주장하면서 유역변경 공사에 대한 공격을 감행하였다. 한편 시리아 또한 골란고원에서 이스러엘을 향해 무장 폭격을 실시하였다. 이러한 요르단강을 둘러싼 수로에 대한 국가 간 폭격은 결국 1967년 3차 중동전으로 이어지게 되었다.

2 환경갈등의 안정화 사례

라인강 국제협력

국제하천은 앞서 제시한 바와 같이 자원 경쟁으로 인한 국가 간 분쟁 발발의 배경이 될 수도 있으나, 반대로 국제협력을 더욱 촉진하는 배경이 되기도 한다. 하천 상류지역과 하류지역 간의 국제하천 수자원에 대한 분배 과정은 국가 간 협상과 조약체결 등의 외교적 상호작용을 통해 국가 간 갈등을 해결하는 협력을 더욱 가속화하고 제도화를 이루는 전형적 사례가 되기도 한다. 국제하천조약은 9세기 이후 약 3,600건 이상이 체결되었는데, 이는 국제하천에 대한 국가 간 관리가 오랜 역사를 지니고 진행되어 왔음을 보여주고 있으며(신연재 2012, 35), 이 같은 경험을 통하여 국가들 간의 협력을 규율하는 다양한 원칙들이 발전되어 왔음도 보여준다.

다양한 국제하천 관련 협력 사례 중 라인(Rhine)강은 국제하천 갈등을 잘 극복하고 가장 성공적으로 수자원을 이용·관리해 온 사례로 꼽힌다. 라인강은 1950년 이후 현재까지 오스트리아, 이탈리아, 스위스, 독일, 프랑스, 벨기에, 리히텐슈타인, 룩셈부르크, 네덜란드 등 총 9개 연안국 간의 상호협력을 바탕으로 공동관리가 이루어졌다. 라인강은 최상류 지방부터 하류지방까지, 각 국가의 생태적, 농업적, 공업적 제 측면에서 중요한 역할을 수행해왔다. 사실 라인강은 국가별로 다양한 목적하에 하천 이용이 이루어져왔으나, 뚜렷한 협력의 공감대는 부재한 상황이었다.

그런데 수질오염에 따른 연어 개체 수가 급감하는 현상을 두고 그 대처 방안 마련에 대해 국가 간 공감대 형성이 이루어졌다. 라인강의 수질은 1950–1970년대 도시화와 인구증가로 인해 급속히 악화되었으며, 그에 따라 1960년에는 연어 개체 수가 전무할 것이라는 예측이 제시되

공유하천에 관한 국제적 협력의 주요 원칙

국제하천의 활용에 관한 오래된 협력의 역사는 이와 관련된 다양한 원칙들을 발전시켜 왔다. 국제하천 이용에 대한 원칙들은 자원 이용에 대한 치열한 경쟁 상황에서 국가 간 상호이익의 접점을 찾을 수 있도록 기준을 제공한다는 데에 의의가 있다. 하지만 국제하천은 영토와 달리 그 영역을 엄격하게 규정하기에는 한계가 있다. 따라서 강 유역 인접 국가들의 국제하천 관리에 대한 담론은 긴요하다. 국제하천 관리에 대한 담론의 확장을 바탕으로, '공유하천에 관한 국제적 협력의 주요 원칙'이 규정되었다. 아래의 표는 9개의 원칙과 그에 따른 사례들을 정리한 것이다.

9개의 원칙 중 '헬싱키규칙'은 다른 국가에 피해를 주지 않는 범위에서 합리적이고 공평한 수자원 이용권을 가져야 함을 강조한다. UN은 헬싱키규칙에 입각하여 1971년부터 다루었던 '국제수로의 비항해적인 사용에 관한 법'을 바탕으로, 1997년 '국제하천의 비항해적 이용에 관한 협약'을 발효시켰다. 이러한 국제하천에 대한 국제법적 제도의 마련은 국가 간 동의에 따른 결과물이기 때문에 갈등의 발생 상황을 더욱 줄일 수 있다는 점에서 높은 효용을 가진다.

구분	내용	각국의 적용 사례
절대영토 주권주의	"하몬주의"라고도 한다. 자국 영토 내의 물을 인접지역에 관계없이 자유롭게 이용할 권리를 가진다.	미국—리오그란데강 터키—유프라테스강
선점 우선주의	선행된 이용행위가 법적으로 우선권을 갖는다는 것으로, 기존의 이용행위는 나중의 개발에 의해 침해되지 말아야 한다.	미국—콜롬비아강 이집트—나일강
절대영토 보전주의	하천의 연안지역은 수자원 보전에 대한 부담과 수해로 인한 피해를 가장 많이 받게 되므로, 연안지역의 수량과 수질에 피해를 주는 개발을 해서는 안 된다.	파키스탄—인더스강, 다뉴브강보존위원회
상호개발 이론	하천유역의 개발은 모든 연안 국가들과의 합의하에 진행되어야 한다.	메콩강위원회
상호사용원칙	상류지역 국가에 의해 발생하는 하류지역 국가들의 피해보상과 관련하여 적절한 보상을 받지 못하는 경우 국제하천의 사용에 관한 협정을 거부할 수 있다.	라인강 상류의 프랑스에 대한 독일·네덜란드 사례
연계원칙	하천 관련 협정을 관련 국가들에 이득을 줄 수 있는 다른 문제들과 연계시켜야 한다.	이스라엘과 요르단 간의 협정
중대피해 방지원칙	연안국 혹은 유역국은 다른 연안·유역국에게 중대한 피해를 끼치는 물 이용행위에 대해 이를 중지 혹은 예방하여야 할 "적정주의 의무"(Due Care Obligation)를 갖는다.	변형형으로 "완화된 중대피해 방지원칙"(Mitigated No Substantial Harm Principle)이 유럽지역에 적용
수요 우선주의	인구 등에 기초한 필요량에 따라 물을 배분한다.	중동 지역
헬싱키규칙	유역 국가들은 다른 연안 국가에 피해를 주지 않는 범위에서 "합리적이고 공평한" 수자원이용권을 가져야 한다.	나일강 상류의 국가들

면서 국가 간 협력의 필요성에 대한 공감대가 형성된 것이다. 이러한 공감대를 바탕으로 1950년 국제라인강보호위원회(International Commission for the Protection of the Rhine, ICPR)가 창설되었다. 연어 개체 수의 급감에 대한 문제의식을 바탕으로 라인강 연안국들이 적극적으로 ICPR을 창설할 수 있었던 배경에는 인접국들의 사회정치적 체제의 공통적 특성이 자리하고 있다. 라인강 유역 국가들은 안정적 민주주의 정치체제를 기반으로 균형적인 사회경제발전을 이룩하고 있다는 공통점이 있다. 이러한 특성은 라인강 보호라는 공감대를 바탕으로 협력에 우호적인 양상을 더욱 제도화시킬 수 있었던 중요한 조건이 되었다.

초기 ICPR의 목적은 연어 개체 수 보호를 위한 수질오염의 완화에 있었으나, 이 같은 경험을 바탕으로 ICPR을 통한 국가 간 협력은 다양한 방면에서 활성화되었다. 따라서 ICPR의 기능은 수질오염의 완화를 넘어 지하수관리, 라인강 유역 생태환경 문제 등에까지 확장된 것이다. 이와 같은 라인강 국제협력은 국가 간의 체제적 동질성이 바탕이 될 경우에 환경 차원의 협력은 그 경계를 넘어 사회적 개발이나 수력발전 등과 같은 경제적 상호협력까지도 촉발시킬 수 있다는 긍정적인 전망을 가능하게 해 주는 사례로 거론되기도 한다.

| 그림 9-5 | 라인강 국제하천 이용에 대한 협력 기제

중국의 사막화 대응

사막화란 건조, 준건조 및 아·습윤 지역에서 기후변동 및 인간활동을 포함한 다양한 요인으로 인하여 발생하는 토지황폐화를 일컫는다. 사막화는 토지가 제 기능을 다하지 못한 채, 생명체가 살아가기에 가혹한 환경을 조성할 뿐만 아니라 월경적 특징을 가진다는 점에서 국제적 문제로 부상하고 있다. 특히 현재 전 지구 표면적의 35%가 사막화의 위협에 처해 있으며, 이에 따라 인구의 1/5이 생존에 영향을 받는다는 연구 결과는 사막화 문제 해결을 위한 국제적 노력이 절실히 필요하다는 점을 보여준다.

이러한 사막화 문제는 중국에서 두드러지게 나타난다. 급속한 경제발전을 위한 무분별한 토지 개간 및 산업시설 가동은 사막화를 더욱 빠르게 진전시킨 주요 원인으로 작용하였음이 밝혀졌다. 중국은 2008년을 기점으로 전 국토의 30%가 이미 사막화가 진행되었으며, 이러한 추세가 지속될 경우 조만간 50%까지 확대될 수 있다는 예측이 제기되었다(오기출 2008, 10). 중국의 사막화는 다양한 차원에 영향을 끼치면서 그 심각성을 더하고 있다. 특히 2007년을 기준으로 중국의 식량자급률이 36%로 급격하게 감소하였다는 점은 사막화 문제가 식량안보에 심각한 도전이 될 수 있음을 보여준다. 더불어 황사 문제를 비롯한 심각한 대기오염을 유발함에 따라 인간의 건강에 치명적인 악영향을 미치고 있으며, 더 나아가 생태계 파괴에도 만성적인 악영향을 끼침에 따라 사막화의 부정적인 파급력은 매우 크다고 볼 수 있다.

중국은 이러한 사막화 문제를 극복하기 위해 정부 차원에서 적극적인 노력을 전개했다. 중국 정부는 적극적인 '사막화방지사업'을 수행하며 세부적인 정책 지침을 마련했는데, 사막화방지사업정책, 세금우대정책, 과학기술 지원정책, 황무지 도급사용정책 등이 있다. 이러한 세부적인 정책 지원과 함께 2000년부터는 사막화방지법, 환경영향평가법, 산림법실시조례 등의 제도를 정비하여 구속력을 더욱 강화하였고, 이는 중국 지도부의 높은 관심과 맞물리면서 더욱 적극적으로 실천되었다.

국가 차원의 노력에 따라 사막화방지사업은 2002년을 기점으로 가시적인 성과를 나타내기 시작했다. 전국의 연평균 사막화방지 면적이 19,000km²를 넘어서면서 사막화 면적을 넘어섰기 때문이다. 따라서 전국적으로 사막화가 진행되는 토지 면적이 줄어드는 추세가 지속되면서, 사막화 토지 면적이 감소하게 된 성과를 거둔 성이 2/3를 넘어서고 있는 것으로 조사되었다. 특히 베이징-톈진 황사발원지 정비사업을 실시한 지역에 대한 조사 결과, 2000년~2003년 사이 녹지면적이 약 12% 증가한 것은 정책의 효과성을 두드러지게 보여주고 있다(바이지엔화 2006, 19-22).

이 같은 사막화 문제에 대한 성공적인 대응은 구체적이고 적극적인 정책을 시행하는 국가 차원의 노력이 환경 문제의 악화를 완화하고, 나아가 환경을 개선해 갈 수 있다는 점을 보여주는 사례로 자주 거론된다.

그림 9-6 | 중국의 사막화 문제 완화 과정 메커니즘

3 북극: 새로운 기회와 갈등 가능성

2052년 여름에는 북극에서 얼음을 볼 수 없을지도 모른다. 지구온

난화가 가속화되면서 여름의 북극 얼음량이 매 10년마다 13%씩 줄고 있으며, 2050년이 넘어서면 북극의 얼음이 모두 사라질 것이라는 예측이 나왔기 때문이다. 따라서 해수면 상승과 극지해빙 현상은 전 세계적으로 큰 주목을 받고 있다. 기후온난화는 세기적 재앙이 될 것이라는 우려가 팽배한 가운데 기후온난화가 도리어 기회로 작용하는 지역이나 이슈들도 등장하고 있다. 특히 북극지역은 이 같은 새로운 기회와 관련하여 가장 많이 언급되면서 동시에 그 기회를 선점하기 위한 경쟁이 고조되는 지역으로 부상하고 있다. 극지 기후의 특성으로 의해 인간의 거주나 경작 등에 적절하지 않던 지역이 기후온난화에 의해 점차 삶을 위한 조건이 개선됨으로써 새로운 기회를 제공하게 된 것이다. 이런 혜택을 가장 많이 볼 나라로 러시아가 지목되기도 한다.

환경안보 문제와 관련하여 주목할 점은 동토 해빙으로 인한 영구동토대와 북극 빙하의 축소 현상이 새로운 자원 개발 가능성과 더불어 영

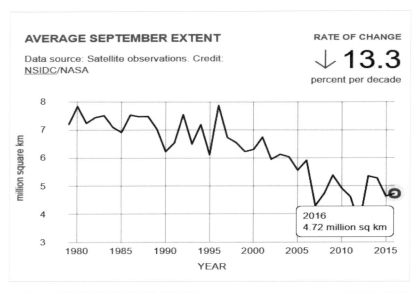

그림 8-7   매년 9월 기준 북극의 얼음 면적 추이   출처: Berry(2015).

토주권을 확대하려는 움직임을 강화하고 있다는 것이다. 특히 북극 주변에 경쟁하는 강대국들이 포진해 있다는 점과 현재 남극조약과 같은 다자적 틀이 발달해 있지 않다는 점은 북극지역 내 분쟁의 잠재적 위험성을 높이는 요인들이다. 이러한 기후변화로 인해 나타나는 북극지역을 둘러싼 문제는 앞서 제시한 환경안보의 사례들과는 차별화되는 새로운 문제와 갈등의 등장을 예고하고 있다.

많은 나라들이 북극 개발에 적극적으로 나서고 있는 이유는 교통로, 자원, 기지라는 세 가지로 요약될 수 있다. 기후변화로 인해 북극지역에서 나타나는 변화와 관련하여 북극 해빙에 따른 항로의 개발과 경쟁 문제 그리고 북극 해저 및 주변의 자원개발을 둘러싼 국가들 간의 경쟁은 중요한 관리의 대상이 되고 있다. 이와 관련하여 북극지역의 모든 국가들이 영토적 주권의 불가양성과 해양 활용에 대한 국제 레짐의 미비로 인하여 결국 자국 이익을 지키기 위한 무력의 배치에 관심을 기울이고 있으며, 이는 북극해 주변의 군사기지가 재활성화되는 상황으로 연결되면서 국제안보적으로도 첨예한 이슈로 비화되고 있다.

먼저 신항로의 개척에 대해서 살펴보면, 지구온난화가 야기한 얼음량의 감소로 인해 쇄빙선의 북극 통과 역시 쉬워지고 있다. 2017년 7월, 핀란드의 한 쇄빙선이 북대서양과 태평양을 연결하는 북극 북서항로를 24일이라는 최단시간에 통과하는 신기록을 세웠다는 소식은 이러한 경향을 잘 보여준다. 또한 하절기에 러시아 연안을 활용하는 북동항로를 통해 상업적 운송이 부분적으로 이루어지고 있는 실정이다. 북동항로와 북서항로라는 신항로 개척의 이슈는 국제적으로 기후변화로 인한 가능성과 위험성을 동시에 제기하고 있는데, 이를 둘러싼 국가 간의 경쟁은 새로운 양상을 띠게 될 것으로 보인다.

북극 주변국들이 자신의 배타적 해역을 설정하여 주권 확대의 움직임을 보이는 가운데, 세계 주요 무역국들은 이 항로가 개방될 경우 아시아-유럽 무역항로가 거리와 시간이 거의 절반 이상 단축될 수 있다는 이점에 대해 큰 관심을 보이고 있다. 특히 과거에도 이 문제로 한 차례 무력 충돌한 적이 있는 미국과 캐나다는 이 문제와 관련하여 최근 들어서도 날카롭게 대립하고 있다. 이 항로는 자국의 내해수로(Internal waters)이기 때문에 항로의 배타적 사용권을 주장하는 캐나다에 대하여 미국은 이 항로는 역사적으로 국제해로로 인정되어 왔기에 자유 항행이 가능하다는 주장으로 맞서고 있는 것이다. 최근에는 이 북서항로를 따라 양국이 군사기지를 세우면서 군사적 긴장이 고조되는 상황까지 연출하고 있다. 이에 비하여 북동항로는 러시아의 연안을 따라 개발되면서 영토적 내지 군사적 갈등의 소지는 상대적으로 적지만, 개발을 위한 투자를 둘러싼 경쟁과 이를 활용하려는 러시아의 계산이 복잡한 국제정치적 동학을 형성하고 있으며, 항로 개발을 둘러싼 환경오염에 대한 우려

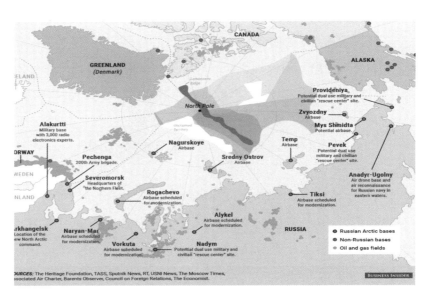

그림 9-8 | 북극지역의 군사화 – 러시아 및 서방의 군사기지들

북극을 둘러싼 여러 국가들 사이에는 특정 지역을 대상으로 영유권 및 해양관할권 등을 둘러싼 분쟁이 존재한다. 러시아–노르웨이, 노르웨이–아이슬란드–덴마크, 러시아–덴마크–캐나다 등 북극해 연안국들 간의 분쟁은 냉전체제와도 같은 치열한 국가 간의 갈등 양상으로 나타난다. 대표적으로 미국과 캐나다 간 분쟁은 북서항로 개척을 둘러싼 분쟁 외에 보포르트(Beaufort)해 영역 분쟁도 존재한다.

보포르트해의 지리적 위치

보포르트해는 캐나다군도 수역 서쪽, 알래스카 주 북쪽에 위치한 수역이다. 보포르트해의 해저에는 석유가 집중적으로 매장된 것으로 확인됨에 따라 미국과 캐나다 사이에 이 바다를 둘러싼 영유권 분쟁은 더욱 심화되었다. 미국과 캐나다는 해역의 경계 획정에 대해 다른 입장을 보이고 있는데, 미국의 경우 양국의 해안으로부터 등거리선을 따라 해양경계를 획정해야 한다는 입장을 취하고 있지만, 캐나다는 1825년 비준한 영–러조약 제3조에 따라

"결빙한 바다까지" 해양경계선을 획정할 수 있음을 주장한다(김기순 2009, 32). 양국의 해양경계선 획정에 대한 입장이 다르기 때문에 중복되는 영역이 발생하였고, 이에 대한 입장 차이가 좁혀지지 않아 분쟁 양상은 지속되고 있다.

이외에도 북극지역의 개발을 둘러싼 많은 경쟁과 갈등이 존재하고 있는 것이 사실이다. 대표적인 경쟁 및 분쟁을 정리해 보면 다음과 같다.

북극지역의 대표적 분쟁들

유형	대상 국가	대상 지역 및 특징
자원 소유 및 개발권	러시아, 노르웨이	• 스발바르(Svalbard) 군도 등 • 스발바르 군도의 수산 및 광물자원 관할 분쟁
	미국, 캐나다	• 보포르트(Beaufort)해에 매장된 상당량의 석유 개발권을 놓고 경쟁
북극항로 관할권	북동항로 (러시아, 미국)	• 러시아, 북동항로 관할권 주장 • 미국, 국제해협(International Straits)으로 모든 국가의 선박들이 자유로이 통행할 수 있어야 한다고 주장
	북서항로 (미국, 캐나다)	• 캐나다, 북서항로가 경유하는 캐나다북극군도 수역이 자신의 내수해로(Internal waters)이기 때문에 자국의 통제와 관련법을 따라야 함을 주장 • 미국, 국제해협(International Straits)이라 주장

출처: 이영형·김승준(2010, 304)의 표 4.

도 높다.

한편, 북극 자원 개발과 관련된 국가 간 경쟁의 문제 또한 심각성이 커지고 있다. 미국지질조사소(United States Geological Survey, USGS)는 세계 천연가스 및 석유 매장량의 22%가 북극 해저에 있다고 발표했다 (USGS 2009). 더불어 금, 은, 니켈, 우라늄, 희토류, 다이아몬드 등의 광물 자원도 풍부하다. 북극항로와 항공로가 열리면서 유럽에서 아시아까지 오는 거리를 수천 킬로미터나 줄일 수 있다. 더불어 북극은 생태 및 환경 연구를 위한 기지뿐만 아니라, 무선통신 중계기지로도 사용할 수 있다.

이에 러시아를 비롯한 미국·캐나다·노르웨이·덴마크 등 북극해 연안 5개국은 자원 매장량 탐사 및 개발에 총력을 기울이고 있다. 이미 2007년 해저 4200미터 북극점에 부식방지 처리된 티타늄 국기를 꽂으면서 북극에 대한 권리를 강력히 표명한 러시아는 로마노소프 해령이 유라시아 대륙에 연결되어 있음을 주장하면서 북극점을 포함하는 이 해역에 대한 배타적 권리를 확보하기 위하여 노력하고 있다. 또한 러시아는 국가적 차원에서 2013년 '러시아연방 북극권 개발 전략'을 수립하고 북극정책 2020을 추진함으로써 석유와 가스의 개발과 수송로로 활용할 북극항로 개발에 박차를 가하고 있으며, 대륙붕에도 많은 투자를 하는 중이다.

한편 미국을 비롯한 서방의 쉐브론, 브리티시석유(BP) 등과 같은 대형 에너지기업들은 유가변동에 따라 투자금액을 변동시키는 방식으로 투자 위험을 회피하고는 있지만, 기본적으로 북극지역의 에너지 자원 탐사 및 개발에 꾸준한 노력을 기울이고 있다. 특히 캐나다는 1996년에 이 같은 북극지역에 대한 경쟁을 조율하고 지역적 협력을 촉진하기 위하여 '북극이사회'(Arctic Council)를 주도적으로 결성하여 북극지역의 개발 경쟁 및 기타 문제를 해결하기 위한 공통의 문제를 논의하고 있다.[3]

그렇지만 캐나다 또한 수자원, 수산자원, 석유·가스자원 등의 개발을 위한 대규모 프로젝트를 진행하고 있다. 더불어 노르웨이 또한 기업들에게 북극해에서의 석유 시추를 이미 허용하고 있으며, 덴마크는 여러 차례에 걸친 지질조사로 자원량을 확인하고 있다는 점에서 자원 경쟁이 치열해질 것을 예고한다.

이와 같이 기후변화가 야기하는 문제는 비단 환경오염, 자원의 고갈뿐만 아니라 '새로운 기회'가 나타남에 따라 발생할 수 있는 경쟁 구도의 심화로 이어질 수 있다. 특히 북극을 둘러싼 국가들의 경쟁 구도는 국가안보와 연관될 수 있는 접점들이 존재하기 때문에 앞으로의 추이가 더욱 주목된다. 따라서 최악의 경우인 무력갈등으로 이어지는 사안을 막기 위해서라도 북극 환경을 보호하는 동시에 국가들의 발전적 이익을 함께 도모하는 방안이 필요할 것이다.

IV 환경안보 문제에 대한 대응

지금까지 살펴본 바와 같이, 환경안보 문제는 환경 문제가 다양한

---

3   북극이사회는 기본적으로 북극 연안 8개국(노르웨이, 덴마크, 러시아, 미국, 스웨덴, 아이슬란드, 캐나다, 핀란드)을 중심으로 결성되었다는 점에서 남극조약과 그 성격이 다르다. 후자가 지구촌이 함께 참여하는 지구적 레짐이라면, 전자는 기본적으로 북극을 둘러싼 지역적 레짐으로서의 성격을 가진다. 하지만 북극개발 문제는 이미 지구적 관심 사안으로 이들 국가들의 배타적 권리에 대한 강한 비판이 제기되어 왔다. 이에 한국과 일본을 비롯한 12개국(2017년 현재)이 영구옵서버 국가로 참여하면서, 환경, 사회문화, 항로, 자원개발 등 북극개발을 둘러싼 다양한 이슈의 회의와 토론에 참여하고 있다.

사회적 매개변수와 결합하여 무력분쟁으로 이어지는 경우가 있는 한편, 사회 내부의 적응력, 회복성으로 인해 갈등이 완화되며 오히려 협력의 장으로 발현될 수 있다. 더 나아가 환경안보의 문제는 비단 자원의 고갈로 인해 야기되는 것이 아닌, 오히려 새로운 자원의 영역이 나타남에 따라 생기는 경쟁 구도의 심화로 나타날 수 있다는 것을 확인하였다. 이제 이 같은 환경안보 문제에 대한 대응이 다양한 분석 수준(Level of Analysis)에서 어떻게 시도되고 있는지 살펴보자.

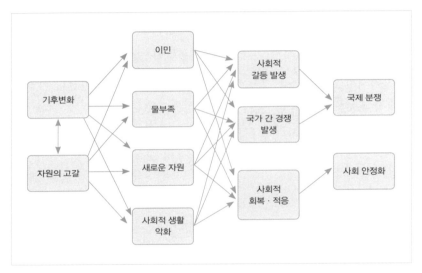

그림 9-9 환경안보의 분쟁화 및 안정화 기제

먼저 국가와 시민사회 수준에서의 대응을 생각해 볼 수 있다. 국가는 환경안보 문제를 국가 정책의 목표로 삼고 그를 실현시킬 수 있는 다양한 수단들을 동원한다. 그런데 환경정책에서는 특히 인식의 문제가 중요하다. 따라서 국가는 환경 문제에 대한 연구를 다양한 연구기관을 통하여 촉진시키고 그 결과를 시민사회에 전파함으로써 시민사회의 변화된 대응을 유도할 수 있을 것이다. 미국의 경우 국무부와 환경부를 중심으로 환경 문제를 안보정책의 목표로 다루면서 다양한 연구를 진행시키고 그 결과를 확산시킨다. 독일의 경우 2000년 국방백서에 환경안보 개념을 도입한 이래로 다양한 환경안보 세미나 개최와 연구보고서 작성을 지원함으로써 이 문제를 위한 국가와 시민사회의 다면적 대응의 필요성을 선도적으로 확산시켜 왔다. 최근에는 독일뿐만 아니라 세계 여러 국가에서도 환경안보 개념을 국가 외교 전략의 중요한 목표로 위치시키는 추세가 강화되고 있다. 결국 환경 문제의 안보화에 대한 사고는 이제 보편적인 현상으로 자리 잡아 가고 있으며, 각국 정부들은 이에 적절한 환경안보 전략과 그 실현을 위한 수단을 강화하기 위한 정책을 추진하고 있다고 볼 수 있다.

물론 시민사회 수준의 대응은 간과할 수 없는 요소이다. 특히 환경안보는 이미 지적한 바와 같이 안보의 다층적인 측면을 내포하기에 그 해결을 위해서 시민사회의 적극적인 개입은 필수적이다. 세계적으로 유명한 환경단체 그린피스의 생태계 보호운동이나 한국의 지역에 뿌리를 둔 환경단체들의 환경훼손 규탄이나 반대시위 등은 시민사회의 대표적인 대응이기도 하지만, 동시에 이 같은 활동은 궁극적으로 환경안보의 높은 수준에서의 위기를 방지하는 예방적 효과를 가지는 것으로 이해될 수 있을 것이다. 이렇듯 국가와 시민단체 차원에서의 환경안보 문제에 대해 적극적인 대응은 국가 차원의 환경안보를 위해서 필수적인 요소라 할 수 있을 것이다. 하지만 환경안보 문제는 비단 한 국가 차원에서 해결할 수 있는 성격의 문제가 아닌 경우가 대부분이기 때문에, 개별 국가들이 적극적인 노력을 기울임에도 불구하고 그 파급력과 효과성에서 한계가 드러나고 있는 경우가 허다하다.

따라서 다양한 수준의 국제적 대응은 환경안보를 증진시키기 위한 매우 중요한 수단이 되고 있다. 국제적 대응 방안은 주로 특정 이슈에 대한 국제적 차원의 레짐 구축을 위한 노력으로 나타난다. 국제연합 차원에서 발효되는 레짐으로는 해양생태계 보전, 사막화방지 등과 같은 다양한 이슈들을 포괄하며, 이러한 이슈의 해결을 위한 국가들의 합의를 이끌어내는 노력은 지난한 과정을 요구하는 경우가 대부분이다. 최근 경험을 보아도 해양생태계 보전의 경우 유엔은 2017년 국제해양컨퍼런스를 개최하여 해양의 보존과 지속적인 이용을 추구하기 위한 국가들의 노력을 더욱 강하게 촉구하였다. 하지만 그 구체적인 실천에 있어서 국가들의 참여는 그 강제력의 제한으로 인하여 한계를 보이고 있는 것이 사실이다. 한편 사막화방지를 위해서 유엔은 사막화방지협약(United Nations Convention to Combat Desertification, UNCCD)을 체결하여 총 194개 회원국의 동의를 이끌어내는 데 성공하였으며, 이를 통해 사막화의 진행으로 고통 받게 될 당사자국들이 환경을 개선하는 데 대한 재정적 원조를 통해 생태계 관리를 효과적으로 도모하도록 지원하고 있다.

이러한 국제적 차원에서의 환경 레짐의 구축은 환경 문제에 관한 특정 이슈에 대해 해당되는 국가들을 모을 수 있으며, 이를 바탕으로 다양한 참여자들의 협력을 촉진할 수 있다는 장점을 지닌다. 하지만 특정 이슈에 한정되어 있다는 점은 포괄적인 환경 문제에 대한 대응으로까지 이어지지는 못하는 한계가 있는 것이 사실이다. 특히 다양한 국가들의 이해관계를 조율하는 과정이 길고도 어려워 기후변화 대응체제에서와 같이 환경안보에 필수적이지만 아직도 국제적 레짐을 통한 구체적 실천과 협력이 잘 작동하지 못하고 있는 이슈들이 존재할 수 있다. 이러한 점에서 국제적 차원의 대응은 높은 시급성을 가진 이슈에 대한 낮은 대응성의 문제를 안고 있는 것도 사실이다.

국제적 차원에서 자주 지적되는 대응은 강대국 중심의 국제관계 수준에서 이루어지는 대응이다. 국제 레짐의 형성이 효과적이고 안정적인 대응책의 구사를 가능하게 할 수 있지만, 그 형성이 매우 어려운 것도 사실이다. 그리고 어떤 의미에서는 국제체제 내에서의 동학(動學)은 철저히 강대국 중심적인 특성도 지닌다. 따라서 환경안보를 위한 대응 수단의 마련을 위해서 강대국들 사이의 합의는 중요한 요소가 된다. 21세기 중국의 급속한 부상 이후 국제체제는 냉전 이후 지속되어 온 미국 중심의 단극체제의 성격을 탈각하면서 미·중 간 양극체제의 특성을 강화해 가고 있다. 따라서 경성안보는 물론 연성안보 측면에서도 미·중 양자관계는 지대한 영향을 미치게 되었으며 환경안보와 관련된 양국의 정책과 동향을 살피는 것은 필수적이다.

그런데 새롭게 형성된 양극체제의 두 당사자인 미국과 중국은 환경 분야에서 크게 기여하고 있는 국가로 보기에는 한계가 있다. 물론 적지 않은 환경 문제가 전 지구적 차원에서 모든 국가가 실천하고 참여할 때에 효과가 나타나는 성격을 가지기에 미·중 양국 간의 관계만으로 풀어가기에는 한계가 있기 때문이다. 그럼에도 불구하고 강대국의 동향이 국제적 대응체제의 형성과 발전에 미치는 영향은 지대하다. 포스트-교토체제 이행 과정과 신기후체제의 출현에 이르는 과정에서 세계는 미국과 중국의 역할이 얼마나 중요한지를 확인하였다. 기후변화 대응체제 형성에 소극적이던 미국이 오바마 정부에서 전향적인 입장으로 변하고, 중국도 시진핑 시기에 적극적인 환경정책을 추구함에 따라 양국이 기후변화 대응체제의 형성에 있어서 결정적인 역할을 하는 것을 보았다(신연재 2014, 338-345). 물론 트럼프 행정부의 신기후체제 참여 거부는 이 같은 의미를 반감시켰다는 점도 마찬가지 의미를 다른 측면에서 강조해 주고 있다.

한편 국제적 협력의 또 다른 형태로 지역적 수준에서의 대응은 환경 문제가 지역적으로 상이하게 나타날 뿐만 아니라 같은 지구적 환경 문제라도 지역에 따라 그 정도와 특성이 다르게 나타난다는 점에서 매우 중요한 대응 수단으로 이해될 필요가 있다. 지역 내의 특징적인 환경문제에 대한 사안을 중심으로 역내 국가들 간 합의를 도출하여 환경 문제에 대응하는 것은 높은 차원의 이행력을 가질 수 있다는 점에서 유용하다. 국제하천을 국제적 공공재로 인식하며 하천의 상류에 위치한 국가들과 하류에 위치한 국가들 간의 협력은 수자원 관리를 더욱 효율적으로 할 수 있는 지역체제적 기제가 작동하고 있는 것이다. 나일강, 메콩강, 라인강 등 다양한 지역에 존재하는 국제하천 이용에 대한 조약은 환경안보의 문제가 지역적 수준에서 잘 대응될 수 있는 대표적 사례들이다. 이 같은 국제하천의 성공적인 관리 사례는 지역적인 협력의 성공적인 실현은 지역 전체의 이익을 증진하는 데 크게 기여할 수 있음을 보여준다. 더 나아가 국제사회 내 협력의 영역이 더욱 확대될 수 있는 기반을 마련해주는 역할을 기대할 수 있다. 지역적 대응은 이해관계에 대한 공통된 합의 도출이 상대적으로 빠르다는 측면에서 지역협력체의 출현은 국제 레짐의 형성보다 상대적으로 용이할 수 있다.

또한 지구적 이슈의 경우에도 지역적으로 특성화된 실천프로그램을 발전시킴으로서 해당 지역이 해당 이슈에서 더욱 차별화된 성과를 거두기도 한다. 유럽연합(EU)은 기후변화협약 21차 당사국총회(COP21)에서 채택된 파리협정의 이행과 관련해서 EU 차원의 강화된 평가기준을 따로 발표하였다. EU는 '2030 기후·에너지 정책 프레임워크'를 EU 차원에서 추진하겠다고 발표함에 따라, 1990년 기준 이산화탄소 40%의 감축 목표를 설정하고 적극적인 정책 실행을 추진하고 있다. 이 같은 EU의 행보는 파리협정이 세계적으로 통용되는 기후협정으로 도약하는 데 더욱 큰 자극을 제공해주고 있다고 평가된다.

이와 같이 환경안보 문제에 대한 대응 방안은 크게 국가(정부와 시민사회 그리고 기업) 수준과 다양한 국제(지역, 강대국 관계, 국제) 수준에서 이루어지고 있다. 하지만 21세기 기후변화의 도전은 이 같은 대응으로만 감당하기 어려운 이슈가 되었다. 물론 그 효과는 지역별, 국가별로 상이하게 나타나고 있지만, 분명한 것은 이 과제는 지구적 대응을 필요로하는 과제라는 점이다.

이와 관련한 대표적인 지구적 수준에서의 대응은 유엔기후변화협약(UN Framework Convention on Climate Change, UNFCCC)이다. UNF-CCC는 1992년 유엔환경개발회의에서 논의가 시작되었으며 1994년에 발효되었다. 기후변화협약의 이행 과정 중, 특히 기후변화에 관한 정부간 협의체(Intergovernmental Panel on Climate Change, IPCC)의 설립은 국가 간 협의체라는 특징을 바탕으로 더욱 적극적인 지구적 대응의 발판을 마련해주었다. IPCC의 대표적인 활동은 향후 기후변화의 문제가 과학적으로 어떻게 진행될 것이며, 사회경제적 측면에서 어떠한 부정적인 영향을 미칠지에 대한 보고서를 공표한 것이다. IPCC가 공표한 보고서들에 담긴 각 시나리오별 예측은 기후변화에 대한 직접적인 영향을 더욱 자각할 수 있다는 의의를 가진다.

한편 국가들이 주체가 되어 형성한 지구적 대응체제와 달리 도시 차원에서 시도되고 있는 환경안보 대응체제 또한 존재한다. 기후변화를 야기하는 온실가스 배출에 대해 도시적 차원에서의 대응 방안이 모색되고 있다. 뉴욕, 파리, 베이징 등의 거대 도시는 전 세계 온실가스 배출량의 80% 내외를 차지할 만큼 압도적인 비중을 차지한다. 도시 차원에서 제기되는 위협의 심각성에 대한 인식을 바탕으로, 거대 도시들 간 온실가스 배출 감축에 대한 협력을 위한 협의체인 C40 정상회의가 발족하였다. C40 정상회의는 전 세계 내에서 40개의 도시 및 17개의 협력도시가 참여한 네트워크이다. 이러한 도시적 차원의 협력을 바탕으로 한 환경안보 위협에 대한 대응은 문제의 직접적인 요인을 제공하는 당사자들 간의 합의를 바탕으로 그 실천이 이루어짐에 따라 더욱 효과적인 실행력을 기대할 수 있다. 1992년 유엔환경개발회의 리우선언에서 선언된 "공동의 그러나 차별화된 책임"(common but differentiated responsibilities)의 원칙에 근거하여 형성된 이 같은 지구적 대응의 다양한 시도는 실질적 평등에 입각한 책임을 부각시켜 각국에게 환경안보의 문제를 국가적 차원에서만이 아니라 지구적 차원에서도 인식하고 적극적으로 대응해야 할 의무를 부여하고 있다. 이러한 지구적 차원에서의 대응은 여러 가지 난제와 한계를 가지고 있음에도 불구하고 환경안보에 대한 포괄적이며 최상위 차원의 대응방안으로 더욱 발전되어야 할 것이다.

V 맺음말

환경과 안보의 상관성에 대한 다양한 시각이 존재한다. 환경과 안보에 대한 상관성에 부정적인 입장을 취하는 견해로는 전통적인 안보의 시각에서 환경 문제는 안보 영역으로 간주될 수 없다는 입장과 함께 환경 문제는 서구 중심의 논지이기 때문에 지구적으로 통용될 수 없다는 견해가 존재한다. 한편 환경과 안보의 상관성을 긍정적으로 바라보는 입장은 안보를 보다 넓은 범위에서 바라보고자 한다. 위협이란 공동체 내부에서 구성되는 인식이기 때문에, 안보를 위협하는 영역은 군사적 영역에만 한정되어 있지 않다고 주장한다. 따라서 환경 문제가 안보의 영역에 포함될 수 있다고 간주한다. 더불어 환경 문제가 사회적으로 영향을 미칠 경우 그 파급력이 군사적 분쟁을 야기할 수 있다는 입장이 있다. 환경 문제가 군사적 갈등의 직접적 원인으로 작동하지 않더라도 이주와 같은 사회적 문제와 결합되면 군사적 갈등으로 전화될 수 있다는 것이다.

환경과 안보의 상관성에 대한 입장은 분분하지만 결국 '환경안보'는 유엔이 규정한 바와 같이 환경적 사건이나 변화가 인간, 공동체 혹은 국가에 미치는 위협에 안전을 확보하는 것으로 규정될 수 있을 것이다(UNEP 2008). 환경안보와 관련된 주요 고려 사항들로는 전쟁의 환경에 대한 영향의 측면, 평화 시 군사 활동의 환경에 대한 영향의 측면, 그리고 특정 사회경제적 조건 아래에서 자연적 재해, 이주, 국내외로 폭력과 강제력을 동반하는 분쟁을 유발할 수 있는 측면 등에 대한 논의가 이루어져 왔다(외교통상부 2004).

특히 주목해야 할 점은 환경 문제로 인해 분쟁이 야기될 수 있다는 점이 환경안보를 위한 논의에서 점차 중요해지고 있다는 것이다. 환경 문제가 국가 대내외의 사회·경제적 요소와 맞물리면서 사회적 불안정을 촉발하고 희소 자원을 둘러싼 경쟁과 갈등을 격화시키며 심지어 무력분쟁으로까지 전화된 다양한 사례들이 있다. 이는 안보의 영역에서 다양한 영역에 속하는 이슈들이 서로 연계되고 쟁점화될 수 있으며, 복합적으로 작용할 수 있을 보여준다. 이 같은 위협에 대한 인식은 이미 세계경제포럼(Wordl Economic Forum, WEF)이 발표하는 지구적 위험에 대한 인지도에서도 잘 나타나고 있다(WEF 2017).

이 같은 환경안보에 대한 도전은 더 나아가 인간 및 인종그룹들 사이의 갈등으로 비화될 수 있고, 또 이를 넘어선 국제관계의 변화 그리고 초국경적 차원의 문제에 따른 지역적 및 국제적 갈등을 촉발시킬 수도 있을 것이다.

이 같은 도전에 대하여 가장 중요한 대응은 역시 국가 수준에서 이루어질 수 있다. 국가의 위기대처 능력과 대비 수준이 중요하다. 수자원 고갈, 식량안보에 대한 도전, 보건안보에 대한 도전 그리고 이주의 압력과 도전 등 다양한 문제들에 대하여 국가 수준의 대응이 그 충격을 완화하거나 감소시킬 수 있으면 사회적 불안정성을 잠재우고 군사적 갈등의 가능성도 현저히 낮출 수 있다. 하지만 이 같은 국가 수준의 노력이 작동하지 못하는 영역도 분명히 존재한다. 따라서 지역적 및 국제적 수준에서의 협력은 필수적이다. 특히 기후변화와 같이 지구적 영향을 미치는 사안에 대해서는 지구적 대응체제의 형성이 반드시 필요하다.

지난 반세기 냉전이 세계를 지배했다면, 21세기에는 기후변화를 비롯한 환경 문제가 그보다 훨씬 오랫동안 우리의 삶을 좌우하게 될 것이다. 환경안보를 위한 다차원의 대응체제가 구축되어야 할 시점이 도래했다. 다양한 수준에서의 대응은 환경과 조건에 따라서 그 효과성에서 차이를 드러낼 것이다. 하지만 분명한 것은 앞으로 이슈가 상호 연계되고, 수준이 중첩되는 도전은 환경안보와 관련하여 더욱 늘어갈 것이기에, 사회적, 국가적, 지역적, 국제적, 지구적 수준에서의 다층적인 대응책은 계속하여 궁구되어야 할 것이다.

더 읽을거리

김상배·신범식. 2017. 『한반도 신흥안보의 세계정치: 복합지정학의 시각』. 서울: 사회평론아카데미.

김상배. 2016. 『신흥권력과 신흥안보』. 서울: 사회평론아카데미.

Webersik, Christian. 2010. *Climate Change and Security*. Prager.

Homer-Dixon, Thomas F. 1999. *Environment, Scarcity, and Violence*. Princeton University Press.

Homer-Dixon, T., J. Blitt (eds.). 1998. *Ecoviolence: Links Among Enviroment, Population, and Security*. Rowman & Littlefield Publishers.

Chasek, Pamela S. et al. (eds.). 2006. *Global Environmental Politics*. Westview Press.

1   환경과 안보의 상관성을 이해하는 여러 방식을 정리하고 비판해 보자. 자신은 어떤 입장에
    더 동의하는지 밝히고 그 입장에서 다른 의견을 비판해 보자.

2   환경 문제가 안보 문제로 비화된 국제적인 사례들을 더 찾아보고 어떤 요인이 안보화 과정
    에서 결정적인 역할을 하였는지 토론해 보자.

3   환경안보의 새로운 도전으로 인식되고 있는 기후변화 현상이 구체적으로 인간의 생활과 국
    가의 안보 그리고 국제정치의 변동에 어떤 영향을 미칠 수 있는지 토론해 보자.

4   환경의 도전에 대응하기 위하여 다차원적 대응의 필요성이 논의되었다. 하지만 현실적으로
    가장 중요한 차원의 대응은 어떤 수준에서 이루어지는 것이 바람직한지 토론해 보자.

5   환경 문제가 안보화되는 과정에서 보건안보, 식량안보, 경제안보 등과 같은 다른 이슈와 연
    계되면서 안보적 위협의 형태가 전화된 사례들을 찾아보고 그 과정을 설명해 보라.

6   한국이 대면할 수 있는 환경안보에 대한 도전들로는 어떤 것들이 있는지 찾아보고 그 위험
    성 및 대응방안에 대해 토론해 보자.

| 참고문헌 |

김기순. 2009. "북극해의 분쟁과 해양경계획정에 관한 연구."『국제법학회논총』54(3). pp. 11-51.

김보경. 2017. "핀란드 쇄빙선, 북극 북서항로 24일만에 통과 '신기록'."『연합뉴스』. http://www.yonhapnews.co.kr/bulletin/2017/07/30/0200000000AKR20170730009000009.HTML (검색일: 2017.8.20.)

김상배. 2016. "신흥안보와 메타 거버넌스-새로운 안보 패러다임의 이론적 이해."『한국정치학회보』50(1). pp. 75-104.

김은정·남궁곤. 2009. "비전통적 안보담론의 문제점: 멕시코바이오에너지법(2008) 제정 과정에서 에너지-식량안보의 갈등을 중심으로."『국제정치연구』12(2). pp. 179-206.

김익재 외. 2010. "공유 하천 물안보 체계 구축을 위한 협력 방안." 한국환경정책평가연구원.

김종일. 2006. "중동의 수자원 분쟁 연구: 터키와 시리아를 중심으로."『중동연구』24(2), p. 65-87.

김혜영. 2017. "국제하천 주변 국가 간 지정학적 갈등구도 분석."『아프리카미래전략센터』 2. pp. 1-30.

민병원. 2012. "안보담론과 국제정치."『평화연구』20(2). pp. 203-240.

바이지엔화. 2006. "중국 사막화방지의 현황과 대책."『숲과 문화』15(2). pp. 16-24.

박지희. 2009. "기후변화 최악 시나리오 현실화."『경향신문』. http://news.khan.co.kr/kh_news/khan_art_view.html?artid=200903131757305&code=970205 (검색일: 2017.10.20.)

손기웅. 2006. "남북한 공유 하천 교류협력 방안." 통일연구원.

신연재. 2006. "물 문제와 국제하천분쟁."『국제정치연구』9(1). pp. 169-201.

_____. 2012. "환경 문제와 폭력분쟁."『국제정치연구』15(2). pp. 23-45.

_____. 2014. "포스트 교토 체제 구축과정에서의 성과와 한계."『한국동북아논총』72, pp. 327-350.

오기출. 2008. "동북아 사막화와 그 대책."『숲과 문화』17(2). pp. 9-14.

외교통상부. 2004. "동북아시아 환경안보에 관한 연구."

이수재 외. 2013. "기후변화에 대응하기 위한 생태계 환경안보 강화 방안(I)."『기후환경정책연구』.

이상돈. 2011. "요르단강 유역의 물 분쟁."『중앙법학』13(1). pp. 193-224.

이승호. 2015. "유럽 국제하천관리: 라인강 사례를 중심으로."『EU학 연구』20(2). pp. 111-139.

이영형. 2013. "[新 북극해 시대] 영유권 확보 '사활'…최후 승자는."『한국경제매거진』.

http://magazine.hankyung.com/business/apps/news?popup=0&nid=01&nkey=
2013100400931000031&mode=sub_view (검색일: 2017.11.25.)

이영형·김승준. 2010. "북극해의 갈등 구조와 해양 지정학적 의미." 『세계지역연구논총』
28(3). pp. 289-315.

이태동. 2016. "환경안보와 기후변화안보." 서울대학교 국제문제연구소 편. 『신흥안보와
미래전략』. 사회평론아카데미.

전웅. 2004. "국가안보와 인간안보." 『국제정치논총』 44(1). pp. 25-49.

정서용. 2004. "국제환경가버넌스 여건 변화와 UNEP의 역할." 『환경정책연구』 3(1). pp.
31-54.

_____. 2005. "환경안보 개념의 대두와 국제법의 대응." 『환경법연구』 27(2). pp. 271-289.

황정욱. 2017. "구테흐스 '2050년 인류 4명중 1명 물 부족…유엔 선제조치할 것'."
『연합신문』. (검색일: 2017.10.10.)

Welzer, Harald. 윤종석 역. 2010. 『기후전쟁: 기후변화가 불러온 사회문화적 결과들. 서울:
영림카디널.

Ayoob, Mohammed. 1984. "Security in the Third World: the Worm About to
Turn?" *International Affairs* Vol. 60, No. 1. pp. 41-51.

Barnett, Jon. 2007. "The Geopolitics of Climate Change." *Geography Compass* 1(6).
pp. 1361 - 1375.

Berry, Cleopatra. 2015. "Climate Change Basics A brief introduction Updated
October 2015." http://slideplayer.com/slide/8937303/ (검색일: 2017.8.2.)

Betsill, Michele M. · Corell, Elisabeth. 2007. "NGO Influence in International
Environmental Negotiations: A Framework for Analysis." *Global Environmental
Politics* 1(4). pp. 65-85.

Buzan, Barry and Lene Hansen eds. 2007. *International Security*. London: Sage.

Buzan, Barry and Ole Wæver and Jaap de Wilde. 1998. *Security: A new Framework
for Analysis*. Boulder: Lynne Rinner.

Chalecki, Elizabeth L. 2013. *Environmental security : A guide to the Issues*.

CNA Corporation. 2007. "National Security and the Threat of Climate Change." *The
CNA Corporation*.

Deudney, Daniel. 1990. "The Case Against Linking Environmental Degradation and
National Security." *Millennium: Journal of International Studies* 19(3). pp.
461-476.

Gleditsch, N. P. 1998. "Armed conflict and the environment: A Critique of the
literature." *Journal of Peace Research* 35(3). pp. 381-400.

Homer-Dixon, T. 1991. "On the Threshold: Environmental Changes as Causes of
Acute Conflict." *International Security* 16(2). pp.76-116.

IPCC. 2000. IPCC Special Report Emissions Scenarios.

Lowi, Miriam. 1995. "Rivers of Conflict, Rivers of Peace." *Journal of International Affairs* Vol. 49, No. 1. pp. 123-144.

Mazo, Jeffrey. 2010. *Climate Conflict: How Global Warming Threatens Security and What to do about It*. New York: Routledge.

Oregon State University. "Basins at Risk." http://www.transboundarywaters.orst.edu/research/map_gallery/index.html. (검색일: 2017.8.13.)

Postel, S. "Restoring Degraded Land" in L. R Brown. ed., *State of the World*. London: Earthscan, 1994.

Sosa-Nunez, Gustavo and Atkins, Ed. 2016. *Environment, Climate Change and International Relations*. Bristol: E-International Relations Publishing.

Summer, Thomas. 2015. "Iceless Arctic summers now expected by 2050s." *Science News*. https://www.sciencenews.org/article/iceless-arctic-summers-now-expected-2050s (검색일: 2017.10.20.)

UNDP. 1994. "Human Development Report 1994." *United Nations Development Programme*.

UNEP. 2008. "Environment and Security: Transforming Risks into Cooperation." *United Nations Environment Programme*.

UNIDO. 2003. "Industrial Development Report 2002/2003." *United Nations Industrial Development Organization*.

U.S. Department of Defense. 2010. *Quadrennial Defense Review Report (QDR)*.

USGS. 2009. "Assessment of Undiscovered Oil and Gas in the Arctic." *Science Magazine* Vol. 324, No. 5931. pp. 1175 - 1179. https://energy.usgs.gov/GeneralInfo/EnergyNewsroomAll/TabId/770/ArtMID/3941/ArticleID/713/Assessment-of-Undiscovered-Oil-and-Gas-in-the-Arctic.aspx (검색일: 2017.10.3.)

Walt, Stephen M. 1991. "The Renaissance of Security Studies." *International Studies Quarterly* Vol. 35, No. 2 (Jun, 1991). pp. 211-239.

WEF. 2017. "Global Risk Report 2017." *World Economic Forum*.

Wolf, Aaron T. 1995. *Hydropolitics along the Jordan River*. Tokyo; New York: United Nations University Press.

환경과 인권

환경권은 환경을 누리는 인간의 보편적이고 기본적 권리를 의미한다. 환경권은 지역, 민족, 인종, 사회경제적 지위, 남녀노소 누구에게나 적용되어야 하지만, 현실에서는 환경 계급차별, 인종차별, 젠더차별, 세대문제, 남북문제 등 다양한 형태로 환경불평등이 나타나고 있다. 전 지구 차원의 다양한 행위자들은 환경불평등 문제를 환경정의와 연결시켜 해결하고자 노력한다. 특히 인권과 연계한 해결책을 모색하고 있는데, 여기에는 환경난민, 젠더, 노동 등이 포함된다.

우선 환경난민은 '21세기 난민'으로 불리며, 환경오염, 이상기후, 자연재난, 원전사고와 같은 환경변화로 불가피하게 살던 고향이나 국가를 떠나거나 이탈한 사람들을 의미한다. 환경난민의 수는 매년 증가하고 있지만, 난민으로 인정되는 요건에 해당하지 않기 때문에 난민의 지위를 인정받지 못하며, 이주를 하는 경우 2차 위험에 직면하는 등 국제보호의 사각지대에 처해 있다. 현재 유엔을 비롯한 국제기구, 환경국제협상에서 환경난민을 주요 의제로 다루고 있지만 실효성에는 의문이 제기되는 실정이다.

환경과 젠더 문제는 환경적 혜택이 성에 따라서도 차별적으로 배분되고, 여성이 남성에 비해 더 많은 환경적 부담을 지고 있다는 인식에서 제기되었다. 특히 여성의 환경적 취약성은 저개발국, 빈곤국에서 두드러지며, 이러한 환경적 젠더 불평등은 빈곤, 역할분담, 문화, 종교에서 비롯된다. 유엔을 비롯한 국제사회는 환경 문제 해결의 적극적 역할자로서의 여성, 여성발전이 추진되어야 할 영역으로의 환경에 주목하면서, 성 주류화 정책과 여성 임파워먼트의 필요성을 제시하고 있다.

환경과 노동은 충돌하는 이해관계를 지닌 이슈로 인식되었지만, 사회적 불평등, 환경이 노동환경에 미치는 영향 측면에서 환경과 노동은 연계된다. 특히 작업장 환경과 관련된 노동자의 보건과 안전은 환경복지 측면에서 중요한데, 이러한 주장은 주로 노조를 통해 제기되었다. 유엔환경계획 등 국제사회는 노조의 관점을 환경어젠다에 반영시키기 위한 조치를 취하고 있지만, 노조 참여의 장벽, 산업계의 반대 등은 걸림돌로 작용하고 있다.

Ⅰ 환경정의와 인권

인권이란 인간이 인간답게 존재하기 위한 보편적이고 절대적인 인간의 기본적 권리를 의미한다. 인권은 지역, 민족, 인종, 사회경제적 지위, 남녀노소 등에 관계없이 누구에게나 적용되는 권리이다. 1948년 세계인권선언(Universal Declaration of Human Rights)은 시민적, 정치적 권리 보장을 통해 모든 시민들에게 국가가 자행하는 권리침해에 대항할 수 있는 법적 보호를 제공하고자 하였다. 또한 경제적, 사회적, 문화적 권리 보장을 통해 개인들에게 필수적인 재화와 서비스에 대한 접근을 보장하고 평등한 사회적, 문화적 참여를 보장하도록 하였다. 1966년 국제연합총회에서 채택된 국제인권장전(International Bill of Human Rights)에서는 차별 없는 권리의 평등, 생명권, 개인의 자유와 안전에 대한 권리, 사회보장, 휴식과 여가의 권리, 음식·의복·주거를 누릴 권리, 의료와 사회보장 서비스를 누릴 권리 등을 인권으로 인정하였다. 즉 인권이란 상호의존적이고, 불가분하며, 보편적인 성격을 갖는 인권, 평등하고 양도할 수 없는 권리라고 할 수 있다.

인간이라면 누려야 하는 권리에 환경권도 포함된다. 환경에 대한 권리는 사회, 문화적 권리와 연결된다. 모든 사람이 환경 권리를 동등하게 누릴 권리가 있다. 이 점에서 환경과 인권은 환경권의 동등한 분배라는 환경정의와 연계된다. 또한 환경재앙이 발생할 경우, 인권침해를 넘어 안보와 연결된다는 점에서 인간안보(human security)와도 밀접한 관련성을 지닌다. 단기적, 장기적 자연재해와 인간의 자연 파괴로 인한 재앙, 환경의 악화로 인하여 인간의 생존이 위협받을 수 있기 때문이다.

그런데 현실에서는 사회경제적 지위에 따라 개인들 간, 지역 간 환경 질(environmental quality)과 환경서비스 격차가 상존하거나 확대되는 현상이 나타나고 있다. 전 세계에서 경제적 양극화와 고령화가 심화되고 있는데, 여기서 빈곤층, 노년층 등 취약계층이 환경피해를 더 입게 되고, 환경불평등이 구조화되는 실정이다. 환경불평등이란 태풍과 홍수, 전염병, 열, 대기오염, 식량 공급, 수자원 공급 등에 있어 취약한 국가, 계층, 지역이 불평등한 대우를 받게 됨을 의미하는데, 각 분야에서 사회불평등이 전이되면서 환경불평등이 고착화되고 있다.

환경불평등은 환경 계급차별, 환경 인종차별, 환경 젠더차별, 환경적 세대문제 등의 형태로 나타난다. 환경 계급차별은 사회경제적 지위와 소득 수준에 따라 삶의 질 수준이 다름에서 나타나는 차이이다. 환경 인종차별은 인종과 피부색에 기초하여 개인, 집단, 지역사회의 환경에 차별적으로 영향을 미치거나 불이익을 주는 정책, 관행을 의미하는데, 대체로 다인종사회에서는 원주민이 환경적 위협에 취약하게 된다. 환경 젠더차별은 환경적 위협에 남성보다 여성이 더 취약하며, 여성의 희생이 더 많은 것을 의미한다. 게다가 환경 문제에 있어서는 세대 간 누리는 환경의 질이 다를 수 있는데, 현 세대의 환경오염이 미래세대의 환경악화에 영향을 미치게 되면서 미래세대는 고갈된 에너지 자원, 자연자원에 직면하게 되고, 멸종된 동식물로 인하여 종 다양성도 누릴 수 없게 된다는 것이다.

환경불평등 문제들 중에서 선진국과 저개발국 사이에서 발생하는 지구 남북문제는 국가들마다 누리는 환경복지의 차이에서 나타나는 문제이다. 예를 들어 기후변화 문제의 경우, 선진국은 일찍이 산업혁명 등으로 인하여 이산화탄소를 비롯한 온실가스를 역사적으로 배출하면서 경제성장을 이룩한 데 반하여, 현재 기후변화로 가장 피해를 보는 국가들은 물에 잠기고 있는 투발루와 같은 군소 도서국들이다. 또한 선진국의 다국적기업과 거대 자본은 국내의 강화된 환경규제와 비용 부담을 회피하기 위하여 그동안 공해유발 산업과 유독성 산업폐기물을 개도국이나 저개발국으로 이전시킴으로써, 선진국은 깨끗한 공기, 수질 등을 누리는 데 반해 저개발국은 토양, 수질, 대기오염 등에 노출되게 된다. 즉 환경에 있어 이익을 누리는 국가와 비용을 지불하는 국가의 차이가 나타나게 되는 것이다.

전 지구 차원에서 다양한 행위자들은 환경오염으로 인하여 나타나는 환경불평등 문제를 환경정의와 연결시켜 해결하고자 노력하고 있다. 여기서 환경정의란 환경위험 노출에 따른 피해와 부담, 환경 문제 해결과 환경자원의 접근의 권리와 의무, 책임과 혜택, 과정으로서 절차에 관한 환경 형평성 또는 공정성에 관한 개념이다. 환경불평등과 관련된 문

참고   미국과 유럽의 환경정의 개념[1]

- 미국 환경보호청(Environmental Protection Agency)의 환경정의: 환경오염과 훼손으로 야기되는 환경적 위해성의 불평등과 부정의를 예방하고 해소하기 위하여 내용적 측면과 절차적 측면을 동시에 중시하고 공정한 대우와 의미 있는 참여를 핵심 내용으로 설정하고 있다.
- 유럽의 환경형평성(environmental equity): 환경정책과 사회정책을 연계하여 정책의 사회적 영향과 환경정책의 분배효과에 주목한다. 환경자원의 유한성과 희소성, 불균등성 특성에 근거하여 환경정책으로 인하여 발생하는 소득역진적인 분배효과 완화, 환경서비스와 천연자원에의 접근, 건강과 안전, 도시화와 공간적 발전, 환경과 고용, 참여와 환경교육 등의 형평성으로 해석한다.

1   환경정의의 자세한 내용은 제2장을 참고할 것.

제에는 환경난민, 젠더, 노동 등이 포함된다.

II 환경과 난민

1 이해관계 및 배경: 환경과 난민의 연계

난민(refugee)이란 불가피한 이유로 국적 국가를 떠나 다른 국가로 이주하는 사람, 즉 자신이 태어나거나 거주하였던 국가에 대한 충성 관계를 포기하고, 거주지를 떠나 법률상 또는 사실상 국적국의 외교적 보호를 받을 수 없게 되어 제3국에 비호를 신청한 자를 의미한다. 국적을 포기하는 사람을 의미하는 용어로는 난민 외에도 이주민(migrants), 실향민(internally displaced persons) 등이 있는데, 이주의 강제성, 타국의 보호 신청 등을 기준으로 구분이 이루어진다.[2]

국제사회에서는 난민에게 최소한의 법적 보호를 부여하고자 국제난민법을 발전시켜왔는데, 그 중 유엔난민기구(United Nations High Commissioner for Refugees, UNHCR)의 난민의 지위에 관한 1951년 협

2 　일반적으로 이주민(migrants), 실향민(internally displaced persons), 난민(refugee)은 개념적으로 다음과 같이 구분된다. 이주민은 이주의 의사를 가지고 자발적으로 이주하는 사람을 뜻하는 반면, 난민과 실향민은 일반 이주민과는 다르게 본인의 의사와 무관하게 강제로 본인의 고향·상주지에서 벗어나 국외 혹은 국내로 강제 이동하는 사람들이다. 실향민은 무력 분쟁, 인권 침해, 자연 혹은 인간에 의한 재난 상황 등을 피하기 위해 집이나 고향, 거주지를 강제로 떠났으나 국경을 넘지는 않은 자로 정의된다. 난민은 실향민과 마찬가지로 위험한 상황을 피해 고향과 거주지를 떠난 사람들이지만, 제3국으로 떠나 비호를 신청하는 사람을 의미한다.

약에 난민의 정의가 명시되었다.

"1951년 1월 1일 이전에 발생한 사건의 결과로서, 그리고 인종, 종교, 국적, 특정사회집단의 구성원 신분 또는 정치적 의견을 이유로 박해를 받을 것이라는 충분한 근거가 있는 두려움으로 인하여, 자신의 국적국 밖에 있는 사람으로서, 국적국의 보호를 받을 수 없거나 그러한 두려움으로 인하여 국적국의 보호를 받기를 원하지 않는 사람, 또는 그러한 사건의 결과로 인하여 종전의 상주국 밖에 있는 무국적자로서 상주국으로 돌아갈 수 없거나 그러한 두려움으로 인하여 상주국으로 돌아가는 것을 원하지 아니하는 사람."

일반적으로 자국에서 발생한 전쟁, 내전이나 빈곤으로부터 탈출한 사람들 또는 인종적, 사상적, 정치적 이유로 인한 집단적 망명자들이 난민의 범위에 속한다. 그런데 20세기 말부터 환경난민(environmental refugees)이 점차 증가하게 되었다. 이들은 자국의 극심한 환경오염, 이상기후, 자연재난, 원전사고와 같은 인위적 환경파괴 등을 피해 불가피하게 삶의 터전을 떠나는 사람들이다. 환경난민이라는 용어는 1985년 엘-히나위(El-Hinnawi)가 작성한 유엔환경계획(UNEP) 보고서에서 최초로 사용되었다. 이후 1990년 '기후변화에 관한 UN 정부간 보고서'(UN Intergovernmental Report on Climate Change)에서 기후변화가 수백만의 이주민을 양산할 가능성이 있다고 경고함에 따라 국제사회의 관심이 증가하였다.

환경난민을 발생시키는 환경변화에는 다음이 포함된다.

• 장기간에 걸친 환경변화: 기후변화, 해수면 상승, 삼림파괴, 토양침

식, 염분화, 침수, 사막화
- 갑작스러운 환경변화: 지진, 화산폭발, 홍수, 허리케인, 해일, 토네이도
- 환경사고: 산업재해나 화학적 재난
- 자연의 인위적 변화: 댐건설, 인공호수 조성 등 인간 행위로 인한 인공적인 환경변화

세계 곳곳에서 위와 같은 환경변화가 점차 심각해짐에 따라 '현대적 난민' 또는 '21세기 난민'으로 불리는 환경난민 문제는 점차 국제적 쟁점으로 떠올랐다. 환경난민의 개념을 어떻게 설정할 것인지, 난민의 범주에 포함시켜 난민지위를 부여할 것인지, 환경난민을 어떻게 보호할 것인지 등을 둘러싸고 논쟁이 발생하였다. 또한 대체로 환경적 책임이 적은 저개발국에서 더 큰 규모의 환경피해가 발생함에 따라 저개발국 출신의 환경난민이 선진국에 유입되었고, 이는 외교적 갈등을 넘어 지구 남북문제로까지 확장되고 있다.

2   쟁점: 환경난민과 인권, 안보

환경변화 중에서도 기후변화는 지구의 생태계를 변화시킬 만큼 큰 규모와 범위로 진행되고 있다. 지구의 기온이 상승하면서, 빙하와 열대우림이 사라지고, 저지대 국가를 비롯한 지구 면적이 물에 잠기고 있다. 해수면 상승, 사막화, 홍수, 생물종 다양성 감소 등 자연재해의 피해를 입은 주민들은 다른 지역이나 국가로 이주할 수밖에 없는데, 이들 환경난민은 전 지구 차원에서 인권 차원을 넘어 외교, 안보 문제까지 발생시키고 있다.

환경난민의 수는 이미 1998년에 전쟁난민의 수를 넘어섰고, 2050년에는 약 1억 명이 환경난민으로 유랑 길을 떠나야 할 것이라는 추산이 나오고 있다. 노르웨이의 국내난민감시센터(Internal Displacement Monitoring Center, IDMC)의 조사 결과에 의하면, 2008년-2014년까지 매년 평균 환경재난으로 인해 발생하는 강제 이주 인구가 약 2천 6백만 명에 달하며, 환경재해로 발생하는 이주가 대부분 재난 발생으로 인한 것이라고 한다(IDMC 2015). 예를 들어, 해수면 상승으로 영토가 해수면에 잠기고 있는 투발루 등 남태평양 군소도서국의 경우, 국가 존립 자체가 위협받고 있다. 남태평양 적도 부근 투발루의 총 9개의 섬 중 이미 2개가 바다 속으로 가라앉은 상태이며, 나머지 섬도 식물이 살 수 없는 곳이 되어가면서 주변의 뉴질랜드 등으로 떠나게 된 주민의 수가 급속하게 증가하였다.

지구의 물리적인 자연재해와 환경조건의 악화로 인하여 불가피하게 고향을 떠난 환경난민들은 환경적 요소 때문에 생활터전이었던 본국에서 더 이상 안전한 생계를 유지하지 못하며, 종래의 거주지를 버리고 새로운 피난처를 구해야 하고, 빈곤과 정부의 자연재해 방치 등에 직면하여 거주지로부터 임시적 혹은 영구적으로 유리된다.

그런데 환경난민은 개념조차 확립되지 못하였기 때문에 국제적 보호를 받기 쉽지 않다. 국제법상 보호의 대상이 되는 난민은 난민협약과 난민의정서에 정의된 난민 정의에 국한하며, 난민의 지위 부여를 결정하는 유엔난민고등판무관(UNHCR)조차도 규정의 탄력적 해석을 통해 다양한 난민 유형을 창조하기 어렵다는 한계가 존재한다.[3] 또한 환경난

---

3   난민협약이 한계를 가지는 것은 입법과정이 1920년대부터 1940년대까지 유럽사회를 배경으로 이루어진 것이기 때문이다. 따라서 이후 발생하고 있는 극심한 환경문제, 내전 증가 등에 대

민의 경우, 이주의 강제성, 생명적 위협에의 노출, 본국 정부의 보호수단 부재 등의 측면에서 난민의 특성을 보이지만, 환경재난이 '인종, 종교, 국적, 특정사회집단의 구성원 신분 또는 정치적 의견'으로 분류되는 난민 인정 요건에 해당하지 않고, 환경재난의 생명적 위협을 박해로 분류하기 어려우며, 박해의 주체가 부재하다는 점에서 현재의 국제협약 및 국제법의 난민 정의에 부합하지 않는다.

　　다른 지역이나 국가로 이주한다 할지라도, 환경난민은 보호의 대상이 아니기 때문에 안전문제에 직면할 수밖에 없다. 난민은 법적, 사회적으로 신분이 불안정하므로 인신매매나 여성을 대상으로 한 성적 폭력의 대상이 된다. 또한 새로운 사회에 정착을 하는 경우, 외국인 혐오 범죄, 차별 등을 겪게 되고, 다른 국가의 복지혜택을 받는 데 있어서도 차별을 경험하게 된다. 게다가 난민의 이주에 관대하였던 영국, 독일, 벨기에 등 선진국들마저 난민 수용능력의 한계에 부딪힘에 따라 난민유입을 억제하는 정책을 채택하면서 환경난민은 국제 보호의 사각지대에 놓여 있다고 할 수 있다.

　　현재 환경난민은 지엽적 문제로 치부되고 있다. 그러나 환경난민 문제는 구성원들 간 갈등을 넘어 정치, 사회, 경제적 문제, 더 나아가 폭력, 내전, 전쟁으로까지 이어져서 안보에 악영향을 미칠 가능성이 높다. 따라서 전 지구 차원의 공동 해결책 모색이 필수적이다.

3　국제적 대응

2015년 유엔의 17개의 지속가능발전목표(Sustainable Development

처하기 어려울 수밖에 없다.

Goals, SDGs) 중에서 7개가 환경과 관련된 목표였다. 2000년의 유엔 새천년개발목표(Millennium Development Goals, MDGs)에서 환경 관련 내용은 "지속가능한 환경 확보"에 불과하였던 것에 비교할 때, 그만큼 국제사회의 환경에 대한 관심이 증가하였음을 알 수 있다. 이와 같은 유엔의 지속가능발전목표에서는 환경과 더불어 개인의 기본권인 인권의 보장을 근간으로 하고 있다.[4]

유엔 산하 이주민 관련 기구에서는 지속가능발전목표에 근거하여 환경난민의 최소한의 인권 보장을 위한 해결책을 모색 중이다. 여기에는 UN 해비타트, 유엔난민기구, 국제이주기구(International Organization for Migration, IOM), 노르웨이난민판무관실(Norwegian Refugee Council, NRC), 노르웨이 국내난민감시센터, 난센 이니셔티브(NANSEN Initiatives) 등이 포함된다. 이들 기구에서는 자연 재난 및 재해 현상에 취약한 지역에 이를 대비하기 위한 인프라 구축, 복원 및 역량 강화 프로그램을 시행하고 있지만, 모든 지역에 예방 혹은 사전 대응 프로그램이 적용되지 못한 실정이다.

기후변화협약에서도 환경난민이 주요 의제로 다루어지고 있다. 2010년 멕시코 칸쿤의 제16차 기후변화협약 당사국총회(The 16th Meeting of the Conference of Parties, COP16)에서 도출된 칸쿤 적응체제(The Cancun Adaptation Framework)를 기점으로 기후변화로 인한 이주 문제

4　2015년 유엔의 지속가능발전목표 중 환경과 관련된 조항은 다음과 같다. 3. 모든 연령층의 모든 사람을 위한 건강한 삶 보장 및 복리 증진, 6. 모두를 위한 물과 위생의 이용가능성 및 지속가능한 관리 보장, 7. 모두를 위한 저렴하고 신뢰성 있고 지속가능하고 현대적인 에너지에 대한 접근 보장, 11. 포용적이고 안전하며 회복력 있고 지속가능한 도시와 정주지 조성, 13. 기후변화와 그 영향을 방지하기 위한 긴급한 행동의 실시, 14. 지속가능발전을 위한 대양, 바다 및 해양자원 보존 및 지속가능한 사용, 15. 육상 생태계의 보호, 복원 및 지속가능한 이용 증진, 산림의 지속가능한 관리, 사막화 방지, 토지황폐화 중지, 역전 및 생물다양성 손실 중지 등이다.

의 중요성이 본격적으로 인식되기 시작하였다. 2012년 제18차 당사국총회에서 손실과 피해 규정(Loss and Damage)이 합의됨에 따라, 제19차 당사국총회부터는 메커니즘 실행과 관련된 논의가 진행되기 시작하였고, 점차 대책 논의가 활성화되었다. 여기서 논의된 주요 의제는 다음과 같다.

- 환경 이주민 문제 해결을 위한 국제적, 국가적, 지역적 차원에서의 협력
- 기존의 개별 국가 보호법 혹은 강제 이주민에 대한 보호지침의 확대 적용
- 적응 정책으로서의 단계적 이주 계획
- 계획된 이주에 대비한 개별 국가 및 지역 차원에서의 정책 개발 필요성
- 계획된 이주에 대비한 관련 기금 및 전략 수립

2014년, 유엔난민기구는 「재배치, 재난, 기후변화 계획 최종보고서 (Final Report Planned Relocation, Disasters and Climate Change: Consolidating Good Practices and Preparing for the Future)」에서 국가의 국경 내에서 일어나는 단계적 이주 계획은 대부분은 국내의 법률과 국가의 구조에 의해 실행되고, 재난 위험 관리와 기후변화 적응을 포함하는 국가적 체계의 범위 안에서 존재하게 되므로 국가들은 국제법과 함께 준수하여 그들의 관할 구역 내에서 인권이 존중되고, 보호될 수 있도록 보장하는 책임을 지녀야 한다고 강조하였다. 이러한 환경난민의 이주 문제에 대한 국제사회에서의 논의 사항은 2015년 10월 「계획된 재배치를 통한 재난 및 환경변화로 인한 난민의 보호 지침(Guidance on Protecting People from Disasters and Environmental Change through Planned Relo-

참고 **남태평양 군소도서국의 환경난민**

남태평양 적도 부근의 영국연방국가인 투발루는 기후변화로 세계 최초 환경난민국가가 되었다. 1999년 9개 섬 중 하나인 '시빌리빌리'섬은 물에 잠겨 지도상에서 자취를 감추었고, 투발루섬의 수도인 '푸나푸티'도 물에 침수되었다. 2001년 투발루는 국토 포기 선언을 하였다. 투발루 국토가 물에 잠겨 식수를 쓸 수 없게 되어 식수부족 사태가 발생하였고, 점차 환경난민이 증가하였다.

또 다른 남태평양의 섬인 키리바시(Kiribati)는 2014년 기후변화로 인한 해수면 상승으로 식량 재배 및 거주 문제를 지속적으로 겪게 됨에 따라 국가 및 국민 안전을 위해 이웃 국가인 피지(Fiji)의 땅을 일부 구입하기도 하였다.

그러나 호주, 뉴질랜드 등 주변 선진국은 남태평양 환경난민의 수용을 제한하고 있다. 예를 들어, 뉴질랜드는 물에 잠기는 섬나라에 매년 취업 이민 쿼터(투발루는 최대 75명)를 할당하였다. 또한 2015년 뉴질랜드에 체류 중인 키라바시 이주민이 뉴질랜드 법원에 기후난민 인정 소송을 제기했지만, 불법 체류 상황에서 체포된 점, 기후난민은 난민 인정 요건에 해당하지 않는 점 등으로 패소 판결을 받고 강제출국 명령에 처한 사례도 있다.

참고 **다큐멘터리 〈아일랜드 프레지던트: 나시드의 도전〉**
The Island President(2011)

기후변화로 인해 물에 잠기는 국가, 몰디브공화국의 대통령 모하메드 나시드(Mohamed Nasheed)의 열정과 투쟁에 대한 다큐멘터리 영화이다. 30여 년간의 독재정치 끝에 몰디브에도 민주정부가 들어서고 평화가 찾아오는 것 같았으나, 사람들은 기후변화라는 더 큰 도전에 직면하게 된다. 나시드는 몰디브를 세계 최초 탄소중립국으로 선포하고 수중내각회의 퍼포먼스를 기획하는 등 국제사회의 각성과 지지를 호소한다. 다큐멘터리는 고군분투하는 한 국가 원수의 애환과 희망을 가까이서 지켜보는 한편, 기후변화를 둘러싼 국제사회의 복잡한 이면을 적나라하게 드러낸다.

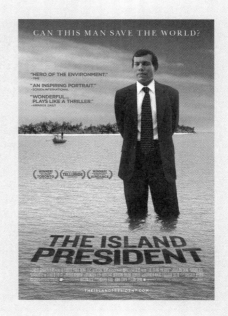

출처: 씨네 21 영화정보 http://www.cine21.com/movie/info/?movie_id=36430

cation; Guidance on Planned Relocation)」으로 발표되었다. 이는 환경난민에 대한 새로운 지침이며, 국제사회의 해결 노력을 보여주는 증거라고 할 수 있다.

그러나 지침의 대상이 환경 재해로 인해 자국 내에서 이동하는 실향민만을 대상으로 하고, 구체적 방안을 제시하기보다는 당위성이나 필요성을 역설하는 데 집중하며, 지침의 효력이 각 국가 정책에 직접적인 구속력을 갖기보다는 권고나 제안 수준에 그치는 등의 한계도 내포하고 있다(김근하·이경민 2016).

III 환경과 젠더

1 이해관계 및 배경: 환경과 페미니즘의 연계

환경과 여성의 연결은 환경적 혜택이 성에 따라서도 차별적으로 배분되고, 여성이 남성에 비해 더 많은 환경적 부담을 지고 있다는 인식에서 출발한다. 즉 환경 문제는 성 중립적(gender-neutral)이지 않으며, 성차별적(gender-differentiated) 인과관계를 지닌다는 것이다. 남성과 여성이 각각 다르게 환경을 경험하며, 여성이 환경오염의 영향에 더 취약함을 의미한다.

이러한 인식이 확산되면서 20세기 여성운동의 일부로서 에코페미니즘(eco-feminism)이 등장하였는데, 이는 생태파괴와 여성에 대한 억압을 연계하는 페미니즘을 지칭한다. 에코페미니즘에는 자유주의, 마르크스주의, 문화주의, 사회주의 등 다양한 분파가 존재한다.

2 쟁점: 저개발국 여성의 지위와 환경불평등

여성의 지위가 상승하고, 양성평등이 이루어지고 있음에도 불구하고 기본적 생활을 유지하기 위한 여러 측면에서 여전히 성차별(gender gap)이 존재한다. 예를 들어, 전 세계에서 1달러 이하로 살아가는 15억 인구 중 50% 이상이 여성이며, 물을 확보하기 위하여 여성과 아이들은 하루 평균 8시간 이상의 시간을 소비하고, 60% 이상의 식량은 여성이 생산하며, 7억 7천4백 만의 문맹 성인 인구 중 2/3 이상이 여성이고, 전 세계 토지의 오직 2%만을 여성이 소유하고 있다. 또한 여성의 사회적 진출이 증가하고 있지만, 여성은 정부 관료 중 16.7%, 의회 의원 중 19.5%, 국가 수장 중 9%만을 차지하고 있다. 이러한 젠더 취약성은 물, 생산수단, 정보, 의사결정 등을 포함한 자연자원에 대한 통제의 실패, 교육과 고용 기회의 붕괴, 안전하지 않은 환경에의 노출 증가 등으로 인해 발생한다.

여성의 젠더 취약성은 환경적 젠더불평등에 연결된다. 즉 여성이 사회 위계질서의 하층에 위치하고 있기 때문에 환경적 영향에도 취약할 수밖에 없다. 특히 환경에 있어 젠더불평등은 선진국보다 개도국, 저개발국, 빈곤국에서 더 많이 나타난다. 이들 국가의 여성들은 빈곤하고, 재난 이후 상황에서 그들을 보호할 토지와 자원을 대부분 소유하고 있지 않으며, 생산과 수입에 대한 통제권을 지니고 있지 않고, 교육 및 훈련 수준이 낮고, 제도적 지원 및 정보에 대한 접근성이 약하며, 결사의 자유가 부족하고, 의사결정 과정에 거의 참여하지 않을 가능성이 높다.

빈곤국에서 환경적 젠더불평등은 빈곤, 역할분담, 문화, 종교 등으

- **자유주의적 에코페미니즘:** 기존의 지배구조 내에서 법적 규제를 통해 인간과 자연의 관계를 변화시키고자 하는 개량적 환경주의와 부합하며, 환경개선, 자연보전, 삶의 질 향상에 대한 여성의 적극적 역할을 강조한다.
- **문화적 에코페미니즘:** 가부장제 비판에 입각하여 환경 문제를 분석하면서, 여성과 자연의 생물학적 연관성에 좀 더 깊은 관심을 가지고 모두를 해방시킬 수 있는 급진적 대안을 제시한다. 출산과 양육자인 여성의 가치가 생태학적 지속가능성 유지에 기여한다는 주장이다.
- **마르크스주의 에코페미니즘:** 인간중심적 문화의 이면에는 여성의 자연과의 친화성 및 수동성을 폄하하는 남성중심주의가 있음을 비판한다.
- **사회주의 에코페미니즘:** 자본주의적 가부장제 내에서 남성의 여성지배와 자연지배의 양태를 분석하면서, 여성과 자연 모두를 자원으로 이용하는 자본주의적 시장경제에 내재해 있는 여성과 자연에 대한 지배로부터 해방하고자 한다.
- **본질주의적 에코페미니즘:** 여성은 자연과 동일하다고 주장한다. 자연과 여성은 돌보고 양육하는 존재방식, 모성, 감성 그리고 직관적 능력을 자신의 속성이라고 하는데, 이는 특히 여성에게는 생물학적 결정요인에 의해 본래적으로 주어진 것이라고 본다. 여성이 환경운동에 적극적, 폭발적으로 참여하게 하는 계기를 생성하였다.
- **문화구성적 에코페미니즘:** 본질주의와 대립되며, 여성성이 생물학적 특성임을 거부한다. 왜 여성이 자연과 동일한 것으로 취급되는가를 묻고 이를 정당화하는 은유, 이론, 사상을 분석한다. 활동성·생산성·창조성 속성 강조. 이분화되고 지배적인 중심문화 체계를 비판하고 억압된 여성성이 담지된 지역문화를 복원, 창출하는 작업을 여성 환경활동의 공간으로 열어주었다.

출처: 노진철(2004, 216–217); 이상화(2011)에서 발췌.

로부터 비롯된다. 우선 빈곤과 역할분담의 경우, 빈곤국 여성들은 가사일, 육아, 외부 경제활동의 3중 부담 혹은 책임을 진다. 이때 오염과 비위생적 생활환경은 여성의 부담을 가중시킨다. 많은 사회에서 여성은 땔

기후변화로 인한 홍수, 가뭄, 질병에 있어 여성이 남성에 비해 취약하다는 증거가 다수 존재한다. 특히 이는 저개발국의 경우 더욱 심각하다. 1991년 방글라데시에 열대성 폭풍과 이로 인한 홍수가 발생하였을 때, 15만 명이 사망하였는데, 이 중 90%가 여성이었다.

여성의 사망률이 높았던 이유는 여성의 이동과 은신처 사용의 제한이라는 사회적 규범 때문이었다. 여성은 아이들, 노약자에 대한 돌봄의 책임이 있고, 집을 떠나면 안 되는 제한이 있었으며, 남성 친인척이 없는 경우 피난처에 머무르지 못하였고, 사리와 같이 이동이 불편한 전통의상을 입고 있었을 뿐만 아니라 피난처에 머무를 경우라도 안전 문제에 직면하였기 때문이다.

방글라데시 사례뿐만 아니라 자연재해를 겪는 저개발국의 여성 사망률은 대부분 높다. 이유는 불평등한 성 역할과 교육기회의 박탈을 들 수 있다. 예를 들어, 수영 등 기본적인 자기보호수단을 배우지 못했고, 재해 상황에서도 남성의 허락 없이 대피하지 못하거나, 생활용수 공급이나 농사 등 재해에 노출될 가능성이 높은 노동의 주요 종사자이기 때문이다. 유엔에 의하면 환경재해로 인한 여성 및 아동의 사망률이 성인남성의 14배에 달한다고 한다.

감을 마련하고 물을 긷는 일을 우선적으로 담당하는데, 산림파괴나 환경오염으로 땔감이 부족하거나 물이 오염되는 경우 여성이 우선적으로 고통을 받기 때문이다. 또한 여성은 기계화되지 않은 방식으로 이루어지는 곡식 수확을 담당함으로써 농약 노출에 의한 위험에 더 많이 노출되어 있다.

여성들은 노년층과 어린이들의 돌봄을 담당한다. 극심한 환경 문제, 예를 들어 태풍과 홍수, 전염병, 대기오염 등이 발생하는 경우, 이러한 돌봄의 책임 때문에 여성은 대피가 늦고, 안전 장소에서도 차별을 받게 되며, 사고 기간과 이후 폭력에 노출되어 2차 피해가 발생하는 등 남성

보다 더 많은 피해를 입게 된다.

평균수명에 있어 선진국에서는 여성의 평균수명이 남성보다 길지만, 남아시아(인도, 방글라데시, 파키스탄 등) 대부분의 지역에서는 여성의 평균수명이 남성에 비해 짧고, 인구도 남성에 비해 많지 않다. 이유는 이들 사회에서 식량배분, 보건, 의료 등에서 여성이 차별을 받기 때문이다. 또한 이들 사회에서는 인구정책, 가족계획에서의 부담 역시 여성이 부담하는 문제도 지니고 있다(박재묵 2004, 327-328).

3   국제적 대응

서구 선진국에서 여성의 환경운동이 주로 핵발전소 반대운동 등으로 나타났다면, 저개발국, 빈곤국의 환경운동은 농촌사회가 공업사회로 전환하는 가운데 발생하는 지역사회 파괴에 저항하는 운동이나 1960년대 유엔 주도 발전정책들의 실패로 등장한 전면적 빈곤화 과정과 엇물린 환경파괴와 여성의 상관성 형태로 등장하였다. 이러한 여성과 환경의 직접적 연관성은 1980년대 초부터 국제 수준의 회의 및 워크숍을 통해 주시되기 시작하였다.

유엔 차원에서 여성과 환경에 대한 관심은 여러 차례 국제회의 과정에서 나타났다. 한 축은 '환경과 발전'이라는 주제로 다루어진 여성이고, 다른 한 축은 '여성과 발전'이라는 주제로 다루어진 여성이다. 전자가 여성을 '환경 문제 해결의 적극적 역할자'들의 하나로 주목하였던 반면, 후자에서는 '환경을 여성발전이 추진되어야 할 영역으로 설정'하였다. 전자는 1992년 리우회의 결과물인 〈의제 21〉로 나타났고, 후자는 1995년 북경세계여성대회 결과물인 〈북경여성행동강령〉으로 구체화되었다. 대체로 여성과 환경 간 관계는 여성을 '희생자, 구원자, 혹은 문제

인도의 칩코(Chipko Andolan)운동

칩코운동은 인도 북부 산악지역에서 상업적 벌목을 저지하기 위하여 가우라 데비(Gaura Devi)가 조직한 비폭력 평화주의 여성환경운동으로서, 칩코는 힌두어로 '나무 껴안기'를 의미한다.

1973년 3월 23일 인도의 테니스 라켓 제조회사인 사이몬사는 산간마을 고페쉬왈에 벌목인부를 보내 호두나무와 물푸레나무들을 벌채하여 테니스 라켓을 만들기 위한 원료 통나무를 생산하려 했다. 그러나 마을 인근의 산림은 산림청의 엄격한 통제로 마을 사람들은 오랫동안 손도 대지 못하게 했던 숲이었다. 가난한 산간 마을 고페쉬왈의 남자들은 모두 도회지로 일하러 나갔기 때문에 마을에는 여성들만 남아 있었고, 여성들은 대부분 생계 농업, 목축, 임산물 거래 등 생활유지를 위한 활동을 담당하였다. 마을 여성들은 벌목 예정지에 몰려가 벌목 대상 나무들을 하나씩 껴안고 "나무를 베려면 나의 등을 먼저 도끼로 찍으라"고 소리치며 시위를 벌였다.

이 사건이 있은 이듬해인 1974년 고페쉬왈 인근의 레니마을에서 한 회사가 전나무 2,451그루에 대한 벌목권을 획득하면서 문제는 더욱더 심각해졌다. 가우라 데비를 비롯한 27명의 여성들과 어린이들은 벌목될 나무들 앞에 버티고 서서 다음과 같이 외치면서 시위를 벌였다.

"벌목꾼이여 내 말을 들어보시오.

아름답고 푸른 나무와 숲의 이야기를 들어보시오.

나무를 잘라 흉한 모습으로 만들지 마시오.

푸르고 싱그러운 나뭇잎들을 말라 시들어 죽게 하지 마시오.

벌목꾼이여 숲은 우리에게 물이요, 식량이요, 생명이라오."

칩코 운동의 결과, 벌목 작업원들이 철수하였고, 숲은 살아남을 수 있었다.

참고: 경향신문 http://news.khan.co.kr/kh_news/khan_art_view.html?artid=200506261726481&code=210070#csidx89bc0afc4b453f1ba06258f1ce97fe5

그 자체(the problem)'로 인식하는 세 가지 범주로 나누어서 담론이 전개되었다.

환경정책에 있어서도 성인지적(gender sensitive) 접근의 필요성이 제기되었다. 이는 여성만이 아니라 여성과 남성 모두의 관계에 관심을 가지며, 어느 정도 차이를 인정하면서도 차별받지 않도록 하는 접근법이다. 특히 성인지 접근은 구체화된 실천전략인 성주류화(gender main-streaming)와 연계되었다. 성주류화란 '젠더 이슈를 정부와 공공기관의 모든 의사결정과 정책실행에 고려하며,' '공공정책의 구조, 과정, 환경에 성인지적 실천과 규범을 내재화함(embedding)으로써 평등을 제도화'하는 것을 의미한다(황영주 2011).

2011년 세계은행의 『젠더와 기후변화: 당신이 알아야 할 세 가지(*Gender & Climate Change: 3 Things You Should Know*)』에서는 다음의 세 가지를 강조하였다. 첫째, 여성이 환경적 피해를 더 입는다는 사실

 참고 남아프리카공화국의 GIRRL 프로젝트

아프리카 재난연구센터(the African Centre for Disaster Studies)의 위험감소 소녀들의 리더십 프로젝트(Girls in Risk Reduction Leadership Project, GIRRL)는 남아공의 소외된 흑인 소녀들의 임파워먼트를 위한 지식을 증진하고, 리더십 개발을 촉진하며, 회복력을 향상시킬 목적에서 고안되었다. 또한 이들을 재난위험 감소(Disaster Risk Reduction) 이니셔티브에 통합시키는 데에도 도움을 준다.

자연재해에 대한 개인 및 공동체 회복력을 증진시킬 목표하에 소녀들의 사회적 취약성을 감소시키는 데 중점을 둔다. 보건, 화재 안전, 재난위험 감소 계획 등을 훈련받는 프로그램으로 구성되어 있다.

출처: 아프리카 재난연구센터 http://acds.co.za/project/iag/

을 알아야 하며, 둘째, 기후 복원력에 있어 여성의 임파워먼트(empow-erment)가 중요하며, 셋째, 성 정보에 근거한 접근법(gender-informed approach)을 이용할 때 환경조치가 더욱 효과적일 수 있다는 것이다. 여기에서는 젠더 주류화의 필요성, 경제기회의 다양화, 의견발표 등을 통한 여성의 권한 부여, 환경 문제 해결자로서의 여성을 위한 정보 확대와 교육의 중요성 등이 강조되었다.

IV 환경과 노동[5]

1 이해관계 및 배경: 환경과 노동 가치의 충돌?

노동과 환경은 오랜 기간 충돌하는 이해관계를 지닌 이슈로 인식되었다. 전 지구 인구 대부분은 임금을 위하여, 혹은 생존을 위하여 자연자원과 환경에 의존하여 왔다. 대부분의 노동자들은 강화된 환경정책이 실직을 초래할 것이라 우려하였다. 왜냐하면, 환경규제에 직면한 산업계에서 실업이 발생될 가능성이 생기기 때문이다. 따라서 노동계의 입장에서는 환경파괴 행위를 묵인하거나 고용안정을 위하여 환경 문제의 심각성을 약화시키기도 하였다. 예를 들어, 미국 노동조합의 기후변화협약 반대운동의 사례를 들 수 있다.

그러나 노동과 환경의 충돌하는 이해관계는 시간이 지남에 따라 변

----

5 이 장의 내용은 주로 UNEP(2007)에서 발췌 및 정리하였음을 밝힌다.

화하였다. 환경 문제가 전 세계적인 쟁점으로 등장함에 따라, 장기적 관점에서 환경이 노동환경에 미치는 악영향이 논의되기 시작하였다. 노동계에서는 인간 대 생태계의 대립적 관점이 아니라 인간 사회에 존재하는 사회적 불평등의 관점에서 환경 문제에 접근하였다. 노동계는 자본주의 시장경제의 파괴적 속성과 그 속에서 진행되는 경제사회적 불평등을 타파하는 사회주의적 가치와 성장과 생산력에 경도된 기존 방식으로는 지속가능한 생태계를 유지할 수 없기 때문에 생태주의적 가치를 수용하였다(조승수 2007).

그동안 현대사회의 상품과 서비스의 소비는 고용, 이동성, 교육, 그리고 적절한 영양을 포함한 건강하고 만족스러운 생활을 위한 기회를 제공하였다. 그러나 소비로 인하여 자연자원 고갈과 생태계에 압력이 초래되었고, 환경재해의 여러 요인들 중 소비가 가장 큰 원인으로 등장하였다. 대부분의 피해는 동물과 식물의 과잉소비, 토양 영양소의 채굴, 기타 유형의 생물학적 소모에서 비롯되었다. 생태계는 농업, 산업, 에너지 생산으로 인한 오염과 폐기물로부터 상당한 간접적인 피해를 입게 되는데, 이는 소비와 연계된 것이었다. 이와 같은 현대의 지구경제 패턴은 현존하는 환경에 대한 압력을 악화시켰고, 사회경제 발전에 새로운 역동성을 부과한 세계화는 경제발전 대 환경 및 지속가능발전이라는 결정적 이슈에 있어 중요성을 지니게 되었다. 결국 경제발전과 일자리에 대한 위협으로 간주되었던 환경보호는 빈곤을 퇴치하고, 고용을 창출하는 장기적 수단으로 인식되기 시작하였다.

지속가능한 생산 및 소비로의 전환은 단기적으로 고용 패턴에 대한 조절 혹은 상당한 변화를 필요로 하였다. 환경정책과 고용전환 조치들을 통합함에 있어 상당한 노력이 요구되었는데, 사회, 경제적 변화에 부정적 영향을 받는 노동자들에게는 교육 및 재교육 프로그램뿐만 아니라 어느 정도의 고용 대안 혹은 보상 제공이 이루어졌다. 또한 정부는 고용 창출, 공정한 과세, 적절한 복지 제공 등의 조치들을 위한 정책 프레임을 제공하였다. 이와 같은 변화를 통해 환경적으로 지속가능한 경제는 새로운 직업 창출의 주요 공급원이 될 수 있었다.

실제로 환경적으로 지속가능한 경제의 틀 내에서 생산 및 소비 패턴의 변화와 새로운 기술 및 방식 도입은 일자리 창출에 기여하였다. 예를 들어, 전 세계에서 지속가능발전과 관련된 약 14,000,000개의 일자리가 새롭게 창출되었고, 재생에너지 산업, 운영, 유지와 직접적으로 관련된 일자리는 전 세계적으로 약 1,700,000개에 이르게 되었다. 소비 측면에 있어서도, 유럽, 미국, 캐나다, 호주, 일본 등에서는 "녹색 파워"를 지닌 소비자들이 2004년 기준으로 4,500,000명 이상 존재하는데, 이들은 소매 수준에서 자발적으로 '재생가능 에너지 인증' 제품을 구매하거나 이용하는 친환경 소비자들이다. 이들 사례는 지속가능성 추구와 더 많은 일자리 창출이 양립 가능한 목표임을 증명한다.

새로운 고용 기회 이상으로, 환경친화적이며 지속가능한 전 지구경제 모델로의 이동은 빈곤 감소뿐만 아니라 자유무역으로 인한 이익을 어떻게 분배할 것인가와 같은 관련 이슈들에 대응하는 데 기여하고 있다. 환경보호, 적절한 고용, 빈곤 감소의 필요성의 복잡한 연결에는 인권과 인간개발 차원도 포함된다. 또한 안전한 식수에 대한 지속가능한 접근과 같은 환경적 지속가능성은 인간이 자연자원에 일상을 거의 의존한다는 점에서 극심한 빈곤과 기아의 근절에 기여한다. 마찬가지로 빈곤 감소는 교육 개선, 성평등 증진 등을 통해 고용과 환경보호 모두를 위한 건설적인 기반을 제공하게 된다. 결국 이러한 맥락에서 노동과 환경의 연계는 전 지구적 참여, 사회적 형평성에 근거한 새로운 경제 모델을 구축하기 위하여 충분히 중요하게 다루어져야 하며, 환경적으로 건전하고 지속가능해야 한다.

2 쟁점: 노동조합과 작업장의 보건 및 안전

보건과 안전 문제는 노동과 환경 간 가장 자연스러운 연결고리였다. 역사적으로 노동자들이 노동조합을 조직하고 형성하기 시작하면서, 노동조합운동은 사회경제 이슈들을 다루는 데 열중하였고, 노동자들의 노동과 생활조건을 개선하는 데 기여하였다. 초기 노조는 개별 작업장 (workplace)과 긴밀하게 연계된 이슈에만 주로 관심을 가졌다. 이후 작업장 문제는 커뮤니티를 둘러싼 이슈들과 연계되면서, 지역환경을 지키는 것에까지 연결되었다. 환경에 대한 노조의 관심은 주로 작업장의 보건 및 안전과 관련된 것이었고, 다수의 국가들에서 노조는 직장 내 보건과 안전의 증진과 개선에 역할을 하였다. 노동조합의 노동자의 보건 및 안전에 대한 관심은 작업장에서 출발하여 점차 국가와 국제 수준의 이슈들까지 포괄하였고, 세계화가 진전되고 기후변화 등의 문제가 쟁점이 됨에 따라 노조들은 점차 생산의 환경적 의미와 지속가능한 발전 어젠다 증진의 필요성에 관심을 가지게 되었다.

노동조합은 작업장의 환경 이슈들을 제기하기 위하여, 사회적 대화와 단체교섭 같은 기존의 수단뿐만 아니라 인식 증진 캠페인, 연대 프로젝트도 이용하였다. 특히 일부 작업장에서의 환경 이슈들을 다룸에 있어 노조가 이윤 극대화를 추구하면서도 노동자들의 건강이나 환경을 중시하는 방향으로 나아감에 따라 기업과 고용주 조직은 환경에 책임을 지기 위한 환경성명서와 정책을 제시하는 경우도 나타났다. 그 중 일부는 국가 수준에서 노조와 산업 혹은 고용주 연합 간 협상이 이루어지기도 하였고, 다른 경우는 개별 작업장 수준에서 이행을 위하여 고안되었다. "친환경" 조항이 삽입된 단체협약 역시 서명되었고, 역시 지역과 국가 수준에서 구체적인 "친환경 합의"가 이루어졌다. 작업장 수준에서의 환경 이슈에는 환경보호를 목적으로 하는 구매 및 재활용 정책도 포함되었다. 이러한 정책에는 에너지 절감형 조명, 저연료 소비 운송, 생물분해성 세제, 친환경적으로 운영된 산림의 목재, 재활용 종이, 과대포장 제거 등이 있다. 노동조합의 고용 및 직장 내 보건 및 안전과 같은 전통적 이슈에 대한 활동은 더 나은 작업장을 만드는 데 기여하였다.

노동자의 건강개선을 위한 포괄적 프로그램은 대체로 다음과 같이 구성되었다.

- 직장보건 서비스: 건강 및 보건, 직업병, 상해 등에 대한 작업장 건강 및 안전의 예방, 노동자 건강의 증진, 예를 들어, 금연 환경 제공이나 직원의 체력 향상 시설 등이 포함됨
- 기초보건 서비스: 주요 건강관리 제공, 작업장의 전염병(말라리아, 바이러스성 감염 등)의 통제
- 환경보건 서비스: 노동자 및 노동자 가족 등 주변의 노동 작업장에 연계된 사람들의 건강에 대한 부정적 영향을 예방하고, 작업장의 안전한 식수와 위생에 대한 접근성을 보장

현재 노동세계가 직면한 가장 큰 도전 중 하나는 세계화이다. 세계화가 진전되었지만, 선진국과 개도국 및 저개발국 사이에 혜택은 공평하게 분배되지 않았다. 세계화의 혜택이 광범위하게 분배되고, 노동자의 건강에 부정적 영향을 미치지 않도록 보장하기 위하여 무역, 금융, 경제, 환경 정책을 전체적으로 검토할 필요성이 제기되었다.

국가들 간 무역분쟁의 1/3은 건강 때문에 발생하였다. 따라서 건강

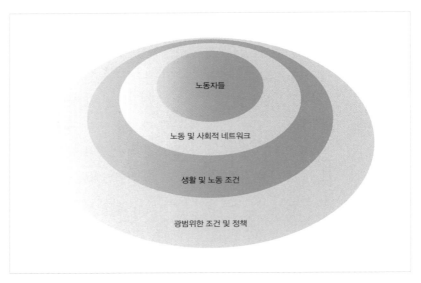

| 그림 10-1 | 작업장의 사회-생태적 모델
출처: UNEP(2007).

은 노동자와 그들의 커뮤니티를 보호하기 위한 전 지구무역 메커니즘 동원의 강력한 논거가 될 수 있었다. 예를 들어, 방호용 장비에 대한 기술적인 무역 장벽을 제거함으로써, 혹은 유해물 생산이나 산업에 대한 보조금을 제거함으로써 노동자의 건강과 환경 모두를 개선시킬 무역 메커니즘을 이용하는 것이 가능하다는 것이다.

결국 보건 및 안전은 노동과 환경 부문 간 파트너십을 통하여 합의에 도달하고, 조치를 동원하기 위한 강력한 논거가 될 수 있다. 전 지구 과정은 노동자의 건강과 환경을 개선하기 위한 도전과 기회 모두를 내포하였다. 노조는 노동세계 내에서 문화적 삶, 건강, 안전 증진을 위한 변화의 기제로 역할하였다.

3 국제적 대응

국가 및 국제 수준에서 노동과 환경의 연결은 노동조합을 통해 이루어졌다. 환경에 중점을 둔 비교적 '새로운' 이슈들에 대한 활동에 있어, 노동자들의 참여에 대한 '기존의' 전제조건은 여전히 동일한데, 여기에는 결사, 단체교섭, 건강 및 안전의 자유와 관련된 (국가 및 국제) 권리에 대한 존중이 포함된다. 전 세계 노동조합들은 국제자유노동조합연합(the International Confederation of Free Trade Unions, ICFTU)과 OECD의 노동조합자문위원회(the Trade Union Advisory Council, TUAC)로부터 자문을 얻고, 조율을 통해 유엔의 환경어젠다에 대하여 점차 적극적으로 활동하기 시작하였다.

1992년 리우회의 이후, 노동조합은 지속가능한 발전뿐만 아니라 고용과 환경보호 간 조화를 위한 그들의 이니셔티브를 증가시켰다. 전 지구 차원에서 이러한 진전을 보여주었던 최초의 사례는 2006년 케냐 나이로비 유엔환경계획(UNEP) 본부에서 개최된 제1차 '노동과 환경에 대한 노동조합총회(Trade Union Assembly on Labour and the Environment/WILL 2006)'이다. 이 총회는 국제노동기구(ILO)와 세계보건기구(WHO)의 협력을 통해 개최되었고, 노조가 완전한 대표성을 지니면서 참여하였다. 이 회의를 통해 지속가능한 사회로 발전하기 위한 환경과 노동의 긴밀한 협력관계와 핵심 가치가 공고화되었다. 여기에서 도출된 최종결의안(the Final Resolution)에서는 노동과 환경의 연계가 강조되었으며, 핵심 내용은 아래와 같다.

- 직장보건을 환경 및 공중보건 정책 및 실천과 연계시키기
- 자체 목적으로서 직장보건 및 안전기준을 높임과 동시에, 이를 증진

하기 위한 국제노동기구의 협약 및 프로그램을 강화하기
- 선진국과 개도국 간 차별화된 접근의 필요성을 고려하기
- 이를 에이즈 퇴치 캠페인의 핵심 요소로 사용하기
- 석면과 같이 화학물질이나 위험물질로 인한 노동자의 사망, 부상, 질병 등을 예방하기
- 남성과 여성 모두의 재생산을 위한 건강 권리를 보장하기

노조 대표들이 채택한 최종결의안에서는 환경 문제에 대한 노조활동의 기본 지침이 설정되었는데, 노동 및 환경을 위한 활동 프로그램(역량구축, 훈련, 실무경험의 보급 등이 포함)의 착수는 노조에게 새롭고 긍정적인 기회가 되었다. 뿐만 아니라, 유엔환경계획은 모든 사회의 모든 노동자들을 후원할 자격을 갖추게 되면서 환경보호의 임무를 완전하게 수행할 수 있게 되었다.

이후 노조의 관점을 환경어젠다에 반영시키기 위한 주요 조치가 이루어졌다. 예를 들어, 2006년 노동과 환경에 대한 노동조합총회 이후 라틴아메리카, 카리브해, 아프리카 지역에서 노동 및 환경에 대한 지역노조회의가 개최되었는데, 이는 노조 공약의 지속적인 발전의 분명한 사례라고 할 수 있다.

또한 전 세계 여러 작업장에서 산업안전 및 보건에서의 변화를 위한 노조/고용주위원회 조직들이 창설되었다. 점차 이들 조직은 작업장에서의 환경 문제를 다루기 시작했다. 노동자의 안전을 증진시키기 위한 감사, 평가, 감독, 기록 보관 등 변화를 위한 수단들이 환경보호, 공중보건, 고용주 책임 영역 이상으로 도달 가능한 현안에 적용될 수 있게 되었다.

이러한 과정을 통해 질적 성장과 실질적 결과를 달성하고 있지만, 극복해야 할 장애물들은 여전히 남아 있다. 국가 및 국제 수준의 고위급

회의를 통해 작업장에서 노조 개입의 중요성이 반복되었지만, 장벽은 여전히 존재하며, 환경어젠다에 대한 노조의 참여는 여전히 쉽지 않다. 또한 국가 내 정부의 이해 부족과 산업계의 반대 역시 노동과 환경을 연결시켜 문제를 해결하는 데 걸림돌로 작용하고 있다.

참고 적녹연합, 사민당과 녹색당의 연합

유럽 국가들에서는 전통적으로 노동자를 대표하는 좌파 정당들과 환경보호를 주요 공약으로 제시한 녹색당 간의 협력과 연정이 자주 등장하였다. 독일의 경우, 1970년대 독일 녹색당은 여성, 인권, 환경, 평화 등을 주장한 신사회운동에 근간을 두고 탄생하였다. 1970년대 중반 서독에서 원전건설반대 시민운동을 통해 전국 규모의 조직적 환경운동으로 발전되었고, 이후 정당 결성을 통해 선거에 참여하여 의석을 획득하면서 정치제도화 되었다. 1998년 사민당과 연립정부를 구성하면서, 요슈카 피셔가 연방 부총리 겸 외무부장관으로 입각하였다. 이는 새로운 좌파 정치였으며, 적녹연정의 새로운 중도는 대안정치의 주체가 되었다.

1998-2002년 사민당과 녹색당의 연정기간 환경세가 도입되고, 생활파트너제가 가능해졌으며, 원자력발전이 점차 줄었고, 재생가능에너지법이 통과되었다. 2002년 베를린 당대회에서 채택된 녹색당 강령에는 환경뿐만 아니라 민주주의, 경제에 대한 입장이 제시되었다. 여기에는 기후, 교육, 사회정책에 투자하여 100만 개의 일자리 창출, 최저임금정책 채택, 저소득층 사회보험료 인하 등 노동, 복지 정책이 다수 포함되었다.

한국에서도 좌파정당과 환경세력 간의 정책적 연대 사례가 존재한다. 2004년 제17대 국회 당시 민주노동당은 진보, 개혁 네트워크를 추진하였는데, 예를 들어, 경남 고성군 폐광 주변지역 토양의 중금속 오염, 낙동강 수계의 다이옥산 검출, 골프장 인허가 규제 완화, 경부 고속철도 천성산 관통 터널공사 중단을 요구하는 지율스님의 운동 등 환경 현안들에 대해 환경단체와 공동으로 대응한 사례가 있다.

더 읽을거리

마리아 미스. 2000. 손덕수 외 역.『에코페미니즘』. 창작과비평사.

한국환경사회학회. 2004.『우리 눈으로 보는 환경사회학』. 창비.

New York Times. 2017. *Climate Refugees: How Global Change Is Displacing Millions*. The New York Times Company.

1 환경변화, 자연재해로 인해 고향을 떠날 수밖에 없는 환경난민에게 왜 난민의 지위를 부여
  해야 하는가?

2 환경난민을 수용하기 위하여 국가들은 어떠한 제도, 정책을 마련해야 하는가?

3 빈곤국의 여성들이 환경적 영향에 취약한 이유는 무엇인가?

4 여성들이 환경운동에 적극적인 이유는 무엇인가?

5 환경과 노동의 개념은 충돌하는 것인가 혹은 공통의 이해관계가 존재하는가? 환경-노동
  연계가 가능하다면 어떠한 측면에서 연계가 이루어지는가?

6 녹색일자리(green job)는 지속가능한 발전과 일자리 창출의 공동목표 달성을 가능하게 하
  는가?

7 난민, 젠더, 노동에 있어 환경불평등 문제 해결을 위해서는 구조, 제도, 행태의 변화가 필요
  하다. 구조적 전환, 제도적 개선, 행위자의 행태변화가 이루어지기 위한 우선순위는 무엇이
  며, 어떻게 해야 하는가?

| 참고문헌 |

김근하·이경민. 2016.『기후 이주민의 강제 이주 문제와 관련 보호체계에 대한 탐색적
　　　　연구 – 국제논의와 개별국가 보호체계를 중심으로』. 에너지기후정책연구소 보고서.
노진철. 2004. "환경사상." 한국환경사회학회.『우리 눈으로 보는 환경사회학』. 창비.
박의경. 2012. "지속가능한 여성정책을 위한 제언: 사상과 이념에서 공약과 정책으로."
　　　　『한국정치연구』21(2).
박재묵. 2004. "사회적 불평등과 환경." 한국환경사회학회.『우리 눈으로 보는 환경사회학』.
　　　　창비.
서원상. 2009. "국제법상 '환경난민'에 대한 인권 기반적 접근."『환경법과 정책』3.
신진. 1995. "환경난민과 근원적 해결방안."『사회과학연구』6.
이상화. 2011. "여성과 환경에 대한 여성주의 지식생산에 있어 서구 에코페미니즘의
　　　　적용가능성.『한국여성철학』16.
조승수. 2007. "진보는 녹색이다: 한국적 적녹연대를 희망하며."『환경과 생명』54.
황영주. 2011. "국제규범으로서 젠더 주류화의 기원과 확산."『국제지역연구』15(2). pp.
　　　　3–24.

IDMC. 2015. *Global Estimates 2015: People displaced by disasters*.
UNEP. 2007. *Labour and the Environment: A Natural Synergy*.
World Bank. 2011. *Gender & Climate Change: 3 Things You Should Know*.

11

환경과 기술

주요어(KEY WORDS)　환경 기술 · 기후변화 저감 기술 · 에너지 기술 · 기술 국제협력

환경과 기술은 어떤 관계가 있는가? 기술은 지구 환경 문제를 인식하고 해결하는 기제인가? 아니면 지구 환경 문제를 심화시키는 요인인가? 환경 문제 대응에 있어서 기술의 양면적 속성은 과학기술은 많은 환경 문제를 파악하고, 예측하고, 그로부터 오는 피해를 경감하는 데 도움을 주지만, 환경 문제의 원인을 어느 정도 제공하기도 한다는 것을 의미한다. 이에 이 장은 환경–에너지 문제에 있어 기술의 역할을 다음의 세 부분으로 나누어 설명한다. 제2절은 환경 문제 대응에 있어서의 기술의 필요성에 대해 논한다. 제3절은 환경 문제 대응에 있어서의 기술의 역할에 대한 비판적 인식을 살펴본다. 제4절은 환경–기후변화와 관련된 기술의 국제협력을 다룬다. 환경 기술의 국제협력은 단순히 기술이전, 특히 기계 장치나 하드웨어로서의 기술을 선진국에서 개발도상국으로 이전하는 것을 넘어서서, 국가의 민간부문 및 공공부문의 행위자들이 공동으로 기술을 연구, 개발 및 도입하는 공동연구개발(collaborative research and development)의 단계로 변화하고 있다.

I 서론

환경과 기술은 어떤 관계가 있는가? 기술은 지구 환경 문제를 인식하고 해결하는 기제인가? 아니면 지구 환경 문제를 심화시키는 요인인가? 예를 들어, 인터넷이라는 기술이 개발되고 발달하는 것이 지구 환경 문제에는 어떤 영향을 끼칠 것인가? 환경 문제 대응에 있어서 기술의 역할을 논의할 때, 먼저 기술의 양면적 속성을 인지할 필요가 있다. 이 양면적 속성이란 과학기술이 많은 환경 문제를 파악하고, 예측하고, 그로부터 오는 피해를 경감하는 데 도움을 주지만, 환경 문제의 원인을 어느 정도 제공하기도 한다는 점이다(Fischer 2000, 90). 예컨대 풍력발전과 같은 재생에너지 기술은 발전 시 온실가스를 배출하지 않아 기후변화 대응을 위한 필수적인 기술로 알려져 있지만, 현실에서는 풍력발전소가 세워지는 곳의 숲이 파괴되거나 생태계에 영향을 주는 등 환경 피해가 발생하는 사례도 보고되고 있기 때문이다.

이렇듯 기술 자체나 기술의 적용은 가치중립적이지 않다. 또한 원래 의도한 기술 사용의 목표와는 다른 영향을 끼치기도 한다. 아울러 어떤 기술을, 왜, 어떻게 활용하는가는 항상 정치적인 결정이 필요하다. 지구환경정치와 기술의 다면적인 관계는 기술 진보의 시대를 살아가는 데 우리들이 반드시 숙고해 봐야 할 주제이다.

이 장에서는 이러한 양면성을 고려하여 환경-에너지 문제에 있어 기술의 역할을 다음의 세 부분으로 나누어 설명한다. 서론에 이어 제2절은 환경 문제 대응에 있어서의 기술의 필요성에 대해 논한다. 제3절은 환경 문제 대응에 있어서의 기술의 역할에 대한 비판적 인식을 살펴본다. 제4절은 환경-기후변화와 관련된 기술의 국제협력을 다루도록 하겠다.

II 환경 문제 대응에 있어서 기술의 필요성

생태적 근대화(Ecological modernization) 이론은 경제발전을 지속시키면서 기술발전과 시장을 통한 환경 개선이 가능하다고 주장한다 (고철환 2008). 사전 예방의 원칙을 비롯한 환경 규제의 강화가 실질적인 환경질 개선에 기여하기 위해서는 환경 기술 개발과 적용이 필요하다는 논리이다.

환경 문제 대응에 기술이 필요한 이유는 다음의 네 가지로 압축할 수 있다. 첫째, 과학기술은 환경 문제로 인한 원인과 결과, 피해를 파악하고, 예상하여 미리 대비할 수 있도록 한다. 둘째, 과학기술은 환경 문제의 주요 원인이 되는 오염물질을 저감한다. 셋째, 과학기술은 환경 문제로 인한 피해를 복구하는 데 도움을 준다. 넷째, 여러 행위자가 환경 문제에 협력적으로 대응할 수 있게 하는 촉진제 역할을 한다.

1 환경 문제 원인, 피해 파악과 대비

인류는 과학기술의 발전을 통해 환경 문제의 피해를 더 잘 이해할 수 있게 되었다. 환경 문제는 생태계의 교란과 같이 자연계에서만 발생하는 것이 아니라 인간이 생활을 영위하는 사회와 끊임없이 상호작용하기 때문에 그 양상이 더욱 복잡하다. 과학기술은 인류로 하여금 이러한 복잡한 문제를 이해하고 예측하여 추가적인 피해를 막을 수 있도록 도와준다.

오늘날 기후변화 연구에 주로 이용되는 전지구순환모형(Global Circulation Model)이 대표적인 예이다. 전지구순환모형이란 복사량, 잠열

등 기후의 변화에 영향을 주는 변수들을 여러 방정식에 대입하여 얻은 결과를 3차원 그리드에 표현한 모형을 말하며, 국지적인 날씨의 예측뿐만 아니라 전 지구적인 기후변화의 양상을 예측하는 데에 활용된다. 이 기술이 등장하기 전까지 미국에서는 기후를 국지적인 날씨들의 장기적 종합이라고 생각해왔다. 그러나 몇몇 기상학자들은 기후를 더 넓은 지역, 나아가 전 지구적인 규모로 연구하고자 했고, 이를 처음으로 시도한 연구자가 뉴저지의 지구물리학 유체역학연구소(Geophysical Fluid Dynamics Laboratory)의 슈쿠로 마나베(Syukuro Manabe)와 커크 브라이언(Kirk Bryan)이다.[1] 이들의 연구가 기반이 되어 1970년대에는 전지구순환모형이 기후 연구의 주요 방법론이 되었고, 기후변화가 전 지구적인 환경 문제라는 인식에 기여하게 되었다.

입자상 물질(미세먼지)과 같은 다소 지역적 혹은 국지적 환경 문제 역시 기술의 도움을 받아 파악된다. 우리나라는 대기환경보전법 제3조[2]에 의거하여 전국에 측정망을 설치하여 미세먼지(particle matters, PM) 농도를 측정하고 있다. 이러한 측정망의 종류는 총 6가지로, 도시대기측정망, 도로변대기측정망, 국가배경농도측정망, 교외대기측정망, 대기오염집중측정소, 그리고 PM2.5 측정소가 있다. 우리나라는 PM10의 경우 1995년, PM2.5의 경우 2007년부터 측정을 시작하였다.

기술을 통한 측정을 수행하는 이유는 환경 문제의 파악도 있겠으나 환경 문제로부터 오는 피해를 미리 예측하여 대비할 수 있기 때문이다. 이와 관련하여 측정된 미세먼지 농도에 따른 미세먼지 예보제가 있다.

....

1   https://celebrating200years.noaa.gov/breakthroughs/climate_model/welcome.
     html#testing (검색일: 2017.5.7.)
2   제3조(상시측정): 환경부장관은 대기오염 및 기후 생태계 변화 유발물질의 실태를 파악하기
     위하여 환경부령이 정하는 바에 따라 측정망을 설치하고 대기 오염도를 상시 측정하여야 함.

우리나라는 2013년 미세먼지 예보를 시범 시행하여 2014년 2월부터는 환경부와 기상청이 공동으로 발령하고 있다. PM10 예보는 처음부터 시행되었으며 PM2.5의 경우 2014년 5월부터 포함되었다. 현재 전국을 18개 권역으로 나누어 다음날 미세먼지 농도에 대한 예측예보를 통해 정부는 미세먼지로 인한 피해를 줄이기 위해 국민에게 적절한 행동 요령을 권고한다. 일평균 농도별 예보 내용과 행동 요령은 다음과 같다. 과학기술은 미세먼지의 현재 상황을 측정하고 알리는 역할도 하지만, 다양한 실험을 통해, 일평균 농도에 따른 건강에의 영향을 연구함으로써, 환경 기준을 설정하는 역할도 한다.

표 11-1 │ 미세먼지 일평균 농도별 예보 내용 및 행동 요령

예보 내용		일평균 농도(ug/m³)			
		좋음	보통	나쁨	매우나쁨
예보 물질	PM10	0~30	31~80	81~150	151 이상
	PM2.5	0~15	16~50	51~100	101 이상
행동 요령	민감군	–	실외활동 시 특별히 행동에 제약을 받을 필요는 없으나 몸 상태에 따라 유의하여 활동	장기간 또는 무리한 실외활동 제한	가급적 실내활동, 실외활동 시 의사와 상의
	일반인	–	–	장기간 또는 무리한 실외활동 제한	목의 통증과 기침 등의 증상이 있는 사람은 실외 활동을 피해야 함

출처: 환경부(2016). '바로 알면 보인다. 미세먼지, 도대체 뭘까?'에서 재구성.

2   환경 문제의 원인인 오염물질 저감

 과학이 발전하면서 인류는 인간의 건강을 해치는 여러 환경 문제에 대해 더 심도 있게 이해할 수 있게 되었다. 따라서 환경 문제에 대한 증진된 지식을 기반으로 환경 문제를 유발하는 여러 오염물질을 줄일 수 있는 기술이 개발되어 왔다. 기술이 환경 오염물질을 저감하는 방법은 크게 두 가지이다. 첫째, 여러 공학적 처리를 거쳐 배출되는 오염물질의 농도를 줄인다. 둘째, 오염물질에 대한 대체 물질을 생산한다. 환경 오염물질이 배출되는 것은 인간의 경제활동과 깊은 관련이 있다. 산업혁명 이후 인류는 경제활동을 하면서 화석연료에 크게 의존해왔고, 화석연료는 연소 시 온실가스, 이산화황, 질소산화물(NOx) 등 다양한 오염물질을 배출한다. 한편 과학기술의 발달로 인해 다양한 산업활동에 필요한 인공 물질이 개발되어 왔는데, 이 중 많은 물질은 자연에 그대로 배출될 경우 생태계를 파괴하거나 인체에 노출될 경우 건강에 위험을 초래하는 것으로 알려져 있다. 즉 환경 오염물질은 인간의 경제활동을 지탱하는 에너지를 연소함에 따라 발생하는 부산물, 그리고 산업활동에 필요한 인공 물질의 두 가지로 이해할 수 있다.

 따라서 환경 문제에 대응하는 기술 역시 어떤 환경 오염물질에 대한 것인가로 나눌 수 있다. 전자의 예로는 산성비를 일으키는 산성비 유도 물질 중 하나인 이산화황(SO_2) 저감 기술이 있다. 후자의 예로는 오존층을 파괴하는 것으로 알려진 염화불화탄소(CFCs)의 대체 물질인 과불화탄소(PFCs) 생산 기술이 있다. 한편 어떤 기술은 두 가지 경우를 포괄하기도 한다. 대표적인 예로 온실가스 저감 기술은 전자와 후자의 경우를 모두 포함하는 기술로 인식되고 있어 추가적인 설명이 필요하다.

이산화황 저감 기술

산성비는 산성비 유도 물질인 이산화황이나 질소산화물 등이 화석연료 등의 연소로 인해 배출되어 공기 중에 떠돌다가 강우에 용해되면서 발생한다. 산성비는 1845년에 처음 발견되었으나 구체적으로 무엇이 산성비 강하의 원인인지에 대한 연구는 1967년 오덴(Svante Oden)의 연구라고 알려져 있다. 오덴은 스웨덴의 호수가 점차 산성화되는 현상은 영국과 중부 유럽에서 수송된 오염물질이 일으킨 산성비 때문이라는 가설을 제시했으며, 이를 스웨덴의 한 일간지를 통해 알린 바 있다(Menz and Seip 2004, 253). 이후 미국에서도 산성비의 존재가 확인된 바 있다. 이에 유엔유럽경제위원회(United Nations Economic Commission for Europe)가 주도하는 월경성 장거리 이동 대기오염에 관한 협약(Convention on Long-Range Transboundary Air Pollution)이 1979년 채택되었으며, 미국은 1990년 대기환경법(Clean Air Act)을 개정하여 이산화황을 1980년 수준에서 1,000만 톤 줄인다는 목표를 세우기도 했다.

산성비 유도물질을 줄이려는 이와 같은 국제적 그리고 국가적 수준의 제도 마련은 이산화황 저감 기술의 수요를 증진시켰다. 이산화황의 주요 배출원이 화석연료인바, 직접적인 이산화황 배출의 감축은 곧 에너지 공급의 감소를 의미했다. 이는 국가의 경제성장에 큰 타격을 주기 때문에 급진적인 감축보다는 에너지 공급에 차질을 빚지 않기 위해 오염물질 감축 기술에 관심이 고조된 것이다. 이산화황 저감 기술 중에서 가장 널리 사용되고 있는 기술은 세정식 집진장치(wet-scrubber)다. 세정식 집진장치란 화석연료를 연소하고 나온 배출가스에 물과 오염물질 흡수제를 섞은 용액을 분사시켜 오염물질을 습식 흡착하여 제거하는 기술이다. 예컨대 비가 온 후 대기의 오염물질이 일부 씻겨 내려가는 것과 같은 원리이다.

과불화탄소 생산 기술

염화불화탄소는 프레온가스로도 불리며 에어컨과 냉장고의 냉매, 스프레이의 추진제 등에 쓰이는 물질이다. 특히 프레온은 다른 냉매 물질과는 달리 무독성이고 상대적으로 저렴했기 때문에, 개발될 당시에는 혁신적인 발명품으로 알려져 있었다. 1970년에는 미국의 화학회사 듀퐁이 미국에서 생산되는 프레온가스의 반 이상을 점유하고 있었으며 전 세계적으로는 25% 정도를 점유하고 있었다(Maxwell and Briscoe 1997, 277).

한편 프레온가스가 오존을 파괴한다는 사실은 1985년 영국의 조셉 파먼(Joseph Farman)과 그의 남극 조사단이 처음 발견하였다. 이들은 연중 봄(남반구의 경우 9-10월)의 성층권 오존량이 다른 계절에 비해 급격한 감소를 보인다는 것을 발견하여 이를 발표하였다. 염화불화탄소는 지표면보다 자외선 수치가 높은 성층권에 도달하면 광해리를 반복하여 수많은 염소 원자를 생성한다. 바로 이 염소 원자가 오존을 파괴하는 주범이었던 것이다. 산업이 발달한 북반구의 나라에서 주로 배출되는 염화불화탄소는 전 지구 규모의 수송 과정을 거쳐 남극 상층으로 이동하고, 이것이 겨울철 남극에서 강하게 발달한 극 와동(polar vortex)에 갇혀 오존층의 감소를 유발한다는 과학적 발견이 있었다.

산성비의 경우처럼 오존층의 감소 역시 전 지구적인 환경 문제로 인식되어, 국가 간 협력의 필요성이 크게 대두되었다. 이에 유엔이 주도하여 오존층 파괴물질에 관한 몬트리올의정서(Montreal Protocol on Substances that Deplete Ozone Layer)가 1987년에 채택되었다. 이 과정에서 오존층의 파괴와 그 원인, 염화불화탄소(CFC)의 대체제 개발과 적용에 인식공동체의 역할이 컸음은 주지의 사실이다.

온실가스 저감 기술

산성비 유도물질과 마찬가지로 이산화탄소(CO_2) 역시 화석연료의 연소가 주 배출원이므로, 이산화황과 마찬가지로 저감 기술에 대한 필요성이 크게 제기되었다. 온실가스 저감 기술은 에너지효율기술(energy efficiency technology), 재생에너지기술(renewable energy technology) 그리고 온실가스 저장 및 제거 기술(capture and sequestration technology)의 세 가지로 나누어 볼 수 있다(신의순·김호석 2005, 229). 에너지효율기술과 재생에너지기술은 연료를 연소하기 전 배출량을 줄이는 것이며, 온실가스 저장 및 제거 기술은 이미 배출된 대기 중 온실가스 농도를 공학적 처리를 통해 포집하여 반영구적으로 지층 등에 가둬 놓는 것에 해당한다.

에너지효율기술은 직접적인 연료 사용의 감소보다는 같은 양의 연료를 연소하는 가운데 더 많은 에너지를 활용하거나 다른 에너지 수요를 충족할 수 있는 기술의 개발에 초점이 맞춰져 있다. 이러한 대표적인 기술에는 열병합발전이 있다. 열병합발전이란 화석연료를 연소하여 얻는 에너지 외에 버려지는 폐열을 지역난방 등으로 이용하는 발전 방식을 말한다. 이렇게 되면 주변 지역의 난방에 추가적인 연료를 사용하지 않게 된다는 점에서 상대적으로 연료 사용 감소 효과가 발생한다. 재생에너지기술은 태양광, 수력, 풍력, 조력, 지열 발전 등 자연의 에너지를 그대로 동력원으로 전환하는 발전 기술을 말한다. 재생에너지기술은 이론상 화석연료 없이도 발전이 가능하기 때문에 온실가스를 배출하지 않는 대표적인 청정 기술로 알려져 있다.

환경 문제가 발견되는 시점은 이미 환경 문제가 인간 및 자연 생태계에 상당한 피해를 입힌 이후인 경우가 많다. 따라서 환경 문제 자체의 원인을 제거하거나 추가적인 환경 문제의 가능성을 파악하는 일 외에도 이미 입은 피해를 복구하는 것 역시 환경 문제에 대응하는 기술의 역할 중 하나이다. 이와 관련된 대표적인 기술로는 중금속 오염 지대와 지하수의 복구 기술 및 기후변화 적응 기술이 있다.

카드뮴, 구리, 납, 수은, 니켈 그리고 아연과 같은 중금속의 생태계로의 누출은 생태계뿐만 아니라 여러 순환을 거쳐 인체에 도달하여 많은 건강 문제를 낳는다. 따라서 추가적인 누출을 막는 것과 더불어 누출된 중금속을 다양한 방법으로 제거하여 추가적인 피해를 막는 것이 중요하다. 이러한 방법에는 중금속으로 오염된 지대의 토양을 차단막으로 감싸 기계적으로 제거하는 방법, 뜨거운 용광로를 활용하여 토양 속 중금속을 증발시키는 건식 야금(pyrometallurgical) 방법, 오염된 지하수에 주로 사용하는 화학적 처리 방법, 그리고 중금속을 흡수하는 균류 등을 심어 제거하는 식물처리법(phytoremediation) 등이 있다.

앞서 설명한 온실가스 감축 기술과 더불어 기후변화 대응 기술 중 하나로 꼽히는 기후변화 적응 기술 역시 이와 관련한 대표적인 기술이다. 기후변화 적응이란 기후변화로 인한 피해를 줄이는 것으로 주로 해수면 상승이나 기상이변으로 인한 홍수의 피해를 줄이는 방파제, 가뭄에 견디는 작물(drop-resilient crop), 물 부족에 대응하는 강수 처리 등의 방법으로 이루어진다. 유엔기후변화협약(United Nations Framework Convention for Climate Change, UNFCCC)은 다양한 노력을 통해 온실가스 감축 기술과 기후변화 적응 기술을 동등하게 다루려고 노력했으나 현실적으로 각국은 경제적인 이유 등으로 온실가스 감축에 보다 더 초점을 맞추어 왔던 것으로 보인다.[3] 이에 균형을 맞추기 위해 UNFCCC의 녹색기후기금(Green Climate Fund)은 지원하는 감축과 적응에 관련된 프로젝트들의 재정 규모가 50 : 50으로 동등할 것을 결의한 바 있다.[4]

4 기술이전을 통한 환경협력

기술은 인간이 자연과 관계하는 매개로서 주로 물질계에 대한 변화를 통해 여러 가지 문제 해결에 기여하지만, 기술이 갖는 사회적 역할도 무시할 수 없다. 전 지구적 수준의 환경 문제 해결은 국가 수준의 환경 문제와 차별되는 어려움이 있는데, 그 규모가 크고 복잡하다는 점도 있지만 무엇보다 책임자를 쉽게 찾아내거나 처벌할 수 없다는 점이 그것이다. 따라서 전 지구적인 환경 문제는 국지적 수준의 문제보다도 국가 간 협력이 매우 중요하다. 이러한 점에서 기술은 국가 간 협력의 구심점 역할을 하게 된다.

기술을 통한 국가 간 협력적 환경 문제 대응은 주로 기술이전으로 이루어진다. 기술이전은 한 국가의 정부가 보유하고 있는 공공기술 혹은 해당 국가의 기업이 보유하고 있는 민간기술을 다른 국가의 정부 혹은 기업에게 무상 혹은 유상으로 이전하는 것을 말한다. 이때 기술을 보유했다는 것은 정부기관 혹은 민간기업이 해당 기술의 특허권을 가지고 있다는 의미이다. 미국과 한국 등 대부분의 국가에서 특허는 20년간 존

---

3 FCCC/TP/2006/2, Application of Environmentally Sound Technologies for Adaptation to Climate Change: Technical Paper, 40.

4 http://news.trust.org//item/20140224125627-ejf6y (검색일: 2017.5.8.)

속되며 이때 오직 특허 보유자만이 해당 기술을 실시할 독점권을 행사한다. 이러한 독점권에도 불구하고 환경 문제 대응 등 필요에 의해 특허 보유자가 누리는 독점권을 일부 다른 국가의 정부나 기업에게 양도하는 것이 기술이전이다.

UNFCCC에서도 기후변화 대응 기술의 이전은 중요한 주제로 인식되어 왔다. UNFCCC 제4조 제5항은 선진국에서 개발도상국으로의 기술이전을 의무화하고 있으며, 이에 필요한 재정 지원이나 기술이전 방법을 마련할 것을 요청하고 있다. 현재 UNFCCC에서는 기술이전 논의를 지속하기 위해 기술 메커니즘(Technology Mechanism)이 설립되어 운영 중에 있다. 이 메커니즘은 당사국에게 기술이전과 관련된 정책을 권고하고 UNFCCC에게 자문을 제공하는 기술집행위원회(Technology Executive Committee)와 선진국과 개발도상국 간 기후변화 대응 기술 공급-수요를 연결해주는 기후기술네트워크(Climate Technology Center & Network)로 구성되어 있다.

한편 국가 간 기술이전 논의는 과연 '정부 혹은 국제사회가 기술 개발자의 독점적 권리인 특허를 강제로 다른 기술 사용자에게 양도할 수 있는가', 즉 '어느 경우에 강제실시(compulsory license)를 허용할 수 있는가'라는 질문을 제기한다. 예컨대 세계무역기구(World Trade Organization)의 설립 협정 부속서 중 하나인 지식재산권협정(Agreement on Trade-Related Aspects of Intellectual Property Rights)의 제31조는 특허를 가진 자의 동의 없이 강제로 특허를 사용할 수 있도록 하는 강제실시권 시행의 조건이 명시되어 있다. 이에 따르면 강제실시는 국가 비상사태, 극도의 위기상황 혹은 공공의 비상업적 사용을 목적으로 하는 경우에 가능하다. 이와 관련하여 환경 문제를 해결하기 위해 강제실시를 허용할 수 있는지에 대해 논란이 제기되어 왔다(손승우 2010; 김병일 2015).

III 환경과 기술에 대한 사회정치적 쟁점

이 절에서는 환경 기술이 갖는 여러 부정적인 측면에 대한 논의를 살펴볼 것이다. 환경 기술의 필요성은 앞 절에서 논의한 바와 같이 유효하나, 환경 기술에 대한 지나친 믿음과 의존, 그리고 무분별한 활용은 환경 문제 해결에 도움이 되지 않을 뿐만 아니라 여러 부작용을 일으킬 여지가 있다. 이것이 환경 기술의 부정적인 측면이라 할 수 있다.

1 환경 기술에 대한 비판

환경 기술이 그 효과를 내지 못하고 의도한 방향대로 활용되지 못하는 것은 기술에 대한 부족한 이해에서 비롯된다고 할 수 있다. 기술과 관련된 대부분의 논의에서 "기술"이라는 단어는 일종의 기계, 발명품, 공학적인 설계를 거친 것으로만 주로 이해되고 있으며,[5] 이러한 기술에 대한 이해는 실제 기술이 어떻게 다른 정치, 경제, 문화, 제도와 같은 사회적 요인들과 상호작용하는지 보기 어렵게 만든다. 기술 일반에 대한 논의와 더불어 환경 기술에 대한 논의 역시 이러한 맹점이 포착된다. 예컨대 일부 연구자들은 UNFCCC에서 이루어지는 기후변화 대응 기술이전 논의에도 기술에 대한 지나치게 좁고 도구적인 이해가 수반되어 있으며, 이는 기후변화 대응 기술을 오직 '온실가스를 줄여줄 수 있는 유형

---

5   In the popular discourse the word "technology" tends to be equated with machine or invention, something solid, engineered, black boxed, and these days most likely an instrument of electronic communication.

의 기계 장치' 정도로만 보고 있기 때문이라고 분석하였다.

따라서 환경 기술에 대한 비판적인 견해는 기술을 단순히 유형(tan-gible)의 기계 장치로만 생각할 것이 아닌 더 넓은 사회적 그리고 환경적 맥락과 상호작용하는 유·무형의 것으로 볼 것을 요청한다. 환경 기술은 주로 특정 환경 문제를 해결하는 것에 초점이 맞춰져 개발되고 현장에 투입되나, 그것이 낳는 부작용은 기술이 활용되는 더 넓은 맥락과의 상호작용 속에서 나타날 수 있기 때문이다. 이러한 관점에서 크게 환경 기술에 대한 두 가지 비판이 제기된다. 첫째, 환경 기술이 환경 문제를 오히려 악화시킬 수 있다. 둘째, 환경 기술이 환경 문제 외에 다른 여러 사회적 문제를 야기할 수 있다.

2   기술의 환경 문제 악화

환경 기술 중 기후변화 문제에 대응하고자 하는 대표적인 기술은 온실가스 저감 기술의 하나인 에너지효율기술이다. 에너지효율기술이 온실가스 저감 기술로 이해될 수 있는 점은 앞 절에서 논의한 바 있다. 그러나 에너지 효율 증진이 오히려 에너지 사용량을 증가시켜 온실가스 배출을 늘린다면 에너지효율기술은 온실가스 저감 기술이라고 할 수 없을 것이다. 이 같은 현상에 대한 문제의식을 처음 제기한 학자의 이름을 빌려 이를 '제본스의 역설(Jevons' Paradox)'이라고 부른다.

인류는 끊임없이 에너지 효율을 증진시키는 기술을 발명하여 적용해 왔으나, 이에 반해 에너지 사용량과 온실가스 배출량 또한 지속적으로 증가해 왔다. 이러한 이유는 기술을 통해 에너지 효율이 증진되면 에너지원의 단가가 하락하고, 이는 에너지 수요의 증가로 이어지기 때문이다. 이처럼 에너지 효율 증진이 에너지 사용량을 높이는 것을 리바운드(rebound) 혹은 백파이어(backfire) 효과라고 한다. 에너지효율기술은 단위 에너지원당 얻을 수 있는 에너지 생산량을 높이는 기술이지 에너지원 자체에서 배출될 수 있는 온실가스를 직접적으로 저감할 수 있는 기술이 아니다. 따라서 에너지 사용량이 높아지는 현상은 기후변화 대응에 긍정적이라고 볼 수 없다.

제본스의 역설은 환경 문제를 다루는 경제학인 환경경제학에서 지속적인 논쟁의 대상이 되어왔다. 그 이유는 에너지 사용량이 높아진 것이 반드시 에너지 효율성의 증가 때문이라고 결론 내리기 어렵기 때문이다. 한편 에너지 효율성의 증가가 에너지 수요의 증대로 이어진다는 것에는 어느 정도 합의가 이루어져 있으나, 이는 에너지 효율을 증진시키는 정책적 노력이 친환경적이지 않다는 것이 아니라 에너지 수요 관리 등 다른 보조적인 정책 수단이 필요하다는 의미로써 받아들여지고 있다(Hanley et al. 2009).

3   환경 기술의 사회경제적 부작용

재생에너지 기술(renewable energy technology) 역시 대표적인 온실가스 저감 기술로서 기후변화 문제 대응에 필수적이라는 평가를 받고 있다. 그러나 재생가능에너지 기술은 기술이 사용되는 장소의 대규모 환경 파괴를 야기할 가능성이 있다. 기후변화와 같은 특정한 환경 문제를 해결할 수 있더라도, 그 주변의 자연생태계를 파괴하는 환경 기술은 친환경적이라고 할 수 없을 것이다. 이창훈은 이러한 가능성이 높은 기술로 조력발전, 수력발전 그리고 폐기물에너지 기술을 제시한 바 있다(이창훈 2015, 121-122).

그 중 조력발전 기술은 강 하구나 만에 댐을 건설하여 조석간만의 차를 이용해 터빈을 돌려 발전하는 기술로, 대표적으로 우리나라 서해에 위치한 시화호 조력발전소가 있다. 조력발전은 터빈을 돌리는 데 화석연료의 연소가 필요하지 않아 온실가스가 배출되지 않으므로 재생가능에너지 기술이라고 할 수 있다. 그러나 대규모 조력발전소의 건설은 해당 지역의 해양생태계를 파괴할 우려가 있다.[6] 예를 들어 밀물과 썰물을 이용하기 위해 바닷물을 가두어 갯벌이 파괴될 수 있으며, 갯벌에서 살아가는 많은 생물 종과 이들에 의존하는 주변 동물들의 삶을 위협할 수 있다. 더 나아가 갯벌은 우리 인간에게도 많은 이익을 주는데, 홍수나 태풍과 같은 자연재해로부터 오는 피해를 경감시켜 줄 수 있고, 바다로부터 유입되는 오염물질을 정화하는 기능을 수행할 수 있기 때문이다.

바이오연료(biofuel)는 온실가스를 배출하는 화석연료인 석유를 대체할 수 있어 대표적인 청정 에너지원으로 꼽힌다. 따라서 EU를 중심으로 한 선진국은 바이오연료 기술에 지속적인 투자를 이어왔다(Neville 2015). 그러나 바이오연료는 다음의 두 가지 문제를 일으킨다. 첫째, 바이오연료에 대한 수요 증대는 바이오연료의 주원료인 옥수수 등 식량작물의 가격 상승으로 이어져 대다수 개발도상국 국민들의 빈곤 문제를 심화할 수 있다. 둘째, 바이오연료 생산 기업들과 환경 NGO 혹은 개발도상국의 현지 주민들 간의 갈등이 초래될 수 있다.

특히 두 번째 문제와 관련하여 우선 2016년 9월 미국의 환경 NGO인 마이티(Mighty)가 팜 오일 생산 기업들의 무분별한 열대우림 파괴 행태를 고발한 사례가 있다.[7] 마이티는 인도네시아에서 조림 사업을 통

....

6   한겨레 2010년 3월 10일자 보도. 〈서해 조력발전소 건설 '생태계 파괴' 우려〉 http://www.
     hani.co.kr/arti/society/environment/409306.html (검색일: 2017.5.24.)

7   http://www.triplepundit.com/2017/02/palm-oil-continues-cause-deforestation-remote-
     areas-indonesia/ (검색일: 2017.5.25.)

해 팜 오일 농장을 관리하는 특정 기업의 지속적인 열대우림 방화 행태를 관찰하였다고 보고했다. 이 같은 팜 오일 기업과 환경 NGO 간의 열대우림 방화 논쟁뿐만 아니라 기업과 바이오연료 농장이 조성되는 지역 주민들과의 갈등 사례도 보고되고 있다.

또한 네빌레(Neville 2015)는 케냐의 타나 델타(Tana Delta) 지역에서 케냐 정부와 무미아스 제당회사(Mumias Sugar Company)가 추진하는 사탕수수 재배 프로젝트(Tana Integrated Sugar Project, TISP)의 사례를 연구하였다. 연구는 프로젝트를 둘러싼 사업 추진자와 현지 지역 주민들 간의 갈등을 분석하며, 바이오연료가 선진국에서 청정 에너지원으로 각광받는 것과는 달리 개발도상국 현지에서는 기존 지역 주민 간의 갈등, 선진국-개발도상국 간의 입장 차이 등 다양한 이해관계를 반영한 개념으로 받아들여지고 있음을 제시했다(Neville 2015, 37). 이 연구는 한 사회에서 청정 에너지를 생산하는 환경 기술이 다른 사회에서는 그 사회의 다양한 이해관계와 사회적 맥락과 결부되어 완전히 다른 기술로 인식될 수 있다는 점을 보여준다.

IV 환경-기후변화-에너지 기술과 국제협력

환경 기술의 개발 및 보급을 촉진하려는 노력은 한 국가 내에서 이루어지기도 하지만 국가 간의 협력을 통해 이루어지기도 한다. 이 절에서는 그러한 국가 간 협력, 다시 말해 국제협력을 통한 환경-기후변화-에너지 기술의 개발 및 보급의 필요성과 사례를 살펴본다.

앞서 논의한 바와 같이 환경 기술은 사회적으로 필요한 수준보다

시장에서 적게 공급될 수밖에 없으며, 이는 국가 간에도 마찬가지이다. 적절한 제도가 뒷받침되지 않는다면 환경 기술의 주요 공급자인 선진국의 기업들은 개발도상국의 기업들과 자연환경에 발생하는 긍정적 외부효과로 인해 환경 기술 개발의 유인을 부분적으로만 얻게 된다. 반면 전지구적 환경 문제를 해결하기 위해 환경 기술 도입의 확산은 필수적이다. 이러한 딜레마가 환경 기술의 국제협력이 풀어야 할 핵심 과제라고 할 수 있다(Gandenberger 2015).

환경 기술의 국제협력은 선진국에서 개발도상국으로의 환경 기술 이전을 논의하는 과정에서 그 논의가 시작되었다. 1972년 유엔인간환경회의(United Nations Conference on Human Environment)의 결과물이자 환경보호에 관한 최초의 국제적 선언문으로 알려져 있는 스톡홀름선언(Stockholm Declaration)은 환경 기술이전의 필요성을 강조하고 있다. 원칙 제9조는 개발도상국이 겪는 환경 문제로 인한 피해를 해결하기 위해 재정 및 기술 지원이 필요함을 명시하고 있으며, 제20조는 그러한 기술이 개발도상국에게 경제적인 부담을 지우지 않고 널리 확산될 수 있어야 함을 명시하고 있다(UNCHE 1972).

이와 같이 환경 기술의 국제협력을 기술이전으로 바라보는 인식은 1992년 리우선언(Rio Declaration)을 거쳐 UNFCCC와 같은 국제환경레짐에도 널리 퍼져 왔다. 그러나 지식재산권 문제, 기술이전의 비용 문제 등 국가 간 기술이전의 여러 장애물들이 밝혀지면서, 기술이전이 아닌 다양한 국제협력의 시도들이 모색되었다.

이 절에서는 주로 UNFCCC를 중심으로 환경 기술의 국제협력이 논의되어 온 과정을 다음의 세 부분으로 정리한다. 첫째, 환경 기술, 특히 기후변화 대응 기술의 이전이 어떻게 논의되어 왔는지 제시한다. 둘째, 환경 기술의 국제협력을 기술이전으로만 바라보는 인식에 대한 비판을

정리한다. 셋째, 그러한 비판이 반영된 환경 기술의 국제협력의 사례를
제시한다.

1 UNFCCC하에서의 환경 기술의 국가 간 이전 논의

UNFCCC는 스톡홀름선언 및 리우선언의 기조를 이어받아 기후변
화 문제 대응에 있어서도 선진국에서 개발도상국으로의 환경 기술이전
이 중요한 과제임을 인식하였다. UNFCCC 제4조 제5항은 선진국, 특히
제2부속서 당사국들이 환경 기술을 개발도상국으로 이전하는 과정을
재정적, 기술적으로 지원할 것을 명시하고 있다. 향후 기술이전과 관련
된 UNFCCC 차원의 조치는 대부분 이 조항을 근거로 하여 수립되었다.

위의 제4조 제5항의 내용을 이행하기 위해 UNFCCC 제7차 당사국
총회에서는 기술이전에 관한 전문가그룹(Expert Group on Technology
Transfer, EGTT)을 설립하였다. EGTT는 지역 분배를 고려하여 당사국들
에 의해 선출된 20명의 전문가가 2년마다 돌아가며 UNFCCC에 기술이
전과 관련된 자문을 UNFCCC하에 설치된 이행을 위한 부속기구(SBI)와
과학기술 자문을 위한 부속기구(SBSTA)에 제공하는 전문가그룹이었다.

UNFCCC는 기술이전에 필요한 세부 논의 사항으로 기술수요평가
(technology needs assessment), 기술정보(technology information) 제공,
환경조성(enabling environments), 역량강화(capacity building) 그리고
기술이전을 위한 메커니즘(mechanisms for technology transfer)의 다섯
가지를 설정하고 이를 EGTT에서 논의하도록 하였다.[8]

EGTT는 구체적으로 선진국에서 개발도상국으로의 기술이전에 필

8   Decision 4/CP.7.

요한 여러 자료들, 특히 개발도상국이 필요로 하는 기술이 무엇인지와 같은 중요한 자료들을 수집하였다는 데에 그 의의가 있다. 그러나 자문기구의 지위로는 보다 더 구체적으로 당사국 간의 협력을 이끌어내는 데에는 한계가 있었다. 따라서 EGTT는 2010년 칸쿤에서 열린 제16차 당사국총회에서 기술집행위원회(Technology Executive Committee, TEC)로 바뀌었다. 이는 EGTT가 단순히 기술이전 전반에 필요한 정보를 수집하고 이를 통해 자문을 제공하는 역할이 아닌 구체적인 기술이전을 추진하는 역할을 수행하기 위함이었다. 또한 EGTT와 달리 TEC에서는 더 많은 당사국과 국제기구가 회의에 옵서버로서 참여할 수 있는 등 개방적인 성격이 강했다(de Coninck and Sagar 2017).

　기술집행위원회가 기술이전에 대한 정책적인 결정을 내린다면, 이를 이행하는 것은 같은 해 설립된 기후기술센터네트워크(Climate Technology Center and Network, CTCN)이다. 이름에서도 드러나듯 CTCN은 하나의 독립된 기관(센터)이자 각국의 여러 정부 산하 기관, 개발은행 및 전문기구들의 집합(네트워크)으로, 주로 선진국과 개발도상국 정부를 연결하여 두 국가 간에 실질적인 기술이전이 이루어지도록 돕는 기관이다. 결론적으로 현재 UNFCCC하의 기술이전 논의는 정책기구와 이행기구로 양분된 특징을 보이고 있다.

2　기술이전에 대한 비판적인 인식

　기술이전이 논의되는 초기에는 기술이전의 대상을 주로 유형의 하드웨어나 기계 장치로만 바라보는 인식이 있었다. 이러한 인식에도 2절에서 언급한 바와 같은 비판적인 견해가 존재했다. 무엇보다 UNFCCC 제4조 제5항에서 명시한 개발도상국의 '자생적인' 기술역량의 증대에 이러한 인식이 도움이 되지 않는다는 견해가 지배적이었다. 따라서 현재는 기술이전을 통한 환경 기술의 국제협력을 '기술 사이클(technology cycle) 전반의 발전을 도모하기 위한 개발도상국의 기술역량 강화'로 정의하는 것이 다수이다(Bhasin 2014). 여기서 기술 사이클이란 기술이 무형의 아이디어에서 실질적으로 상용화되어 시장에 거래될 수 있는 수준으로 발전되는 단계를 말한다.

　UNFCCC는 기술이전의 사이클을 연구 및 개발(research and development), 시연(demonstration), 실제 배치(deployment), 확산(diffusion)

그리고 이전(transfer)으로 정의하고 있다.[9] 이와 같은 정의에도 비판적인 시각이 존재한다. 그럽(Grubb 2004)은 이러한 기술 사이클이 지나치게 단순하고 선형적인 것으로 보일 수 있으며, 실제 기술이전의 과정에 존재하는 다양한 제도적 환경과 행위자들을 고려하지 못할 수 있다고 지적했다.

한편 지금의 거버넌스 체제로는 기술이전의 장애물을 효과적으로 제거하지 못한다는 견해도 존재한다. 가장 대표적으로 기술이전의 지식재산권 논쟁이 있다(손승우 2010). 개발도상국은 지속적으로 선진국의 기술을 이전하는 데 비용이 지나치게 크다는 점을 제기해왔다. 특히 개발도상국 그룹(G77)의 입장을 주도하는 중국과 인도를 중심으로 2008년 11월 중국과 UN이 공동 개최한 기후변화 기술이전 및 개발에 관한 북경고위급회의(Beijing High-Level Conference on Climate Change: Technology Transfer)에서 이와 같은 비판이 제기된 바 있다. 따라서 개발도상국은 선진국이 기술이전 비용을 대신 지불할 것을 요청해왔다. 그러나 선진국의 입장에서는 재정적인 문제로 인해 기술이전 비용을 모두 지불할 수 없다는 입장을 고수해 왔다.

이와 관련하여 특허와 같은 환경 기술의 지식재산권에 대한 선진국과 개발도상국의 상반된 견해를 엿볼 수 있다. 우선 선진국의 경우 환경 기술은 적은 유인으로 인해 시장에서 사회적으로 필요한 수준보다 적게 공급되기 때문에 지식재산권을 보호하여 기술 개발자들의 유인을 증진시키는 것이 필요하다고 본다. 그러나 개발도상국의 경우 지식재산권을 환경 기술의 효과적인 확산에 장애물로 인식하고 있다(Correa 2013, 54).

....

9   Article 14(g), Decision 1/CP.16.

3 기술이전을 통한 국제협력의 대안

위와 같은 이유로 환경 기술의 국제협력은 단순히 기술이전, 특히 기계 장치나 하드웨어로서의 기술을 선진국에서 개발도상국으로 이전하는 것을 넘어서야 하는 상황을 맞이하게 되었다. 선진국에서 개발도상국으로 이전되는 환경 기술은 선진국에서 개발되고 사용되어 온 것이 대부분으로, 반드시 개발도상국의 현지 사정에 부합할 수 있는 방향으로 활용되리라는 보장이 없다. 이에 대한 대안으로 주목할 만한 것은 바로 여러 국가가 환경 기술의 개발에 공동으로 참여하는 공동연구개발(collaborative research and development)이 있다. 공동연구개발이란 선진국과 개발도상국 등 다양한 국가의 민간부문 및 공공부문의 행위자들이 공동으로 기술을 연구, 개발 및 도입하는 것을 말한다(Ockwell et al. 2015). 환경 기술의 공동연구개발은 위에서 언급한 UNFCCC 기술집행위원회의 주요 사업 중 하나이기도 하다.

대표적인 공동연구개발의 사례는 다음과 같다. 첫째, 기존에 존재하는 기술을 개발도상국 현지 사정에 맞게 변용하는 연구, 둘째, 아직 알려지지 않은 수요를 충족시킬 수 있는 새로운 기술을 개발하는 연구. 셋째, 장기적인 관점에서의 연구개발이다(Ockwell et al. 2015, 413). 공동연구개발은 개발도상국의 수요를 더욱 잘 충족시킬 수 있는 환경 기술의 개발 및 도입에 유리할 뿐만 아니라 UNFCCC 제4조 제5항에도 명시했듯이 개발도상국의 자생적인 기술 역량을 향상할 수 있다는 장점이 있다.

더 읽을거리

이인식 편. 2013.『자연에서 배우는 청색 기술』. 서울: 김영사.

이태동. 2019.『환경에너지 리빙랩: 사용자 주도의 미세먼지, 기후변화, 순환도시 문제해결』. 서울: 연세대학교 대학출판문화원.

박이문. 2017.『생태학적 세계관과 문명의 미래』. 서울: 미다스북.

1 기술은 환경 문제를 해결할 수 있는가? 어떤 기술은 환경 문제를 해결하고, 어떤 기술은 환경 문제를 악화시키는가?

2 기술을 통한 경제와 환경 문제 해결을 주장한 생태적 근대화론을 비판적으로 평가하라.

3 환경–기후변화–에너지 기술은 공유재인가, 공공재인가, 사유재인가?

4 영화 지오스톰(Geostorm, 2017)을 보고, 지구공학(Geo engineering)의 순기능과 역기능을 논하라.

5 환경–에너지 기술의 예를 들어 보고, 문제 해결의 가능성과 예상되는 폐해를 논의하라.

| 참고문헌 |

고철환. 2008. "생태적 근대화, 지속가능발전, 그리고 우리나라에의 함의."『인간, 환경,
　　미래』. pp. 123-155.
김병일. 2015. "기후변화협약의 지적재산권법적 쟁점 – 친환경기술의 기술이전 방안을
　　중심으로 –."『법학연구』25(2). pp. 155-179.
김은성. 2012. "기후변화재난 정책갈등 연구: 온실가스배출권 거래제 갈등을 중심으로."
　　한국행정연구원.
서지영·박형준. 2010. "녹색기술의 시스템적 성장을 위한 정책적 지원방안."
　　과학기술정책연구원.
신의순·김호석. 2005.『기후변화협약과 기후정책』. 서울: 집문당.
손승우. 2010. "기후변화협약과 지적재산권 및 기술이전의 조화."『지식재산연구』5(1).
　　pp. 83-111.
이수진·윤순진. 2011. "재생가능에너지 의무할당제의 이론과 실제 – RPS 도입국가들에
　　대한분석을 바탕으로."『환경정책』19(3). pp. 79-111.
이창훈. 2015. "신재생에너지의 환경적 영향에 관한 법적 고찰."『환경법연구』37(1). pp.
　　113-130.

Bhasin, Shikha. 2014. "Enhancing International Technology Cooperation for Climate
　　Change Mitigation: Lessons from an Electromobility Case Study." Bonn: German
　　Development Institute / Deutsches Institut fur Entwicklungspolitik (DIE).
Correa, Carlos M. 2013. "Innovation and Technology Transfer of Environmentally
　　Sound Technologies: The Need to Engage in a Substantive Debate." *Review of
　　European Community & International Environmental Law* 22(1): 54-61.
de Coninck, Heleen and Ambuj Sagar. 2017. "Technology Development and Transfer
　　(Article 10)." In *The Paris Agreement on Climate Change: Analysis and
　　Commentary*. edited by Daniel Klein et al., 258-276.
Gandenberger, Carsten. 2015. "Theoretical Perspectives on the International Transfer
　　and Diffusion of Climate Technologies." Munich: Fraunhofer Institute for
　　Systems and Innovation Research.
Grubb, Michael. 2004. "Technology Innovation and Climate Change Policy: An
　　Overview of Issues and Options." *Keio Economic Studies* 41(2): 103-132.
Hanley et al. 2009. *Pricing Nature*. New York: Edward Elgar.
Hughes, T.P. 1993. *Networks of power: electrification in Western society, 1880-1930*.
　　JHU Press.
Jaffe, A.B., Newell, R.G., Stavins, R.N. 2002. "Environmental policy and technological

change." *Environmental and Resource Economics* 22, 41-69.

Lee, Taedong. 2017. "The Effect of Clean Energy Regulations and Incentives on Green Jobs: Panel Analysis of United States, 1998-2007." *Natural Resource Forum, A United Nations Sustainable Development Journal*. DOI: 10.1111/1477-8947.12125

Lesser, J.A., Su, X. 2008. "Design of an economically efficient feed-in tariff structure for renewable energy development." *Energy Policy* 36: 981-900.

Lin, B., Li, X. 2011. "The effect of carbon tax on per capita CO2emissions." *Energy Policy* 39: 5137-5146.

Maxwell and Briscoe. 1997. "There's money in the air: the CFC ban and DuPont's regulatory strategy." *Business Strategy and the Enviornment* 6(5): 276-286.

Menz, F. and Seip, H. 2004. "Acid rain in Europe and the United States: an update." *Environmental Science and Policy* 7(4): 253-265.

Neville, K. 2015. "The contentious political economy of biofuel." *Global Environmental Politics* 15(1): 21-40.

Ockwell, David, Ambuj Sagar and Heleen de Coninck. 2015. "Collaborative Research and Development (R&D) for Climate Technology Transfer and Uptake in Developing Countries: Towards a Needs Driven Approach." *Climatic Change* 131: 401-415.

Schmidt, T.S., Schneider, M., Rogge, K.S., Schuetz, M.J.A., Hoffmann, V.H. 2012. "The effects of climate policy on the rate and direction of innovation: A survey of the EU ETS and the electricity sector." *Environmental Innovation and Societal Transitions* 2: 23-48.

Stavins, R.N. 1998. "What can we learn from the grand policy experiment? Lessons from SO2allowancetrading." *Journal of Economic Perspectives* 12(3): 69-88.

Rennings, Klaus. 2000. "Redefining Innovation- Eco-Innovation Research and the Contribution from Ecological Economics." *Ecological Economics* 32: 319-332.

Rogge, K.S., Hoffman, V.H. 2010. "The impact of the EU ETS on the sectoral innovation system for power generation technologies" *Findings for Germany*. 7639-7652.

Rowlands, I. 2005. "Envisaging feed-in tariffs for solar photovoltaic electricity: European lessons for Canada." *Renewable and Sustainable Energy Review* 9: 51-68.

UNCHE(United Nations Conference on Human Environment). 1972. "Declaration of the United Nations Conference on Human Environment." http://www.un-documents.net/unchedec.htm (검색일: 2017.07.27.)

UNFCCC(United Nations Framework Convention on Climate Change). 2010. "Report of the Conference of the Parties on its sixteenth session, held in Cancun from 29 November to 10 December 2010, Addendum Part Two: Action taken by the Conference of Parties at its sixteen session." http://unfccc.int/resource/docs/2010/cop16/eng/07a01.pdf (검색일: 2017.07.29.)

Yin, H., Powers, N. 2010. "Do state renewable portfolio standards promote in-state renewable generation?" *Energy Policy* 38: 1140-1149.

3부

주요국의
환경정치

선진국의 환경정치

주요어(KEY WORDS)   민주주의 · 다원주의 · 조합주의 · 환경정치의 행위자 · 행정부 · 의회 · 기업 이익단체 · 환경단체 · 환경운동 · 탈핵운동 · 여론 · 지방정부 · 환경정치 구조 · 환경제도 · 환경정책 결정과정 · 거버넌스 · 다층적 거버넌스 · 녹색당 · 운동정당(movement party) · 정치제도화 · 적녹연합 · 마치즈쿠리(마을만들기) · 도시재생

선진국들은 산업혁명 등을 거치면서 대기오염, 수질오염 등을 발생시켰다는 점에서 환경악화의 일차적 책임이 있다고 간주된다. 한편으로 선진국들은 다양한 환경레짐 형성과 국가 간 협력을 통해 환경 문제 해결을 주도한다. 국내 영역에서 선진국들의 환경정치는 국가마다 다른 양상으로 전개된다. 선진국 환경정책 결정과정에는 다양한 이해당사자들이 참여하여 자신들의 이해관계를 정책에 반영하고자 한다. 선진국의 권력분립, 규칙, 성문법, 분쟁 해결의 게임의 규칙에 대한 공유된 이해와 같은 제도 역시 환경정책이 결정되고 이행되는 데 영향을 미친다.

미국은 다원주의 정치체제하에서 다양한 행위자들이 환경정책 결정과정에 참여하는 특징을 지닌다. 유럽연합에서는 부담 공유의 원칙에 근거한 다층적 거버넌스와 정책 네트워크를 통해 환경정책이 결정된다. 환경운동, 탈핵운동이 활발하게 전개되었던 독일에서는 사회운동으로부터 녹색당이 선거에서 의석을 획득하면서 정치제도화가 이루어졌다. 일본은 풀뿌리 차원의 주민들이 주체가 되어 행정과의 파트너십을 구축한 마치즈쿠리(마을만들기)를 통해 마을의 환경 문제를 직접 해결하고 있다. 이와 같이 선진국들의 환경정치는 다수의 행위자들에 의해 다양한 수준에서 이루어지고 있다.

I 선진국 환경정치의 행위자, 구조, 제도

국제영역에서 선진국들은 환경악화의 일차적 책임이 있다고 간주된다. 역사적으로 산업혁명 등을 거치면서 대기오염, 수질오염 등을 발생시켰기 때문이다. 게다가 현대 시기에도 개도국으로 공장을 이전하거나 제3세계에 폐기물을 처리하면서 과거의 책임뿐만 아니라 현재의 책임도 지고 있다. 그러나 한편으로 선진국들은 역사적 책임을 지니고 다양한 환경레짐 형성과 국가 간 협력을 통해 환경 문제 해결을 주도한다.

예를 들어, 선진국은 기후변화 문제 발생의 책임이 있다. 이는 역사적인 누적 온실가스 배출량을 보면 알 수 있다. 1850년대부터의 이산화탄소 배출량을 살펴보면, 선진국이라고 할 수 있는 미국과 유럽 국가들의 누적 배출량의 비중이 가장 높다. 이 점에서 개도국들은 선진국의 역사적 책임을 강조하면서 공동의 그러나 차별화된 책임을 주장한다.

국내 영역에서 선진국들의 환경정치는 국가마다 다른 양상으로 나타난다. 대체로 환경정책 결정과정에 다양한 이해당사자들이 참여하여, 자신들의 이해관계를 정책에 반영하고자 한다. 이는 선진 민주주의 국가의 정치체제 및 제도와 연결된다. 일찍부터 선진국에서는 경제성장이 이루어졌고, 복지와 삶의 질이 중시됨에 따라 환경정책이 발전할 수 있었다. 선진국 환경정책의 특징은 대체로 유동적이고, 일시적이며, 변형(metamorphosis)이 가능하다는 것이다. 정책결정자들은 수많은 제약에 직면하게 되고, 그들의 결정권은 이러한 제약에 따라 한계가 설정된다(Rosenbaum 2008).

선진국 환경정책 결정과정은 정부뿐만 아니라 다양한 기관, 조직들의 전체 영역을 가로지르는 제도 및 행위자들로부터 비롯된 다수의 관

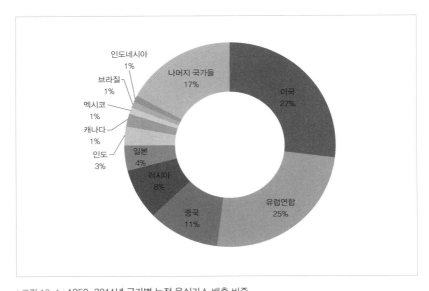

| 그림 12-1 | 1850–2011년 국가별 누적 온실가스 배출 비중

출처: World Resources Institute (http://www.wri.org/blog/2014/11/6-graphs-explain-world%E2%80%99s-top-10-emitters)에서 발췌 및 재작성.

련 결정들이 포함되는 과정이다. 특히 이 과정에서 정책결정자들은 제약에 직면하기도 한다. 예를 들어, 기후변화 이슈는 에너지, 운송 등 다수의 분야에 걸친 문제이므로 관련 정부 기관뿐만 아니라 관련 산업 이익집단, 환경단체, 그리고 과학공동체까지 정치과정에 참여하게 된다.

또한 제도 역시 선진국에서 다른 방향과 방식으로 환경정책이 결정되고, 이행되는 데 영향을 미친다. 여기에는 헌법상의 권력 분립, 제도상의 규칙들 및 편견, 성문법(statutory laws), 분쟁 해결의 "게임의 규칙"에 관한 공유된 이해, 정치적 현실 등이 포함된다. 선진국의 제도 구조 유형을 중앙집권 정도에 따라 자유주의(liberal), 조합주의(corporatist), 국가중심주의(statist) 등으로 구분하는 경우, 환경정책 결과는 상당히 다르게 나타나게 된다. 예를 들어, 자유주의 레짐에서는 이익집단 활동에 개방적이지만, 분열이 정책 일관성과 안정성을 불확실하게 만들기 때문에 승자연합을 유지하는 것이 어렵다. 국가중심주의에서는 외부 영향이 거의 침투하기 어렵다. 또한 조합주의하에서는 정책결정과정이 목표지향적(goal-oriented)이지만, 다원주의는 과정지향적(process-oriented)이기 때문에 환경정책에 있어 상이한 결과를 산출하게 되는 것이다.

제도의 영향력은 선거제도에 따라서도 다르게 나타난다. 예를 들어, 비례대표제를 사용하는 국가일수록 소수 정당이 의회에 진출하여 의석을 얻을 확률이 높아진다. 유럽 국가들에서 녹색당이 의석을 획득하여 연립정부에 참여함으로써 환경의제를 정책 어젠다에 반영할 수 있었다. 그러나 단순다수제를 사용하는 국가의 경우, 녹색당이 의석을 획득하기 어렵다.

다음 절에서는 선진국 환경정치의 실제 사례들을 살펴본다. 선진국의 환경정치는 구조, 제도, 행위자에 따라 다양한 수준에서 다양한 양상으로 전개된다. 예를 들어, 미국의 환경정치는 다원주의 정치체제에서 다양한 행위자들이 참여하고, 유럽연합은 다층적 거버넌스(multi-level governance) 구조 내에서 환경정책이 결정된다. 독일에서는 환경운동에서 발전된 녹색당이 정치제도화되었으며, 일본에서는 풀뿌리 차원에서 주민이 직접 환경문제 해결에 참여하고 있다.

II 미국: 기후변화정치와 다원주의

기후변화 문제가 전 지구 차원의 환경 쟁점으로 등장한 이후 국가들은 협상을 통해 공동의 해결책을 모색하였다. 미국은 세계 최대 경제대국이자 중국과 더불어 기후변화의 원인이 되는 온실가스, 특히 이산화탄소의 최대 오염국가이다. 이산화탄소 인구 1인당 배출량을 기준으로 한다면 미국이 세계 1위의 배출국이다. 게다가 석탄 사용량 세계 1위, 석유 및 천연가스 생산량 세계 2위인 에너지 보유국으로서 화석연료 의존도도 높은 편이다. 그러나 미국은 기후변화 문제의 역사적 책임이 있음에도 불구하고, 레짐 형성 과정에서 주저하거나, 거부하거나 외부자적 입장을 보였다. 미국의 기후변화정치는 국제 입장과 국내 이행의 두 차원에서 접근해야 하며, 다양한 행위자들이 정치과정에 참여하여 상향식 압력에 의해 작동되는 다원주의(pluralism)의 틀에서 이해해야 한다.

1 행정부의 기후변화에 대한 입장 변화

미국에서 국내와 국제 환경입법 제안들은 행정부에서 비롯되는데, 특히 대통령과 국무부는 정책이행의 책임을 진다. 대통령은 국제 환경 보호 노력을 제안하거나 참여를 결정하는 데 주도권을 행사하지만, 미국 대통령은 국제 수준에서 리더십을 발휘하기 전에 국내에서 합의를 이루어야 한다.

미국 정부의 기후변화에 대한 입장은 그동안 대통령의 소속 정당에 따라 변화하였다. 1990년대 민주당 클린턴(Bill Clinton) 대통령과 고어(Al Gore) 부통령은 기후변화 대응에 적극적이었고, 국제협력 창출에도 역할을 담당하였다. 1997년 교토의정서 협상 당시, 미국과 유럽연합은 온실가스의 종류, 배출량 목표, 선진국의 참여 범위 등을 둘러싸고 논쟁을 벌였다. 이때 고어 부통령이 마지막 순간 협상에 등장하면서 극적 타협이 이루어졌고, 교토의정서 제정이 가능하게 되었다. 그러나 클린턴 행정부는 미국 의회의 반대를 예상하면서, 교토의정서의 국내 비준을 시도하지 않았다. 당시 의회는 교토의정서 체결 이전에 이미 미국 경제에 심각한 해를 입히거나 개도국의 의무부담을 포함하지 않는 어떠한 조약에도 권고와 동의를 부여하지 않겠다는 내용의 버드-하겔 결의안(Byrd-Hagel Resolution)을 만장일치로 통과시켰기 때문이었다.

교토의정서 비준 이후 온실가스 배출량 감축의 구체적 방식에 대한 문제가 후속 기후변화 협상의 주제로 등장하였지만, 그 사이 새롭게 당선된 공화당의 부시(George W. Bush) 대통령은 2001년 미국의 에너지 위기 극복에 있어 이익이 되지 않는다는 이유로 교토의정서를 거부하였다. 미국은 독자적 온실가스 배출량 감축 계획과 시장 기반의 자발적 방식을 근간으로 한 교토체제와는 다른 소규모 협의 프로세스인 아시아-태평양 파트너십(Asia-Pacific Partnership on Clean Development & Climate)을 따로 진행하였다.

2009년 민주당의 오바마(Barack Obama) 대통령은 기후변화에 대한 미국의 리더십을 다시 강조하면서, 기후변화 문제 해결에 있어 미국의 건설적인 참여를 약속하였다. 미국은 중국 등 개도국을 압박하여 포스트 교토체제에 공헌하도록 촉구하였고, 자발적 비구속적 체제 추진을 위하여 국가들과의 연대를 모색하였다. 오바마 대통령은 국내 차원에서 행정권한을 통해 자체적인 기후변화정책을 추진하였을 뿐만 아니라 국제 차원에서 2015년 신기후체제를 규정하는 파리협정 채택에 결정적 역할을 담당하였다.

그러나 2017년 트럼프(Donald Trump) 대통령은 이전 오바마 행정부의 기후변화 대응 정책을 모두 뒤집고자 하였다. 공화당 후보 당시에도 미국 내 석유와 가스, 석탄 개발 및 생산 확대를 통한 에너지 안보 강화와 일자리 창출을 우선순위로 내세우면서, 기후변화 대응을 비롯한 환경 관련 규제 폐지를 공약하였다. 실제로 2017년 6월 트럼프 대통령은 미국의 파리협정 탈퇴를 공식 선언하기에 이르렀다. 트럼프 대통령은 파리협정이 다른 국가에 불공정한 이익을 주고, 미국인의 일자리를 파괴할 것이라고 주장하면서 파리협정 탈퇴와 새로운 협정을 위한 협상의 필요성을 밝혔다.

2 의회의 거부권 행사

미국 헌법에 의하면 의회는 환경과 관련된 국내 정책을 결정하는 과정에서 대통령과 권한을 공유하고 있을 뿐만 아니라 국제 환경입장을 형성하는 데에도 영향력을 행사한다. 환경 영역에서 의회의 가장 기본적인 책임은 환경법을 제정하는 것이다. 그러나 각 부처 간 견제와 균형을 강조하는 헌법하에서 정책 합의를 도출하는 것은 쉽지 않다. 지역주의, 의회 내 위원회의 분산, 대통령과의 권한 공유 및 대통령 견제 등으로 인하여 의회는 주로 정책 교착(policy gridlock)에 빠지는 경우가 많기 때문이다. 특히 환경 입법은 다수의 위원회 사이에 오래 끈 거래와 타협을 통해서만 서서히 전개되며, 이러한 과정은 때로 막연하고 조화되지 않은 입법으로 종결되기도 한다. 게다가 대통령이 환경외교에 더 많은 권한을 지니고 있을지라도, 대통령과 행정부는 의회의 권한과 정치에 의해 직간접적으로 영향을 받게 된다. 예를 들어, 상원은 조약심사 권한을 통해 국제협약의 승인 여부를 결정한다.

환경 문제에 대한 논쟁은 대통령과 의회뿐 아니라 공화당과 민주당이라는 정파 간에도 이루어진다. 일부에서는 양당 간 정책에 대한 견해차이가 거의 없다고 주장하지만, 환경 이슈의 경우 양당 간 입장 차이가존재한다. 공화당 의원들은 반환경적, 반규제적 접근이 강하며, 비즈니스에 민감하기 때문에 대체로 환경규제를 반대한다. 반면 민주당 의원들은 환경주의자들이 주된 유권자층이기 때문에 환경규제에 호의적 경향을 보인다.

기후변화 이슈에 있어 미국 의회에서는 대응 필요성에는 합의를 이루었지만, 과학의 신뢰성, 경제적 영향, 온실가스 배출량 감축 방식 등에 있어서는 다양한 견해를 보였다. 특히 개도국과 선진국의 의무부담의 형평성 문제와 구속력 있는 배출량 감축 방식을 둘러싸고 교토의정서에 대한 찬반양론에 논의가 집중되었다.

1997년 교토에서 제3차 당사국총회가 개최되기 이전 상원에서 95대 0으로 통과된 버드-하겔 결의안에는 미국이 기후변화협약하에서 온실가스에 대한 어떠한 국제협약의 조인국이 되어야만 하는가의 조건들에 대한 상원의 입장이 표명되어 있다.

(A) 미국은 1997년 12월 또는 그 이후에 다음과 같은 내용이 담긴 1992년 기후변화협약에 관련된 어떤 의정서나 기타 합의에 조인해서는 안 된다.

ⓐ 부속서 I 당사국들에게 온실가스 배출을 제한하거나 줄이겠다는 새로운 약속을 강요하는 내용, 그 의정서나 합의가 같은 기간 동안에 개도국에도 같은 내용을 강요한다면 예외로 한다.

ⓑ 미국 경제에 심각한 피해를 줄 수 있는 내용.

ⓒ 어떤 의정서나 기타 합의에 대한 자문이나 동의를 상원에 요구할 경우, 그 의정서나 합의를 실천하기 위해 필요한 법률이나 규정에 대한 세세한 설명과 그 의정서나 합의의 실천으로 인해 소요될 자세한 재정비용 및 그 실천이 미국 경제에 미칠 다른 영향에 대한 분석을 함께 제출해야 한다(Congressional

Record 1997/7/25).

1990년대부터 기후변화 관련 법안들이 다수 발의되었지만, 법제화에 이르지는 못하였다. 2003년 공화당의 맥케인(John McCain)과 민주당의 리버만(Joseph Lieberman) 상원의원이 제출하였던 기후책임법(The Climate Stewardship Act: S139)은 온실가스 제한 조치를 포함한 법안으로는 최초로 상원에서 표결이 이루어졌으며, 온실가스 배출을 제한하면서 구체적인 최고 한도를 정하고, 배출권 거래를 허용할 수 있는 것이었다. 그러나 표결 결과 부결되었고, 2005년 기후책임·혁신법(Climate Stewardship and Innovation Act of 2005: S. 1151)을 제안하였지만 역시 법제화에 실패하였다. 2009년 6월 미국 하원 에너지통상위원회 위원장인 왁스먼(Henry Waxman)과 에너지·환경분과위원회 위원장인 마키(Edward Markey)가 공동으로 발의했던 미국청정에너지·안보법(American Clean Energy and Security Act), 일명 기후변화법안은 기후변화 관련 법안으로는 최초로 하원에서 통과되었지만, 상원으로 제출되지 못하였고, 회기가 종결되었기 때문에 법제화가 이루어지지 않았다. 이 외에도 빙거만(Jeff Bingaman) 의원이 발의하였던 미국청정에너지리더십법(The American Clean Energy Leadership Act), 케리(John Kerry)와 박서(Barbara Boxer) 의원의 청정에너지일자리 및 미국전력법(The Clean Energy Jobs and American Power Act) 등이 상원의 위원회를 통과하였다. 그러나 이들 법안의 대부분은 입법의 발의, 의장의 법안 소개나 위원회 단계에 머물렀고, 실제로 표결에 부쳐지지는 못하였다.

3 기업 이익단체와 환경단체의 기후변화에 대한 입장

기후변화 문제가 국제 쟁점으로 등장한 이후 산업 및 비즈니스를 대표하는 이익단체와 환경단체 역시 미국 기후변화정책에 대해 목소리를 내기 시작하였다. 산업 및 비즈니스단체들은 기업의 기후변화정책에 대한 반대 입장을 대변한 반면, 환경단체는 기후변화 국제규범의 국내 수용을 위하여 정부에 압력을 가하였다.

기후변화 문제가 등장한 이후, 산업 및 비즈니스를 대표하는 단체들은 온실가스 배출을 줄이는 조치가 화석연료 산업의 활동 방식에 근본적으로 영향을 미칠 잠재력이 있다는 점에서 바람직하지 않다는 데 광범위한 합의가 이루어졌다. 예를 들어, 세계기후연맹(Global Climate Coalition, GCC)과 같이 석탄 및 석유 산업을 비롯하여 중공업, 자동차 산업 등을 포괄하여 대표하는 비즈니스단체를 구성하여 이들 산업의 광범위한 이익을 대변하기 위한 로비 활동을 정책결정과정 전반에 걸쳐 전개하였다. 어젠다 설정 과정에서 정부는 이해당사자들의 의견과 전문가들의 의견을 구하는데, 이때 비즈니스단체의 로비스트들은 기존에 구축된 관계를 이용하여 국내 정부에 압력을 가해 기후 정책에 영향력을 행사하였다.

그러나 1990년대 말부터 2000년대 초반 비즈니스 공동체는 점차 불균질해지기 시작하였다. 예를 들어, 신재생에너지기업 이익단체들은 화석연료의 대체로서 그들의 산업을 옹호하였다. 또한 GCC의 호전적인 태도의 역효과로 유럽의 BP와 쉘 등 기업들이 탈퇴하였고, 여기서 탈퇴한 기업들은 중도파인 퓨센터(Pew Center)의 기업환경리더십협의회(Business Environmental Leadership Council, BELC)에 가입하였다. 이들은 온실가스 배출량 감축 목표 설정, 에너지 효율성 개선, 재생가능에너

그림 12-2

기업환경리더십협의회(BELC)는
온실가스 배출량 감축 목표 설정,
에너지 효율성 개선, 재생가능에너지
생산 및 이용 증대 등의 기후 저감
조치를 수용하였다.
출처: www.allacronyms.com/BELC/Busin
ess_Environmental_Leadership_Council

지 생산 및 이용 증대 등의 기후 저감 조치를 수용하였다.

한편 비즈니스단체와 같이 정치 제도권 외부에서 활동하는 환경단체들의 경우, 기후변화 규범 수용의 가장 적극적인 옹호자였다. 특히 미국에서 시작된 환경운동은 다른 국가들에게 자극이 되었고, 미국의 환경운동가들은 국제 환경포럼들에서 가장 적극적으로 활동하였다. 미국 환경 주창자들의 활동은 저항 정치의 권익주창 운동의 범위를 넘어서, 다양한 유형의 교육 받은 정책 전문가들인 과학자, 경제학자, 변호사 등을 고용할 자원을 가지고 점차 전문화되었다.

기후변화 이슈 영역에서 환경단체들은 초기 몇 년 동안 문제점의 정당화에 초점을 맞추면서, 기후변화에 대처하는 데 어떠한 정책과 조치가 환경친화적이고 적절한 조치인가를 규정하고자 하였다. 1980년대 후반 이후 더운 여름이 지속되자, 환경단체들은 지구온난화 이슈를 정책결정자들에게 알리고 대중의 관심을 불러일으키고자 이를 환기시키는 언어를 사용하여 문제를 규정하면서 활동을 전개하였다. 1989년 기후변화 이슈 관련 환경단체들은 국가들로 하여금 온실가스 배출량을 감축하도록 압력을 가하기 위하여 국제적 네트워크인 기후행동네트워크(Cli-mate Action Network, CAN)를 창설하였다. 이 네트워크는 국제환경단체들 간의 일반적 입장을 조직화하고, 기후 정책 논의의 최신 전개 과

| 그림 12-3 | 기후변화 이슈 관련 환경단체들의 네트워크인 기후행동네트워크(Climate Action Network, CAN)

정에 대해 지속적으로 정보를 제공함으로써 전략 조정 및 활동에서 주된 역할을 담당하였다.

　　미국에서 기후변화 이슈에 대한 환경단체들의 영향력은 행정부의 변화에 따라 불규칙하게 전개되었다. 클린턴, 오바마 행정부 시기에는 친환경 문제들에 공개적이었기 때문에, 환경 이익들이 어느 정도의 접근성을 가질 수 있었지만, W. 부시, 트럼프 행정부 시기에는 최소한도의 접근성과 영향력만을 가질 수 있었다. 환경단체의 의사결정자들에 대한 접근성 역시 영향력과 언제나 비례한 것은 아니었다. 환경단체의 영향력 행사는 대부분 민주당 일부 의원들에게 한정되어 있었다. 환경단체들 간 기후변화 문제 대응 방식에 대한 의견 불일치 역시 그들의 영향력을 감소시켰다. 미국 기반 단체들과 유럽 기반 단체들은 신축성 메커니즘과 같은 기후변화 저감 방식에 대해 서로 다른 의견을 나타냈다.

　　결국 미국의 환경단체는 기후변화 이슈의 어젠다 설정 단계에서는 이슈를 공론화시키고, 의사결정자들로 하여금 이슈를 논의하도록 하는 데는 성공하였지만, 기후변화 규범을 수용하도록 반향을 일으키는 데는 제한적인 영향력만을 행사하였다.

미국 연방 차원에서 통합된 기후변화정책이 부재하지만, 주 차원에서는 활발한 기후변화정책 실험이 이루어지고 있다. 미국 주들은 기후변화정책의 주도자 혹은 혁신가 역할을 담당하고 있다. 일부 주정부는 정당과 지역 노선을 가로지르는 이니셔티브를 통해 연방의 빈 공간을 선점하였다. 미국의 일부 주들이 일부 주요 선진국들보다 더 많은 온실가스를 배출[1]하고 있다는 점에서 이러한 기후변화정책의 개발 및 이행은 중요하다고 볼 수 있다.

북동부, 오대호(Great Lake) 지역, 태평양 연안 등의 기존의 친환경적인 주 지도자들은 연방 정책결정이 지체됨에 따라 주들이 환경정책을 주도해야 한다고 주장하였다. 친환경적이지 않았던 주들, 예를 들어, 미시건 주와 텍사스 주조차 기후변화 조치계획을 발표하였다. 실제로 미국 북동부 지역 뉴잉글랜드 주들은 온실가스 감축 목표를 설정하고 이행하며, 에너지 효율성과 재생에너지 개발을 지원하는 등 기후변화정책 개발에 적극적으로 나서고 있다. 캘리포니아 주 역시 배출량 감축의 중기 및 장기 목표를 설정하였다.

2005년 미국에서 최초로 배출총량 거래제에 기반한 온실가스 규제 프로그램인 '북동부 온실가스 이니셔티브(Regional Greenhouse Gas Initiative, RGGI)'가 가동되었다. 여기에는 북동부 9개 주 – 코네티컷, 메인, 델라웨어, 뉴햄프셔, 뉴저지, 뉴욕, 버몬트, 로드아일랜드, 매사추세츠 –

----

1   텍사스 주는 영국과 캐나다보다 더 많은 온실가스를 배출하며, 캘리포니아 주의 배출량은 브라질과 스페인보다 높다. 미국의 중·소규모의 주들도 유럽 국가들과 다수의 개도국들만큼 온실가스를 배출한다. 예를 들어, 매사추세츠는 오스트리아, 그리스, 혹은 이집트와 거의 비슷한 온실가스를 배출한다.

가 참여하며, 캘리포니아 주가 주지사의 집행명령으로 RGGI의 교역 파트너로 참여하고 있다. RGGI는 역내 화력발전소(25MW 이상)에서 배출되는 이산화탄소를 대상으로 하는 거래시장으로, 2008-2014년 제2기의 이행 결과, 가스, 신재생 발전량으로의 발전부문 구조 변화를 이루었고, 석탄발전량 비중을 감소함으로써 이산화탄소 배출량도 감축하는 효과를 나타냈다.

주 주도의 온실가스 저감 시도들과 더불어, 일부 주들은 이산화탄소 배출에 강제적인 규제를 도입하기를 거부하는 미국 연방정부에 반대하는 법적 과정(legal processes)에 착수하였다. 2003년 2월 캘리포니아, 코네티컷, 일리노이, 메인, 매사추세츠, 뉴저지, 뉴멕시코, 뉴욕, 오리곤, 로드아일랜드, 버몬트, 워싱턴 주의 검찰은 1990년 부시 행정부의 청정대기법 수정(Clean Air Act Amendments)하에서 규제될 오염물질로서의 이산화탄소를 배제한 결정에 도전하면서 연방법원에 소송을 제기하였다. 다수의 주 규제 기관들, 도시 관료들, 환경단체들이 이러한 이니셔티브를 공개적으로 지지하였다. 2006년 6월 미국 대법원은 매사추세츠와 기타 28개 당사자들의 검토 요청에 근거하여 자동차로부터 이산화탄소 배출을 통제할 연방정부의 책무에 대해 향후 판결하는 데 합의하였다.

미국 주들의 기후변화정책에는 온실가스를 감축할 뿐만 아니라 기존 대기오염물질의 감소, 화석연료 수입에 대한 의존도 감소, 전기 설비 및 기타 규제 기업들에 대한 장기적 규제 예측 가능, 그리고 경제발전 기회 등과 같은 다른 목표들을 달성하기 위한 것도 포함되었다. 미국 주 차원의 기후변화정책 실험은 환경보호의 추구와 더불어 경제성장 혹은 경제안정에 잠재적으로 기여한다고 볼 수 있다.

5 다원주의 정치체제와 기후변화정책결정

미국의 기후변화정치는 다수 행위자들의 이해관계, 제도, 구조의 영향으로 이루어진다. 기후변화 레짐형성 과정에서의 미국의 입장은 국내

참고 미국 다원주의 체제에서의
환경정책 결정과정

로젠바움(Walter Rosenbaum)에 의하면 미국의 환경정책 결정과정은 다수의 행위자들 및 제도, 결정의 복잡한 구조로 특징지어진다.

첫째, 정책 결정은 연방정부 및 사적 기관들의 전체 영역을 가로지르는 상이한 제도들 및 행위자들로부터 비롯된 다수의 관련 결정들이 포함되는 과정이다.

둘째, 정책결정자들은-의회 의원, 백악관, 혹은 관료 등-제약(restraint) 없이 활동하는 경우가 거의 없다. 그들의 결정 권한은 다수의 제한들에 의해 한정되고 정해진다. 여기에는 헌법상의 권력 분립, 제도상의 규칙들 및 편견, 성문법(statutory laws), 분쟁 해결의 "게임의 규칙"에 관한 공유된 이해, 정치적 현실 등이 포함된다.

셋째, 환경정책 결정은 특히 정치와 과학의 폭발성의 혼합이라고 할 수 있다. 정치가, 관료, 과학자들의 과정에서의 적절한 역할뿐만 아니라 정책 의문점에 있어 과학 자료의 적당한 해석 및 이용에 대해 그들 사이에 즉시 논쟁거리가 될 수 있기 때문이다.

출처: Rosenbaum(2008).

이해당사자들의 선호가 반영된 결과라고 할 수 있다. 미국 의회는 결의 안을 통해, 기업 이익단체는 영향력 행사를 통해 기후변화에 대한 미국의 국제적 입장 형성에 제약을 가하였다. 환경단체와 여론이 미국의 적극적 역할을 옹호하였지만, 이들의 주장은 가시성을 획득하지 못하였다. 그러나 실제 국내 이행 측면에서 미국 주들의 기후변화에 대한 적극적 대응은 정부와 의회의 입장, 선호와는 별도로 정책 진전의 가능성을 높이고 있다.

III 유럽연합: 다층적 환경거버넌스

유럽연합은 환경정책을 발전시키는 데 국제적 리더십을 발휘하고 있다. 유럽연합은 기후변화와 같은 전 지구 차원의 환경 문제뿐만 아니라 수질, 대기오염, 폐기물 관리, 화합물, 소음, 자연보호 등 다양한 환경 문제에 대한 정책의 수단과 방법을 공동으로 개발하고 이행한다. 유럽연합 환경 의사결정 및 이행과정은 다층적 거버넌스(multi-level governance) 구조로 설명된다. 유럽연합 내에 존재하는 다양한 주체들 – 유럽연합 집행위원회, 유럽이사회, 회원국의 중앙 및 지방정부, 시민사회 단체와 같은 공식 및 비공식 행위자 등 – 은 각각의 조직체와 국가를 대표하면서 서로 다른 입장, 권한, 영향력 등을 지니지만, 합의를 지향하는 가치는 공유하고 있다. 특히 환경 문제 해결에 있어서는 유럽연합의 공동의 책임 혹은 부담 공유 원칙이 근간이 된다고 할 수 있다.

1 유럽의 환경 문제와 유럽연합 차원의 공동대응

유럽은 대규모의 산업화를 발전시킨 최초의 대륙이다. 산업혁명이 시작되었고, 경제성장, 사회발전이 이루어지면서, 근대사회를 성립시켰다. 그러나 동시에 유럽에서는 산업화의 대가인 대기오염, 폐수로 인한 하천오염, 전염병 등 환경오염도 심각한 수준으로 발생하였다. 이에 따라 유럽 국가들에서 환경정책이 발달하게 되었고, 특히 환경 문제가 한 국가의 대응으로 해결될 수 있는 문제가 아닌 초국경적 문제라는 인식이 확산됨에 따라 유럽연합 차원에서 공동대응이 이루어지게 되었다.

초기 유럽경제공동체(European Economic Community, EEC) 성립 당시 환경정책은 공동시장, 무역의 조화, 농업정책, 구조정책 등에 비해 우선순위가 높지 않았다. 1975년 로마조약 성립 당시에는 환경이라는 단어가 언급되지도 않았다. 실제로 1970년 이전까지 환경 문제는 유럽공동체 차원에서 명시적으로 규제되지 않았다. 도입된 소수의 환경적 조치들은 화학 라벨(chemical labelling)과 같이 경제적 조화의 어젠다에만 반영되었다. 그런데 라인강, 북해, 지중해 등 수자원의 오염은 점차 심각해졌고, 철새의 이동과 도시 지역 대기질도 악화되었다. 1970년대 초반까지 공동대응을 통해서만이 이러한 국경을 넘어서는 악영향을 다룰 수 있음이 명백해졌고, 유럽연합에 경제성장과 환경쟁책의 주요 후원자로서의 핵심 역할이 부과되기 시작하였다.

1971년 유럽연합위회는 환경오염을 다룰 정책에 대한 보고서를 출간하였다. 여기서 환경규제에 대한 최초의 합의가 이루어졌다. 보고서에서 '환경보존과 개선은… 이제부터… 유럽연합의 핵심 임무 중 하나'임이 명시되었다. 환경적 접근법을 정당화함에 있어 위원회는 환경개선을 로마조약에 명시된 더욱 광범위한 삶의 질 목표와 동일시하였다. 1972년 유럽연합 파리정상회의에서는 환경 문제에 대한 기본정신이 구체화되었는데, 즉 '경제성장 그 자체가 공동체의 목표가 아니며, 경제성장은 삶의 질 개선 및 환경보존과 병행되어야 한다'는 공동선언문이 채택되었다. 또한 1972년 스톡홀름에서 개최된 유엔인간환경회의(UNCHE) 역시 유럽연합 차원의 환경 프로그램 구성에 영향을 미쳤다. 위원회는 회원국들의 지지와 이사회의 지침을 받아 1973년 제1차 환경실천계획(Environmental Action Programme, EAP)을 도입하였다.

1980년대 들어 유럽단일의정서 채택을 통한 공동시장 형성 논의가 진행되면서, 유럽연합 차원의 환경 관련 정책의 입법화가 더욱 진전되었다. 공동체 차원의 환경정책 필요성이 강조되었고, 이를 수행하기 위한 유럽연합의 권한이 강화되는 일련의 조치를 통해 환경 문제의 공동체화 과정이 진행되었다. 300개 이상의 환경조치가 입법화되었고, 환경정책 집행의 효율성을 도모하기 위한 구체적인 정책 수단도 제도화되었다. 구체적으로 수질, 대기오염, 폐기물관리, 소음, 자연보호 등 다양한 환경 분야에 대한 유럽 차원의 환경 규정과 지침(Directive)이 마련되었다.[2] 유럽연합의 결정 사항이 개별 회원국들에 수용되면서 점차 법적인 구속력을 지니게 되었다. 점차 유럽연합 차원의 환경 규정과 지침이 발달함에 따라, 환경정책은 국가 중심의 자치(self-rule)에서 다양한 행위자가 함께 책임을 지는 공유된 규칙(shared rule)으로의 전환이 이루어졌다.

현재 유럽연합의 환경정책은 연합 기구들에 의한 정책의 규범화 과

---

2   유럽연합의 모든 정책결정은 조약, 규정, 지침, 결정 등의 법적 절차를 통해 이루어지는데, 유럽연합의 법은 그 특성상 개별 국가의 경우와 다르게 직접효력과 우위의 원칙에 의한 새로운 법질서를 형성하는 성격을 지니고 있다.

정을 거쳐 수립되며 이 규범은 회원국과 회원국 국민에게 직접적인 효력을 미친다. 유럽연합 공동정책 분야 중 환경과 에너지 정책은 유럽연합과 회원국이 정책결정권을 공유하고 있는 분야(Concurrent or Shared Competence)이며, 환경 이슈가 지닌 초국가적 특성으로 인하여 유럽연합 차원의 결정권이 강한 편이라고 할 수 있다. 유럽연합 차원에서의 환경에 대한 대응은 유럽연합 조약(Treaty) 체결과 더불어 전개되었는데, 〈표 12-1〉은 조약에 명시된 환경 관련 내용을 정리한 것이다. 일련의 유럽연합 조약들이 채택되면서, 유럽연합 제도는 환경정책 입안에 대한 권한을 점차 증대시켰는데, 이는 다수의 정책결정 권한이 점차 회원국에서 연합체로 이전함을 의미한다.

2   유럽연합 환경정책의 전개

유럽연합의 환경 문제에 대한 실질적 조치는 1973년 수립된 이후 7차례 작성된 환경실천계획(EAP)을 중심으로 이루어진다. 환경실천계획은 환경과 지속가능발전 주제를 확인하고, 각 시기마다 다양한 수준의 목표를 추적할 수 있는 기회를 제공하였다. 환경실천계획의 목표를 충족하고, 확인된 환경적 우선순위 영역에서의 통제를 확대하기 위한 구체적인 법적 조치들은 각각의 정책과정을 통해 공식화되었다.

1973년 도입된 제1차 환경실천계획(1973-1976)에서는 공동체의 환경정책결정의 근간이 될 기본 목표와 원칙 및 개요가 설정되었다. 첫째, 오염과 공해의 감소 및 예방, 둘째, 환경 및 삶의 환경 증진, 셋째, 환경을 다루는 국제조직에 참여를 위한 환경조치에 중점을 두었다. 또한 과학지식 및 방법론을 구축하고 회원국들 간 규제 기준을 조화시키는 데 주요 관심을 두었다.

| 표 12-1 | 유럽연합 조약과 핵심 환경 관련 조항

로마조약 (1957)	· 공동체의 주요 조직체 구축 및 개별 권한 및 상호관계를 설정 · 단일시장 형성, 공동체의 일반 기능, 공동체의 생활 및 작업 환경 관련 조항에서 초기 환경 문제를 다룸
단일유럽의정서 (1986)	· 유럽경제공동체 대신 유럽공동체(EC) 창출 · Article 100a에서 단일시장을 연계시키는 조치들의 조화를 승인 · Article 130r-t에서 공동체의 임무로서의 환경 이슈를 인식, 환경정책 채택을 위한 명백한 법적 근거 마련 · 환경정책결정에 있어 이사회와의 협력 절차를 통한 유럽의회 참여의 확대
마스트리히트조약 (1992)	· 유럽연합의 세 개의 기둥(three-pillar)체제 확립, 대부분의 환경 이슈는 첫 번째 기둥에 포함 · 이사회의 가중다수결(qualified majority voting)이 대부분의 환경정책 영역으로 확대
암스테르담조약 (1997)	· 지속가능발전 개념의 포함 및 환경정책 통합 책임을 강화 · 추가적인 환경 및 공공보건 영역에까지 공동결정 절차의 범위 및 이용을 확대함으로써 유럽의회에 더욱 권한 부여
리스본조약 (2009)	· 세 수준의 권한 체제를 구축, 환경 이슈는 공동권한(shared competence) 사항에 포함 · 이사회와 유럽의회 간 환경정책결정을 위한 일반 입법 절차를 구축

출처: Selin and VanDeveer(2015, 32-33).

제2차 환경실천계획(1977-1981)에서는 오염 및 공해 감소와 국제적 참여의 영역과 같은 다수의 제1차 환경실천계획의 우선순위를 지속시켰다. 토지, 환경 및 자연자원의 손상을 입히지 않는 이용과 합리적인 관리에 중점을 두었고, 환경 문제 인식과 시민교육 증진의 중요성을 강조하였다.

제3차 환경실천계획(1982-1986)은 환경정책이 공동시장에 영향을 미치는 서로 다른 국가 기준을 조화시키는 것 이상으로 나아가야 하며, 환경보호가 공동체의 근본 목표로 간주되어야 한다는 점이 제시되었다. 그 중에서도 오염예방 및 감소, 토지·환경 및 자연자원의 보호 및 합리적 관리, 국제수준에서의 조치를 포함한 초기 환경실천계획에서 확인된 영역들을 확장시켰다.

제4차 환경실천계획(1987-1992)은 환경 이슈에 대한 관심을 확대하였던 단일유럽의정서의 목적에 부합하도록, 이전 환경실천계획에 비해 다수의 영역들에서 광범위하게 중점을 두었고, 더욱 야심찬 언어를 사용하였다. 새로운 관심 영역으로 대기오염, 담수 및 해양, 화학물질, 생명공학, 소음, 원자력 안전, 환경자원의 관리, 국제적 조치 등을 포함시켰고, 기존 환경법의 더 나은 이행 필요성을 강조하였다.

제5차 환경실천계획(1993-2000)은 브룬틀란보고서와 각 회원국 국가계획의 영향에 따라 '지속가능성을 향하여(Toward Sustainability)'라는 제목을 사용하였고, 유럽 및 전 지구 관점에서 지속가능발전의 필요성을 강조하였다. 유럽연합이 목표 설정을 개발하고, 이행의 목표를 다루어야 할 산업, 에너지, 운송, 농업, 관광의 5개 핵심 분야를 확인하였을 뿐만 아니라 규제정책을 설정하고 개선함에 있어 산업계와 시민의 더 많은 참여를 통한 의사결정의 파트너십과 자문 포럼의 중요성을 강조하였다.

제6차 환경실천계획(2002-2012)에서는 '환경 2010: 우리의 미래, 우리의 선택(Environment 2010: Our Future, Our Choice)'이라는 제목을 통해 긴급한 조치가 필요한 4개의 우선순위 영역을 설정하였다. 여기에는 기후변화, 자연 및 생물다양성, 환경 및 보건과 삶의 질, 자연자원 및 쓰레기가 포함되었다. 법을 개정하고 확대할 필요가 있는 대기오염, 토양보호, 농약사용, 해양환경, 쓰레기 방지 및 재활용, 자연자원의 지속가능한 이용, 도시 환경 등 7개의 주요 주제 전략도 제시하였다. 더불어 더욱 효과적인 법의 이행 및 집행, 더 발달된 환경정책 통합, 더 많은 정책수단의 혼합적 이용, 더욱 광범위한 공공 및 사적 부문의 참여 등이 포함된 개선된 조치를 위한 주요 수단들을 제시하였다.

제7차 환경실천계획(2013-2020)은 '우리 지구의 한계 속에서 잘 사는 법(Living Well, Within the Limits of Our Planet)'이라는 제목에서 나타나듯이 환경정책 도전들이 유럽과 전 지구의 더욱 지속가능한 발전의 필요성 관점에서 고안되었다. 사람들이 지구의 생태적 한계 내에서 잘 살아가고, 자연자원이 지속가능하게 관리되며, 생물다양성이 보호 및 복원되고, 사회가 복원력이 있으며, 저탄소 성장이 자원 이용으로부터 분리된 2050년을 위한 장기적 비전이 제시되었다. 이를 위하여 3개의 핵심 목표를 설정하였는데, 첫째, 자연 자본을 보호하고, 보존하며, 향상시키고, 둘째, 자원 효율적, 친환경, 경쟁력 있는 저탄소 경제를 구축하고, 셋째, 시민들의 건강 및 웰빙에 가해지는 환경 관련 압력과 위험으로부터 보호하는 것이었다. 이와 같이 설정된 목표를 달성하기 위한 4개의 핵심 방식도 논의되었다. ① 법 이행을 개선, ② 환경 관련 지식을 증진하고, 정책을 위한 증거 기초를 확대, ③ 환경 및 기후 정책을 위한 더욱 확대되고 현명한 투자, ④ 환경적 필요 및 고려의 다른 정책 영역으로의 완전한 통합이 그것이다. 또한 2개의 수평적 정책 목표를 제시하였는데, 첫째, 도시를 더욱 지속가능하게 만들고, 둘째, 유럽연합이 국제 환경 및 기후 도전을 더욱 효과적으로 다룰 수 있도록 돕는 것이다.

유럽연합의 환경실천계획에는 환경 문제에 대한 기본 원칙이 내재되어 있다. 이러한 유럽연합의 환경에 대한 주요 원칙은 구체적인 환경정책을 결정하는 데 근간이 되었다.

3 유럽연합 환경 의사결정

유럽연합의 환경 의사결정 과정은 다차원성, 복잡성, 적용 범위의 광범위성, 결정 방식의 불완전성[3]을 특징으로 하며, 이종 구조(heterarchical structures) 내에서 이루어진다(송병준 2006). 수직적 위계의 정점

| 그림 12-5 | '우리 지구의 한계 속에서 잘 사는 법(Living Well, Within the Limits of Our Planet)'의 제목 아래 수립된 유럽연합의 제7차 환경실천계획(2013-2020)
출처: http://ec.europa.eu/environment/action-programme/

에 위치한 중앙정부는 해당 지방정부와 연합하여 공동으로 정책을 결정하고 실행한다. 동시에 중앙 및 지방 정부는 국경을 넘어 다른 정부와 수평적 협력시스템을 구축함으로써 집단적으로 문제를 해결하고자 한다. 이러한 수직·수평구조는 경우에 따라 수직구조 내에서도 수평적 연계가 이루어지고, 반대의 현상도 발생하게 된다. 한편 유럽연합, 중앙 및 지방 정부 역시 환경 관련 비정부기구들과 파트너십 관계를 맺고 공동으로 정책을 결정하고 집행한다. 이들의 연계 역시 수직과 수평 모든 차원에서 이루어진다.

유럽연합의 환경정책 결정 과정에는 다양한 행위자들이 참여하여 정책네트워크를 형성하고 있다. 여기에는 유럽연합 집행위원회, 유럽이사회, 유럽의회뿐만 아니라 회원국의 정부 및 지방정부, 환경 관련 시민

---

3   불완전성은 유럽연합 정책결정 과정의 의사결정 방식과 절차의 효과성과 관련된 것이다. 예를 들어, 단일유럽의정서에서는 필요한 환경조치를 회원국의 만장일치를 통해 이루어질 수 있도록 규정하였지만, 마스트리히트조약에서는 대부분 환경 문제에 대해 가중다수결제를 도입하였고, 유럽의회가 더 많은 권한을 지니는 공동결정 절차를 규정하였다.

단체 등이 포함된다(박채복 2011).

유럽연합 집행위원회는 단일유럽의정서 채택 이후 환경정책의 공동 체화 과정이 진전되면서 환경에 대한 권한이 확대되었다. 집행위원회는 1973년 이후 7차례 갱신된 환경실천계획을 통해 환경정책을 수립하고 환경 규범 및 조치를 취하는 데 중요 역할을 수행한다. 환경 문제를 전담

 참고 유럽연합의 환경에 대한 주요 원칙

- **원점에서의 조치:** 오염 배출을 최소화하기 위한 최선의 이용 가능한 기술을 사용.
- **환경정책 통합:** 다수의 환경 문제들이 부문별 정책, 예를 들어, 에너지, 운송, 농업 등과 같은 부문별 정책들로부터 발생하므로, 환경 문제들은 이들 분야의 정책결정과정으로 통합되거나 '주류화되어야' 함.
- **높은 수준의 보호:** 정책결정은 가능한 한 가장 높은 수준의 보호를 목표로 함.
- **통합된 오염 통제:** 오염을 개선하기 위한 시도들은 대기, 물, 토지에 대한 배출을 전체적으로 함께 고려.
- **사전예방(precaution):** 독일 환경정책결정에서 비롯된 것으로, 예방적 원칙은 인과관계에 대한 과학적 증거가 나오기 전이라도 조치가 취해져야 한다는 원칙.
- **예방(prevention):** 문제를 방지하는 것은 문제를 사후에 개선하는 것보다 비용효율적이고 효과적이라는 관점.
- **오염자 부담:** 비용이 사회 전체에 부과되기보다는 오염자가 문제를 다루는 비용을 지불해야 함.
- **균형:** 환경적 조치들은 특정 문제 해결에 대해 균형적이어야 하며, 유럽연합 목표 충족에 있어 회원국들에게 가능한 한 많은 유연성을 부과해야 함.
- **자원 보존:** 환경보호는 자체 권리에 있어 목표를 고려.
- **보충성(subsidiarity):** 유럽연합은 조치들이 국가 혹은 하부 수준에서 효과적이지 않거나 효율적이지 않을 경우에만 행동을 고려해야 한다는 원칙.

하는 환경국(DG XI)을 집행위 산하에 설치하였으며, 환경 관련 예산 역시 증대되었다. 집행위는 유럽환경청(European Environment Agency)과 협력단체인 유럽환경정보관찰네트워크(European Environment Information and Observation Network)를 통해 과학 정보를 수집하고, 회원국에 환경보호를 위해 필요한 정보를 제공하며, 환경정책 수립을 위한 데이터베이스를 구축하고 있다.

유럽이사회에서는 각국의 환경장관들이 유럽 차원의 환경정책을 결정한다. 유럽이사회의 결정 과정에서 회원국들은 서로 다른 환경 관련 인식을 공유하고 학습과정을 통해 유럽 차원의 환경규범을 만들어가는데, 이들의 선호, 우선순위는 유럽 전체 환경 규범과 지침 설정에 영향을 미친다. 또한 이사회는 공동체 방식을 발전시키면서 각 회원국의 다양한 이해관계를 조정하고 합의하는 과정을 통해 회원국들을 매개하여 유럽 차원의 공동 목표를 추진할 수 있도록 결정하는 데 핵심 역할을 담당한다.

유럽의회는 유럽통합이 진전되는 과정에서 협력 및 공동결정 절차를 통해 공동결정권이 강화되었다. 즉 의회는 협조 절차와 공동결정 절차를 통해 환경지침 결정 과정에 개입할 수 있다.[4] 또한 유럽의회는 다양한 정책네트워크를 통해 행위자 사이의 연계를 강화한다. 이 과정에서 의회는 공식적 행위자뿐만 아니라 비공식적 행위자, 이익집단들과의 네트워크를 공고화함으로써 민주성을 높이는 데 기여한다.

회원국 차원의 국가정부는 국내 환경정책 이해관계를 유럽연합에

---

4 1989년 유럽의회는 차량 배출기준 정책결정 과정에서 이사회가 결정했던 안보다 더욱 강화된 내용을 채택하도록 압력을 가하였다. 결국 9년 후 유럽의회는 공동결정 절차를 통해 차량 배출 정책을 강화하는 데 성공하였다.

전달하는 행위자이다. 또한 유럽연합 차원의 결정을 국가 차원에서 수용하며, 의무를 수행하고, 갈등을 최소화하는 역할을 담당한다. 회원국의 지방정부들 역시 의제설정부터 정책결정까지 영향을 확대하고 있다.

유럽 차원의 환경 관련 단체들은 공동체가 결정한 원칙과 정책의 불확실성, 정치적 위험을 최소화하는 데 역할을 담당한다(박채복 2011).

이와 같이 유럽연합 환경 의사결정 과정에는 다양한 행위자들이 참여하여 공동으로 정책을 결정한다. 이 과정에서 협조 절차, 공동결정 절차의 원칙이 적용되며, 때로 행위자들 간 갈등 – 예를 들어 집행위원회와 이사회와의 충돌 – 이 발생하기도 하지만 대체로 협력이 이루어진다. 즉 유럽연합 의사결정 과정은 합의와 결론에 도달할 때까지 수많은 협상과 타협을 거치게 되며, 환경 이슈들마다 양상이 달라지는 것을 특징으로 한다.

4 유럽연합의 다층적 환경거버넌스

현재 유럽연합에는 약 500개 이상의 개별 정책 수단을 통해 주요 환경 이슈들이 다루어지고 있으며, 이는 28개 회원국에서 살고 있는 시민들을 위한 환경적 목표와 보호 기준을 설정하였다. 유럽연합의 환경정치 과정은 다양한 행위자들이 참여하는 다층적 환경거버넌스를 기반으로 하고 있으며, 환경정책에 대한 권한도 강하다. 유럽연합의 환경법은 한 회원국이 다른 회원국의 산업뿐만 아니라 다른 유형의 활동에 의하여 영향을 받게 되는 초국경 문제들을 다루기 위하여 채택된다. 또한 유럽연합은 회원국 국가 내 하부 이슈들을 통제하는 데에도 권한을 발휘한다. 이는 모든 회원국들에 적용 가능한 최소한의 보호 기준을 유럽연합이 마련해야 한다는 믿음에 근거한 것이다. 회원국의 서로 다른 이해관계, 파편화되고 분산된 제도, 환경의제의 부차적인 우선순위 등에도 불구하고 유럽연합이 환경적 리더십[5]을 발휘하는 이유는 무엇인가?

　우선 유럽연합의 다층적 거버넌스 구조는 정책합의를 복잡하게 만드는 요인이기도 하지만, 제한 없고 경쟁적인 구조는 오히려 경쟁적 리더십을 창출하면서 환경보호 옹호자들이 우선순위와 관심사를 정책 논쟁의 장으로 도입시킬 수 있었던 여러 통로들을 열어 놓았다. 유럽연합 내에 환경정책에 대한 다수의 거부권 행사자(veto players)들이 존재함에도 불구하고, 유럽 정부들은 미국에 비해 훨씬 더 적은 국내 제약에 직면하게 된다. 예를 들어 의회민주주의 체제는, 또한 비례대표제를 지닌 국가들은 미국 의회에 비해 훨씬 약한 행정부 권한에 대한 견제력을 지닌다. 게다가 유럽의 조합주의 전통은 관료 기관에 국가 의회보다 더 많은 특권을 부여할 수 있기 때문이다.

　관념적 측면에서 유럽의 환경형평성에 대한 인식은 복지와 연계됨으로써 유럽연합의 환경적 책임을 강화시켰다. 유럽에서는 공적 개입이 환경의 올바른 상태를 보장하고, 환경보호가 시장의 힘에 맡겨져서는 안 된다는 일종의 합의가 존재한다. 환경정책의 근간이 되는 과학에 있어서도, 경제 이론에 근거한 접근법들보다는 자연과학, 철학, 종교학, 사회과학 등이 통합된 접근법이 여론 및 정치적 의견을 형성하는 데 기여한다. 즉 유럽인들에게는 돈으로 살 수 없는 환경 자산이 존재하며, 미래 세대를 포함하여 전체로서 사회를 위한 이익을 고려해야 한다는 인식이 확산되어 있기 때문이다.

....

5　예를 들어, 현재 생산 중인 다수의 전자제품에는 유해물질이 거의 포함되어 있지 않으며, 쉽게 재활용이 용이한데, 이는 다른 국가와 국제 시장에 영향을 미치는 선도적인 유럽연합의 정책 때문이라고 할 수 있다.

국가의 이익을 중시하는 회원국 정부 역시 환경 문제 해결을 위한 공동정책을 마련하는 데 협력하였다. 유럽연합 환경정책 결정 과정에서 회원국들 간 경쟁 리더십이 발생하였고, 이는 상호 강화하는 방식으로 지속되었다. 또한 높은 환경 규제 기준을 설정한 회원국의 정책결정자는 경제적 경쟁력을 유지하고자 낮은 조건을 요구하는 회원국들에게 야심찬 기준을 채택하도록 압력을 가하였다.

이와 같이 유럽연합의 다층적 거버넌스 구조는 행위자들 간 경쟁적 리더십을 창출하였고, 유럽의 제도와 관념은 이를 강화시키는 데 기여하였다고 볼 수 있다.

IV 독일: 환경운동의 정치제도화, 녹색당

독일에는 환경운동에서 정당으로 발전한 가장 오래되고 규모가 큰 녹색당이 활발하게 활동 중이다. 독일 녹색당의 현재 명칭은 '동맹90/녹색당(Bündnis90/Die Grünen)'이다. 녹색정치에 근간을 둔 독일 녹색당은 '반(反)정당의 정당'을 표방하면서 사회운동에서 정치제도화되었고, 환경을 근간으로 한 새로운 정치적 의제들을 제시하면서 지지를 확보하였다. 1998년과 2002년 사회민주당과 연립정부(적녹연정)를 통해 정부의 한 축을 담당하였고, 일부 주정부와 도시에서는 집권당이 되기도 하였다.

1 녹색당의 등장 배경: 신사회운동과 탈핵운동

독일 녹색당의 정치적 뿌리는 68세대를 낳은 1960년대 학생운동과 그 후 1970년대 활발해졌던 환경, 여성, 평화 운동 등 신사회운동으로 거슬러 올라간다. 전후 독일은 '라인강의 기적'을 이루어내 경제적으로 성공하였지만, 해결되지 않은 문제들도 존재하였다. 특히 전후에 출생한 세대에게 독일정부는 나치 범죄자들이 사회 요직에 여전히 남아 있는 등 시민권을 억압하는 권위주의 정부로 간주되었다. 경제성장과 물질적 이익에만 급급한 기성세대에 대한 68세대의 불만은 커졌고, 이들은 반권위주의라는 기치하에 모였다. 보수정당인 기민당, 진보정당인 사회민주당 모두 이들에게는 비판의 대상이었다. 결국 1960년대 말 독일 사회주의 독일학생동맹(SDS)이 주축이 되어 격렬한 학생운동이 폭발하게 되었다. 이후 학생운동은 약화되었지만, 여기서 파생된 여러 조직 중 하나가 녹색당의 기반이 되었다.

1970년대 초반 오일쇼크를 겪으면서 서구 선진국들은 대체 에너지원으로서 원자력발전을 추진하였다. 독일 정부도 이러한 방안을 구상하였다. 전후 오랜 기간의 반핵운동 역사를 지닌 독일 전역에서 원자력 발전 반대를 위한 시민주도 운동이 전개되었다. 게다가 1979년 NATO 가맹국들이 새로운 중거리 핵미사일을 배치하기로 결정하고, 슈미트(Helmut Schmidt) 총리의 사민당 정권이 이를 수락함에 따라 서독에서는 탈핵, 반핵운동이 더욱 거세졌다.

이러한 상황에서 의회로 들어가 시장경제체제의 개혁과 구조변화를 통한 변화를 추구함으로써 정치적 목표를 이루자는 주장이 확산되었다. 이념적 균열을 넘어서는 다양한 생태주의자들이 하나의 후보리스트를 통해 입후보하기 위하여 전국적 규모의 정당을 만들어 선거에 참여

하게 되었다. 여기에는 급진좌파, 보수적 생태주의자, 비정치적 지역주
민이 모두 참여하였다.

2 초창기(1977–1979) 녹색당의 선거 참여

1970년대 말 독일 녹색당은 지역 차원에서 다양한 이슈에 대한 신
사회운동이 정치적 활동을 시작하면서부터 제 모습이 갖추어지기 시작
하였다. 1977년 힐데스하임에서 '환경보호녹색(후보)리스트(Grüne List
Umweltschutz)'라는 단체가 지방선거에서 1.6%를 득표하면서 녹색당
이 지역 차원에서 후보를 내기 시작하였다. 정당의 형태를 갖춘 조직은
1977년 니더작센에서 그론데(Grohnde) 원자력발전소 반대운동을 기
반으로 등장한 환경보호정당(Umweltschutzpartei)이었다. 1978년에는
브레멘, 함부르크 등 다수 지역에서 다양한 환경정당들이 구성되었다.
1978년에는 녹색명부환경보호(die Grüne Liste Umweltschutz, GRU)가
니더작센 주의회선거에서 3.9%를 득표하기도 하였다.

특히 1979년 브레멘시에서 녹색명부가 5.1%의 지지율을 획득함에
따라 봉쇄조항(threshold)을 넘어 지방의회에 진출하게 되었다. 초창기
환경정당이 중산층 시민과 생태주의자를 중심으로 구성되었다면, 이 시
기부터 과거 공산주의자 학생운동그룹을 배경으로 하는 다양한 대안집
단들이 창당에 참여하기 시작하였다. 이들은 녹색당 창당 참여를 통해
정치적 고립으로부터 탈피하여 신사회운동의 대중적 지지를 확보할 수
있었다.

1979년 유럽의회 선거를 기점으로 다양한 지역정당들이 통합되기
시작하였다. 환경운동가와 평화운동가들은 유럽의회 선거를 계기로 독
일 전역에 녹색바람을 일으키고자 하였다. 좌파와 우파를 포괄하는 광

|그림 12-6| 독일 녹색당은 현재 연방의회 선거에서 안정적으로 의석을 확보하고 있으며, 환경 문제를 정치적 어젠다로 설정하는 데 영향력을 행사하고 있다.

범위한 이념적 스펙트럼 내부의 지역정당들은 유럽의회 선거출마를 위하여 하나의 리스트, 즉 정치연합녹색(Sonstige Politische Vereinigung 'Die Grünen', SPV)을 구성하였다. 여성·평화운동가인 페트라 켈리(Petra Kelly), 예술가인 요셉 보이스(Joseph Beuys), 기민당 출신 환경보호운동가 굴(Guhl) 등 유명인사가 대거 출마하면서 인지도를 높이게 되었다. 비록 5% 미만의 득표율을 획득하였지만, 국고 선거비용을 보전 받으면서 녹색당 창당에 재정적 기반이 되었다.

연방 차원의 정당인 녹색당은 1980년 1월 12-13일 칼스루에(Karlsruhe)에서 창당되었다. 여기에는 총 1004명의 지역조직 대표들과 254명의 단체 대표들이 참여하였다. 전당대회를 통해 초대 당대변인으로 페트라 켈리, 만(Norbert Mann) 등이 선출되었다. 녹색당의 강령에서는 생태적 가치, 사회적 가치, 풀뿌리 민주주의, 비폭력주의를 근본이념으로 제시하였다.

그러나 녹색당 창당 초기 선거 결과는 성공적이지 못하였다. 1980년 연방의회선거에서 1.5%의 지지율만을 획득하는 데 그쳤고, 이전 공동실천을 위해 협력하였던 좌-우 진영은 분열되었다. 본래 녹색당은 설립 초창기부터 구성원들 간 동질성이 부족하였다. 녹색당 내에는 좌파부터 우파, 자연보호주의자, 기독교인, 사회주의자, 평화주의자, 여성주의자, 급진적 민주주의자, 공산주의자 등 광범위한 분파가 공존하였다. 결국 창당 과정에서 가치보수주의와 좌파 급진생태주의가 충돌하게 되었다. 지역 주의회선거 과정에서 두각을 나타냈던 좌파 급진생태주의 정당들이 창당 과정에서 주도권을 장악하였고, 생태주의와 기독교적 지향성을 지닌 가치보수주의자들은 주변부화됨에 따라 결국 녹색당을 떠나게 되었다.

3 1980년대 녹색당의 의회 진출

녹색당의 정당으로의 전환이 안정적인 경로를 통해 발전된 것은 아니었다. 1980년대 후반까지 녹색당은 반정당(anti-party)의 양상을 보였다. 1980년대 초반 녹색당은 '법적으로는 정당, 구조적으로는 연합, 최소한 그들이 이해한 바로는 운동'의 양상을 보였다. 녹색당은 스스로를 운동단체 겸 정당으로 선언하였고, 이후 '그들을 지탱하는 다리인 풀뿌리 운동을 위한 선거와 의회활동에서 책략을 쓰는 다리'로서의 정당의 모습을 보였다(Frankland 1995).

그러나 녹색당은 대도시와 대학도시의 젊은 층, 교육 수준이 높은 중산층, 탈물질주의자뿐만 아니라 발전소, 공항, 고속도로 등 대규모 개발사업의 영향을 받는 지역 주민들의 지지에 힘입어 점차 세력을 확대하였다.

녹색당은 1981년 베를린 시의회 선거에서 7.2%, 니더작센 주선거에서 6.5%, 헤센 주에서 8%를 획득함에 따라 의회 진출에 성공하였다. 의회 의석 획득에 성공함에 따라 1981–1983년 기간 정치적 노선과 사상적 통일을 이루기 위한 작업이 본격화되었고, 마침내 1983년 연방의회 선거에서 5.6%의 득표율을 획득함에 따라 정치세력화에 성공하였다.

녹색당이 연방의회에 진출함에 따라 환경의제가 주변부적 의제에서 중심 의제로 다루어지기 시작하였다. 녹색당은 환경, 여성, 평화문제를 주요 의제로 제기하였다. 예를 들어, 녹색당은 미사일 배치에 대한 문제, NATO 탈퇴 문제, 비동맹노선 채택 등의 평화 문제뿐만 아니라 시내 이동수단인 자동차에 대한 대체수단으로서 대중교통 개선과 자전거 도로 등의 생활환경 문제를 의제화하였다.

1980년대 중반부터 연방체제, 연립정부 구성 문제를 둘러싸고 녹색당 내 현실주의(Realo)인 생태자유주의자 대 근본주의(Fundi)인 생태사회주의자의 분열이 발생하였다. 초기 녹색당의 주도권을 장악했던 근본주의자들은 생태 문제를 자본주의적 생산양식의 문제로 설명하면서 환경과 체제 문제에 대한 새로운 접근법을 강조하였다. 이들은 체제와 모든 정당들에 대립적 입장을 표명하였고, 모든 유형의 의회민주주의적 협력과 정부 구성 참여를 원천적으로 거부하였다.[6] 근본주의자의 비타협적 전략은 당내뿐만 아니라 외부로부터 논쟁을 불러일으켰다. 1983년 말부터 근본주의를 비판하면서 생태자유주의를 기반으로 하는 현실주의자들이 등장하였는데, 이들은 가치보수주의, 비교조주의적 좌파, 중도주의 등을 포괄하였다. 이들은 생태주의적 휴머니즘을 주창하면서 책임 있는 유지와 보호를 강조하였다. 또한 기계적인 개발주의는 반대하였지만 독일의 자본주의적 경제체제를 반대하지는 않았고, 의회민주주의의 규칙을 존중하였다. 녹색당 초기에는 근본주의자가 주도권을 장악하였지만, 근본주의 대 현실주의 논쟁이 지속되었고, 1988년 녹색당출발(Grünen Aufbruch)이 등장함에 따라 근본주의자 분파의 분리와 탈당이

---

6   대표적 인물로는 급진생태포럼을 구성한 디트푸르트(Jutta Ditfurth)와 쿠너트(Jan Kuhnert) 등을 들 수 있다.

이어졌다. 결국 녹색당은 요슈카 피셔(Joschka Fischer)[7]를 중심으로 한 현실주의 분파를 중심으로 통합되기에 이르렀다.

현실주의 노선의 핵심은 적극적인 연정전략의 채택이었다. 피셔는 "타협을 대가로, 녹색당의 목적을 국가적 차원에서 관철시킬 수 있도록 협력할 세력을 찾아야" 하며, 동시에 "의회에 진출한 이상 전반적인 국정운영에 대한 책임을 수행해야 함"[8]을 강조하면서 현실정치의 필요성을 주장하였다. 연정과 연대의 가능성을 확대하면서 녹색당의 정당노선은 점차 온건화되었다.

1985년 헤센 주에서 최초의 적녹연정이 결성되었고, 요슈카 피셔가 환경부장관으로 주정부 연정에 참여하였다. 1987년 연방의회 선거에서는 8.3%의 득표율을 획득함에 따라 44명의 연방의원을 배출하였다.

4   독일 통일과 동맹90/녹색당의 통합

독일 통일 과정을 거치면서 녹색당은 또 다시 위기를 맞게 되었다. 통일 과정에서 서독의 녹색당은 소극적이고 부정적으로 대응하였다. 서독 녹색당은 1989년 창당된 동독 녹색당(die Grüne Partei der DDR)과 연합하지 않기로 결정하였고, 오히려 통일보다 환경정책에 집중하였다. 그 결과 1990년 연방의회선거에서 서독 녹색당은 5% 이상을 득표하지 못함에 따라 의석 확보에 실패하였다. 반면 동독에서는 동맹90/녹색당

---

7   요쉬카 피셔는 창당 초기 소수파였던 즉흥주의자(Spontis) 그룹에 속하였다. 이들은 이후 좌파, 생태자유주의자, 보수주의자들까지 광범위하게 포괄하는 현실주의 분파의 기초가 되었으며, 1985년 헤센의 적녹연정을 성사시킨 핵심 세력이 되었다.

8   Perspektiven grüner Politik. Die Anträge, die Reden, die Resolutionen. Das Protokoll der 7. Bundesversammlung der GRÜNEN vom 7-9. 12. 1984. in Hamburg. (Heinrich-Böll Stiftung Archive). 한국정당학회 연구보고서(2011)에서 재인용.

이 6.1%의 지지율에 따라 8석을 획득하였다.

1990년 선거 실패 이후인 1991년 노이뮌스터 녹색당 전당대회에서는 선거 실패 평가와 조직개혁 문제를 둘러싸고 논쟁이 전개되었다. 현실주의자는 녹색당의 비현실적, 비효율적 조직 원칙을 비판하면서 보다 적극적인 연정전략의 전개를 주장한 반면, 근본주의자는 녹색당 근본 상실 문제를 제기하면서 연정전략을 비판하였다. 논쟁 결과, 현실주의자가 당내 주도권을 장악할 수 있는 기회를 확보하였고, 녹색당의 전면적 조직개혁과 전략 수정에 착수하였다. 동시에 사민당 및 기민당과의 연정 및 동독의 동맹90과의 통합을 적극적으로 추진하였다. 녹색당의 조직 문제, 당내 민주화 문제 등 내부 분열에 따라 합당이 순탄하지 않게 진행되었음에도 불구하고, 1993년 결국 동맹90(Bündnis90)과 녹색당(Die Grünen)이 통합하여 '동맹90/녹색당'이 결성되었다.

5 적녹연립정부 구성 및 정당 안정화

1994년 연방의회 선거 과정에서 녹색당은 선거강령을 통해 사민당 내 개혁세력과의 연정 의지를 표명하였고, 노동시간단축과 일자리 창출 등 광범위한 사회적 이슈를 선거전에서 활용하였다. 그 결과 1994년 연방의회 선거에서는 7.3%의 득표율을 획득함에 따라 49명의 연방의원을 배출하기에 이르렀다.

1998년 연방의회 선거에서 녹색당은 6.7%의 지지를 획득하면서, 사회민주당과 연립이 이루어지게 되었다. 녹색당이 최초로 집권당의 연립정부 파트너가 되면서 제1기 적녹연정이 탄생하게 되었다. 요슈카 피셔가 연방 부총리 겸 외무부장관이 되었고, 안드레아 피셔(Andrea Fischer)가 건강부장관, 위르겐 트리틴(Jürgen Trittin)이 환경부장관으로 임명

되었다.

1998년부터 2002년 기간 녹색당은 환경세를 도입하고, 시민권법을 개정하였으며, 생활파트너제를 가능하게 하였다. 1998년 녹색당은 원자력발전을 배제하는 것에 합의를 이루었고, 적녹 연립정부는 2000년 모든 핵발전 시설을 점진적으로 축소하겠다는 합의에 이르렀다. 동시에 녹색당은 재생에너지법을 통과시키는 데에도 역할을 담당하였다.

2002년 3월 '미래는 녹색이다'라는 새로운 정당 강령을 채택하고, 환경, 민주주의, 경제에 대한 녹색당의 입장을 제시하였다. 2002년 베를린강령(Berlin Programm)은 1980년의 자브뤼켄강령(Saarbrücker Programm)과는 달리 체계화되었다. 베를린강령에서는 이전까지의 반정당(anti-party) 정당에서 벗어나 '정당체계 내에서의 대안세력'이라는 점을 분명히 하였다. 또한 생태주의적 대안이 지속가능한 발전의 가능성을 실현할 수 있는 방안으로 제시하였으며, '자유'의 개념이 표제어로 전면에 등장하였다.

2002년 연방의회 선거에서 녹색당은 8.6%를 득표하였고, 사민당과 함께 제2기 적녹연정을 구성하였다. 이 선거에서는 사민당의 지지율 하락을 메꿀 정도의 최고의 선거결과를 획득하였고, 독일 정당체제 내에 확고히 세력을 구축하기에 이르렀다. 게다가 베를린 선거구에서는 녹색당 최초로 지역구 의원이 당선되는 등 지역구에서도 광범위한 지지를 확보하게 되었다.

2004년 유럽의회 선거에서 녹색당은 11.94%의 득표율을 획득하였다. 베를린에서는 제2당의 위치를 차지했고, 베를린-크로이츠베르그(Berlin-Kreuzberg) 선거구에서는 절대다수의 지지를 획득하였다. 2004년 9월 작센 주의회 선거에서 녹색당은 5.1%를 획득하였는데, 1998년 이후 동독지역에서는 최초로 의회에 재진출하게 되었다. 그러나 2005년

| 표 12-2 | 1980년과 2002년의 녹색당 강령 비교

		1980년 자브뤼켄강령	2002년 베를린강령
목차		서장 경제와 노동세계 대외정책과 평화정책 환경과 자연 인간과 사회 경찰법	서장 생태시대의 도래 생태적 사회적 시장경제의 도래 해방적 사회정책의 도래 지식사회의 도래 민주주의의 혁신 남녀평등(정의) 사회의 도래 하나의 유럽과 지구촌사회의 도래
가치		생태적 가치 사회적 가치 풀뿌리 민주주의 비폭력주의	생태 자결 정의 민주주의
주요정책	경제	반(反) 양적 성장주의, 생태친화적 질적 성장, 사회적 성장	생태적 '사회적 시장경제', 경쟁적 시장의 혁신성 인정
	민주주의	풀뿌리 민주주의, 분권주의 및 참여민주주의	민주주의, 대의제 민주주의
	대외	일방적 군축 및 NATO-바르샤바조약 해체, 반제국주의	유럽안보협력기구(CSCE)/NATO 개혁, 제한적 군사개입, 인권
	사회	계층 간 평등, 사회적 약자집단 배려 정책	인권, 정의 및 기회균등
	환경	환경 우선 및 자연중심, 반핵, 강한 기술회의주의	지속가능성, 재생에너지, 제한적 기술회의주의

출처: 송태수(2013, 48-50)에서 발췌 및 재작성.

연방의회 선거 이후 기민련과 사민당의 대연정이 결성됨에 따라 녹색당은 연방의회에서 야당이 되었다.

2009년에는 연방의회 선거에 대비하여 당 전당대회에서 선거강령을 구체화하였다. 특히 고용 및 아동, 여성 등에게 기본복지 확충 등 아래와 같은 사회적 기본권 보장을 구체적 방안으로 제시하였다.

- 향후 기후, 교육, 사회정책에 투자하여 100만 일자리 창출
- 시간당 7.5유로의 최저임금정책 채택
- 장기실업자를 위한 공공부조 제도 프로그램인 〈하르츠 IV〉 내용 수정
- 저소득층 사회보험료 감면
- 정액보장 연금 도입
- 원자력 에너지를 줄이고, 화력발전소를 증설하지 않음
- 전국민 의료보험제도 도입
- 향후 5년간 대학정원 50만 명 확대
- 1살 아동에게 유치원에 갈 권리 부여와 시설 확충
- 모든 아동에게 기본적 수준의 제반 보호 보장

2011년 바덴-뷔르템베르크(Baden-Württemberg) 주의회 선거에서 적녹연정을 결성하였고, 최초로 녹색당 주지사가 배출되었다. 같은 해 5월 브레멘(Bremen) 주의회 선거에서는 기민당보다 의석수를 많이 획득하면서 원내 제2당으로, 이어 9월 메클렌부르크-포어포메른(Mecklenburg-Vorpommern) 주의회 선거에서 의석을 획득함에 따라 녹색당 사상 최초로 모든 주의회에서 의석을 가진 전국정당으로 등극하였다.

2013년 9월 연방의회 선거에서 녹색당은 8.4%의 득표율에 따라 63석을 획득하였다. 2013년 의회선거 기간 녹색당은 '채식의 날 운영', '탈핵' 공약을 내세웠지만, 성공적이지 못하였다. 게다가 녹색당이 1980년대 소아성애를 합법화하는 내용의 주장에 동의하고, 관련 단체를 지원했다는 정보가 보도됨에 따라 타격을 입기도 하였다.

2017년 9월 연방의회 선거에서 녹색당은 기독민주당 연합, 사민당, 독일대안당(AfD), 자민당(FDP), 좌파당(Die Linke)에 이어 8.9%의 득표

율을 얻어 67석을 획득하였다. 현재 녹색당은 연방의회 선거에서 안정적으로 의석을 확보하고 있으며, 환경 문제를 정치적 어젠다로 설정하는 데 영향력을 행사하고 있다.

Ⅴ   일본: 마치즈쿠리를 통한 주민 주도의 환경정치

환경 문제의 해결을 위해서는 중앙정부뿐만 아니라 지방정부, 기업, 시민사회단체 등 다양한 행위자들의 참여가 필수적이다. 특히 풀뿌리 차원에서 주민들의 상향식(bottom-up) 직접 참여는 공동체 전체의 환경 보호, 개선을 이루는 데 핵심 역할을 담당할 수 있다. 일본에서는 급속한 개발과 산업화로 인한 공해, 수질오염 등의 환경 문제뿐만 아니라 환경재해로 인한 피해를 복구하는 데 주민들이 직접 참여하는 마치즈쿠리(まちづくり)가 1970년대부터 활성화되었다. 마치즈쿠리란 시민들의 참여를 통하여 도시나 마을을 자발적으로 조성하고 정체성을 회복해 나가는 것을 의미한다. 마치즈쿠리는 '작은 것이 아름답다'는 가치를 중시하며, 각 지역의 문화, 지역성, 다양성에 근간을 둔다. 특히 자연, 공기, 물, 자연환경의 친화성 증진을 통해 주민들의 삶의 질 향상을 목표로 한다.

1   마치즈쿠리의 등장 배경

일본은 세계대전 이후 중앙집권적 국가정책과 도시계획을 통한 경제성장을 통해 혼란기를 극복하고자 하였다. 중앙정부와 지방자치단체는 도시계획법을 통해 도로계획, 구획정리 등을 추진하였다. 도심부 복합개발이 제한된 상황에서 개발이익을 확대하기 위한 초고층, 초고밀 개발은 기형적인 도시공간을 창출하고, 정부의 방대한 재정지출과 보조금을 수반하였다.[9]

1960년대 이후 산업화와 함께 추진된 도시개발은 기능을 개선하고, 생활편익을 상승시켰다. 그러나 한편으로 정부의 고도성장을 위한 개발 위주의 정책은 환경을 훼손하고 역사와 문화적 정체성을 상실시켰다. 도시로의 인구 집중, 도시의 평면적 확산으로 인한 교통난, 대기 및 수질 오염, 열섬화 현상, 대규모 난개발로 인한 주거와 생활환경 악화 등의 문제는 공동체의 삶의 질을 저하시켰다.

국민총생산 증가, 소득증가가 반드시 삶의 질을 보장해주지 않는다는 인식이 형성됨에 따라 도시의 물리적 기능개선 위주의 기존 도시계획제도를 보완하자는 움직임이 확산되었다. 주민들은 중앙정부의 주민의 삶과 동떨어진 지역개발과 도시계획정책을 비판하기 시작하였다. 주민들은 공해, 대기오염, 소음 등 환경적 피해가 쾌적한 삶을 위협하고 파괴하고 있다는 점을 알리고 정부정책을 반대하기 위하여 시민운동을 전개하였다. 예를 들어, 미시마시(三島市)에서는 석유화학산업단지 유치를 반대하는 주민운동이 발생하였고, 나카노쿠(中野) 등에서는 재개발 반대

....

9   일반적으로 도시의 발전단계는 다음과 같이 전개된다. 첫째, 도시의 위생, 방재성, 방화성 구축의 단계를 거쳐, 둘째, 도시의 편리성과 쾌적성(amenity)이 어느 정도 충족되는 단계에 이른 후, 셋째, 지역의 개성과 커뮤니케이션에 대한 요구의 단계로 발전된다. 도시화와 개발 단계에서 나타났던 주민들의 물질적·경제적 풍요의 가치, 표준화되고 수동적인 생활양식에 대한 요구는 고도(高度) 도시화 단계에 접어들면서 탈물질적인 정신적·문화적 풍요의 가치, 개성 있고 능동적인 생활양식에 대한 요구로 발전한다. 이에 따라 시스템의 변화도 이루어지는데, 공동처리에 기반한 동일한 지역사회 스타일, 생산자와 공급자 우위의 대량생산 시스템은 전문처리에 기반한 다양한 지역사회 스타일, 소비자와 수요자 우위의 다품종 소량생산 시스템으로 변화하게 되는 것이다.

운동 등이 전개되었다.

이러한 문제에 대응해서 중앙정부는 공해대책 기본법 등을 마련하였고, 도시계획법을 정비하였지만, 모두 중앙정부가 일방적으로 추진하였던 것이었다. 주민들은 도시계획이 시민과 단절되고 분리되었다는 점을 지속적으로 비판하면서 계획 단계부터의 주민 참여를 주장하게 되었다. 즉 개발위주 정책에 대한 반대운동, 주거환경에 대한 위협에 대한 저항운동을 배경으로 마치즈쿠리 운동이 발생하였다.

1960년대 시작되어 1970년대부터 확산되기 시작한 마치즈쿠리 운동은 역사적 배경과 필연성 속에서 발생하였으며, 주민운동의 경험을 토대로 주민과 지역사회의 주체성, 자율성, 지속성을 중시하고 주민의 직접 참여를 강조하는 원칙이 확립되기에 이르렀다.

2   마치즈쿠리의 전개과정

일본의 마치즈쿠리는 주민의 요구, 의식의 변화에서 비롯되어 제도, 구조를 변화시키는 방식으로 전개되었다. 1960년대 일본 주민들은 고도성장의 문제를 인식하고 문제제기를 시작하였다. 이 시기 급속한 도시화와 공해문제에 대한 반대운동, 저항운동, 지역살리기 운동이 등장하였고, 주민, 전문가, 지자체에 의해 마을만들기와 공공이 지원하는 시책이 진행되기 시작하였다.

1970년대부터 주민이 주체가 된 마치즈쿠리가 본격적으로 전개되었다. 마치즈쿠리는 주로 행정이 주도하였고 주민 참여형 마을만들기 형태로 일본 전역에 확산되었다. 1970년대 중반부터는 일상생활에 필요한 시설이나 공간만들기를 비롯하여 지구 차원의 도시정비, 재개발사업, 종합시가지 정비, 참가형 단지 재건축, 거리만들기 등 제도화된 사업에 이르기까지 다양한 영역으로 확대되었다. 이 시기 대표적인 사례로는 동경도 세타가야 타이시도(太子堂)의 '수복형 마을만들기'를 들 수 있다.

1980년대 이르러 마치즈쿠리의 틀이 갖추어졌고, 일본 전역으로 확산되었다. 이 시기 마치즈쿠리는 기성 시가지를 대상으로 행정이 중심이 되고, 전문가가 협조하는 형태로 진행되었다. 전국 지자체에는 마을만들기 지원부서가 신설되었고, 이를 통해 주민참여를 유도하였다. 즉 마을만들기 워크숍, 마을만들기 센터 등 주민의 의지를 사회에 표현할 수 있는 새로운 수단과 공간이 마련되었다. 1981년 고베시(神戸市)에서는 '마을만들기 협정에 관한 조례', 1982년 세타가야구에서는 '가로만들기 조례' 등이 제정되기도 하였다.

1990년대 마치즈쿠리는 정착기에 접어들었고, 지원행정은 더욱 다양해졌다. 다수의 지자체들이 마을만들기를 체계적으로 지원하기 위하여 다수의 조례들을 제정하였다. 마을만들기 지원센터가 설치되고, 시민단체, 전문가, 재단 등의 경제적 지원이 증가하고 펀드가 도입되면서 안정적 체계를 갖추게 되었다. 또한 주민과 행정이 중심이 된 협의회, 시민조직, 비영리단체(NPO)가 네트워크를 구성하여 핵심 주체로 활동하게 되면서 마치즈쿠리가 보급되고 정착하게 되었다.

2000년대 이후 마치즈쿠리는 성숙 단계에 들어섰다. 새로운 공공 개념을 통해 근린자치정부와 같은 시민, 기업, 행정 모두가 참여하는 수평 사회구조를 기반으로 하게 되었다. 주민들이 단순히 참가하는 것에서 나아가 사업의 주체로 부상하였고, 사업을 공공부문에 위임하는 것이 아니라 스스로 담당 조직을 만들어 대응하게 되었다. 또한 전국의 다양한 마치즈쿠리 활동은 서로 통합되어 지역사회운영을 위해 조직화되었다. 단순한 주거환경 개선뿐만 아니라 녹지나 농지의 보전, 고령자 복지, 하천 보전, 도시계획에 대한 새로운 정책 제안 등이 나타났다.

현재 마치즈쿠리는 지역사회의 기능적 편리성뿐만 아니라 삶의 질도 함께 고려하는 지속가능한 발전을 시도하고 있다. 여기에는 사람 중심의 교통, 다양하고 활력 있는 공동체 형성, 쾌적한 환경조성, 개성 있는 장소와 경관의 창출, 다양한 주거선택과 이동수단의 확보, 토지의 복합적 이용, 여가와 문화증진 등이 포함된다. 일본 전역에서 진행되는 마치즈쿠리의 주요 사업은 아래와 같다.

- 지속적인 지역거주를 위한 협동의 주거환경 조성
- 역사적 가로경관과 건축물의 보전 및 활용
- 시민활동과 도심 내 커뮤니티 거점 형성
- 공공 공간이나 가로경관의 창조 및 개선
- 복지와 일자리 지원을 위한 공간 형성
- 안전한 생활환경 조성
- 도시 관광을 지원하는 환경정비
- 문화예술활동과 관련된 사업

마치즈쿠리는 공해반대운동에서 출발하여, 주민이 주체가 된 주민생활의 가치에 근간을 둔 운동으로 발전하면서 전국적으로 확산되었다. 이 과정에서 황폐화된 도심을 재생하고 다양한 지역과제를 해결하려는 다수의 시도들이 이루어졌다. 공동체 재개발사업에 있어 공공과 민간부문이 협력하여, 보다 주민의 입장에서 추진되고 지역사회가 주체가 되는 사업이 등장하였다. 지자체 역시 지구차원의 주거환경 정비가 주요 과제로 등장함에 따라, 아래로부터의 지구계획 입안과 주거환경정비의 원칙을 확립하였다. 마치즈쿠리는 주민이 입안한 계획과 주민의 참여를 바탕으로 상향식 방식의 협력이 이루어졌다는 점에서 의미가 있다.

사례 마을재생 사례
— 도쿄 세타가야(世田谷区)

세타가야의 사례는 독자적인 마을만들기 조직과 시스템을 통해 지역 환경을 재생하고 도시의 정체성을 회복한 성공 사례이다. 세타가야는 동경도의 23개 구 중 하나로 남서방향의 도심 주변부에 위치하고 있다. 타마강 외에도 중소 하천이 널리 퍼져 있는 교외 주거형 도시이다. 세타가야의 마치즈쿠리는 다음의 단계로 발전하였다.

- 제1기 발아기(1975-1981): 1970년대 고도성장으로 인한 공해 문제와 자연파괴 등이 불거지면서 개발에 대한 주민들의 반대운동이 심화되고, 이로 인해 주민과 행정 간 마찰과 대립이 계속되다가, 1970년대 후반부터 타협이 이루어지기 시작하였다. 타협의 결과물로 등장한 것이 마치즈쿠리라고 할 수 있다. 1975년 시행된 세타가야 타이시도(太子堂) 지역의 '목조주택 재정비 사업'이 최초로 추진된 마을만들기 사업이라고 할 수 있다.
- 제2기 정비기(1982-1991): 1982년 마을만들기 조례가 제정된 후 구청은 도시디자인실을 설치하였다. 1983년에는 구청 내 '마을만들기 추진과'를 설치하였으며, 구민센터와 같은 커뮤니티센터의 건설과 주변지역 정비에 착수하였다.
- 제3기 실천기(1992년 이후): 1992년 마을만들기 지원센터를 설치하여, 주민들에게 환경설계와 주민공동체운동에 대한 학습 기회를 제공하였다. 아이디어 공모→ 워

1982년 제정된 세타가야구의 '가로만들기 조례' 홍보물

크숍→ 모의실험→ 공동제작→ 사업시행 등의 과정을 거쳐 실천하고 있다. 나아가 마을만들기 자금지원 목적의 펀드도 조성되었다.

세타가야의 마치즈쿠리 성공 요인으로 다음을 제시할 수 있다. 우선 'HANDS 세타가야', '바리어프리 세타가야' 등 비영리단체는 네트워크 형성과 행정 제안 및 합동사업을 진행하면서 주요 역할을 담당하였다. 세타가야 지자체는 30년 간 마을만들기에 대한 아이디어와 활동상의 데이터베이스를 축적하였고, 이것이 활동방향을 정립하는 데 도움을 주었다. 마을만들기 지원센터와 펀드는 비영리단체의 활동을 지원함과 동시에 마치즈쿠리의 기폭제 역할을 하였다고 볼 수 있다.

출처: 최일홍 · 이창호(2005).

사례 환경피해 복구를 위한 마치즈쿠리 네트워크 사례
— 가시와자키시(柏崎市) 엔마도리 상점가

2007년 7월 니가타 현에서 오키 지진이 발생하였다. 오키 지진은 공동화가 진행된 중심시가지에 집중되었고, 그 중에서도 진원지에 가까운 가시와자키시의 엔마도리 상점가가 매우 큰 피해를 입었다. 상가의 상품은 손상되었고, 상점 아케이드와 상점가에 들어섰던 주상복합의 노후 점포와 부지 안쪽의 흙벽구조의 전통창고, 시지정문화재인 염마당 등 수많은 건물과 시설이 피해를 입었다. 지진으로 인한 피해와 중심시가지의 공동화라는 두 가지 문제를 안고 있던 엔마도리 상점가 복구는 시민 스스로 상호 협력하여 사업을 시행하는 마치즈쿠리를 통해 전개되었다.

지진재해가 발생하고 난 직후, 아직 무너진 건물이 남아 있는 상점가에서 다수의 관계자들이 모여 지역재건을 위한 모임을 개최하면서 엔마도리 상점가의 마치즈쿠리가 시작되었다. 이 모임에서 상점가진흥회의 젊은 유지에 의해 '엔마도리 마치즈쿠리의 모임'이 설립되었다. 상인들이 상점가로 돌아와서 생활과 생업을 해나가고, 상점가가 안고 있던 만성적 과제를 해결하여 창조적 마치즈쿠리를 진행해가는 것이 모임의 목표였다. 지진재해로부터 5개월 후에는 모임이 중심이 되어 재해복구형 마치즈쿠리의 방향성을 문서로 정리한 '부흥비전'을 가시와자키 시장에게 제출하였다.

우선 주민이 주체가 되어 협력형 마치즈쿠

가시와자키시 엔마도리 상점가
(사진: えんま通り復興協議会)

리 추진체계를 설정하였다. 비전-계획-사업에 이르는 모든 단계에서는 지역주민 전원을 대상으로 한 엔마도리 부흥협의회가 중심이 되어 계획의 검토가 이루어졌다. 협의회 운영은 전체회의라고 불리는 전 회원을 대상으로 하는 워크숍과 간사로 선임된 사람이 모여 협의와 계획의 검토를 진행하는 간사회의 개최로 추진되었다.

엔마도리 재해복구 과정은 다음과 같이 진행되었다. 우선 마치즈쿠리에 의한 미래의 지역 이미지를 공유하는 프로그램을 마련하였다. 다음으로 재건 사업수법이나 시나리오를 위하여 개축 시뮬레이션을 실시하였다. 그 후 구체적인 지권자와의 그룹검토회나 청취조사를 실시하고, 청취조사 결과에서 개별로 자립재건을 희망하는 사람, 공동개축사업에 참가하여 공동으로 점포나 주택 재건을 희망하는 사람, 복지시설 사업화를 희망하는 사람 등

2007년 7월 오키지진으로 큰 피해를 입은 엔마도리 상점가(사진: えんま通り復興協議会)

각각의 특징에 따라 그룹을 형성하여 프로젝트를 진행하였다.

2008년 7월 재해복구형 마치즈쿠리 구상이 완성되었다. 여기에는 활력 있는 주거 및 거점만들기, 고령자 복지 거점만들기, 커뮤니티 녹지 조성, 염마당 재건사업, 염마당 주변 활성화, 모퉁이 과정 조성, 엔마도리 경관정비, 정원골목 정비, 골목길 정비, 마치즈쿠리 회사에 의한 매니지먼트, 엔마도리 가로디자인 사업, 방재광장 정비사업 등이 포함되었다. 구상안이 수립된 이후 사업화를 위한 지원이 본격적으로 이루어졌고, 재건될 건물들이 엔마도리 상점가의 경관과 조화를 이룰 수 있도록 개축과 개수를 위한 엔마도리 마치즈쿠리 가이드라인이 완성되었다. 이후 '활력 있는 주거 및 거점만들기 사업'을 시작으로 프로젝트가 진행되기 시작하였고, '커뮤니티 녹지 조성'과 '염마당 재건' 프로젝트가 이어서 진행되었다.

출처: 국토연구원 (2012).

엔마도리 부흥협의회가 중심이 되어 실시한 재해복구형 마치즈쿠리 워크숍 모습(사진: えんま通り復興協議会)

더 읽을거리

Cass, Loren R. 2007. *The Failures of American and European Climate Policy: International Norms, Domestic Politics, and Unachievable Commitments*. State University of New York Press.

Desai, Uday. ed. 2002. *Environmental Politics and Policy in Industrialized Countries*. The MIT Press.

Eckersley, Robyn. 2004. *The Green State: Rethinking Democracy and Sovereignty*. The MIT Press.

Jahn, Detlef. 2016. *The Politics of Environmental Performance: Institutions and Preferences in Industrialized Democracies*. Cambridge University Press.

Vig, Norman J. and Michael Gebert Faure ed. 2004. *Green Giants?: Environmental Policies of the United States and the European Union*. The MIT Press.

1   선진국의 환경정치가 국가마다 다르게 나타나는 이유는 무엇인가? 선진국의 환경정치는
    이해관계(interest), 관념(idea), 제도(institution)와 어떤 관련성을 지니는가?

2   미국은 기후변화에 대한 역사적 책임이 있음에도 불구하고, 왜 리더십을 발휘하지 않는가?
    왜 트럼프 대통령은 전 지구 기후변화 레짐형성의 경로에서 이탈하였는가?

3   유럽연합의 다층적 거버넌스 구조에는 다수의 거부권 행사 지점이 존재함에도 불구하고,
    환경정책 결정과정이 합의적으로 진행되는 이유는 무엇인가?

4   독일 녹색당 형성 및 제도화의 정치기회구조는 무엇인가? 왜 독일의 시민은 녹색당을 지지
    하는가?

5   일본에서 주민이 주체가 되어 마을의 환경 문제 해결 시도들이 다수 나타나는 이유는 무엇
    인가? 마을 환경 문제 해결에 있어 주민들의 참여와 합의를 이끌어내기 위해서는 무엇이
    필요한가?

| 참고문헌 |

국토연구원. 2012. 『마을만들기 시민사업』 국토연구원 창조적 도시재생 시리즈 30.
김영태. 2007. "독일 녹색당의 기본강령변화와 독일의 정당경쟁구조." 『한국정당학회보』
    6(1).
박채복. 2011. "제도화된 정책네트워크와 정책선택: 유럽연합의 환경정책을 중심으로."
    『한독사회과학논총』 21(4).
송병준. 2006. "유럽연합의 환경정책과 알파인 협정-중앙-지방-비정부기구간 수평적
    협력과정." 『EU연구』 18.
송태수. 2013. "독일 녹색정치와 함의." 대화문화아카데미 바람과 물 연구소 편. 『녹색당과
    녹색정치』. 아르케.
최일홍·이창호. 2005. "일본의 마치즈쿠리 사례와 시사점." 『국토』 10월.
한국정당학회. 2011. 『녹색시민사회: 형성과 발전의 경로』. 녹색성장위원회.

Frankland, Gene. 1995. "Germany: The Rise, Fall and Recovery of Die Gruenen." in
    Dick Richardson and Chris Rootes eds. *Green Politics*. London: Routledge.
Layzer, Judith A. 2006. *The Environmental Case: Translating Values into Policy*. 2nd
    edition. Washington DC: CQ Press.
Rosenbaum, Walter A. 2008. *Environmental Politics and Policy*. 7th edition.
    Washington DC: CQ Press.
Selin, Henrik and Stacy D. VanDeveer. 2015. *European Union and Environmental
    Governance*. Routledge.

13

개발도상국의 환경정치

주요어(KEY WORDS)   개발도상국 · 환경정치 · 중국 · 인도 · 경제성장 · 제조업 · 기후변화 대응 ·
거버넌스 · 중앙정부 · 지방정부 · 시민사회 · 다자협력 · 연무 · 인도네시아 · 중견국 · 싱가포르

개 발도상국들은 경제성장을 통한 국민들의 일자리 창출, 소득 증대를 추진
하는 과정에서 환경오염을 수반하는 경우가 많다. 개발도상국들에서 발
생하는 온실가스와 대기오염 문제는 인접 국가들에게도 부정적인 영향을 미치고
있어서 지구환경정치의 주요 이슈로 부각되고 있다.

13장에서는 세계 최대의 개발도상국이자 국가별 국내총생산(GDP) 세계 2
위인 중국의 환경거버넌스와 환경외교의 특성과 변천 과정을 소개하고자 한다.
그리고 중국과 인도의 경제, 산업 중심지인 광저우와 구자라트의 온실가스 배출
감소를 위한 로컬거버넌스를 비교함으로써 개발도상국의 환경, 기후변화 거버넌
스의 이해를 돕고자 한다. 또한 인도네시아의 연무 문제 해결을 위한 다자협력 사
례 분석을 통해 개발도상국에서 발생하는 초국경 환경 문제를 역내 중견국가와
시민사회 등의 비정부 행위자들이 주도적으로 참여하는 다자협력으로 해결할 수
있는 모델을 제시하고자 한다.

I 개도국의 환경정치 개관

개발도상국들은 경제성장과 국민들의 소득 증대를 추진하는 과정에서 환경오염과 파괴가 수반되는 현상이 나타난다. 1960년대의 일본, 1970년대부터 1990년대까지의 한국은 개발도상국의 경제발전 과정에서 부작용으로 환경 문제가 대두된 바 있다. 이러한 현상은 현재 세계 최대의 개발도상국들인 중국과 인도에서도 나타난다. 중국은 외국 자본의 유치와 로컬 기업들의 발전에 따른 제조업과 대외 무역을 중심으로 하는 경제적 세계화의 수혜를 받으면서 매년 평균 6% 이상의 경제성장을 기록하고 있다. 경제적 세계화를 통한 경제성장은 많은 사람들의 고용과 소득 증대에 도움이 되었지만 제조업 공장들과 그 주변 지역들은 심각한 대기오염, 수질오염에 직면해 있다(Prakash and Hart 2000). 인도는 중국과 달리 제조업이 빈약하고 IT와 서비스업이 강한 산업구조이지만 대기오염, 수질오염에 어려움을 겪고 있는 것은 중국과 유사하다. 그렇기 때문에 중국과 인도는 경제적 세계화에 참여하는 과정에서 나타나는 부작용인 환경오염 문제를 해결하고 지속가능한 발전으로 전환하는 것이 시급한 과제가 되었다. 이를 위해 양국은 각급 정부와 국민들, 기업들, 비정부조직, 국제기구 등의 행위자들과 지속가능한 발전에 도움이 되는 환경정책의 수립, 실행과 이를 위한 효과적인 거버넌스를 실행할 수 있어야 한다.

그런데 중국은 환경정치의 과정에 있어서 환경정책이 정부 및 정부 관련 기관들에 의해 일방적으로 수립되고 집행되며 이 과정에서 환경 비정부단체 또는 시민들이 참여할 수 있는 경로들에 제한이 있다. 환경 비정부단체들은 자연보호, 멸종 위기에 놓인 동식물 보호, 환경 교육 및 캠페인, 자원재활용 및 도시정화운동 등에 제한적 참여가 허용되지만 그들의 역할은 정부의 정책을 보조하거나 지원하는 것에 그치는 경우가 많았다(신상범 2007). 반면 인도는 환경정치의 과정에 있어서 주민들의 자발적인 참여와 시위가 기업들의 지역 개발과 각급 정부의 정책 실행 여부에 영향을 미치는 요인으로 작용한다. 중국에서도 2008년 베이징올림픽 이후 대기환경의 악화로 인하여 주민들의 대기환경 오염을 유발하는 공장, 시설의 이전, 건설 반대 시위가 늘어나면서 지방정부가 공장의 이전, 건설 계획 백지화를 발표하는 경우가 나오고 있기도 하다.[1]

제13장에서는 세계 최대의 개발도상국이자 한국과 일본의 환경 문제에도 영향을 미치고 있는 중국의 환경거버넌스와 환경외교의 변천 과정을 살펴보고자 한다. 또한 주요 개발도상국인 중국과 인도의 환경정치의 특성과 문제점을 파악할 수 있는 대표적인 지역인 중국 광둥성의 중심 도시인 광저우와 인도 구자라트 주를 비교할 것이다. 아울러 동남아시아의 대표적인 중견국가인 싱가포르가 개발도상국인 인도네시아의 연무 문제를 해결하기 위해 추진한 다자협력 사례를 소개할 것이다. 이를 통해 환경정치 강의를 수강하는 학생들로 하여금 한국이 동북아시아의 중견국가로서 역내 환경 문제 해결을 위한 다자협력에서 어떤 역할을 할 수 있을지를 모색하는 데 도움을 주고자 한다.

---

1   2011년에는 랴오닝(遼寧)성 다롄(大连)에서 파라자일렌 공장의 이전을 요구하는 대규모 군중 시위가 열려 결국 해당 공장이 이전하기로 하였다. 2012년 12월에는 저장(浙江)성 닝보(宁波)에서 화학공장 건설에 반대하는 주민 시위가 벌어져 당국이 공장 건설 백지화를 발표했다.

II 중국의 거버넌스와 환경외교

1 중국의 환경정책과 환경거버넌스

개혁개방 이후 환경정책의 변천 과정과 특성

중국 대륙에서 환경 문제의 심각성이 대두되기 시작한 것은 1970년대 초반이었다. 국내에서는 베이징 저수지 오염 사고와 다롄만 오염 사고가 발생하였고 대외적으로는 1972년 스톡홀름에서 개최된 유엔인간환경회의가 환경 문제에 대한 경각심을 불러일으켰다. 이를 계기로 중국 중앙정부는 국무원 산하에 환경보호영도소조 판공실을 설치하였고 각 성과 시에도 환경 부문과 환경보호 관련 연구 및 측정 기관이 만들어졌다(원동욱 2006).

1978년 개혁개방과 함께 중국 중앙정부는 1979년에 「환경보호법(시범시행)」을 제정하고 1988년에는 국무원의 환경보호영도소조 판공실을 차관급 정부조직인 국가환경보호국으로 개편하였으며 10년 후인 1989년에 「중화인민공화국 환경보호법」을 제정하면서 환경보호 정책을 시행하고자 하였다. 또한 중국은 오염물질 배출부담금 제도를 시행하면서 폐수와 대기오염물질, 고형폐기물, 소음에 대해 부담금을 징수하였다. 그러나 중국 중앙정부와 각 지역의 지방정부가 제조업 중심의 경제개발에 초점을 맞추면서 환경의 희생을 피할 수는 없었다. 공장, 설비에서 배출되는 각종 대기오염물질, 폐수 배출로 인하여 1995년까지 중국이 오염물질 규제를 위해 시행했던 배출허용 기준에 의한 농도 규제만으로는 환경오염과 파괴를 막을 수 없었다. 환경 문제의 악화를 막기 위해서 2000년대부터 중국 중앙정부는 환경보호 관련 정책과 법규를 강화하기 시작하였다.

11차 5개년 계획 기간(2006~2010)의 환경정책

11차 5개년 계획 기간은 중국 중앙정부가 환경규제라는 개념을 처음으로 도입하고 시행하는 데 의의를 찾을 수 있다. 또한 중국 중앙정부의 환경 관련 정보 공개도 이 기간 중에 시작되었다. 중국 중앙정부는 2008년 5월부터 '정부정보공개조례'에 따라 국민의 이익에 영향을 주는 정보와 사회의 광범위한 이해가 필요한 정보 등을 국민들에게 공개하기 시작하였다. 중국의 환경보호부에서는 환경질 상태, 환경통계와 환경조사 결과 환경사건의 발생과 처리 과정, 오염배출 부담금의 징수항목 및 금액, 환경행정처벌, 오염배출총량 초과 기업의 명단 등을 공개대상 정보로 지정하고 공개하고 있다. 유인제도로는 중국 공산당과 지방정부의 책임자가 시행한 환경시책의 성과를 인사고과에 반영하는 정책이 도입되었다. 환경성과 평가에는 해당 지역의 환경 상태, 오염규제 현황, 친환경건설 현황, 농촌 환경 개선 및 오염사고 등의 지표를 활용하고 있다.

12차 5개년 계획 기간(2011~2015)의 환경정책

2011년 3월에 나온 '국민경제·사회발전 12차 5개년 계획강령'(이하 12·5 계획강령)에서도 구체화된 환경보호의 정책방향은 자원 절약 및 오염물질 배출 감축, 순환경제를 통한 지속가능한 발전능력 강화, 환경보호 경제수단 활용방안 강화에 초점을 맞추고 있다. 이를 위해 에너지·자원절약 및 오염물질 배출 감축 부문에서는 단위 GDP당 에너지소비량 16% 감축을 목표로 에너지절약목표 책임에 대한 심사를 강화하였다. 또한 에너지절약상품 인증제도와 에너지절약상품에 대한 정부 강제구매제도 시행을 통해 수자원과 광산자원에서도 무상 사용을 줄여서 사용량을 감축하고, 오염물질 배출 감축 부문에서는 아황산가스와 COD의 배출량을 2010년 대비 10%씩 줄이며 오염물질 배출 규제항목에 암모니아 질소와 질산화물을 추가하고 각각 배출량 8% 감축을 목표로 설정하였다.

13차 5개년 계획 기간(2016~2020)의 환경정책

13차 5개년 계획 기간의 중국 중앙정부의 환경정책은 시진핑 국가주석의 권력 강화와 함께 중앙정부의 지방에 대한 환경 감찰도 강화하는 흐름으로 가고 있다(Ran 2017). 이는 2013년부터 간헐적으로 발생하는 스모그와 자동차 배기가스, 공장의 오염물질 배출로 인한 대기오염의 완화가 시급하기 때문이다. 우선 중국 중앙정부는 2020년까지 초미세먼지의 연평균 농도가 $35\mu g/m^2$를 넘는 지역은 18%를 줄이기로 하였다(한국보건사회연구원 2017). 이를 위해 베이징은 자동차 배기가스로 인한 오염을 줄이기 위해 노후 차량 폐기와 배터리 전기자동차 보급을 확대하고 있으며 톈진과 허베이성 등의 중화학제품 집중 생산 지역은 화석에너지 사용 비중을 축소하고 천연가스 사용을 늘리려 하고 있다(심상형 2017). 또한 중국 중앙정부는 '2017~2018 대기오염 개선작업방안(이하 대기오염 개선작업방안)'을 내놓으면서 대기오염 유발 업종들의 생산 억제, 석탄 보일러 등 노후설비 교체, 석탄에서 천연가스로의 에너지 사용 전환을 유도하기로 하였다. 대기오염 유발 업종들은 중국 중앙정부의 환경 단속 대상이 되었는데 철강, 시멘트, 휘발성 유기화합물, 전해 알루미늄 등 중국에서 산업 생산과 고용 창출에 중요한 산업들이다. 이와 같이 대기오염을 유발하는 산업들의 공장에서 대기오염물질 배출이 적발된 후 정해진 기간 내에 시정조치를 하지 않으면 단수, 단전과 공장 가동 정지, 생산 억제 조치를 시행하고 형사처벌도 가능할 수 있도록 하였다. 그로 인해 2017년 8월 7일부터 24일까지 진행된 4차 환경 감찰에서는 〈표 13-1〉에 나온 바와 같이 강도 높은 행정 처분이 진행되었다.

| 표 13-1 | 중국의 4차 환경 감찰 결과(2017. 8. 7 - 8. 24.)

행정처분	결과
시정명령	7,457건
처벌	2,115건
입안조사	122건
벌금액	9,449만 위안
행정처벌	80명
형사처벌	66명
문책	1,797명

출처: 고영득(2017, 35).

중국 중앙정부 환경보호부는 2017년 9월 15일부터 2018년 1월 15일까지 총 8차에 걸쳐 2,480명의 인원을 투입하는 공견행동(생활 중의 폐해를 찾아내 없애는 일)을 진행하면서 검사, 처리, 순찰, 상담, 감찰을 하나로 묶은 '환경보호 감사 패키지(종합권)'의 채택을 준비하고 있다(진상현·유희석 2017).

중국의 환경정책과 거버넌스의 문제점

중국 중앙정부의 상술한 바와 같은 노력에도 불구하고 중국의 환경정책과 거버넌스는 해결해야 할 문제점이 남아 있다. 우선 중앙정부의 환경, 기후변화 정책 기능이 분산되어 있고 관련 예산, 권한이 부족한 점을 들 수 있다. 수자원 정책은 수리부, 향진 지역에 부족한 폐기물·폐수 처리 시설 건립 허가는 건설부, 기후변화 대응 정책은 국무원 국가

발전개혁위원회가 주도하고 있다. 반면에 환경보호부는 미국 환경보호국(EPA)에 비해 예산, 권한이 여전히 부족하다. 둘째, 지방 행정 단위에서는 환경 문제와 관련된 부처들이 중앙정부 부처의 정책에 따라 움직여야 하며 성의 최고 지도자인 공산당 서기의 의중을 반영해야 하기 때문에 정책 수립, 실행의 자율성이 떨어진다. 최상급인 성(省) 정부와 자치구 정부 환경보호국은 중앙정부 환경보호부의 정책, 방침에 따라 일반적인 환경 관련 정책을 수립, 실행한다. 성과 자치구의 수리국은 성의 수자원 정책을 담당하며 중앙정부 수리부와의 협조를 통해 정책을 추진한다. 건설국은 지역의 폐기물, 폐수 처리장 건설 시 중앙정부 건설부의 허가, 협조 업무를 담당한다. 성 정부의 발전개혁위원회는 중앙정부 국무원 국가발전개혁위원회의 정책, 방침에 따라서 지역의 기후변화 관련 정책을 추진한다. 성의 각 부처별로 분산되어 수립, 실행되는 정책들은 성의 최고 지도자인 성의 공산당 서기의 방침에 따라 추진 여부가 결정된다. 그렇기 때문에 성 공산당 서기의 환경정책에 대한 마인드와 실행 의지가 중요하다. 그러나 지방정부의 재정 부족과 환경보호부, 지방정부 환경보호국의 예산, 인력, 권한 부족으로 인한 환경오염 감시 활동의 한계, 주민들의 환경정책 참여 제한이 존재한다. 또한 주민들이 지방법원에 지방정부나 현지 기업을 상대로 환경오염 관련 소송을 제기해도 지방법원이 지방정부 소속이어서 승소할 가능성이 매우 낮다.

2 중국의 환경외교

중국 환경외교의 대외적 입장과 국제협력(1989 – 2012)

중국의 환경문제, 환경외교에 대한 대외적 입장은 1990년 국무원 환경보호위원회가 내놓은 지구환경에 대한 원칙적 입장과 1992년 리우회의에서의 당시 국무원 총리였던 리펑의 연설에 언급되어 있다(이기현 2008). 당시의 주요 논지들은 아래와 같이 정리해 볼 수 있다.

표 13-2 | 1990년대 초반 중국의 환경외교에 대한 대외적 입장

1 환경보호는 세계의 공통 임무이지만 선진국에 보다 더 큰 책임이 있다.
2 환경보호와 경제발전의 병행
3 각국은 자연자원과 생물에 대한 주권을 가지며 각자의 상황과 조건에 근거하여 자국의 환경보호 및 발전 전략을 결정할 수 있다.
4 각국의 환경자원에 대한 주권을 보호되어야 하며 이에 대해서는 타국이 간섭할 수 없다.
5 선진국들은 지구환경 문제와 관련하여 개발도상국에 대한 자금 지원, 환경기술이전 등 더욱 많은 의무를 부담하여야 한다.
6 개발도상국가들의 특수상황을 충분히 고려하고 환경보호를 원조의 부가 조건으로 달지 말고 그것을 구실로 새로운 무역장벽을 세우지 말아야 한다.

출처: 이기현(2008, 174).

　　이러한 관점을 바탕으로 중국 중앙정부는 1989년 오존층 보호에 관한 비엔나협약, 1991년 몬트리올의정서에 가입했다. 또한 당시 중앙정부와 지방정부의 환경 개선에 투자할 수 있는 자금 부족으로 세계은행, 유엔개발계획, 지구환경기금 및 아시아개발은행의 지원에 의존하였다(전형권 2002). 1990년대부터 2007년까지 연평균 8%가 넘는 경제성장을 통해 중앙정부의 재정이 강화되었지만 경제성장을 통한 국내 제조업의 발전, 일자리 창출에 치중하고 일부 대도시들을 제외한 대다수 지방정부의 재정 부족으로 인하여 국내 환경 문제 개선뿐만 아니라 글로벌 차원에서의 오염물질 배출량 감소를 위한 교토의정서체제의 참여에도 소극적이었다. 특히 기후변화 대응에서는 EU의 대기오염물질 배출량 감소 의무 부과에 반대하는 입장을 유지했는데 이는 중국 중앙정부의 개입으로 제조업 기업들과 자가용에 대한 대기오염물질 배출량을 줄

이게 될 경우 중국 제조업 기업들의 이윤 창출과 고용 증대에 부정적 영향을 미칠 점을 우려했기 때문이다(조정원 2017).

시진핑 시대 중국 환경외교의 변화와 원인

그러나 중국의 환경외교는 2013년 시진핑의 국가주석 취임 이후 기조에 변화를 보이기 시작했다. 특히 2015년 하반기에는 중국의 이전 지도부에서는 상상하기 어려웠던 변화를 추진하였다. 우선 동년 9월 시진핑 국가주석의 미국 방문 기간 중에 개최한 오바마 대통령과의 정상회담에서 글로벌 차원에서의 저탄소경제 전환을 위해 노력하며 21세기 중엽에는 지구 평균기온 상승을 2도 이내로 억제하는 데 협력하기로 하였다. 또한 2017년 중국의 배출권 거래제 전면 시행을 약속함으로써 온실가스와 대기오염물질 배출량 감소에 보다 적극적으로 임하는 모습을 보여 주었다. 아울러 2015년 11월 30일부터 동년 12월 12일까지 파리에서 진행되었던 유엔기후변화협약(UNFCCC) 제21차 당사국총회(COP21, 이하 파리 COP21)의 합의문에서는 저탄소경제 패러다임으로의 전환을 위해 지구 온도 상승을 1.5도 이내로 억제하고 5년마다 당사국들이 감축 의무인 국가 결정 기여(Nationally Determined Contribution, 이하 NDC)를 이행하는지를 검토하는 파리협정을 체결하였다. 또한 2020년부터는 선진국들이 개발도상국들과 후진국들의 기후변화 대응을 돕기 위해 매년 1,000억 달러를 지원하기로 하였다. 이러한 국제적 합의 도출은 시진핑 국가주석 중심의 중국공산당 제5세대 지도부의 기후변화 정책 변화가 있었기에 가능했다.

시진핑 체제에서 중국의 기후변화 정책이 변화하게 된 데는 중국의 경제력이 강화되면서 글로벌 차원의 기후변화, 환경 문제 해결을 위한 책임을 회피할 수 없는 데서 비롯되었다. 개혁개방 초기에 중국은 해외 직접 투자와 선진국들의 지원을 바탕으로 제조업 중심의 경제 개발을 해야 하는 문제에 직면해 있었다. 그 과정에서 환경 문제에 대한 고려는 국정의 우선순위에 들어가지 못했다. 그러나 현재 중국은 국가별 GDP 총액 세계 2위, 외환보유고 세계 1위의 경제 대국이 되었다. 동부 연해 지역에 비해 낙후된 동북 지역과 중부, 서부 지역의 균형 발전, 극빈 계층과 농촌 경제에 대한 배려는 여전히 단기간에 해결이 어려운 과제이지만 세계 각국에 과감한 투자와 금융 지원을 통해 대국으로서의 달라진 모습을 보여 주고 있다. 그리고 풍력발전 분야에서는 진펑과기(金凤科技)와 같이 신재생에너지 분야에서 두각을 나타내는 기업도 등장했다. 파리협의 이후 도래할 신기후체제에 두려워하지 않고 적극적으로 주도할 수 있는 능력을 갖추게 된 것이다. 이러한 중국의 발전으로 인하여 유럽연합은 교토의정서체제에서부터 중국의 역할 분담을 요구해 왔다. 그리고 미국은 조지 W. 부시 2기 행정부의 국무부 차관이었던 로버트 졸릭이 비약적인 경제발전을 기록한 중국이 국제사회에서 책임지는 이해당사자로서의 역할을 해야 함을 주장한 바 있으며, 오바마 행정부는 기후변화와 환경 문제에서 중국의 보다 적극적인 대응과 참여를 요구한 바 있다. 이러한 국제사회의 요구에 중국이 계속 변화된 모습을 보이지 않고 개발도상국으로서의 대우와 외부의 지원만을 바라며 기후변화 대응에 대한 국제협력은 도외시한다면 미국과 유럽연합으로부터 중국이 필요로 하는 새로운 산업의 발전에 필요한 자본과 기술 지원을 요구하기가 어렵게 될 것이다. 또한 후진타오, 원자바오 중심의 제4세대 지도부 임기 중에 중국 중앙정부 차원에서 얘기했던 "책임지는 국가(负责任的国家)"의 모습에도 부합하지 않는다. 그렇기 때문에 중국은 현 지도부 체제하에서 기후변화 정책에 있어서 이전 지도부보다 전향적인 태도로 전환하는 선택을 할 수밖에 없게 된 것이다.

III 중국과 인도의 환경, 기후변화 거버넌스 비교

1 중국과 인도의 거버넌스 특성과 차이점

중국과 인도의 환경, 기후변화 정책의 접근에서 가장 큰 차이점은 정부의 역할과 시민사회의 역량, 기능에서의 상이함에 있다. 중국은 표면적으로는 중앙정부 중심의 하향식(top-down) 거버넌스를 추구하고 있다. 또한 공산당과 각급 정부와 연계되어 있지 않은 시민사회단체들은 중앙정부와 지방정부의 정책에 행사할 수 있는 영향력이 제한적이다. 반면 인도는 각급 정부가 주민들의 환경운동과 환경정의를 중시하고 있으며 주민들이 정부정책, 전문가들의 정책자문에 참여하고 자신들의 의견을 반영하는 것이 가능하다. 이러한 차이점이 양국의 지역 차원에서는 어떻게 나타나고 있는가?

2 양국 경제, 산업 중심지의 거버넌스 비교: 광저우와 구자라트

중국과 인도는 대국이기 때문에 지역 간 발전의 상황과 편차가 다양하게 나타난다. 그렇기 때문에 양국의 지역 차원의 비교는 발전의 동질성이 나타나는 곳을 선정해야 한다. 이 절에서 소개하는 중국 광둥성의 광저우, 인도의 구자라트 주는 양국의 경제, 산업 중심지이며 경제발전 단계가 고도화되면서 환경정책과 기후변화 대응에 초점을 맞추는 공통점을 가지고 있다.

광저우

광저우는 2016년 중국의 성, 자치구별 지역총생산 1위(1조 9,610억 9,400만 위안)인 중국 남방의 광둥성 성회(성 정부 소재지)이며 1,404만 3,500명의 인구를 보유하고 있는 대도시이다(百度百科 2017). 또한 세계 500대 기업 중 120개 기업이 중국 본부나 중국 화남 지역 본부를 광저우에 운영하고 있다(腾讯·大奥网 2017). 광저우는 2010년 중국 중앙정부가 선정한 저탄소 시범도시에 포함되지 못했지만 중국 중앙정부의 국무원 국가발전개혁위원회를 중심으로 추진하는 기후변화 대응 정책에 따라 온실가스 배출량의 감소를 추진하기 시작했다. 이를 위해 광저우 시정부는 2010년에 간선 급행버스 체계(Bus Rapid Transit, 이하 BRT)를 도입하여 하루 평균 85만 승객의 외곽에서 도심으로의 이동을 도우며 자가용의 증가로 인한 온실가스 배출량을 줄이고자 하였다(Gilly 2017). 또한 2003년부터 2010년까지 시장, 2010년부터 2012년까지 공산당 서기를 역임했던 장광닝(张广宁), 2012년부터 2014년까지 광저우시의 공산당 서기를 역임했던 완칭량(万庆良)이 광저우의 탄소배출량 감소를 통한 친환경 도시로의 발전을 강조하면서 광저우시 산하의 지방정부와 시내에서 활동하는 기업들이 탄소배출량 감소에 더 많은 관심을 가지고 역량을 집중하게 하였다(Gilly 2017). 광저우 시정부의 최고 정치지도자들의 친환경도시 정책에 대한 방향 제시는 광저우시 발전개혁위원회, 중국과학원 광저우 에너지전환연구소, 광저우시 도농건설위원회와 산하 지방정부들 간의 지역 차원의 기후변화 정책 네트워크 형성을 유도하였다(Mai and Francesch-Huidobro 2015). 또한 〈표 13-3〉에 나온 바와 같이 광저우 시정부 부처들 간의 협력을 통해 기업들의 온실가스 배출량 감소와 시내에 운행하는 트럭의 에너지효율 개선을 유도하였다.

| 표 13-3 | 광저우 시정부의 온실가스 배출과 에너지효율 개선 관련 정책

정책	목적	시행 부처
광저우 혼다의 산림녹화 오프셋 프로젝트 참여	광저우 혼다의 온실가스 배출량 감소 유도	광저우시 환경보호국, 광저우시 산림보호국
온실가스 배출 과다 기업들에 대한 전기 요금 인상	광저우 시내 기업들의 온실가스 저감을 위한 노력 유도	광저우시 발전개혁위원회, 광저우시 재정국
그린 플라이트 프로그램 (세계은행 후원)	광저우 시내 운행 트럭들의 에너지효율 개선	광저우 시정부

출처: 广州市环境保护局(2012, 32) http://www.gzepb.gov.cn/zwgk/gs/qyhjbgs/201204/P020120401592471727096.pdf (검색일: 2017.11.23.); 广州市人民政府(2015, 1-2).

구자라트

구자라트 주는 6,000만 명의 인구를 보유하고 있으며 2012년 인도 전체 국내총생산(GDP)의 5%를 차지하는 인도의 대표적인 산업 중심지이며 광저우시가 속한 광둥성과 마찬가지로 경제적으로 부유한 지역이지만 기후변화로 인한 해수면의 상승과 극단적인 더위에 상당히 취약한 특성을 가지고 있다(Gilly 2017). 그렇기 때문에 구자라트 주는 주정부 차원에서 기후변화 정책 능력 제고를 위해 노력해 왔다. 이를 위해 2008년 구자라트 주정부는 뉴델리 에너지자원연구소와 기후변화 정책과 행정 능력 향상을 위한 협약을 체결하였다. 뉴델리 에너지자원연구소의 정책자문을 받으면서 구자라트 주정부는 지역에서 활동하는 기업들과의 파트너십을 통한 기후변화 대응을 추진하였다. 구자라트 주정부는 기업들의 온실가스 배출량 감소를 위해 기업들이 보유한 건물 옥상에 태양광 발전용 패널을 설치하였고 700메가와트의 전력 생산이 가능한 구자라트 솔라파크를 구축하였다(Gilly 2017). 이를 통해 구자라트 주의 태양광 발전량이 인도의 태양광 발전량에서 차지하는 비중을 20%까지 끌어 올렸다(Government of India 2015). 또한 구자라트 주정부는 기업들의 청정개발체제(Clean Development Mechanism, 이하 CDM) 프로젝트 투자를 유도하여 2012년까지 구자라트 주가 인도 전체 CDM 프로젝트의 18%를 차지하는 성과를 창출하였다(Gilly 2017). 이러한 정책들을 시행함으로써 2013년에 구자라트 주가 인도 전체 온실가스 배출량에서 차지하는 비중을 1984년 구자라트 주 온실가스 배출량의 약 절반 수준인 4%대로 줄일 수 있었다(Gilly 2017).

광저우와 구자라트의 공통점과 차이점

광저우와 구자라트는 기업들의 활동이 활발한 산업의 중심지이며 기후변화 대응을 위해 광저우 시정부와 구자라트 주정부가 정책의 수립과 실행에 개입하는 공통점을 보여 주고 있다. 그러나 광저우와 구자라트의 환경, 기후변화 거버넌스는 분명한 차이점을 보여주고 있다. 광저우 시정부는 중국 중앙정부의 정책을 바탕으로 지방정부 부처들 간의 정책 네트워크와 협조를 통해 기업들의 기후변화 대응을 유도하였다. 광저우시에서 활동하는 기업들은 시정부의 정책을 따라가는 입장이었고 기업들이 시정부의 정책 파트너로서 적극적으로 참여하는 모습은 나오지 않았다. 반면에 구자라트 주정부는 주정부 산하 에너지국에서 1979년에 태양광을 이용한 주방 조리 기기를 개발하면서 지역 주민들의 에너지 빈곤과 주방에서의 일상생활의 불편을 해소하는 데 도움을 준 바 있다(Gilly 2017). 구자라트 주정부는 역내 기업들과의 파트너십을 통해 태양광 발전량 증대, 기업들의 CDM 프로젝트 투자를 유도하여 구자라트 주의 온실가스 배출량 감소를 이끌어냈다. 이러한 지방정부와 역내 기업 간의 파트너십은 인도의 직접 참여형 환경거버넌스가 구자라트 주의 특성에 맞게 진화한 모습을 보여주고 있다. 특히 구자라트 주정부가 2009년에 내놓은 태양광 발전 정책은 인도 중앙정부의 태양광 발전 정책보다 1년 앞서 나온 것이다(Gilly 2017). 이는 인도에서는 지방정부가 기후변화 대응 정책에서 중국보다 적극적인 역할을 하고 있음을 보여 주고 있다.

IV 다자협력 사례: 인도네시아 연무 문제

1 연무 문제 발생 원인과 문제 해결의 장애 요인

인도네시아 수마트라와 보르네오의 밀림과 임야에서는 해마다 12월부터 그 다음해 3월까지 발생하는 엘니뇨 현상과 현지 팜 플렌테이션 기업들에 고용된 원주민들의 대규모 화전농법이 연계되면서 연무가 심하게 일어났다(Cassson 2002). 특히 1997년의 인도네시아 연무는 수마트라와 보르네오에 인접한 말레이시아, 싱가포르와 브루나이, 필리핀, 태국에까지 영향을 미쳤다. 또한 연무의 발생과 화전농법으로 인한 수마트라 열대우림의 파괴로 코뿔소, 오랑우탄, 코끼리 등 야생동물들의 서식지가 파괴되는 부작용도 발생하였다. 연무의 재발을 막기 위해 말레이시아와 싱가포르는 아세안 회원국들 간의 협력을 통해 2002년에 아세안 초국경 연무오염방지협정(ASEAN Agreement on Transboundary Haze Pollution, 이하 ATHP)의 체결을 통해 인도네시아 중앙정부로 하여금 수마트라, 보르네오에서의 무분별한 화전 개간으로 인한 화재와 연무를 통제하도록 유도했지만 오랜 기간 동안 성과를 내지 못했다. 이는 인도네시아 중앙정부가 연무의 원인을 제공하는 화전 경작에 종사하는 대다수 수마트라, 보르네오 주민들에게 경제활동의 대안을 제시할 수 없었기 때문이다. 또한 인도네시아 중앙정부가 팜오일 플렌테이션을 위한 임야 개간과 화전 경작 과정에서의 문제점을 예방하고 감시할 행정체계와 인력 확보에 어려움을 겪었고 지역경제 개발을 위해 팜오일 기업들과의 협력이 필요한 점도 연무 문제 해결의 장애 요인으로 작용하였다. 아울러 인도네시아 정부가 아세안헌장 2조에 나와 있는 내정 불간섭과 주권 보장의 원칙을 강조하면서 연무의 통제를 요구하는 다른 아세안 회원국들의 요구에 응하지 않았던 점도 연무 문제의 해결을 더욱 어렵게 만들었다(박병도 2014).

2 싱가포르 정부의 인도네시아 연무 문제 해결을 위한 다자협력

연무 문제의 해결을 위해 싱가포르는 정부 간의 다자협력, 발리 유엔총회에서의 연무 문제 의 공개적 제기 외에 싱가포르 국제문제연구소(Singapore Institute of International Affairs, 이하 SIIA)를 중심으로 NGO와 시민사회, 현지 공동체와의 연계를 통해 인도네시아 중앙정부가 연무 문제 해결에 관심을 갖도록 설득과 압박을 병행하였다. 특히 SIIA가 주도한 NGO 네트워크에 참가한 그린피스는 팜오일 생산에 참여하는 대기업인 유니레버에 원료를 공급하는 Golden Agri-Resources(GAR)이 인도네시아 열대우림을 파괴하는 주범이었음을 아세안 전체에 공개하고 유니레버의 제품 구입이 심각한 환경파괴를 유발함을 주장함으로써 유니레버는 열대우림 파괴를 최소화한 방식으로 생산된 팜오일만을 구매하겠다는 것을 서약하도록 하였다(윤정현 2016). 또한 싱가포르 정부는 세계자원연구소(WRI)가 구글맵, '글로벌 산림감시기구(GFW)'들과 실시간 제휴하여 연무가 빈번하게 발생하는 지역의 현황에 대한 실시간 정보 확보가 가능하도록 지원하였다(윤정현 2016).

이러한 싱가포르의 다양한 형태의 다자협력의 시도로 인해 2014년 인도네시아 의회는 ATHP을 비준하였다. 그로 인해 2002년에 아세안 회원국들 간에 체결된 ATHP는 체결에 참여한 모든 국가들에게 연무에 따른 대기오염 방지를 위한 제도적인 장치로 기능할 수 있게 되었다.

더 읽을거리

Economy, Elizabeth C. 2010. *The River Runs Black: The Environmental Challenge to China's Future.* Cornell University Press.

Kostka, Genia. 2013. *Local Environmental Politics in China: Challenges and Innovations.* P.J. Mol ed. New York: Routledge.

Mai, Qianqinq and Maria Francesch-Huidobro. 2015. *Climate Change Governance in Chinese Cities.* New York: Routledge.

Sze, Julie. 2015. *Fantasy Island: Chinese Dreams and Ecological Fears in an Age of Climate Crisis.* Berkeley: University of California Press.

ZHANG, YAN. 2017. *Governing the Commons in China.* London and New York: Routledge.

토론해 볼 문제

1   개발도상국에서 국가의 환경 문제 해결을 위해 중앙정부는 어떤 역할을 하는 것이 바람직한가?

2   개발도상국에서 경제개발과 일자리 창출, 환경보호의 병행은 가능한가? 개발도상국의 정부 주도의 경제개발 과정에서 환경의 희생은 불가피한 것인가?

3   환경 문제 해결과 기후변화 대응을 위해 정부 주도의 하향식 거버넌스(top-down governance)와 시민사회, 기업들이 주도적으로 참여하는 상향식 거버넌스(bottom-up governance) 중에서 어떤 형태의 거버넌스가 바람직하다고 보는가?

4   지역의 환경 문제 해결을 위해 지방정부는 주민들과 기업들의 참여와 협력을 어떻게 유도하는 것이 바람직한가?

5   중국의 스모그와 미세먼지로 인하여 대기질 관리에 어려움을 겪고 있는 한국은 동북아시아의 중견국가로서 국제사회에서 어떤 형태의 다자협력을 추진해야 하는가?

고영득. 2017. "사드 보복보다 센 중국의 환경규제."『주간경향』1246. p. 35.

박병도. 2014. "동남아 연무문제 대응의 국제법적 함의."『환경법연구』36(2). p. 174.

신상범. 2007. "후발성의 이점과 중국의 환경정치."『아세아연구』50(4). pp. 138-162.

심상형. 2017. "에너지와 산업구조가 전환돼야 효력 중국, 초미세먼지와 장기전 불가피."
　　　CHINDIA journal Vol. 123. p. 23.

원동욱. 2006. "중국 환경문제에 대한 재인식 – 경제발전과 환경보호의 딜레마 – ."
　　　『환경정책연구』5(1). p. 55.

윤정현. 2016. "초국경적 대기오염 이슈와 글로벌 거버넌스: 인도네시아 연무(haze)
　　　해결을 위한 싱가포르의 대응전략."『세계지역연구논총』34(1). p. 72.

이기현. 2008. "중국 국가대전략과 환경외교의 변화."『글로벌정치연구』1(2). p. 174.

전형권. 2002. "국제환경협상에 있어서 중국의 협력기화와 제약요인: 기후변화협상을
　　　중심으로."『국제정치논총』42(4). pp. 393-421.

조정원. 2012. "바오딩시(保定市)의 환경거버넌스와 기후변화 정책."『아세아연구』55(1).
　　　pp. 35-66.

_____. 2017. "중국의 기후변화 정책과 거버넌스: 시진핑의 5세대 지도부를 중심으로."
　　　『글로벌 기후변화 거버넌스와 한국의 전략』. 파주: 한울아카데미. pp. 71-72.

진상현 · 유희석. 2017. "중국 역대급 환경규제…'170조' 환경시장 뜬다."『머니투데이』.
　　　2017. 9. 21. http://news.mt.co.kr/mtview.php?no=2017092115432982971&outlin
　　　k=1&ref=https%3A%2F%2Fsearch.naver.com (검색일: 2017.10.19.)

한국보건사회연구원. 2017. "중국의 대기오염 적색주의보."『글로벌 사회정책브리프』
　　　Vol.52, 2.

Cassson, Anne. 2002. "The Political Econonmy of Indonesia's Oil Palm Sector." in
　　　C. J. Colfer and I. A. P. Resosudarmo eds., *State, Communities and Forests in
　　　Contemporary Borneo*. Canbarra: The Australia National University Press, 221-
　　　245.

Gilly, Bruce. 2017. "Local Governance Pathways to Decarbonization in China and
　　　India." *China Quarterly* Vol. 231, 735-745.

Government of India. 2015. "State-wise installed capacity of grid interactive
　　　renewable power as on 31st March 2013." https://data.gov.in (검색일: 2017.11.
　　　20.)

Mai, Qianqinq, and Maria Francesch-Huidobro. 2015. *Climate Change Governance
　　　in Chinese Cities*. New York: Routledge. 35.

Prakash, Aseem, and Jeffrey A. Hart. 2000. "Responding to globalization-an introduction." *Responding to Globalization*. New York: Routledge. 53.

Ran, Ran. 2017. "Understanding Blame Politics in China's Decentralized System of Environmental Governance: Actors, Strategies and Context." *The China Quarterly* Vol. 231, 657.

广州市环境保护局. 2012. "广汽本田汽车有限公司 2011年企业环境报告书." 32. http://www.gzepb.gov.cn/zwgk/gs/qyhjbgs/201204/P020120401592471727096.pdf (검색일: 2017.11.23.)

广州市人民政府. 2015. "广州市地区污染综合防治工作方案的通知." 1-2.

腾讯·大奥网. 2017. "广州总部经济井喷, 每4家500强就有1家在穗设总部." 广州日报. 10月 11日. http://gd.qq.com/a/20171010/023394.htm (검색일: 2017.11.20.)

百度百科. 2017. "广州." https://baike.baidu.com/item/%E5%B9%BF%E5%B7%9E/72101?fromtitle=%E5%B9%BF%E5%B7%9E%E5%B8%82&fromid=21808 (검색일: 2017.11.27.)

中央政府门户网站. 2009. "1973年：环境保护开始起步." http://www.gov.cn/jrzg/2009-08/30/content_1404821.htm (검색일: 2017.08.21.)

14

결론: 한국 환경정치의 과제

주요어(KEY WORDS) 한국의 환경정치 · 환경제도화 · 환경외교 · 환경시민사회 · 환경거버넌스 · 기후변화외교 · 지방정부 · 지방의제21 · 창원시 · 누비자 · 공공자전거 · 민주주의와 환경 · 분권화 · 환경의식 제고

한국에서는 1977년에 환경보전법이 제정되고 1980년에 환경청이 신설되었지만 본격적으로 정부가 환경 문제를 심각하게 고려하고 정책을 수립한 것은 1990년에 환경정책기본법이 제정되고 환경청이 환경처로 승격된 시점이었다고 할 수 있다. 이후 1990년대와 2000년대를 통해 환경정책과 환경외교가 지속적으로 발전되었다. 이 과정에서 환경시민사회가 지속적으로 성장했으나 아직까지 한국의 환경거버넌스의 특징은 전반적으로 시민사회보다는 국가가, 그리고 지방정부보다는 중앙정부가 환경정책을 주도한다는 점이다. 그러나 이러한 하향식 거버넌스가 점차 상향식으로 바뀌고 있다. 물론 이 변화 과정은 느리고 복잡하다. 창원시의 사례에서 보듯이 지방정부가 환경 및 기후변화를 주제로 혁신을 시도하기에는 아직도 리더의 인센티브와 제도적 뒷받침이 부족하다. 또한 보수정부가 환경 이슈를 선점하여 시민사회의 참여 통로를 제한하고 환경보다는 환경이슈를 통한 개발을 추진하여 환경정치를 퇴보시키기도 한다. 그러나 최근 정부는 환경, 기후변화, 에너지 문제를 공론화하고 시민의 참여를 확대하고 정책과정의 투명성을 제고하기 위해 노력하고 있다. 비록 갈 길은 멀지만 이미 시민사회의 참여와 지방정부의 자율성이 지구환경정치의 대세가 되고 있고 동북아 주요 3국 중 한국이 이러한 발전의 지역 리더가 될 가능성이 가장 높다는 점에서 향후 한국 환경정치의 전망은 밝다고 할 수 있다.

I 서론

지금까지 우리는 이 책을 통해 지구환경정치란 무엇인지, 그것이 어떻게 전개되어 왔으며 그것을 어떻게 국제정치학적으로 분석할 수 있는지, 그 과정에서 어떤 행위자들이 어떤 노력을 해 왔고 그 결과는 어땠는지, 그리고 환경과 관련하여 어떤 쟁점들이 있으며 선진국과 개도국의 환경정책은 어떤 차이가 있는지 등을 살펴보았다. 이제 이 장에서는 마지막으로 한국의 국내 및 국제 환경정책을 중심으로 한국의 환경정치를 소개한다.

최근 약 10여 년간의 자료에 의하면 한국은 국내총생산(GDP)으로 본 경제규모 면에서 세계 10-15위 정도를 기록하고 있으며 상품 무역량 면에서도 세계 10위권 내에 있을 정도로 세계경제에서 주도적 역할을 하고 있다. 또한 이산화탄소 배출량도 세계 9-13위 정도를 기록하고 있다. 따라서 한국도 이제 미국이나 중국, 일본 그리고 유럽 국가들에 못지않게 지구환경정치에서 중요한 행위자가 되었고 향후 기후변화 등 당면한 환경 의제에서 중요한 역할을 할 것으로 예상된다. 한국은 선진국에 비해 비교적 늦게 그러나 급속도로 경제발전에 성공한 전형적인 중위권 소득 국가들(middle income countries) 중 하나인데 그러한 중위권 국가들 중 비교적 선진국 못지않은 수준의 환경제도화를 이루어낸 몇 안 되는 국가들 중 하나라고 할 수 있다. 또한 동아시아에서도 중국, 일본 그리고 아세안(ASEAN) 등 역내 주요 국가들과의 협력과 조정을 주도하여 향후 지역환경협력에 있어서도 큰 역할을 할 수 있다.

다음 절에서는 먼저 한국의 환경제도화 과정과 환경거버넌스에 대해 약술하고 3절에서는 한국의 국제환경정책 및 기후변화정책을 소개한다. 4절에서는 특히 지방정부 주도의 환경 및 기후변화정책을 창원시를 사례로 소개하고 5절에서는 결론과 함의를 제시한다.

II 한국 환경정책의 전개 과정과 환경거버넌스

이 책의 1장에서 언급한 바와 같이 지구환경정치의 역사를 개관할 때 가장 큰 분수령이 되는 사건은 1972년의 스톡홀름대회와 1992년의 리우회의였다. 그리고 이 두 시기를 기점으로 하여 많은 국가들의 국내 환경정책이 제도화되었다. 미국이나 서유럽 선진국들 그리고 일본의 경우 대체로 1972년을 전후로 하여 환경을 담당하는 정부 부서가 설치되고 환경정책을 총괄적으로 뒷받침하는 역할을 하는 환경기본법이 제정되었다. 이 당시 이들은 환경을 고려하지 않은 경제발전 그리고 그로 인한 극심한 환경파괴의 폐해를 경험하고 난 후 환경보호 의식이 생겨나고 환경 문제에 대한 자각을 하게 되면서 환경제도를 만들게 되었다. 이 과정에서 녹색 지구를 보존하자는 국제 여론과 그 구체적 실천(지구의 날 제정, 환경단체의 결성 등)이 큰 역할을 하였다.

그런데 이들에 비해 산업화의 타이밍이 늦었던 개발도상국들의 경우 스톡홀름대회가 열리던 1972년 당시에는 산업화의 초기 단계이거나 산업화가 진행되고 있던 경우라도 그에 따른 환경부작용이 가시화되기 전의 상황이었다고 할 수 있다. 그리고 사실 산업화를 본격적으로 시작도 하지 않은 경우도 있었을 것이다. 따라서 개발도상국들은 스톡홀름대회의 영향으로 국내에서 환경 관련 정책이나 법을 만들기 시작한 경우도 있으나 그런 경우조차도 대부분 형식적인 절차에 그치고 실제 정책이 본격적으로 집행되지는 않았다. 개도국들의 환경제도화가 실제로 진행된 것은 두 번째의 분수령인 1992년 리우회의를 전후로 한 시점, 즉 1980년대 말과 1990년대였다. 리우회의는 스톡홀름대회와는 달리 지속가능한 발전이라는 슬로건을 통해 개도국과 선진국이 문제의식을 공유하고 환경 문제의 해결책을 함께 모색하는 자신감 넘치는 축제의 장이었다. 따라서 개도국에게 국내 환경제도화의 직·간접적인 외부적 계기가 되기에 충분했다. 예를 들어 중국의 경우 1979년에 환경법을 처음 만들어 임시로 시행하다가 1989년에 정식으로 환경법을 새로 만들어 시행하였는데 이 후자의 시점이 환경제도화의 진정한 출발점이라고 볼 수 있다.

한국의 경우에도 1977년에 환경보전법이 제정되고 1980년에 보건사회부 산하에 환경청이 신설된 것이 제도화의 출발점이라고 볼 수 있다. 그러나 실제로 정부가 환경 문제를 심각하게 고려하고 정책을 수립한 것은 1990년에 환경정책기본법이 제정되어 비로소 환경정책을 위한 포괄적인 법적 기반이 마련되었고 같은 해에 환경청이 환경처로 승격되었던 시점이었다. 이후 1990년대에 많은 핵심적이고 세부적인 환경 관련 법안들과 정책들이 마련되었고 1995년에는 환경처가 환경부로 승격되었다. 따라서 한국 환경제도화의 진정한 출발점은 1990년이라고 할 수 있다. 한국 환경정책에 관한 기존 연구들을 보면 한국 환경정책의 역사적 전개 과정을 여러 방식으로 시기 구분하는데 이들이 공히 지적하고 있는 것은 1970년대와 1980년대는 대체로 환경정책이 형성되는 시기이고 1980년대 말부터 1990년은 환경정책이 발전되는 시기라는 점이다. 예를 들어 한 연구는 전체 발전 과정을 환경정책의 태동기(1977년 이전), 환경정책의 도입기(1977년부터 1989년까지), 환경정책의 발전기(1990년부터 1999년까지), 그리고 환경정책의 확장기(2000년 이후)로 나

눈다(정회성 외 2014, 56).

　선진국과 마찬가지로 한국에서도 1980년대에 들어서서 급속한 산업화의 부작용으로서 환경 문제가 사회적 이슈가 되기 시작했다. 대표적인 사례로서는 경상남도 울주군 온산면의 이른바 온산투쟁을 들 수 있다. 온산에는 1970년대 말부터 금속 및 화학 공장들이 들어서면서 극도로 유해한 폐수를 방류하기 시작했는데 이로 인해 1980년대 초반에 집단 괴질이 발생하는 등 피해가 속출하였다. 이 사건은 1985년 한국 최초의 환경단체라고 할 수 있는 공해문제연구소에 의해 전국적으로 이슈화되었는데 결국 문제의 원인을 밝히려는 정부 측의 노력이 없이 집단 이주와 그에 따른 보상으로 마무리되었다. 그럼에도 불구하고 이 사건은 한국 최초의 풀뿌리 환경운동으로서 이후 환경운동이 조직화되고 활성화되는 데 큰 계기가 되었다. 또한 1991년부터 1994년까지 이른바 낙동강 페놀오염 사고가 여러 차례 발생했는데 이는 당시 두산전자 구미 공장에서 독성물질인 페놀이 유출되어 대구지역 수돗물과 낙동강 등 인근 하천이 오염되어 임산부의 중독 등 오염피해가 극심하게 발생했던 사건이었다. 이 사건은 최초 발생 시 정부 기관에서 제대로 처리되지 않고 몇 차례 반복적으로 발생하여 피해가 가중되었다. 이에 대한 주민들의 투쟁은 이후 한국에서 환경 이슈가 정치적 쟁점이 되고 시민운동에서 의제가 되는 데 큰 계기가 되었고 1995년에 환경처가 환경부로 승격되는 데에도 영향을 미쳤다.

　이후 1990년대 중후반부터 한국의 환경운동은 산업공해보다는 댐 건설이나 핵폐기장 건설 그리고 4대강 정비사업 등 크고 작은 개발 사업에 반대하는 투쟁을 통해 환경과 개발 중 어디에 더 중점을 둘 것인가라는 문제를 직접적으로 제기하였다. 이러한 변화의 배경에는 한국 사회의 정치적, 경제적 발전이 있었다. 1997년의 외환위기에도 불구하고 한

국경제는 1990년대 말에 이미 세계가 주목할 만큼 성공적으로 발전하였고 이 발전은 이후 2000년대에도 대체로 지속되었다. 또한 1987년의 민주화운동으로 인해 대통령 직선제가 부활하고 1993년에는 문민정부가 집권하게 되고 1998년에는 정권교체가 이루어지는 등 정치적 민주화와 시민사회의 발전 또한 비약적으로 빠르게 진행되었다. 이러한 정치경제적 발전을 배경으로 급속하고 기적적인 경제성장을 경험한 한국 사회에서도 환경 문제에 대한 사회적 자각이 일어나고 환경의식이 고양되면서 불필요한 개발에 반대하고 당장의 경제적 이익보다는 지속가능한 환경을 만들기 위한 노력들이 점차 힘을 얻게 되었다. 동강댐 건설 문제, 새만금개발 사업, 굴업도 및 안면도 핵폐기장 건설 문제, 4대강개발 사업 등은 모두 환경단체들과 시민들의 강한 반대 여론을 야기하였고 이는 성장 위주의 패러다임이 지배적이었던 한국 사회가 큰 변화를 겪고 있었음을 말해주는 것이다. 물론 이 변화는 아직도 진행 중이다. 동강댐 건설의 경우처럼 계획 자체가 백지화된 것도 있지만 4대강 사업과 같이 불필요한 건설·토목 공사로 인해 환경파괴가 가속화된 사례도 있다.

선진국에서와 마찬가지로 한국에서도 환경시민사회(environmental civil society)의 성장과 환경의식 수준의 제고는 환경정책 제도화의 수준을 높이고 그 집행력을 강화하는 데 큰 역할을 하였다. 그러나 비교적 높은 소득수준이나 성공적인 경제발전, 민주주의 등 그 어떤 것도 환경시민사회의 성장을 자동적으로 보장해주지는 않는다. 또한 환경시민사회의 성장 과정 자체도 일방향적인, 즉 늘 발전만 하는 과정이 아니라 경우에 따라서는 퇴보하기도 한다. 예를 들어 금융위기 등 경제 사정이 갑자기 나빠지는 경우나 성장 위주의 보수적인 정치세력이 집권하는 경우 시민들의 환경보호에 대한 책임의식과 관심이 줄어들거나 혹은 환경단체의 활동이 정부의 일방적인 정책에 의해 위축되거나 억압받기도 하고

동강댐 건설 계획 백지화

미국의 뉴딜정책에서 보듯이 과거에 댐 건설은 용수를 안정적으로 공급하고 강의 수위를 조절하여 홍수를 예방하고 전력을 생산하는 등 인간에게 많은 이익을 가져다주는 것으로 인식되어 왔다. 그리고 또한 댐 건설은 토목 관련 산업을 성장시키고 고용 기회를 제공하는 효과가 있기도 하였다. 우리나라에서도 1970년대와 1980년대에 전국의 강에 많은 댐이 건설되어 2017년 현재 전국에 약 1,000개가 넘는 대규모 댐(주로 관개용수댐)이 있다.

1990년대 초중반에 당시 건설교통부와 수자원공사는 전국적으로 대규모 댐을 늘리려는 계획을 세우고 그 일환으로 전부터 거론되고 있었던 강원도 영월의 동강에 팔당댐 저수용량의 세 배가 넘는 대형 댐을 건설하겠다는 계획을 발표하였다. 그러나 당시 낙동강 페놀사건 등 전국적으로 수질악화 문제가 발생하고 시민들의 환경의식이 높아져서 1990년대 중반 이후에는 댐 건설에 대한 인식이 전반적으로 비판적으로 바뀌었다. 특히 동강은 수려한 자연과 래프팅 장소로 인기가 높아 많은 사람들의 사랑을 받아왔던 일종의 숨겨진 관광지였기 때문에 정부가 동강에 댐을 건설하겠다고 하자 많은 사람들이 강하게 거부하였다. 이러한 여론으로 인해 1997년부터 환경운동연합을 중심으로 동강을 살리자는 캠페인이 대대적으로 전개되었고 언론과 학계, 각

• 동강댐 건설 계획 백지화를 촉구하며 퍼포먼스하는 환경운동연합 소속 회원들
사진: 민주화운동기념사업회, 경향신문 제공 http://archives.kdemo.or.kr/

종 시민단체 및 국회에서 댐 건설 반대의 목소리가 터져 나왔다. 정부는 물 부족 및 홍수 문제를 해결하기 위해 불가피하게 댐을 건설해야 한다고 주장하였지만 결국 2000년 3월에 민관합동조사가 실시되었고 같은 해 6월에 김대중 대통령이 댐 건설 계획 백지화를 선언하게 되었다.

동강댐 건설 백지화는 한국에서 환경운동이 성장하고 환경운동단체가 힘을 얻게 되는 큰 계기가 되었으며 시민들이 개발 위주의 패러다임에서 벗어나 환경에 관심을 가지게 되는 결정적인 계기가 되었다. 그러나 이러한 댐 건설은 이후 2008년 이명박 정부가 4대강 건설 사업을 추진하면서 다시 재개되었고 전국에 16개의 보를 설치하였는데 그 결과 유속이 느려지고 수질이 악화되는 등 최악의 환경 부작용이 발생하였다.

따라서 환경을 고려하지 않는 정책이나 법이 시행되는 경우도 있다. 반대로 최근 문재인 정부에서 보듯이 진보세력이 집권하는 경우 미세먼지의 피해를 줄이기 위해 발전소를 일시 정지시키거나 탈핵정책을 심각하게 고려하는 경우도 있다. 아마도 한국은 이러한 환경시민사회의 부침을 가장 잘 보여주는 사례 중 하나일 것이다.

각국의 환경정책의 제도화 과정과 수준을 연구할 때 어떤 정책과 어떤 법이 어떤 과정에서 만들어졌는지에 대한 고찰과 함께 이들을 비교의 시각에서 살펴볼 필요가 있다. 한국 환경정책의 제도화 과정을 보면 선진국의 과거 경험과 같이 대체로 시간이 지남에 따라 환경 관련 법률은 점차 세분화되고 정책도 많아지고 정부 주관 부서의 인원도 증가하고 예산도 늘어나는 것을 알 수 있다(박순애 외 2015). 그러나 이러한 제도적 확장 자체도 좀 더 엄밀한 조사결과에 바탕을 두고 판단해야 할 것이다. 예를 들어 한국 환경부의 인원은 행정부 내 타 부서의 인원에 비해 많은 편인지, 예산은 타 부서와 비교하여 어떤지, 다른 나라의 환경부에 비해 예산이나 인원수 면에서 어떤지 등을 체계적으로 조사한다면 절대적 수치 자체보다 더 객관적인 정보를 통해 비교에 입각한 판단이 가능할 것이다. 또한 대부분의 다른 나라와 마찬가지로 한국에서도 사실상 지방정부(광역 및 기초자치단체)가 실제 환경정책을 집행하고 있고 또 환경예산의 거의 대부분을 집행하고 있기 때문에(정회성 외 2014, 126) 지방정부의 환경제도화 수준은 어떠한지, 중앙정부에 대해 정책적, 정치적 자율성을 얼마나 가지고 있는지, 환경정책의 제도화 수준이나 집행 능력에 있어서 지방정부 간 차이를 보인다면 그 원인은 무엇인지 등에 대한 체계적인 연구가 필요하다.

한국은 급속하고 성공적인 산업화를 경험한 동아시아의 네 마리 용 중 하나이면서도 일정 수준의 환경제도화를 달성하였고 향후 미세먼지나 기후변화 등 국내외적 환경 문제들에 적극적으로 대처하여 경제발전뿐 아니라 환경정책에서도 모범 국가가 될 수 있는 잠재력이 충분히 있다. 특히 동북아시아에서 환경 모범 국가로서 한국이 역내 환경협력에서도 중요한 역할을 할 수 있을 것이다. 다만 이렇게 한국이 환경정책에서 보다 진일보한 단계로 진입하기 위해서는 앞서 언급한 바와 같이 환경운동이나 환경단체의 활동 등 환경시민사회가 보다 활성화되어야 하며 이들이 정책결정 과정에 참여할 수 있는 제도적 통로가 마련되어야 한다. 또한 지방자치가 시행되고 있지만 지방정부가 실질적으로 독자적인 환경정책이나 기후변화정책을 입안하고 주도할 수 있을 정도의 정치적, 재정적 역량을 갖추어야 하고 지방의회가 이를 지원하거나 감시할 수 있어야 한다. 요컨대 한국의 국내 환경제도화에 있어서 향후 과제는 국가와 시민사회의 관계에 있어서 시민사회의 다양한 이해와 요구들이 얼마나 자유롭게 표출되고 정책과정에 반영될 수 있느냐 그리고 중앙-지방 관계에 있어서 지방이 얼마나 자율성을 가지느냐의 문제일 것이다. 즉 보다 다원주의적이고 분권화된 환경거버넌스의 모색이 중요할 것이다.

III 한국의 환경 및 기후변화 외교

한 국가의 환경외교는 주로 그 국가가 국제환경협약에 가입하여 국제환경협력에 참여하는 것, 국제환경조약의 당사국 총회 등 환경 관련 각종 국제행사들을 유치하는 것, 개발협력 차원에서 타국의 환경정책을 지원하거나 환경 관련 원조를 제공하는 것, 그리고 지방정부나 환경단체, 대학이나 연구소, 기업, 개인 등이 다양한 형식의 공공외교에 참여하여 지구환경협력을 시도하는 것 등이 있다(정회성 외 2014, 348-361). 한국도 이러한 다양한 차원에서 환경외교를 실행하고 있는데 그 중 국제환경협약을 중심으로 살펴보면 다음과 같다.

이 책의 5장에서 살펴본 바와 같이 1970년대부터 많은 국제환경협약들이 체결되었는데 여기에는 조약(treaties), 조약의 개정(amendment), 그리고 프로토콜(protocol) 등이 포함된다. 한 학자의 유명한 환경조약 데이터베이스에 의하면 1850년대부터 지금까지 약 1,280여 개의 다자환경협약, 2,100여 개의 양자환경협약 그리고 250여 개의 기타환경협약 등이 체결되었다.[1] 한국은 2015년 2월 현재 57개 조약에 가입하였고 이를 분야별로 보면 대기 및 기후 8개, 해양 및 어업 23개, 생물보호 9개, 핵안전 7개, 유해물질 3개, 기타 7개 등이다.[2] 구체적인 조약들을 살펴보면 다음과 같다.

....

1   오리건 대학 정치학과의 로날드 미첼(Ronald Mitchell) 교수의 국제환경조약 데이터베이스이다. 주소는 다음과 같다. http://iea.uoregon.edu/
2   환경부 홈페이지에 있는 한국의 국제환경조약 가입 현황 정보의 주소는 다음과 같다. http://www.me.go.kr/home/web/policy_data/read.do?pagerOffset=0&maxPageItems=10&maxIndexPages=10&searchKey=&searchValue=&menuId=10277&orgCd=&condition.code=A9&condition.deleteYn=N&seq=6294

해양 및 어업 분야에서는 대표적으로 폐기물의 해양투기를 금지하고 관리하는 1972년 런던협약 그리고 그 중요한 개정판인 1996년의 런던의정서가 있다. 한국은 1993년에 런던협약에 가입했고 2009년에 런던의정서에도 가입하여 폐기물의 해양투기 금지에 원칙적으로 동의함에도 불구하고 축산폐수나 음식물 쓰레기 처리폐수 그리고 산업폐수 등의 해양투기가 여전히 허용되고 있다가 2016년 1월 1일부터 폐기물의 해양투기가 전면 금지되었다. 생물 분야에서는 1972년 습지의 생태학적 중요성을 인식하고 이를 보존하고자 하는 람사르협약이 있는데 1997년에 가입하였고 2008년에는 창원시에서 제10차 당사국총회를 개최하기도 하였다. 멸종위기에 처한 야생동식물의 국가 간 거래에 관한 협약인 CITES는 1973년에 체결되고 1975년에 발효되었는데 한국은 1993년에 가입하여 1997년에 자연환경보전법 그리고 2004년에 야생동식물보호법을 제정하여 멸종위기에 처한 야생동식물을 관리하고 있다. 그러나 이 조약은 기본적으로 무역 제재 방식(trade ban approach)을 쓰는 모든 조약들과 마찬가지로 국제거래를 규제하는 조약이기 때문에 조약당사국 내에서의 관리에 대해서는 간섭할 권한이 없다는 한계가 있다. 유해폐기물의 국가 간 이동을 규제하는 바젤협약 역시 이 방식을 쓴다. 이 조약은 1989년에 체결되었고 한국은 1994년에 가입하였는데 이 조약은 특히 자유무역과 최혜국대우 원칙 등 세계무역기구(WTO)의 기본 원칙과 충돌하기 때문에 종종 논쟁거리가 되기도 한다(박순애 외 2015).

이상과 같은 국제환경조약의 체결이나 비준 그리고 조약 의무사항의 이행 과정에서 한국이 특별히 조약의 진행을 지연시키거나 의무사항을 이행하지 않아 문제가 되는 등 국제환경협력을 방해하고 비난을 받은 경우는 없다. 반대로 국제환경협력에서 가장 중요한 추진자가 되어 적극적으로 협상을 주도하고 협력을 이끌어낸 경우도 없다. 이것은 기

후변화협약에서도 마찬가지이다. 한국은 1992년의 기후변화기본협약
(United Nations Framework Convention on Climate Change)은 1993년에
가입하였고 1997년의 교토의정서의 경우 2002년에 비준하였다. 기후변
화협약은 앞서 살펴본 대로 공동의 그러나 차별화된 책임(common but
differentiated responsibility)이라는 원칙하에 회원국들을 부속서 I 국가
들과 비부속서 I 국가들로 구분하였다. 부속서 I 국가들은 산업화를 먼
저 시작한 선진국들로서 이들이 비부속서 I 국가들, 즉 후발 주자들에 비
해 역사적으로 훨씬 많은 양의 온실가스를 배출하였기 때문에(historical
emission) 이들이 교토의정서의 첫 의무감축 기간에 먼저 감축을 이행하
기로 하였다. 한국은 부속서 I 국가로 분류되지 않았기 때문에 감축 의무
에서 면제받았고, 이후 이 조약의 진행은 주로 세계 1위와 2위의 이산화
탄소 배출국인 중국과 미국을 어떻게 의무감축의 틀 내에 편입시킬 것
인지를 중심으로 전개되었다.

한국은 2009년 제15차 당사국총회가 열렸던 코펜하겐에서 2020년
까지 전망치 대비 30퍼센트를 감축하겠다고 선언하기도 하였고 이에 대
한 국내법적 근거로서 2010년에 저탄소녹색성장기본법을 제정하였다.
그러나 제15차 당사국총회는 그 이전에 2007년 발리에서 열린 제13차
당사국총회에서 합의한 발리 로드 맵, 즉 1차 의무감축 기간이 끝나고
난 후의 계획을 어떻게든 2009년 말까지 합의하자는 약속이 지켜져야
하는 데드라인이었다. 따라서 전 세계는 이 총회에서 미국과 중국이 어
떤 태도를 보일지, 총회 기간이 끝나기 전까지 혹은 12월 31일까지 2012
년 이후의 계획에 대한 합의가 도출될 것인지에 주목하였고 그 결과는
아무런 합의도 없이 폐회된 실패와 실망이었다. 이후 2011년 동일본 대
지진 등으로 인해 현실적으로 2012년까지 감축목표를 실현할 수 없음
이 확인되었고 이후 별 성과 없는 당사국총회들이 반복되었다. 그러다

가 2015년 파리에서 열린 제21차 당사국총회에서는 회원국들의 자발성에 기초하여 각자 감축목표를 설정하고 이를 정기적으로 확인하기로 하는 최소한의 형식적 약속에 합의하고 간신히 교토체제를 공식적으로 폐기처분하였다. 한국은 이 총회에서 2030년까지 전망치 대비 37퍼센트를 감축하겠다는 계획을 제출하였다.

한국이 이 목표를 달성하는 것은 한국의 온실가스 배출절대량 그리고 그 증가율 등 여러 측면에서 볼 때 국제기후변화협력에서 중요하다. 그러나 이행 못지않게 중요한 것은 이행목표를 제시하고 이것에 합의하고 이행하는 과정에서 국가이미지와 소프트파워를 제고하는 것 그리고 국제적 약속을 국내에서 이행하는 과정에서 조금 시간이 걸리더라도 국내 이해당사자들 간의 의견 조정과 합의에 기반을 두고 정책을 집행해야 한다는 점이다. 사실 이 두 가지는 서로 연관되어 있다. 한국에서 2015년부터 실시하고 있는 배출권 거래제도는 온실가스 감축목표 달성을 위한 대표적인 국내 정책이지만 기업 등 관련 당사자들 간의 반발로 인해 탄소감축 효과가 발생할 정도로 실효성 있는 정책이 되지 못하고 있다. 중국은 수년째 시범사업만을 시행하고 있고 실제 정책의 집행을 계속 연기하고 있으며, 일본은 동경도에서만 배출권 거래제도를 실시해오고 있던 상황에서 한국은 동아시아에서 최초로 강제력에 바탕을 둔(mandatory) 전국 단위의 배출권 거래제도를 시작하였고 실제 거래가 활발히 진행되고 정책의 효과성이 제고되었다면 동아시아에서 이 분야의 모범국가가 될 수 있을 뿐 아니라 중국 및 일본의 거래제도 활성화를 촉진시키고 동북아 탄소시장의 통합을 제안할 수 있는 등 동아시아에서 기후변화 모범 국가로서 국가이미지를 제고할 수 있었을지도 모른다. 그러나 지금까지 한국의 배출권 거래제도는 사실상 효과적인 탄소감축 정책이 되지 못하고 있다. 이러한 문제점을 인식하고 현재 정부 및 관련 행위자들이 제도 보완과 한중일 협력을 위해 노력하고 있는데 이 과정에서 중요한 것은 환경시민사회의 참여, 즉 다양한 이해당사자들의 의견이 개진될 통로가 확보되어야 하고 어렵고 시간이 걸리는 일이지만 일정 수준의 합의를 이룬 후 제도를 출범시켜야 한다는 점이다. 환경시민사회의 활성화와 사회적 합의에 기초하여 국제기후변화협상에서 약속한 정책을 국내적으로 이행한다면 이것은 정책의 효과성 제고, 국제사회에서의 신뢰 획득, 국가이미지 제고 및 소프트 파워 증진 등으로 이어질 것이다.

이러한 일반적인 다자간 국제환경조약 외에 한국은 황사나 어족자원보호, 연안수질관리 그리고 (초)미세먼지 문제 등 지역 차원에서의 환경협력에도 적극적으로 참여해 왔다. 예를 들어 한중일 환경장관회의의 경우 1999년 한국 주도로 제1차 회의가 열린 이래 2016년의 18차 회의에 이르기까지 정례적으로 개최되어 3국의 환경장관들과 관련 행위자들이 모여 협력을 모색하고 실천해 왔다. 이 회의는 황사 등 3국이 협력해야 할 환경 현안에 대한 공동연구를 진행해 오는 등 연구와 정보 공유 면에서 많은 성과를 축적하였다. 또한 양자 간 협력의 경우도 2017년에 19차 회의가 열린 한-일 환경협력공동위원회, 그리고 2016년에 21차 회의가 열린 한-중 환경협력공동위원회 등이 있다. 이 밖에도 한국, 러시아, 일본, 중국이 참여하는 북서태평양해안보존실천계획(Northwest Pacific Action Plan, NOWPAP), 한국, 중국, 일본, 러시아, 북한, 몽골이 참여하는 동북아환경협력계획(North-East Asian Subregional Programme for Environmental Cooperation) 등 track I 차원에서 열리는 많은 역내 환경협력 레짐에 한국정부는 적극적으로 혹은 주도적으로 참여하고 있다.

이러한 track I에서의 협력은 전반적으로 장기적 관점에서 신뢰구축을 위한 플랫폼으로서의 역할을 하고 국가 간 관계가 악화되었을 때

| 그림 14-1 | 북서태평양해안보존실천계획(NOWPAP)의 활동 사항을 소개하는 부스(20015년 11월 8일 일본 도야마에서 개최된 국제교류 축제)
사진: http://www.nowpap.org/news/images/NEAR%20&%20festival%20(2015)/Festival%202.JPG

에도 상시적으로 가동할 수 있는 지역환경협력을 위한 확실한 통로라는 점에서는 긍정적으로 평가될 수 있다. 그러나 이러한 레짐들을 통해 실제로 문제해결을 위한 실효성 있고 구속력 있는 정책들이 모색되거나 집행되는 수준의 협력이 이루어지는 경우는 거의 없다. 물론 이것은 이 지역만의 예외적인 현상은 아니다. 다른 지역에서도 지역 차원의 국가 간 환경협력이 효과를 보여주는 경우는 많지 않다고 할 수 있다. 따라서 레짐효과성 측면에서는 부정적으로 평가될 것이다. 그럼에도 불구하고 지역에서의 환경협력의 의제가 되는 것은 대부분 국경을 넘어서는 (trans-boundary) 문제들이며 이 문제의 원인과 영향에 대한 정확한 판단을 위한 연구 성과 및 정보의 축적은 향후 협력의 중요한 초석이 될 것이다. 그리고 이 과정에서 자신이 속한 국가의 국익보다 과학적 신념과 그에 대한 합의를 더욱 중요시하는 인식공동체(epistemic community)를 만들고 이를 통해 협력하려는 노력이 필요하다. 또한 track II, 즉

수준/분야	정상	장관급	고위급	국장급	실무급	분야별 협력체 수
전반/지역 국제 정세		·외교장관회의	·외교부 고위급 (차관보) 회의 등 4개	·중남미 국장회의 등 2개	·외교부 부국장회의	8
통상/산업		·경제통상장관회의 등 3개	·FTA 협상	·국장급 표준협의체 등 2개	·동북아 표준협력포럼 등 2개	8
금융/거시경제		·재무장관 중앙은행 총재회의 등 2개				2
농업/어업		·농업장관회의	·수산연구기관장회의	·산림협력 국장급회의		3
에너지		·수자원장관회의	·한중일원자력안전 규제책임자회의 (TRM)		·TRM 실무대표조정 그룹회의	3
환경	3 국 정 상 회 의	·환경장관회의 (TEMM)	·환경과학원장회의 (TPM) ·북극협력대화	·황사대응국장급회의 ·환경장관회의 국장급회의(TDGM)	·황사공동연구단 운영위원회/ 실무그룹 ·화학물질 정책대화 ·환경산업 라운드테이블회의 ·한중일 대기분야 정책대화 ·생물다양성 정책대화	10
관광		·관광장관회의			·청소년교육관광포럼	2
문화		·문화장관회의 등 2개	·문화콘텐츠 산업 포럼 등 2개			4
교육		·교육장관회의		·고등교육교류 전문가위원회	·Campus Asia 실무위원회	3
과학기술/정보통신		·과학기술장관회의 등 2개		·과학기술 국장급회의 등 2개		4
운송/물류		·교통물류 장관회의		·동북아 항국장회의 등 2개	·교통물류 과장급회의	4
방재		·지진협력청장회의 등 2개		·재난관리국장급회의		3
감사		·감사원장회의			·감사실무협력회의	2
인사/행정		·인사장관회의	·한일중외교연수원장 회의	·인사국장회의	·중간관리자워크숍	4
보건		·보건장관회의		·고령화회담 등 2개	·보건포럼	4
학술			·3자협력포럼 등 2개			2
치안				·경찰협력회의		1
수준별 협력체 수	1	21	14	17	15	68/67

출처: 외교부 홈페이지 한일중 3국 협력 개요
www.mofa.go.kr/countries/regional/cooperation/outline/index.jsp?menu=m_40_70_160&tabmenu=t_1

역내에서 연구자, 학생, 환경단체, 그리고 일반시민 등 시민사회의 다양한 행위자들 간의 역내 환경협력도 많이 이루어지고 있는데 이러한 많은 시도들도 파편화된 일회성 행사가 아니라 좀 더 제도화된 형태로 발전해야 할 것이다. 그리고 특히 기후변화가 지구환경정치의 주요 의제가 되면서 지방정부의 역할이 더욱 커짐에 따라 동북아시아에서도 지방정부가 주도하는 역내 환경협력이 더욱 활성화되어야 할 것이다.

IV   지방정부의 기후변화정책: 창원시의 공공자전거 정책 사례

한국에서는 1995년 지방자치제가 부활하여 자치단체장들이 주민들의 직접선거로 결정되게 되자 많은 자치단체장이나 후보들이 선거에서 승리하기 위해 그리고 지자체의 경제에 직간접적으로 도움이 되기 위해 각종 국내외 대회나 행사 유치, 경전철이나 공항 등 대규모 사회기반시설 건설 사업, 그리고 지역산업육성, 지역특산물 개발, 축제 기획, 관광상품 개발 등을 통해 지역을 특성화하고 이를 통해 지역 브랜드를 창출하고자 하는 등의 노력을 하였다. 이 중 환경을 주제로 하여 지역의 이미지를 개선하고 지역의 브랜드를 창출하려는 시도들도 있었는데 가장 대표적인 사례가 창원시라고 할 수 있다.

창원시는 한국에서 비교적 소득이 높은 산업도시 중 하나로서 각종 행사 유치나 사업 기획을 통한 즉각적인 수익 창출이 절실하지는 않았다. 오히려 2000년대에 들어오면서 창원시민들은 전형적인 산업화시대의 중화학공업도시로서의 이미지를 벗고 일종의 살기 좋은 지방 명품 도시로 한 단계 업그레이드되는 것을 원하고 있었다. 이러한 요구에 부합하여 시의 리더십이 선택한 주제는 환경이었고 구체적인 전략은 창원시를 브라질의 꾸리찌바와 같은 세계적인 친환경도시로 만들어서 글로벌 차원에서 경쟁력 있는 미래형 도시로 성장시키자는 것이었다. 이러한 맥락에서 2006년 11월 창원시는 환경수도(Environmental Capital) 선언을 통해 창원시가 한국에서뿐 아니라 전 세계적으로 지속가능하고 환경친화적인 모범 도시로 성장해 나갈 계획을 발표하였다. 계획은 총 3단계로 구성되어 있는데 1단계는 환경수도 인프라 구축(2006-2010), 2단계는 우리나라 환경수도 달성(2011-2015), 그리고 3단계는 세계 환경수도 달성(2016-2020)의 목표를 설정하였다. 환경수도 선언 이후 실제 창원시가 실행한 계획들은 신재생에너지 비율 증가, 자전거 정책을 통한 이산화탄소 절감, 녹지 조성, 오염물질 및 폐기물 감소, 환경교육 증진, 환경기업인 대상, 환경영화제 등 다양한데 이 중 특히 녹색교통정책의 일환으로 추진된 공공자전거 정책이 국내외에서 많은 주목을 받았다.

　전 세계적으로 무인공공자전거 시스템은 1960년대에 암스테르담에서 '흰색자전거'가 처음 등장한 이후 오랜 기간 진화해 왔다. 흰색자전거는 아무런 보호 장치도 없이 누구나 무료로 사용할 수 있었기 때문에 도난과 파손 문제로 인해 활성화되지 못했고, 이후 1990년대에 들어와 2세대 공공자전거가 등장하였다. 이것은 오늘날 대형마트에서 동전을 넣고 쇼핑카트를 이용하는 것과 같이 도크에 동전을 넣고 자전거를 이용하고 반납하는 시스템이었다. 그러다가 2000년대에 오면 유럽에서는 이른바 제3세대 공공자전거가 생겨났는데 이것은 스테이션에 설치된 키오스크가 신용카드나 스마트폰 등으로 이용자를 자동 식별하여 결제와 회원가입이 간편하게 이루어지는 시스템으로서 이용자의 신원이 확인되고 대여 및 반납기록이 확인되기 때문에 분실이나 파손 등의 부작용이 2세대에 비해 획기적으로 줄어들었다. 물론 이러한 3세대 무인공공자전거의 발달은 통신 및 전자결제 기술이 발달하면서 가능해졌으며 이것이 프랑스의 르네, 리용, 파리 등의 도시에서 처음 생겨난 이후 급성장하여 현재 전 세계 약 900여 개의 도시로 확산되었다. 경우에 따라서는 각 스테이션에 장착되어 있는 키오스크가 기존의 전선 매설 방식이 아닌 태양열 발전기에 의해 작동하는 시스템을 제4세대라고 부르기도 하고 또 최근 중국의 대도시에서는 스테이션이 없는 공공자전거가 대량으로 확산되고 있는 등 공공자전거는 전 세계적으로 지속적으로 발전하고 있다.

현재 창원시가 운영하고 있는 공공자전거인 누비자는 한국의 다른 도시의 공공자전거와 마찬가지로 전형적인 제3세대 공공자전거이다. 누비자는 2008년에 시작되었는데 당시까지 한국의 많은 도시들에는 지자체들이 추진했던 제2세대 공공자전거들이 이용자가 없어서 길거리에 방치되어 있던 상황이었고 누비자가 한국 최초의 제3세대 공공자전거였다. 당시 창원시장과 시정부는 외국의 생태도시를 견학하고 녹색교통시스템 및 공공자전거 정책에 대해 인지하게 되면서 유럽에서 막 활성화되고 있었던 3세대 공공자전거 도입을 결정하게 되었다. 처음에 벤치마킹의 대상이 된 것은 프랑스의 벨리브와 벨로브 등 당시 가장 선진적이었던 공공자전거 시스템이었는데 이들 역시 도난이나 파괴, 방치 등의 문제를 완전히 해결하지 못한 상태였다 벨리브는 당시까지만 해도 한 해 수천 대를 도난당했고 도난당한 자전거가 인근 국가는 물론 호주에서도 발견될 정도였다. 반면 창원시는 한국의 강점인 정보통신기술을 활용하여 자전거마다 위성항법장치(GPS)를 탑재하고 초고속 인터넷망을 활용하여 첨단 상황관제실을 운영함으로써 자전거의 대여 현황, 위치, 동선 등을 파악할 수 있는 진정한 의미의 3세대 공공자전거 시스템을 구축하였다(신상범 2016).

2008년 10월 누비자는 20개의 터미널(스테이션)과 430대의 자전거로 시작되었다. 계획도시인 창원은 이미 자전거도로를 구비하고 있었을 뿐 아니라 도심 지역의 구배율이 3% 이내로서 자전거 타기에 적당한 조건을 갖추고 있었다. 또한 국내 최초의 자전거 상해보험 정책 시행, 자전거 출퇴근 수당 지급, 자전거 관련 행사 및 축제 기획, 자전거문화센터 설립 등 시정부의 다각적인 노력이 더해졌다. 2010년 7월에 마산시와 진해시 그리고 창원시가 통합되어 통합창원시가 되었고 이에 따라 새로 통합된 지역에 터미널을 설치하였으나 좁은 도로와 상대적으로 높은 구배율 등 지형조건의 제약으로 인해 터미널의 설치가 제한적으로 이루어졌다. 2017년 10월 현재 터미널 수는 272개이며 사용 가능한 자전거 수는 3,036대이다. 이용자 수는 2016년 12월 현재 누적 회원 수가 46만 3천9백 명이며 비회원 이용자 수도 129만 명에 이르렀다. 연 이용 횟수의 경우 2013년까지 꾸준히 증가했으나 이후 현재까지 완만하게 감소하고 있으며 전반적으로 일정한 수를 유지하고 있다.

사실 창원시뿐 아니라 안산시, 대전시, 서울시, 고양시 등 한국의 많은 지방자치단체에서 비슷한 방식으로 3세대 공공자전거를 운영하고 있다. 그 중에서 적어도 현재까지는 누비자가 가장 성공적인 사례라고 할 수 있다. 공공자전거 시스템의 효율성을 측정하는 지표로서 흔히 회전율(자전거 한 대당 일일 사용 횟수)이 사용되는데 누비자의 회전율은 프랑스의 벨리브나 벨로브와 비슷한 4.0 정도 수준으로서 한국의 다른 도시들에 비해 매우 높다. 이처럼 누비자가 성공적으로 정착되고 지속될 수 있는 원인은 다음과 같다(Shin 2015).

가장 근본적인 원인은 무엇보다도 시정부에서 이것을 환경 및 기후변화 정책이라는 뚜렷한 목적의식을 가지고 시작했다는 점이다. 창원시에서 누비자는 단순한 교통정책이 아니라 탄소포인트제나 기타 기후변화정책과 같은 맥락에서 환경수도 건설이라는 목표를 달성하는 핵심 정책이다. 사실 누적 설립 비용 및 운영비에 비해 회비 수입이 상대적으로 매우 적기 때문에 매년 약 30억 원의 적자가 발생함에도 불구하고 이 정책이 계속 운영되는 이유는 창원시민들이 누비자를 환경수도로서 창원시의 브랜드 정책으로 인식하고 있기 때문이다(신상범 2016).

둘째, 누비자는 중앙의 지원 없이 지방에서 먼저 자발적으로 환경 및 기후변화를 도시브랜드로 설정하여 혁신을 시도한 몇 안 되는 사례 중 하나이다. 중앙정부에서는 2008년 이명박 정부의 출범과 더불어 녹색성장이 정치적인 슬로건으로 설정되고 이후 2010년에 자전거 이용 활성화를 위한 10대 거점도시를 선정하여 지방정부의 자전거 정책을 지원하였다. 그러나 창원시는 이보다 먼저 2006년에 환경수도를 선언하고 2008년에 누비자를 출범시켰다.

셋째, 이러한 지방에서의 자발적인 혁신이 가능하기 위해서는 리더십이 중요하다. 창원시가 환경수도를 선언하고 누비자를 설립한 과정에서 주도적인 역할을 한 사람은 당시 시장이었던 박완수였다. 그는 세계적인 친환경도시인 독일의 프라이부르크를 방문하여 많은 영감을 얻었다. 프라이부르크는 1970년대와 1980년대에 서유럽 도시들이 그간 축적된 부를 바탕으로 미국식의 자동차 및 고속도로 확장 정책을 추진할 때 반대로 자동차 억제 정책을 시도하였다. 구체적으로는 시 전차 노선 확대, 자전거 도로망 확충, 시내 중심지역의 자동차 진입 제한 및 억제 정책, 주차요금 인상, 자동차 속도 제한, 그리고 시 외곽에 주차장 설립 등을 통해 자동차 사용을 억제하고 자전거 이용을 장려하는 정책을 지속적으로 전개하였다. 박완수 시장은 이를 모델로 하여 창원시를 세

계적인 친환경 모범도시로 성장시키려는 계획을 세우게 되었다. 그리고
그가 연속해서 3번에 걸쳐 10년간 시장을 역임하면서 이러한 계획을 안
정적으로 지속시켜 나갈 수 있었다. 사실 프라이부르크를 친환경도시로
성장시킨 롤프 뵈메 시장은 약 20여 년간 프라이부르크 시장직을 역임
하였고 이것이 정책지속을 보장해 주었다(신상범 2016).

　　누비자는 이제 국내외적 명성을 얻게 되었고 이에 따라 창원시 역
시 국제적으로 인지도를 높여가고 있다. 창원시는 누비자뿐 아니라 C40
나 ICLEI-Local Governments for Sustainability(자치단체국제환경협의
회) 등 지방정부가 주도하는 전 지구 차원의 기후변화 네트워크에 가입
하여 적극적으로 활동하고 생태교통연맹 세계총회를 개최하는 등 국제
적 활동을 병행해 왔다. 이러한 국내외적 평판과 인지도 상승은 시장이
바뀌고 시 정책의 방향이 바뀌더라도 누비자가 지속될 수 있는 요인 중
하나이다.

창원시의 누비자 사례는 지방정부가 주도적으로 환경 및 기후변화 정책을 추진하고 그것이 해당 지자체의 핵심 정책 중 하나가 되는 모범적인 사례이지만 한국에서 이러한 사례가 많이 발견되지는 않는다. 무엇보다도 아직까지 한국의 현실에서 지방정부가 건설, 개발, 고용, 복지 등 유권자의 반응에 민감한 경제 관련 정책들보다 환경 및 기후변화 정책을 우선적으로 추진할 가능성은 일반적으로 매우 낮다. 이러한 선택을 할 수 있는 정치지도자들도, 그러한 선택을 존중하고 지지하는 유권자들도 아직은 부족한 상태이다. 또한 지자체들 특히 기초자치단체의 재정자립도가 높지 않은 상태에서 지방정부가 독자적으로 환경 및 기후변화 정책을 추진하기보다는 중앙정부 및 상급 정부의 지원에 의존하는 경우가 대부분이다. 따라서 지방에서의 혁신보다는 중앙의 전체적인 설계에 맞추어 지방 정책을 추진하게 되고 이것이 대개 지방의 실정과 맞지 않거나 지방 자체의 발전 방향과 별도로 진행되게 된다. 또한 지방에서 환경 및 기후변화를 주체로 자체적인 혁신을 시도하는 경우에도 아직까지는 차 없는 거리운동이나 소등행사, 걷기대회, 탄소포인트제 등 상징적으로 기획된 행사에 그치는 경우가 많으며 그나마도 주도하던 시장이 교체될 경우 축소되거나 폐지되기도 한다.

그러나 전 세계적으로 환경정책 특히 기후변화정책은 중앙정부보다는 지방정부가 주도하는 방향으로 분권화되고 있다. 1992년 리우회의에서 발표된 지방의제 21(Local Agenda 21)에서도 보듯이 지방이 지속가능발전을 구체적으로 실천하는 주체가 되어야 하고 기후변화와 같은 국제협력을 요구하는 사안들의 경우에도 생각은 전 지구적으로 하되 구체적인 실천은 각자 자신이 살고 있는 각 지방에서 이루어져야 한다는 것이 지배적인 원칙이 되었다. 지방에서도 지방정부가 하향식으로 정책을 결정하고 집행하는 것이 아니라 지방의회와 시민사회의 다양한 행위

중국의 공공자전거

중국에서도 한국과 마찬가지로 2000년대 중반 이후부터 제3세대 공공자전거 시스템이 도입되었다. 대표적인 경우가 항저우(杭州)시이다. 항저우시의 공공자전거는 누비자와 마찬가지로 각 스테이션에 키오스크와 거치대가 설치되어 있고 자전거들이 비치되어 있는 시스템이다. 이용자들은 키오스크에서 신용카드로 자전거를 대여하고 이용한 후 자기가 원하는 스테이션에 반납을 하게 된다. 항저우시의 공공자전거는 한때 세계에서 가장 큰 규모의 제3세대 공공자전거 시스템으로 유명했고 다른 도시에 비해 자전거 전용도로도 비교적 잘 정비되어 있다.

· 중국 상해시의 공유자전거 Ofo

그런데 최근 중국의 대도시에서는 이러한 기존의 공공자전거와는 다른 공유자전거, 즉 공유경제에 기반을 둔 자전거 대여 사업이 급성장하고 있다. 대표적으로는 오포(Ofo)나 모바이크와 같은 업체가 있는데 이 공유자전거의 가장 큰 특징은 스테이션이 없다는 것이다. 즉 기존의 공공자전거는 자전거를 이용하기 위해서는 반드시 가장 가까운 스테이션에 가야 했는데 공유자전거는 길거리에 자전거가 있을 경우 이용할 수 있게 되어 있다. 즉 이 자전거를 이용하고 싶을 경우 주변에서 이 자전거를 찾아야 하고 만약 있다면 스마트폰으로 간단히 회원가입을 하고 보증금을 결제한 후 아주 소액의 이용료를 내면 자전거에 부착되어 있는 잠금장치의 비밀번호를 전송받게 되고 그 번호를 입력하여 자전거를 이용

할 수 있는 시스템이다. 따라서 기존 공공자전거는 자전거가 한쪽 스테이션에 너무 많이 거치되어 있을 경우 다른 스테이션으로 이동시켜야 하지만 공유자전거는 이용한 후 아무 장소에나 두고 가면 그만이기 때문에 자전거 재배치와 재균형에 따른 비용이 들지 않는다. 그러나 단점은 자전거가 길거리에 무질서하게 방치될 수 있고 고장이나 파손 그리고 분실되는 경우가 많다는 것이다. 어떤 경우 무질서하게 버려진 자전거들이 보행이나 자동차 교통을 방해하여 시 당국에서 자전거들을 수거해 가는 일도 발생하였다. 현재 각 시정부에서는 아직까지는 이에 대한 명확한 정책 가이드라인을 제시하지 않고 있다. 극단적인 경우 이용자가 자전거를 자기 집에 가지고 들어가서 개인 소유물처럼 사용해도 스마트폰으로 대여와 반납만 정확히 한다면 아무 문제가 없게 되어 있다.

자들이 정책과정에 참여하여 이들 간의 협력과 합의에 기초한 결정이 이루어져야 한다. 현재 한국의 지방도시들은 소수를 제외하고는 최소한 중장기적으로 볼 때 고령화와 저성장으로 인해 향후 존폐의 위기에 직면할 가능성이 높다. 이러한 구조적 제약하에서 지방 차원에서 환경 및 기후변화 정책을 추진하는 것은 매우 큰 도전이지만 오히려 반대로 기후변화의 완화 및 적응 정책을 적절히 시행하고 미세먼지 등 당면한 환경 문제들에 공격적으로 대응하면서 지속가능한 지역공동체를 건설하려는 시도가 위기의 돌파구가 될 수도 있을 것이다. 다만 그 과정에서 공동체의 이해당사자들이 자유롭게 참여하고 숙의할 수 있는 과정이 제도적으로 보장되어야 하는 것이 매우 중요한 조건이 될 것이다.

Ⅴ 결론

2017년 5월 한국에서 새롭게 문재인 정부가 출범한 직후 대통령은 미세먼지 감축을 위한 일종의 응급대책으로 일부 노후 화력발전소의 일시 가동중단 지시를 내렸다. 또한 이후 임기 내에 단계적으로 보다 체계적인 미세먼지 종합대책을 실행할 것을 약속하였다. 이는 새 정부 출범 이후 국민들로 하여금 정부가 바뀌었음을 실감하게 하는 일련의 뉴스 중 하나였다. 반대로 비슷한 시기인 같은 해 6월 미국에서는 트럼프 대통령이 기후변화에 관한 파리협정의 탈퇴를 선언하였다. 즉 미국이 제21차 기후변화당사국총회에서 이미 제출한 온실가스 감축계획을 이행하지 않을 것이며 기후변화에 관한 국제 분담금, 특히 녹색기후기금

(Global Climate Fund)에 대한 분담금 납부도 중단하겠다고 선언했다.

이처럼 한 나라의 국내 및 국제 환경정책은 그 국가의 정치변화에 영향을 받는다. 사실 환경정책은 정권 교체 등 정치변화뿐 아니라 더 크게는 한 국가의 정치체제의 성격과 밀접한 관련이 있다. 기본적으로는 해당 국가의 정치체제가 민주주의인지 권위주의인지가 중요하지만 그보다 더 중요한 것은 민주주의라고 할지라도 구체적으로 어떤 제도가 어떻게 운영되고 있는지, 누가 어떻게 정치에 참여하는지, 그리고 중앙정부와 지방정부의 관계는 어떤지 등이 환경정책의 수립과 집행 과정에 영향을 미친다.

선진국들에서는 일찍이 1960년대와 1970년대에 이렇게 정치·제도적 요인들과 환경정책의 수립·집행 과정이 상호작용하면서 크게 세 가지 유형의 환경거버넌스가 만들어졌다. 이를 각각 미국형, 독일형, 일본형이라고 부른다면 먼저 미국형의 경우 다원주의적 정치체제의 영향으로 인해 환경정치에서 비정부단체 및 이익집단들이 중요한 역할을 한다. 이들은 높은 수준의 정치적, 사회적 권리를 보장받고 있으며 의회 로비, 직접적 행동, 법원 제소 등의 활동을 통해 정부의 환경정책에 적극적으로 참여하고 영향을 미친다. 반면 독일형의 경우 시민사회의 환경운동이 다당제와 비례대표제로 인해 정당으로 발전하였으며 정당과 환경단체 그리고 정부의 관계가 대립적이기보다는 협력적인 사회조합주의적(social corporatist) 환경거버넌스의 모습을 보인다. 일본형의 경우 환경 비정부단체들이 서구 선진국들에서와 같은 수준의 정치적, 사회적 권리를 보장받고 있지 못하고 따라서 이들의 역할이 매우 약하고 대신 정부가 주도하여 기업과의 협력 체제를 구축함으로써 환경정책을 실행한다(신상범 2007).

선진국에서는 대체로 이러한 거버넌스 유형이 이미 정착되어 공고화된 반면 한국에서는 아직도 환경거버넌스가 진화하고 있다. 한국의 환경거버넌스는 대체로 국가보다는 시민사회의 역할이 점차로 강화되고 지방정부의 정책 자율성과 책임성이 강화되는 방향으로 변화해 왔지만 아직까지는 세 유형 중 뚜렷이 어떤 특정한 유형에 가까운 모습을 보이고 있다고 판단하기 어렵다. 1987년의 민주화 이후 환경시민사회는 동강댐 건설 문제 등 몇몇 환경 문제들이 두드러지게 사회적으로 쟁점화되면서 지속적으로 성장하였고 환경단체들도 수와 규모 그리고 영향력 면에서 계속 증가하였다. 그러나 여전히 국가가 하향식으로 정책을 결정하고 시민들은 정책 참여의 통로를 찾기 어렵다. 녹색당 및 비슷한 가치를 지향하는 소수당은 단순다수결 중심의 선거제도로 인해 의회로의 진입이 거의 불가능하고, 환경정책과정 자체가 전반적으로 아직도 중앙집권화되어 있기 때문에 지방의 한 작은 동네에서 환경 문제가 발생할 경우에도 당사자들은 종종 지방정부가 아닌 중앙정부의 공권력과 대면해야 하는 상황에 놓이게 된다.

한국 환경거버넌스의 변화 과정은 민주주의하에서 한 국가의 환경시민사회가 조금씩이나마 일관되게 성장하고 강화되는 것이 아니라 일시적이나마 후퇴할 수도 있음을 보여준다. 즉 환경시민사회의 성장은 일방향적이고 단선적인 과정이 아니다. 물론 미국이나 독일 등 서구 선진국에서도 비슷한 과정이 있었다. 예를 들어 미국에서 1970년대는 환경정책의 황금기였으나 1980년대에는 급진적 환경패러다임과 환경운동이 위축되었고 이후 1990년대에 일종의 안정적이고 균형 잡힌 환경시민사회가 공고화되었다. 지난 10여 년간의 연속적인 두 보수정권하에서 한국이 경험한 것이 궁극적으로 이와 같이 성숙된 환경시민사회의 공고화로 가는 과정이라면 향후 한국의 환경거버넌스가 미국형으로 발전할 수 있는 가능성을 조심스럽게 예측해 볼 수 있을 것이다. 그러나 결과는 정해져 있지 않으며 이는 결국 한국 민주주의가 어떻게 진화하느냐에 달려 있을 것이다. 물론 미국형이 바람직한 모델이라거나 일본과 같은 국가주도형 모델이 반드시 지양되어야 한다는 것은 아니다. 환경 문제는 종종 공유재의 비극, 즉 집합행동의 딜레마에 해당되는 경우가 많고 또 문제의 해결 과정에서 이해당사자들 간의 협조와 합의가 필수적이기 때문에 어느 모델이 더 바람직하냐보다는 정책 형성 및 집행 과정에서 공정성과 투명성이 제고되는 것이 더 중요하다.

이런 의미에서 향후 한국의 환경거버넌스는 구성원들 간의 충분한 숙의와 합의에 바탕을 둔 공정하고 투명한 정책결정 과정이 지배하는 보다 상향식이고 분권화된 형태로 발전해야 할 것이다. 이를 위해 우리는 현행 제도와 관행을 점검하고 시민사회와 지방이 권한을 더 가질 수 있는 적절한 제도적 장치들을 고안해야 한다. 또한 정권이 바뀌더라도 이러한 제도들이 지속될 수 있도록 시민들의 전반적인 의식 제고 역시 이루어져야 한다.

이명박 정부는 성장 위주의 보수 이념을 가진 정치세력이었음에도 불구하고 그때까지 일반적으로 보수가 등한시했던 환경 이슈를 불러와 녹색성장이라는 슬로건을 제시하고 그럼으로써 과거 보수와는 다른 미래지향적 이미지를 표방하였다. 그러나 이명박 정부는 지속가능한 발전도, 지속가능하지 않은 발전도 이루지 못했고 물, 대기, 국토의 훼손만을 초래하였다. 두 보수정부 아래에서는 시민들이 환경정책과정에 참여하고 판단할 수 있는 기본적인 정보조차 공유되지 않았고 미세먼지나 황사 등과 같은 재난 수준의 환경 문제들에 긴급히 대응하는 시스템이 오히려 약화되었다. 사용 후 핵연료 처리 대책도 없는 상태에서 지속적으로 원전 정책을 확대해 왔고 기후변화총회에서 약속한 온실가스감축 실행을 위해 시작한 탄소배출권 거래제도는 기업에 유리한 방식으로 디자인되어 결국 기업들은 굳이 배출권을 사고 팔 필요가 없는 상황이 되었다. 시민들은 그들의 의견이 무시되고 참여의 통로가 막혔지만 한편으로는 정부와 지도자들이 급속하고 성공적인 경제기적을 경험했던 과거의 영광이 재현할 수 있음을 지속적으로 강조하여 혹시나 하는 생각에 환경과 개발에 관련된 다양한 이슈에서 자신의 판단을 유보하였다. 즉 한국에서는 경제 기적의 경험이 환경거버넌스의 개선을 방해하는 경향이 있다.

향후 어느 누가 또다시 경제 기적의 재현을 주장한다고 해도 진정한 혁신과 성장 동기는 정의롭고 공정하며 지속가능한 그리고 무엇보다도 깨끗한 공동체라는 환경에서 생겨난다는 점이 사회적 합의로 공유되는 한 그러한 주장은 지지를 받지 못할 것이다. 따라서 위에서 언급한 대로 환경시민사회의 역량 강화는 시민들의 참여를 제도화하는 것과 더불어 시민들의 생각이 이른바 경제 기적 패러다임에서 벗어나도록 하는 환경의식 제고와 교육, 캠페인 등이 병행되어야 가능할 것이다. 전 세계에서 한국이 원조를 받던 나라에서 원조를 주는 나라로 바뀐 유일한 사례라는 주장에서 알 수 있듯이 우리 사회에는 아직도 과거 기적에 대한 언술이 작동하고 있으며 이러한 영광의 재현을 위해 정치적 권리나 민주주의, 환경보호와 같은 가치들이 제약되어도 된다는 암묵적인 가정이 다소 존재한다.

지방분권화와 지방의 권한 강화는 일반적인 환경정책에서뿐 아니라 특히 기후변화정책에서 필수적인 조건이다. 기후변화정책은 크게 기후변화의 원인을 확인하고 이를 줄이거나 제거하는 완화(mitigation)정책과 기후변화의 원인이 무엇이든지간에 그것을 기정사실로 받아들이고 기후변화에 따른 부작용을 최소화하는 적응(adaptation)정책으로 구분할 수 있다. 특히 적응정책은 지방정부 및 지방행위자들이 각 지역 단위에서 자율적으로 실행해야 효과적이기 때문에 지방정부가 정책 자율성과 재정 자립성을 가져야 한다. 서구 선진국의 기후변화정책에서 지방정부 특히 도시의 역할은 점점 더 중요해지고 있다. 완화정책 면에서도 사실 지구상에서 발생하는 온실가스의 약 70퍼센트 정도가 도시에서 발생하기 때문에 도시들이 연합하여 공동으로 기후변화에 대응하려는 네트워크형 행위자들이 글로벌 차원에서 그리고 지역 차원에서 더욱 활성화되고 있다. 미국에서 트럼프 대통령의 파리협정 탈퇴 선언 이후 많은 주지사들과 시장들이 이에 반대하는 성명을 발표하는 것에서도 보듯이 미국과 같이 분권화된 제도적 조건하에서 지방정부들은 자국의 경계를 넘어서 외국의 행위자들과 연대하여 전 지구 차원에서 파리협정을 지키려고 노력한다. 그리고 이러한 과정을 통해 지방의 정책 자율성이 더욱 증가될 것이다.

반면 한국에서는 20여 년이 넘는 지방자치의 경험에도 불구하고 아직도 지방에 대한 중앙의 정치적, 경제적 영향력이 강하다. 그리고 이것은 한국 민주주의의 현 상태를 반영하는 것이다. 그러나 다른 정책 영역에서와 마찬가지로 환경정책도 일상적으로 정책과정이 전개되는 곳은 지방이다. 정책은 명령-통제형(command and control) 규제일 수도 있고 시장유인에 기반을 둔(market incentive) 기제일 수도 있는데 이들은 중앙정부가 제시한 큰 틀 내에서 각 지방이 그들이 처한 조건에 맞게 자율적으로 실행할 수 있어야 한다. 따라서 지방이 자율성을 획득해야 한다는 것의 의미는 중앙과 지방이 각자의 역할을 분명히 나누는 것이기도 하다. 다만 지방이 자율적으로 환경정책을 수립하고 집행하는 과정에서도 중앙정부와 마찬가지로 정권의 변화에 의한 정책의 단절이나 후퇴가 있을 수 있기 때문에 위에서 언급한 바와 같이 입법 과정이나 정책 수립 과정에서 시민들이 참여하는 숙의와 협의 과정이 필수적이다.

마지막으로 한 나라의 환경정책에는 국내정치적 요인뿐 아니라 외부 요인도 영향을 미친다. 국제사회에서 국제기구나 국제환경조약 차원에서 진행되는 환경협력은 그것이 성공적일 경우 회원국들의 국내 환경정책을 긍정적으로 변화시킨다. 또한 한 나라가 주변국들과 정치적, 경제적, 문화적 교류를 진행하면서 환경정책을 배우기도 하고 무역과 환경 문제가 연계되어 국내 기준이 바뀌기도 한다. 그러나 불행히도 현재 시점에서 이러한 외부 상황은 한국 및 모든 나라들에 긍정적으로 작용하지 않고 있다. 지난 약 20여 년간 지구환경정치의 가장 핵심적인 이슈였던 기후변화의 경우 국제 레짐 차원의 노력이 실패했기 때문에 국가 간의 기후협력이 우리에게 모범이 되거나 압력이 되지 못한다. 트럼프 대통령이 탈퇴하겠다고 선언한 파리협정은 완전히 붕괴된 교토체제를 수습하고 교토의정서에 공식적으로 사망진단서를 발급한 것에 지나지 않는다. 파리에서 회원국들이 합의한 것은 이제부터 각자 알아서 자발적으로 탄소를 줄이자는 것이고 언제까지 얼마나 줄일 것인가를 각자 정하고 각자 실천하자는 것이다. 만약 트럼프 대통령이 탈퇴 논리로서 미국의 국익을 거론하기보다 파리협정이 레짐 디자인상 매우 허술하며 또한 비현실적인 목표를 설정한 조약이기 때문에 거부한다고 했다면 이는 국제사회에 전혀 다른 종류의 큰 파장을 일으켰을 것이다. 사실 이렇게 구속력 있는 의무조항도 없고 상호 협력에 의한 것도 아닌 각자 알아서 하자는 식의 조약을 통해 지구 평균 기온의 상승폭을 산업화 이전 대비 1.5에서 2도 정도로 유지할 수 있다고 믿는 사람은 아마 파리 현장에 있던 사람들 중에서도 많지 않을 것이다.

이렇게 외부 요인이 한국에게 학습이나 압력의 기회가 되지 못하는 것은 동북아라는 지역 차원에서도 마찬가지이다. 그동안 역내에 이렇다 할 성공적인 환경협력도 없었고 모범이 될 만한 사례도 많지 않다.

중국이 2015년부터 시행하고 있는 신환경법은 말 그대로 정층설계(頂層設計), 즉 중앙정부에서 일방적으로 만들어낸 그랜드 디자인으로서 지방정부나 시민사회의 행위자들이 개입할 여지를 아예 차단한 법이며 그 규정과 기준은 과거에 비해 매우 엄격하지만 현실에서 이 법은 중국이 고질적으로 가지고 있는 법 집행력 부족의 문제를 더욱 심화시키고 있다. 일본은 후쿠시마 원전사고에도 불구하고 원전을 일부 재가동하고 있으며 그 결정 과정은 전반적으로 볼 때 투명하지도 민주적이지도 않았다.

그러나 이는 반대로 한국이 지역 내에서 한층 더 진전된 민주주의를 바탕으로 바람직한 환경거버넌스의 모델을 제시할 수 있는 가장 가능성 높은 나라임을 말해주는 것이기도 하다. 중앙정부는 엄격하고 투명한 정책과정을 주도하여 시민들로부터 신뢰를 받아야 하고 시민사회와 지방에서의 창의적 혁신이 이루어질 수 있을 정도로 참여와 분권화를 보장해야 한다. 위에서도 보듯이 중앙정부들 간의 환경 및 기후변화 협력은 별다른 성과를 거두지 못하고 있지만 반대로 지방 차원에서는 많은 혁신과 협력이 진행되고 있다. 선진국에서는 스마트 시티, 에코 시티, 배출권 거래제도, 신재생에너지 사업, 전기차, 각종 완화 및 적응 정책 등은 대부분 중앙정부가 아닌 지방정부 혹은 기업 등 사적 행위자들이 주도하고 있다. 한국의 지방정부들도 하루 빨리 이러한 혁신을 시도하고 다른 나라의 지방정부들과 협력을 시도해야 한다.

더 읽을거리

신범식. 2012. "환경 및 기후변화 국제정치와 환경외교." EAI NSP Report 61.

Han, Heejin. 2015. "Authoritarian environmentalism under democracy: Korea's river restoration project." *Environmental Politics*. Vol. 24, Issue 5.

Kim, Sungjin. 2014. "South Korea's Climate Change Diplomacy: Analysis Based on the Perspective of 'Middle Power Diplomacy.'" *EAI MPDI Working Paper* No. 5.

Lee, Taedong. 2015. *Global Cities and Climate Change-The Translocal Relations of Environmental Governance*. New York: Routledge.

1   한국에서 환경정책이 수립되고 집행되는 과정에 참여하는 행위자들은 누구이며 각자 어떤 비중으로 어떤 역할을 하는지를 구체적인 정책사례를 선정하여 분석해 보자.

2   민주주의는 환경 문제를 해결할 수 있는가? 있다면 어떻게 가능한가? 민주주의가 환경 문제 해결에 더 유리한 정치체제인가?

3   한국의 지방자치단체들은 주로 어떤 기후변화정책을 실행하고 있는가? 그 정책의 집행을 위한 예산 중 중앙정부의 지원이 차지하는 비중은 어느 정도인가? 구체적으로 한 도시의 사례를 선택하여 조사해 보자.

4   동북아 환경/기후변화협력의 효과성을 높이기 위한 구체적인 방안은 무엇인가?

5   외국의 사례 중 분권화를 통해 환경 및 기후변화 정책을 효과적으로 실행하고 있는 경우를 찾아서 구체적으로 분권화가 환경 및 기후변화 정책에 어떤 이점을 주는지를 탐구해 보자.

| 참고문헌 |

박순애·김성배·나태준·문성진·문태훈·문헌주·윤순진·정회성·조용성. 2015.
    『환경정책의 역사적 변동과 전망』. 문우사.
신상범. 2007. "후발성의 이점과 중국환경정치." 『아세아연구』 50(4).
_____. 2016. "한국 지방 도시 공공자전거 정책의 도입과 지속 요인 – 창원시 누비자
    사례를 중심으로 –." 『대한지리학회지』 51(1).
정회성·이규용·정회석·김태용·추장민·전대욱. 2014. 『한국의 환경정책』. 환경과 문명.

Shin, Sangbum. 2015. "Bicycle Sharing Schemes in Trouble: A Comparative Case
    Study of Four Cities in Korea." *Korean Political Science Review* 49-6.

저자 소개

신범식

서울대학교 정치외교학부
서울대학교 복합안보센터장
모스크바국제관계대학(MGIMO) 정치학박사
"국제 에너지 시장의 구조적 변동과 에너지
　국제정치의 전개." 『에너지 국제정치의 변환과
　동북아시아("세계정치" 23호)』. 2015.
"기후변화의 국제정치와 미-중관계."
　『국제정치논총』 51(1). 2011.
"유라시아 지정학적 환경변화와 러시아의 대응:
　지전략(geostrategy)의 복합화를 중심으로."
　『국제정치논총』 43(4). 2003.

신상범

연세대학교 국제관계학과
환경정치연구회 회장
미국 인디애나 대학교 정치학 박사
"Domestic political constraints on Sino-foreign
　environmental cooperation: the case of eco-
　city building in China." 『동서연구』 28(1).
　2016.
"The Market Incentive Climate Change Policies
　in Northeast Asia: A Comparative Case
　Study of China, Japan, and South Korea."
　『신아세아』 23(1). 2016.

이재현

충남대학교 정치외교학과
충남대학교 정치학박사
"온실가스 배출과 자본주의 다양성."
　『한국국제정치논총』 57(1). 2017.
"지방정치와 지방정부 성과: 16개
　광역지방자치단체 패널데이터를 중심으로."
　『한국정치학회보』 51(2). 2017.
"국고보조금 배분의 선거정치학."(공저)
　『사회과학연구』 28(1). 2017.

한희진

부경대학교 글로벌자율전공학부
Northern Illinois University 정치학과
"Authoritarian Environmentalism under
　Democracy: Korea's River Restoration
　Project." *Environmental Politics*, 24(5).
　2015.
"Korea's Pursuit of Low Carbon Green
　Growth: A Middle Power State's Dream of
　Becoming a Green Pioneer." *The Pacific
　Review*, 28(5). 2015.
"Singapore, a Garden City: Authoritarian
　Environmentalism in a Developmental
　State." *Journal of Environment &
　Development*, 26(1). 2017.

박혜윤

이화여자대학교 국제대학원

이화여자대학교 국제학 박사

"광장의 정치와 문화적 충돌: 2008 촛불집회에
    대한 경험적 분석."(공저)『한국정치학회보』
    42(4). 2008.

"국제개발원조의 문제점과 대안: 신제도주의적
    접근."『국제·지역연구』22(1). 2013.

"Why Does Trust Mediate the Effects of
    Ethical and Authentic Leadership in Korean
    Firms?"(공저) *International Studies Review*
    16(2): 49-70. 2015.

이혜경

국회입법조사처

서울대학교 법학박사

뉴욕주 변호사

조정원

한양대학교 에너지거버넌스센터

중국인민대학 경제학 박사

"바오딩시(保定市)의 환경 거버넌스와 기후변화
    정책."

"중국의 환경규제 강화와 섬유업의 대응
    현황: 중국 주재 현지 및 한국 업체를
    중심으로."(공저)

"중국의 셰일가스 개발: 정책과 현황, 동인과 장애
    요소를 중심으로."(공저)

김성진

한국환경연구원

서울대학교 외교학박사

"2030년 한국 온실가스 감축목표 달성을 위한
    전력 부문 시나리오 분석."『환경정책』25(2).
    2017.

"파리기후체제는 효과적으로 작동할 것인가?"
    『국제정치논총』56(2). 2016.

"동북아 에너지 안보의 지형 변화와 한국의
    에너지 외교."『에너지 국제정치의 변환과
    동북아시아("세계정치" 23호)』. 2015.

정하윤

건국대학교 산림사회학연구실

이화여자대학교 지역학박사

"미국 주차원의 기후변화 정책실험."『담론201』
    18(3). 2015.

"유럽연합의 기후변화 리더십에 대한 연구:
    이해관계, 아이디어, 그리고 제도를 중심으로."
    『국제정치논총』53(3). 2013.

이태동

연세대학교 정치외교학과

University of Washington 정치학박사

『마을학개론』(편저). 2017.

『환경-에너지 정치』. 2017.

*Global Cities and Climate Change: The
    Translocal Relations of Environmental
    Governance*. Routledge. 2015.

찾아보기